코리아타운과 한국문화

재외한인학회총서 IV
코리아타운과 한국문화

2012년 12월 20일 초판1쇄 발행
2013년   8월 10일 초판2쇄 발행

지은이 | 임영상 외
펴낸이 | 이찬규
펴낸곳 | 북코리아
등록번호 | 제03-01240호
주소 | 462-807 경기도 성남시 중원구 상대원동 146-8
　　　우림2차 A동 1007호
전화 | 02) 704-7840
팩스 | 02) 704-7848
이메일 | sunhaksa@korea.com
홈페이지 | www.bookorea.co.kr
ISBN | 978-89-6324-285-9 (94330)
　　　978-89-6324-134-0 (세트)

값 20,000원

재외한인학회총서 IV

코리아타운과 한국문화

임영상 외 지음

Koreatown and Korea Culture

북코리아

코리아타운, 한류에서 합류의 공간으로

2010년 10월, 세계의 문화수도 뉴욕을 방문했다. 뉴욕시립대학교 퀸즈칼리지 재외한인사회연구소(Research Center for Korean Community) 학술행사에 참석차였는데, 학술행사가 시작되기 전 날, 플러싱 코리아타운에서 7번 지하철을 타고 맨해튼을 찾았다. 32번가(Korean Way)를 걷다가 한식당에 들어가 보았다. 늦은 시간인데도 육개장과 김치찌개를 먹는 뉴요커들로 식당은 분주했다. 학술행사를 마치고서는 재외한인사회연구소 주동완 연구원과 함께 플러싱 한인사회 역사기록에 꼭 들어가야 하는 여러 기관과 한인들의 삶의 현장을 찾아다니며 코리아타운을 둘러보았다. 이 책의 미국편 주동완 연구원의 글 속에 나오는 기관들이다. 민병갑 교수의 글에서도 언급되었듯이, 플러싱은 이미 코리아타운이라기보다 코리아−차이나타운이 되었다. 오히려 이점이 코리아타운 플러싱을 문화수도 뉴욕의 매력적인 문화콘텐츠 공간으로 기획해볼 수 있지 않을까 잠시 생각해보았다.

2011년 12월, 교토 류코쿠대학(龍谷大学 国際社会文化研究所) 학술행사에 참여하는 길에 먼저 도쿄 오쿠보 코리아타운을 찾아가 보았다. 한류백화점의 진열상품과 넘쳐나는 고객, 그리고 길게 줄을 지어 떡볶이와 호떡을 기다리는 사람들의 행렬을 보는 것 자체가 즐거운 체험이었다. 「도쿄의 코리아타운과 한류」(『재외한인연구』 제25호) 글을 쓴 유연숙 박사와 코리아타운을 탐방하면서, 오쿠보 또한 한류를 넘어 세계인이 만날 수 있는 다문화 합류 콘텐츠가

기획될 수 있다고 여겨졌다.

　필자가 역사와 문화공간으로서 코리아타운에 관심을 갖게 된 것은 2008년 9월이다. 이쿠노쿠 코리아타운에서 나서 자란 고정자 박사의 안내로 '조선시장'에서 시작한 이쿠노쿠 코리아타운의 역사를 살펴본 이후였다. 재일코리안 사회의 분열과 일본사회로부터 받는 차별 속에서도 한국문화의 발신지로 자리를 지켜온 오사카 코리아타운과 다문화 연구의 모범 사례인 가나가와현 가와사키시 코리아타운은 일본인의 한국문화 체험의 공간이요, 지역민과 함께 하는 공생마츠리(축제)의 현장과 다름이 아니었다. 오사카 이쿠노쿠에서 시작된 원코리아 페스티벌 또한 한류(韓流)를 넘어 합류(合流)의 공간으로 자리매김하고 있다.

　이 책에서 다룬 코리아타운은, 미국의 로스앤젤레스와 뉴욕, 일본의 오사카, 가와사키, 도쿄, 그리고 중국, 영국, 브라질, 우즈베키스탄의 코리아타운이다. 중국의 경우, 연변(연길시)은 조선족자치주이기 때문에 제외하고 동북의 관문도시 심양, 제2의 연변이 되고 있는 청도, 그리고 수도인 북경이 소개되었다. 이 세 도시의 코리아타운은 형성 배경과 성격이 다름이 이 책에서 확인되었다. 영국은 런던 뉴몰든 코리아타운, 브라질은 상파울루 봉헤치로 코리아타운, 그리고 우즈베키스탄은 비록 타운(Town)은 아니지만 '신코리아타운'이라 할 만한 타슈켄트 주 시온고 고려인마을을 소개하였다.

　이 책의 필자 대부분은 현재 해당 지역의 코리아타운에 살고 있거나 또는 오랫동안 체류한 경험을 바탕으로 연구활동을 하고 있는 분들이다. 필자들은 이 책이 재외한인사회를 공부하는 연구자와 학생들뿐만 아니라 코리아타운의 발전을 위해 노력하고 있는 지역민들, 나아가 일반 독자들에게도 유익한 자료가 될 것으로 기대하고 있다.

　'재외한인학회총서 4호' 『코리아타운과 한국문화』는 로스앤젤레스 코리아타운 글을 제외하고 그 외의 글들은 모두 『재외한인연구』(재외한인학회)와 『글로벌문화콘텐츠연구』(글로벌문화콘텐츠학회), 『역사문화연구』(한국외국어대학교

역사문화연구소)에 실린 논문들이다. 한 권의 책으로 엮으면서 딱딱한 논문이 아닌 책의 한 장으로 만날 수 있도록 일부 내용을 수정하고 보완했다. 물론 여전히 글 읽기가 쉽지 않은 부분도 있을 것이다. 독자들의 혜량을 바랄 뿐이다.

다민족, 다문화 공간에서 디아스포라로 삶을 영위해온 재외한인사회, 특히 코리아타운을 만들어 온 한인사회에 대한 연구는 '삶의 한국학'의 현장과 다름이 아니다. 이 책에서 미처 다루지 못한 나라/지역의 코리아타운뿐만 아니라 코리아타운의 역사를 써온 원로들의 살아온 이야기가 후속 연구로 계속되기를 바라는 마음이다. 끝으로 '재외한인학회총서 4호'『코리아타운과 한국문화』의 발간을 지원해준 재외동포재단 김경근 이사장님과 어려운 출판사정임에도 불구하고 학회총서를 간행해주고 있는 북코리아 이찬규 사장님과 편집진 여러분께도 감사를 드린다.

2012년 12월
필자들을 대표하여 임영상

차례

Part 1 미국의 코리아타운

Part 2 일본의 코리아타운

Part 3 중국의 코리아타운

Part 4 영국, 브라질, 우즈베키스탄의 코리아타운

한국문화의 허브로서의 재외한인사회*

임영상(한국외국어대학교 사학과 및 대학원 글로벌문화콘텐츠학과 교수)

1. 한류와 재외한인사회

오늘날 재외한인사회의 중심 무대인 지구촌의 코리아타운마다 활기가 넘쳐흐르고 있다. 5천년 한민족사의 대사건인 한류(Korean Wave)가 가져온 결과이다. 문화발신국 'KOREA'의 브랜드 가치가 올라감으로써 과거 어느 때보다도 재외한인사회에서 한민족으로서의 자긍심이 높아진 것이다.

2000년 새천년이 시작되면서 중국 언론에 회자되기 시작한 '한류'는 처음에는 일시적인 현상으로 생각되었으나 10년이 지난 오늘날에도 그 위력을 발휘하고 있다. 한류 드라마와 영화, 대중가요(K-POP) 등 양질의 콘텐츠가 이어졌기 때문이다. 그러나 초고속 인터넷의 급속한 보급과 함께 한국 특유의 공개와 공유의 네티즌 문화, 또 최근에는 소셜 네트워크 서비스(Social Network Service, SNS)가 큰 역할을 하고 있다는 것이 일반적인 시각이다. 나아가 한국사회가 대중문화에 그치지 않고 '신한류'의 이름 아래 고급문화에서부터 전통 생활문화에 이르기까지, 그리고 디지털 한류, 경제 한류 등 한류의 확대 재생

---

*   이 글은 『역사문화연구』 제40호(2012. 2)에 실린 것으로 일부 내용을 보완했다.

산에 노력한 결과라고 하겠다(임영상, 2011: 103).

주지하듯이, 한류는 결코 우리 정부가 주도하지 않았다. 인터넷 시대가 도래하면서 문화상품의 기획과 제작, 마케팅에서 기업들이 전개한 창의적인 노력의 결과였다. 2000년 중화권 국가에서 시작된 한류현상을 인지한 한국 정부는 2001년 7월 문화관광부 산하 기관으로 한국문화콘텐츠진흥원(현재 명칭은 한국콘텐츠진흥원)을 만들었다. 처음에 한국 정부가 주목한 콘텐츠산업은 애니메이션, 음악, 게임, 캐릭터, 만화 등으로 디지털콘텐츠화가 빠르게 진행되고 있는 분야였다. 아울러 한국문화콘텐츠진흥원은 설립 다음해(2002)부터 인문학자들의 참여를 요구하는 '문화원형 디지털콘텐츠화 사업'이라는 새로운 사업을 시작했다. 문화콘텐츠산업이 경쟁력을 갖추기 위해서는 문화원형을 활용한 문화콘텐츠 창작의 활성화가 필요하다고 판단한 것이다(김기덕, 2005: 7).

한국문화와 글로벌문화의 다양한 주제들이 사업화되면서 역사와 문학, 민속, 미술사 등 인문학 전공자들이 전통적인 인문학에서 한걸음 나아가 응용인문학으로서 문화콘텐츠학에 관심을 갖기 시작했다. 한국 대학의 인문학 전공의 지형이 바뀌는 결과를 가져오기도 했는데, 학부뿐만 아니라 대학원 과정에서도 문화콘텐츠 관련 전공의 신설이 이어졌다(임영상, 2006: 279-286).

한류의 확산[1]은 한국 정부의 재외한인(동포) 정책에도 변화를 가져왔다. 한국 정부는 1997년 재외동포재단을 설립함으로써 과거의 무관심, 몰이해, 무대책이라는 '3무(無) 정책'을 탈피하기 시작한 바 있다. 1965년 한일조약으로 재일코리안을 외면했다는 기민정책과 그동안 재외동포를 부담스러운 짐으로 간주한 것으로 평가받는 현지화정책으로부터 재외동포를 한민족의 자산으로 인식하고 적극적으로 포용하는 신(新)재외동포정책으로 전환한 것이

---

1) 한류 확산에 중요한 역할을 하고 있는 기관이 (재)한국문화산업교류재단(http://www.kofice.or.kr/) 이다. 세계 각국의 한류 및 문화산업 동향을 분석한 격주간지 『한류 Story』, 월간 『kofice 웹진』, 한류 총서 간행 등 출판활동과 한류포럼 및 세미나 개최, 그리고 아시아송페스티벌 등 문화교류행사도 정기적으로 개최하고 있다.

다(이광규, 2006: 39-49). 재외동포재단의 설립 자체가 한국 정부의 변화된 정책과
다름이 아니었다. 1988년에 창립된 재외한인학회 등 학계의 연구도 크게 진
전되어왔다. 이중국적 문제는 신중하게 진행되고 있으나 '재외국민 참정권'
행사는 2012년 시행과 관련하여 정부와 재외한인사회, 한국 학계의 관심이
제고되어 왔다.

한류의 확산은 세계 오락산업의 중심인 미국 로스앤젤레스(이하 LA)의 한
인사회뿐만 아니라, 일본 오사카와 중국 심양의 한인사회 문화양상에도 적
지 않은 영향을 끼치고 있다. 이에 제2장에서는 미국 내 최대 규모의 코리아
타운인 LA의 경우를 '신한류' K-POP과 관련해서, 제3장에서는 일본 내 최대
의 코리아타운인 오사카와 중국 동북의 산재지구[2]에서 최대 한인밀집 지역
인 심양의 경우를 한민족의 전통생활문화 행사를 통해 재외한인사회가 한국
문화의 수신지이자 발신지, 곧 허브 역할을 수행하고 있음을 확인하고자 한
다. 이어서 제4장에서는 제3장에서 언급하지 못한 몇몇 재외한인사회 문화
예술 행사들을 간단히 소개한 후, 한국문화의 허브 역할을 하고 있는 재외한
인사회에 대한 한국사회의 협력 방안을 제시하는 것으로 글을 마치려 한다.

2. '신한류' K-POP과 로스앤젤레스 코리아타운

드라마, 영화, K-POP 등 대중문화에서 출발한 '한류' 현상이 동아시아를
넘어 동남아시아, 서아시아, 중앙아시아, 그리고 유럽과 미국 등 세계로 뻗
어나가고 있다. 우리는 근대 이전 전통시대에 주로 중국에서, 그리고 1870년
대 개항 이후에는 일본과 구미로부터 새로운 문화를 받아들인 문화수신국이
었다.[3] 그런데 한류로 인해, 나라와 지역에 따라 특정 마니아 계층에 국한된

---

2) 중국 동북3성은 중국조선족이 많이 살고 있는 지역인데, 길림성 내 연변조선족자치주는 집거지구, 그
외 길림성의 다른 지역과 흑룡강성, 요녕성의 조선족 거주지역은 산재지구라고 한다.

현상이라는 분석도 있지만, 세계 도처의 젊은이들이 한국의 대중문화를 열광적으로 수용하고 있다. 문화발신국으로서의 한국의 위상은 분명해졌다.

LA 코리아타운은 미국 내 최대의 한인상가 밀집지역으로 넓게는 노스리지·하시엔다·하이츠·서리토스·플러턴·그렌데일·버뱅크·가든그로브·사우스밸리·올림픽가(街)와 그 주변 지역을 지칭한다. 그러나 이곳은 한인 밀집 거주지역이라기보다는 소수민족 혼합 거주지역에 한인 기관, 단체 및 상업 서비스업체가 밀집 분포한 상업업무지구이다.

LA 코리아타운은 '1965년 개정 이민법'이 발효된 1968년 이후, 올림픽가과 호바트가의 교차지역을 중심으로 식품상, 식당, 카페, 병원, 교회 등이 들어섰다. 그 후 그 수가 매년 기하급수적으로 증가하여 1977년까지 모두 800여 개, 2004년에는 4,900여 개가 되었다. LA 코리아타운의 한인 인구는 1980년 7,962명에서, 1990년 3만 4,742명, 2000년 4만 6,664명으로 증가했다. 코리아타운의 영역도 계속 팽창하여 세라노, 후버, 피코가가 북·동·남의 경계선이 되고 있고, 서쪽 경계는 베벌리힐스 가까이까지 이르고 있다. 2000년 센서스는 코리아타운 인구의 51%가 라티노, 20%가 한인들로 구성되어 있음을 밝혀주고 있다. 코리아타운의 한인 인구는 1990~2000년 사이에 32.3% 증가했는데, 이것은 라티노 증가율 10.4%를 능가하는 수치이다(유의영, 2005).

초창기 LA 코리아타운은 동서로 버몬트가·웨스턴가, 남북으로 올림픽가와 8번가 사이를 코리아타운이라고 말했으나, 1970년대 후반 이후 한인의 이민 증가와 함께 자영업체 분포지역은 동서로 윌턴가와 후버가, 남북으로는 피코가와 비벌리가까지 확대되었다. 이에 따라 윌셔가와 웨스턴교차로를 중심으로 3km 범위 내에 형성된 지역을 구(舊)코리아타운, 후버가-워싱턴가-산타모니카까지 뻗어나간 지역을 신(新)코리아타운으로 구별하기도 한다(김진영, 2011: 108).

---

3)   물론 백제시대 왕인박사, 조선왕조시대의 조선통신사의 사례는 한국문화의 일본전파라는 점에서 한류
     의 원조라고 할 수 있다.

그림 1 LA 코리아타운에 걸린 가로 표시
자료: 『코리아타운데일리』.

　　그런데 2010년 8월 LA 시의회는 한인들의 오랜 숙원이던 'LA 코리아타운 구역설정'을 마침내 마무리지었다. 최종 승인된 코리아타운 구역은 동서로는 버몬트가~웨스턴가, 남북으로는 올림픽가~3가, 웨스턴가 비즈니스거리(3가~이스트할리우드 지역의 로즈우드가)이며, LA 시가 제작하는 지도 등에 '코리아타운'으로 표시되게 되었다.[4]

　　아브람슨(Mark Abrahamson)은 "소수민족 집단거주지역은 첫째로 그 민족에 해당하는 인구가 집중되어 있고, 둘째로 그 민족의 전통적 문화상품을 판매하는 상업지역이 형성되어 있으며, 셋째로는 그 민족의 문화 및 사회활동의 중심지가 되어야 한다"고 했다(민병갑·주동완, 2010: 9). LA 코리아타운은 외형상 한인 밀집 거주지역이라기보다는 소수민족 혼합 거주지역이지만 코리아타운으로 손색이 없다. 많은 한인 식품점, 세탁소, 의류제조 및 봉제업체를 포함한 각종 제조업체와 상업 서비스업체뿐만 아니라, 한국 총영사관과 문화원을 비롯한 정부·공공기관, 봉사기관, 종교단체, 방송 및 신문사, 의료기관 등이 분포하며, 도산(島山) 안창호(安昌浩) 선생을 기린 도산광장 등이 있기 때문이다. 한인업소록에 따르면 LA 코리아타운에는 2005년 4월 현재

---

4) 하지만 일부 LA 한인들은 한인타운 구역이 설정된 것은 기쁜 일이지만 당초 한인커뮤니티가 제안했던 넓은 구역 안에서 크게 축소된 구역안이 통과됨에 따라 한인커뮤니티의 힘도 줄어들게 됐다며 우려를 표했다. 『코리아타운데일리』. 2010-8-23. 「LA 코리아타운 구획 '확정'」.

400여 개의 병원, 200여 개의 한의원, 190여 개의 회계사 사무실, 200여 개의 변호사 사무실, 120여 개의 개신교회, 세 개의 가톨릭교회, 20여 개의 불교사찰, 40여 개의 사회봉사기관 등이 있다. 한인운영의 대형 종합병원도 있고, 한인전용의 깨끗한 고급 호텔도 여럿 있다. 전국적 네트워크를 확보하고 있는 신문, 라디오, TV 등 언론사들이 모두 LA 코리아타운에 위치해 있다(유의영, 2005).

LA 코리아타운은 미주 한인 커뮤니티의 중요한 상징이며 얼굴이다. 그러나 주류사회에 비춰지는 코리아타운의 이미지는 결코 긍정적이라고 할 수 없었다. 매춘의 온상, 인신매매, 음주운전, 폭력, 상해, 빈발하는 절도, 강도 피해, 크고 작은 법규위반, 마약거래, 사기, 횡령사건, 유흥업소의 범람 등이 코리아타운과 관련하여 주류 언론에 자주 오르내리기도 했다.[5] 그런데 1992년 4·29 폭동[6]으로 〈위기의 코리아타운〉[7]을 드러낸 바 있던 LA 코리아타운이 이제 거주 한인사회를 중심으로 한국문화를 수용하는 공간뿐만 아니라 현지인들에게 한국문화를 발신하는 공간으로 기능을 하고 있다. 한국대중가요(K-POP)로 대변되는 '신한류'의 확산에 영향 받은 바 크다.

2010년 7월 4일 오전 11시 LA 다운타운 스테이플스센터 입구는 슈퍼 주니어와 소녀시대, 샤이니 등 K-POP을 이끌고 있는 아이돌 그룹을 보고자 전

---

5) 『연합뉴스』. 2011-8-11. 「LA 코리아타운 폭력 급증」.

6) 1992년 4월 29일 흑인 청년 로드니 킹을 집단 구타한 네 명의 백인경찰관이 무죄판결을 받은 데 분노한 흑인들이 거리로 쏟아져 나와 폭력, 방화, 약탈, 살인을 자행한 흑인 소요사태로 특히 LA 한인들이 피해를 많이 입었다. 폭동의 주요 대상이 한인(韓人) 타운이었기 때문이다. LA 흑인 거주지 사우스 센트럴 지역을 포함해 LA에서 피해를 본 업소가 1만여 개였으며, 이 중 2,800개가 한인업소였다.

7) 1992년 LA 폭동 1주년을 앞둔 1993년 4월 19일과 20일 양일간 남캘리포니아대학(University of Southern California: USC)에서 '1992년 LA 폭동 후 한국계 미국인 사회를 위한 새로운 방향(New Directions for Korean American Community)' 제시를 위한 학술대회가 열리고 그 성과는 1년 뒤인 1994년에 간행되었는데, 책 이름이 바로 『위기의 코리아타운』이었다. George Totten and Eric Schockman, Eds., *Community in Crisis: The Korean American Community After the Los Angeles Civil Unrest of April 1992*, USC, 1994. 이 책은 다음과 같이 번역 출판되었다. 변주나 역, 『위기의 코리아타운: 1992년 Los Angeles 폭동 후 한국계 미국인 사회의 새로운 방향』, 조오지 타튼 3세와 에릭 샤크만 엮음, 다해, 1994.

그림 2 K-POP 팬인 미국 젊은이들의 한국 방문
자료: 『조선일보』.

세계 곳곳에서 모인 팬들로 인산인해를 이루고 있었다.[8] 한류는 이미 LA를 감동시킨 것이다. 그뿐만이 아니다. 낫 포 투어리스츠(Not For Tourrists) 사는 『2010년 LA 안내판』에서 미국 내 한인의 1/3이 사는 LA 코리아타운은 늦은 밤까지 떠들썩한 '엔터테인먼트의 중심'이라고 평가했다. 코리아타운 지도를 실은 이 책자는 "소주까지 곁들이게 되면 코리아타운에서의 밤은 완벽해질 것"이라는 설명도 곁들었다.[9]

　　LA 코리아타운과 뉴욕의 코리아타운 등 미국 내 코리아타운에서 미국인들이 한국음식을 즐기고 한국문화행사에 참석하는 장면은 이제 낯설지 않은 풍경이 되었다. 그러나 한류 팬으로 직접 한국을 방문한다는 것은 새로운 국면이다. K-POP에 빠진 미(美) 청년 103명이 한류스타를 직접 만나기 위해 방한했다는 『조선일보』 기사는 필자에게는 놀라움을 넘어 차라리 '문화충격'과 다름이 아니었다.

　　미국 내 소녀시대 팬 사이트 '소시파이드(soshified.com)'에서 만나 의기투합해 자비로 한국에 온 미국의 젊은이들이, 7월 21일 서울에 도착한 후 26일

8)　『코리아타운데일리』. 2010-9-7. 「한류(韓流)'가 LA를 감동시키다!」.
9)　『LA 중앙일보 코리아데일리』. 2010-2-10. 「주류사회가 본 LA 코리아타운은 … 엔터테인먼트의 허브」.

까지 머물며 소녀시대 콘서트와 MBC 〈쇼! 음악중심〉, KBS 2TV 〈불후의 명곡〉을 방청할 계획이라는 보도였다. 일행 중에는 방송사 음악 프로그램 방청권을 구하기 어렵게 되자 한국관광공사 LA 지사에 민원을 제기해 자리를 구할 정도로 이번 방한에 열성적이었다. 미국 시카고에서 온 21세 대학생 줄리안 세르반테스는 1년 동안 한국어를 배웠으며, 찐빵, 팥빵, 비빔밥 등의 한국음식을 먹으려고 일부러 코리아타운에 가기도 했다. 그는 소녀시대 콘서트를 보려고 몇 달 동안 환전소에서 아르바이트해서 돈을 모았는데, "한국 아이돌에 흥미를 갖게 되면서 한국문화에도 관심이 생겼다"고 했다.[10] 미국에서조차 대중문화에서 시작한 한류가 한국어와 한국문화 일반으로 확산되고 있음을 보여주고 있는 사례이다.

대만과 중국, 동남아, 일본 등 아시아 지역의 한류 팬들이 한류스타를 만나기 위해 한국을 찾는 일은 이미 특별한 뉴스가 아니다. 그러나 유럽과 심지어 팝음악의 중심지인 미국의 한류 팬들이 한국의 아이돌 스타를 직접 만나기 위해 한국을 찾는 것은 새로운 국면이라 할 수 있다. K-POP이 주도하고 있는 '신한류' 이후, 한국의 국가 이미지 제고와 함께 한류 팬을 문화적으로 친한(親韓)인사로 어떻게 만들어갈 수 있을 것인가에 대한 과제가 우리 앞에 시급하게 대두된 것이다.

과거 우리가 미국 팝송을 배우려고 영어회화 클럽을 만들고 나아가 미국의 역사와 문화에 관심을 가진 바 있다. 그런데 이제 한국의 대중문화, 한국영화와 드라마, 특히 K-POP의 확산으로 동남아시아, 서아시아, 유럽, 그리고 미국에서 한국어공부가 확산되고 한국의 역사와 문화에 대한 열렬 팬들이 나타나고 있다. 또한 이미 우리 사회에는 한국과 한국문화가 좋아서 심지어 귀화까지 하고 한국인으로 살아가는 외국인들이 늘어나고 있다. 이러한 현상은 더욱 확산될 조짐이다. 한류가 대중문화에 그치는 것이 아니라 고

---

10) 『조선일보』. 2011-7-24. 「소녀시대의 나라에 오다니 꿈 같아요」.

급문화, 특히 한민족의 전통생활문화에까지 의미 부여가 되어야 하는 이유가 여기에 있다 하겠다.

3. 한민족의 전통생활문화와 재외한인사회

음력설과 추석 등 한민족의 명절 때마다 LA와 뉴욕, 시카고와 애틀랜타 등 미국의 대도시 코리아타운은 한민족의 전통명절을 지키려는 한인들의 발길로 분주해진다. 영국 런던, 호주의 시드니와 멜버른, 그리고 2010년 코리아타운으로 명명된 브라질 상파울루의 코리아타운(봉헤치로) 등에서도 한민족의 전통명절 문화를 누릴 수 있다. 이주의 역사가 상대적으로 긴 독립국가연합의 고려인, 중국조선족, 그리고 재일코리안 사회 또한 일부 거주국 문화와 혼합된 양상이지만 한민족의 전통생활문화를 영위해왔다. 1980년대 이후 새롭게 변모해온 일본 오사카와 중국 심양의 코리아타운 한인집거지는 한국문화를 수신하고 발신하는 '한국문화의 허브' 역할에서 두드러진 모습을 보여주고 있다.

1) 오사카의 이쿠노쿠 코리아타운

일본 오사카의 이쿠노쿠(生野區)는 주민의 1/4이 재일코리안으로 구성된 특별한 지역이다. 현재의 이쿠노쿠는 남북으로 횡단하는 신히라노(新平野) 강의 동서 0.8km, 남북으로 1.9km 지역을 가리킨다. 1919년 3월에 시작되어 1923년에 끝난 히라노 강의 개수공사에 조선인 노동자가 동원되어 이카이노(猪飼野)라 불리던 이 지역에 '조선촌'이 형성되었다. 또한 1923년부터 취항한 오사카-제주도 간 정기 선편의 영향으로 많은 제주도 사람들이 모여들면서, 이민자에게 필요한 세 가지 요소인 일자리, 주거지, 먹거리가 갖추어진 이카

이노 지역은 점차 규모가 커져갔다. 1920년대에 일본어를 구사하지 못하는 조선인 아주머니들의 물건을 좀처럼 일본인 상점에서 취급해주지 않자, 노점에서 조선의 식재료와 반찬을 파는 사람들이 차츰 늘어나기 시작했다. 이렇게 '조선시장'이 큰길가 미유키모리도오리(御幸通)의 일본인 상점가 뒷골목에 형성되었으며, 조선시장 일대는 점차 규모가 큰 한인집거지로 변모되어 갔다(고정자·손미경, 2010: 102-109; 장윤수, 2010: 96-97; 国際高麗学会日本支部 在日コリアン辞典 編集委員会編, 2010: 21-22).

1950년대부터 1960년대까지 조선시장은 돼지 삶는 냄새, 마늘과 김치 냄새로 '더럽다, 냄새가 난다, 어둡다'라는 이미지였다. 그래도 조선시장은 1970년대까지는 제사물품을 구매하고자 하는 재일코리안들로 붐볐으나 1980년대에 접어들면서 급격히 한산해졌다. 첫째, JR(일본철도) 쓰루하시역 주변의 국제시장으로 손님이 몰리면서 접근이 불편한 '조선시장'까지 손님이 찾아오지 않게 되었다. 둘째, 재일코리안 세대가 제1세에서 2세, 3세로 교체되면서 제사와 '명절의 간소화' 내지 지내지 않는 경향이 강해지면서 고객이 줄어들게 되었다. 셋째, 남북분단으로 인한 동포 간의 반목도 '조선시장'의 손님이 줄어든 원인이 되었다(고정자·손미경, 2010: 108-109).

재일코리안은 일본사회에서 생활하면서 '보이지 않는 존재'로 살아왔다. 그 이유는 재일코리안들의 시선은 항상 분단된 조국, 본인들이 태어나고 자란 고향을 향해 있었기 때문이다. 그래서 일본에서의 생활은 '임시적인 생활'로 여겨졌다. 이러한 재일코리안 1세들의 조국지향적인 경향을 일본의 재일코리안 연구자인 도노무라(外村)는 해방 전부터 지속적으로 행해져온 일본사회의 동화에 대한 강요, 전후 본국의 분단상황, 조선인임을 드러내놓고 생활하는 것이 허용되지 않았던 차별실태가 '조국지향형 내셔널리즘'으로 몰아넣었다고 분석하고 있다(고정자·손미경, 2010: 111-112). 그러나 1970년대부터 1980년대에 들어서면서 전후에 태어난 2세들이 재일코리안 사회의 주류를 점하게 되면서 지금까지의 '조국지향형 내셔널리즘' 운동과는 다른 방향이 모색되었다. 1970년 박종석 씨의 히타치 취업차별재판, 1976년 김경득 씨가 한국 국적인 상태로 사법연수소에 입소한 것을 비롯하여, 외국인에 대한 차별 철퇴 운동이 일어난 것이다. 이는 일본의 국민국가 틀 주변에 내쳐져 있던 재일코리안 2세들이 일본사회 구성원의 일원으로서 스스로의 존재를 주장하기 시작한 움직임이었다고 할 수 있다(고정자 · 손미경, 2010: 112).

1980년대 초반, 이러한 상황 속에서 이쿠노쿠의 재일코리안 사회에서 새로운 양상이 일어났다. 친척끼리조차도 남(민단)과 북(총련)으로 갈려 거리에서 싸우던 모습을 본 재일코리안 2세, 3세 젊은이들이 마당극으로 함께 어울릴 수 있는 〈이쿠노쿠 민족문화제〉를 준비한 것이다. 동포 간에 초래된 분단 상황을 화해로 회복하고, 민족성을 밝게 하여 일본사회에서 살아가자는 취지에서 내걸었던 슬로건도 정치적 이념이 아닌 "하나가 되어 키워가자! 민족성을! 정신을!"이라고 하는 지극히 정서적인 것이었다(国際高麗学会日本支部 在日コリアン辞典編集委員会編, 2010: 24). 또한 기존의 민족조직에 얽매이지 않기 위해 단체가 아닌 개인자격으로 실행위원회를 결성하고 스스로의 힘으로 축제를 만들고자 했다. 〈문화제〉를 준비하는 과정에서 풍물, 부채춤, 마당극 등의 민족문화를 자연스럽게 배울 수 있었고 축제 장소는 공립일본학교 운동장을 택했다. 추석날에는 민속악기를 연주하는 대열이 조선시장(현 코리아타운)과 그 주변을 행진하면서 모금운동을 벌였고 이를 〈문화제〉의 기금으로 사용했다. 조선시장의 젊은 상인 조직인 한국오사카청년회의소(KJC)와 일본청년회의소(JC)도 1985년부터 지역 활성화를 위한 공동모임을 가지면서 코리아타운 구상을 시작했다. 한국음식 식재료와 상품을 취급하는 점포가 많은 미유키모리도오리(御幸通) 상점가의 특징을 살리면서 조선시장의 재생을 도모하자는 것이었다. 1988년 서울올림픽을 통해 일어난 한식 붐 또한 코리아타운 구상에 일조했으며, 마침내 1991년 오사카 시정부가 중심도로의 칼라포장 보조금 지원정책을 제시함에 따라 코리아타운 구상은 구체화되고 우여곡절 끝에 1993년 '코리아타운'이 공식적으로 만들어졌다(고정자 · 손미경, 2010: 110-114).

그림 3 오사카 이쿠노쿠 코리아타운 전경과 다양한 상점들
자료: 임세정.

오늘날 이쿠노쿠 코리아타운은 한국문화를 알리는 '창(窓)'으로 오사카의 명소가 되었다. 타운 내의 중앙에 위치한 반가공방(班家工房)은 일본인 주부와 학생들의 한류 체험과 김치 담그기 행사가 열리고 있는 이문화(異文化) 교류의 장이 되었다.

2) 심양의 서탑지구 코리아타운

중국 요녕성의 성도(省都)인 심양의 서탑(西塔)[11]은 중국 최대의 코리아타

---

11) 서탑은 청나라가 1645년 사대금강(四大金剛)이 사방을 위압하여 나라를 지키고 백성을 편안하게 하는 호국안민(護國安民)을 상징하는 것으로 사찰과 함께 건립한 심양4탑(동탑, 서탑, 남탑, 북탑) 중의 하

운이다. 심양시정부조차 서탑 거리를 "중국 최대의 조선족 거리이자 미국 LA
에 이어 세계 두 번째의 코리아타운이 형성된 곳"이라고 설명하고 있다.[12]

코리아타운 서탑지구는 직선으로 약 1km의 서탑가(西塔街)를 중심으로
좌우에 조선족과 한국교민들이 거주하는 주거지역과 조선족과 한국인들이
운영하는 상가(특산품, 식당, 미용실, 사우나) 사무실, 민박, 호텔 등 약 1,000여 개 이
상의 업소가 밀집되어 있는 지역이다. 또한 중국조선족 교회의 산증인인 서
탑교회, 유치원, 소학교, 중학교, 직업학교 등 교육기관과 조선족사회의 문화
예술 중심인 심양시조선족문화예술관과 예식장, 서점, 노인회, 병원, 은행,
우체국, 여행사, 그리고 한국의 연합뉴스 심양주재 사무소 등이 위치해 있다.
서탑 거리는 1982년 중국의 개혁개방 정책 이후 농촌거주 조선족들의 도시
진출에 이어, 1992년 한중수교를 계기로 한국인들의 진출이 활발하게 이루
어졌다. 때문에 서탑은 전통적인 조선족집거지에서 한국교민들이 함께 집거
하고 있는 코리아타운으로 발전함으로써, 한국인들도 심양의 '토박이'로 불
릴 정도가 되었다.[13] 그러나 최근 몇 년 사이 서탑의 상가들은 무분별한 투
자와 국내외 경제적 환경의 급변으로 쇠락의 길을 걷고 있다. 무엇보다도 서
탑가 상권의 80%가량이 요식업과 유흥업종으로, 여기에 퇴폐성 문화까지 자
리 잡으면서 이러한 향락문화에 대한 자정이 요구되기도 하는 등 조선족사회
(코리아타운) 내의 문제들도 대두되었다.[14]

심양의 서탑 코리아타운은 2002년부터 심양시정부와 한국총영사관이
공동으로 개최하고 심양한국인(상)회가 주도하는 '심양한국주간'의 공간이기
도 하다.[15] 심양한국주간 행사는 심양시가 투자유치를 목적으로 먼저 제의

나로 연수사에 세워졌다. 수백 년을 내려오는 동안 심하게 훼손된 서탑은 1968년에 철거되었으나
1998년에 복원되었다.

12) 심양시청 홈페이지(http://www.shenyang.gov.cn/web/resource/hlzd-hw/hlzd-hw- 03.htm).

13) 『월드코리안신문』, 2010-7-5. 「서탑 지역은 중국 최대의 코리아타운」.

14) 「코리아타운 1호 '서탑', 이대로 망할 건가?」라는 칼럼과 함께, "서탑이 망해야 조선족사회가 산다"라는
자조적인 말이 나오기조차 했다.

하고 한국 측이 이를 적극 활용하는 모양새를 취한 행사였다. 심양시의 적극적인 관심과 지원에 따라 심양시조선족문화예술관도 적극 참여했으며, 2004년부터 문화행사도 확대해 2005년 한국주간 행사는 서탑의 특설무대에서 성남 예총 예술단, 인천 연수문화원 예술단, 진주 국악진흥회 예술단, 대구 태권도협회 시범단 등의 문화예술 공연이 있었다(강위원, 2008: 334-335).

'한국주간'은 심양을 시작으로 중국 각 도시로 확산되어 중국 내 한류 확산에 많은 기여를 했다고 평가받고 있다. 또한 심양의 조선족사회에서도 '한국주간' 행사에 참여하지 못하면 소외의식을 느낄 정도로 '한국주간' 행사는 심양시와 심양의 한인(조선족, 한국인)사회의 자부심이기도 했다. 다음의 글은 2006년 제5회 '한국주(韓國週)'를 겪은 이후 심양조선족 사회를 대변할 만한 내용이다(태산, 2006: 1).

> 5년 전 〈한국주〉가 처음 시작될 때 심양조선족으로서 〈한국주〉 행사에 참여하지 못하면 어쩐지 소외된 느낌이었다. 하다못해 로천공연을 관람하거나 서탑 거리에 가서 꿀떡 하나라도 사먹어야 마음에 위안이 되던 기억이 생생하다. 어느덧 5회를 넘긴 〈한국주〉 행사는 심양조선족에게 더는 로천공연을 관람하는 정도의 구경거리가 아니라 생활과 사회활동의 곳곳에 깊이 침투된, 외면할 수 없는 그리고 외면해서는 안 되는 중요행사로 부상했다.

그러나 오늘날 '한국주간' 행사는 이미 심양시의 관심에서 멀어져 시정부 산하 기관인 심양시조선족문화예술관의 사업활동에서 아예 제외된 상태였다. 과거 '한국주간' 행사에 통역으로 일한 바 있는 심양 제1조선족중학교 서정순 교사도 최근 심양의 '한국주간'은 조선족 사회의 관심에서 멀어진 상태라고 증언했다.[16]

---

15) 2009년 제8회는 심양화학궁, 2010년 제9회는 올림픽 축구경기장에서 개최되었으나, 서탑을 살려야 한다는 여론 등으로 2011년 제10회 대회는 다시 서탑에서 개최되었다.
16) 심양시조선족문화예술관 문종선 관장과 심양시 제1조선족중학교 서정선 교사와의 대화(2011. 8. 16).

그림 4 제12회 심양시 조선족민속절 행사

2009년 제8회 행사가 KBS〈전국노래자랑〉추석특집으로 9월에 개최된 것을 제외하고, 7월이나 5월에 열린 한국주간 행사는 한국의 이월상품을 처리할 수 있는 좋은 기회이지만, 한국문화를 알리는 음식판매는 부진했다. 값싼 중국음식에 사람들이 몰린 것이다. 결국 먹거리행사는 이득을 보지 못하고 우리문화도 알리지 못했다(신춘호, 2011: 204-207). 이는 1995년부터 서탑의 조선족학교 운동장에서 개최되어온 '심양시 조선족민속절' 행사와 비교할 때 더욱 그러하다.

1994년 봄, (사)해외한민족연구소 이윤기 소장은 당시 심양시 조선족문화예술관 변시홍 관장에게 제안했다. "우리 함께 우리 민족의 민속절을 진행해 봅시다. 이 민속절은 단순한 문화행사가 아니라 우리 민족의 얼을 고수하여 우리 민족단합의 장이 될 것입니다. 매년 9월 세 번째 토요일에 행사를 가집시다. 아마 한 10년쯤 하노라면 심양시 조선족의 제일 큰 명절이 될 것입니다." 양측의 협력으로 2003년까지 심양에서 9차 행사가 진행되었는데, 매년 9월이 되면 심양의 조선족사회는 민속절 날을 손꼽아 기다리게 되었다. 민족의 명절날이자 만남의 장이 되었기 때문이다. 요녕성의 다른 도시들에서 민속절 행사를 진행해달라고 요청하자 민속절 행사는 2004년부터 요녕성 조선족민속절 행사로 격상되었다. 2004년 제1회는 무순시, 2005년 제2회는 단동시, 2006년 제3회는 환인현, 2007년 제4회는 안산시, 2008년 제5회는 다시 심양시 순서로 진행되었는데, 민속절 행사에 농촌에서는 촌별 1개팀, 도시에서는 가구나 기업이 1개팀, 중학교는 학교별로 1개팀, 소학교는 1개구에서 1개팀 등 매년 20~30개 팀이 참가한다. 행사내용은 전통민속시합, 취미체육경기, 광장춤놀이, 전통음식전시 등 네 가지이다(변시홍, 2008: 202-204).

(사)해외한민족연구소는 1995년 이래 요녕성 조선족민속절 행사를 매년 계속 지원해왔으나, 최근 조선족민속절 행사는 심양조선족기업인회가 중한경제문화교류협회를 통해 지원하고 있다. 기업인의 문화행사 지원이라는 이른바 '심양현상'을 일으킨 주역들이다. 한국의 지방정부나 문화예술단체들도 참여하고 있다. 그러나 동북3성은 한중관계뿐만 아니라 남북관계에도 중요한 지역이다. 따라서 지역 내 한민족 전체가 어울릴 수 있는 규모가 큰 조선족민속절 행사에 한국사회의 보다 적극적인 참여도 필요한 시점이다. 조선족 문화예술행사의 지원은 중국 내 조선족의 위상을 높이는 것뿐만 아니라 '역사적인 조국'인 한국의 국가이미지 제고에도 기여하기 때문이다. 아울러 중국과 한국 양측이 공유할 수 있는 새로운 문화콘텐츠 개발로 이어질 수 있기 때문이다.

4. 한국문화의 허브로서의 재외한인사회

2010년 6월 5일 우즈베키스탄 동부 페르가나 주의 페르가나 시 알파르고니 공원 야외무대에서는 페르가나 주 고려인협회가 주최한 단오축제가 개최되었다. 〈그림 5〉에서 볼 수 있듯이, '여러분 단오를 축하합니다!'라고 '단오'를 언급하고 사회자가 한민족의 단오명절을 소개하지만, 한국의 단오명

그림 5 페르가나 고려인협회의 단오축제
자료: 페르가나 고려인협회.

절에서 볼 수 있는 축제내용은 없다. 고려인협회장의 인사와 지방정부 민족문제부 장관의 축사에 이어, 한민족명절 때마다 늘 나오는 몇 가지 한국춤과 한국, 러시아, 우즈베키스탄 노래, 그리고 한국어를 배우는 초중고학생들과 태권도 수련생들이 출연하여 프로그램을 진행한다. 또한 초청받은 타민족 공연팀도 순서에 따라 등장한다. 우즈베키스탄 특산인 체리가 나오기 시작하는 초여름 고려인의 단오축제는 사실상 '한국문화의 날'로 여겨질 정도로 페르가나 사회에 한국을 알려온 행사 그 자체였다.

2010년 10월, 필자는 오사카시 태양의 광장에서 개최된 제26회 '원 코리아 페스티벌'에 참여했다. 처음에는 '통일운동'으로 시작했으나 지금은 '다문화 공생의 장'으로 자리매김한 오사카의 명물 '원 코리아 페스티벌'은 차별 속에서도 민족문화를 지켜온 이쿠노쿠 조선시장에서 태어나고 자란 재일코리안 정갑수와 그의 동료들에 의해 시작되었다. 많은 사람들이 모일 수 있는 장소 때문에 처음에는 오사카성 야외음악당, 이후에는 오사카성 태양의 광장 등에서 모여왔다. 1999년 제15회 대회는 이쿠노쿠에서 개최하기도 했다(손미경, 2011: 309-348 참고). 이쿠노쿠의 코리아타운이 한국문화의 허브요, 다문

그림 6 아라디조선족민속촌 고추문화축제 공연모습
자료: 리광평.

화 공생의 장이 된 것도 '원 코리아 페스티벌'이 신한국인 이주자(뉴커머), 지역의 일본인과 거주 외국인, 한국과 중국 등 이웃 아시아인들이 함께 모이는 축제의 장으로 발전되어온 것이 적지 않은 역할을 한 것으로 평가할 수 있다.

2011년 6월 4일 중국 길림시 북산공원에서 길림시문화국, 길림시민족사무위원회가 주관하고 길림시조선족군중예술관이 주최한 길림시 제10회 조선족민속문화제가 성황리에 개최되었다. 이날 아침부터 삼삼오오 밀려들기 시작한 인파로 북산공원은 북새통을 이루었다. 오전 9시, 초만원을 이룬 주행사장 민속문화제 개막식에 영길현, 교하시, 화전시, 서란시, 반석시 및 길림시 조선족사회 각계 대표팀이 질서 정연하게 입장을 하고 이어서 대형 광장무가 펼쳐졌다.[17]

길림시 지구는 연변조선족자치주를 제외한 길림성 내 조선족의 최대 거주지이다. 2011년 9월 25~27일, 한때 중국조선족사회의 이상향으로까지 평

---

17) 『길림신문』. 2011-6-5. 「만남의 장: 길림시조선족민속문화제 개막」.

가받다 근래 다른 조선족 농촌마을과 마찬가지로 쇠락의 길을 걸어온 길림시 용담구의 아라디조선족촌에서는 '길림·아라디조선족민속촌 제1회 고추문화축제'가 열렸다.[18] 아라디촌정부와 축제를 공동개최한 길림시조선족군중예술관의 전경업 관장은 아라디조선족촌을 길림시지구의 가을 조선족민속문화축제의 장으로 발전시킨다는 의지를 표명했다.[19]

1982년 개혁개방 정책과 1992년 한중수교의 영향으로 중국조선족 농촌사회가 급격히 해체된 이후, 산재지구 조선족사회의 구심점으로 대규모 문화예술행사를 조직할 수 있는 조선족사회의 문화(예술)관이 중요해졌다(전경업, 2007: 14-17). 심양시의 추석 시기 조선족민속절 행사나 길림시의 단오 시기(토, 일요일 2일간 진행) 조선족민속문화제 등은 산재지구 조선족사회의 각 단체들을 연결시켜줄 뿐만 아니라, 중국사회에 한민족의 전통문화를 매개해주는 역할을 하고 있음을 보여주는 좋은 사례이다.

결론적으로 한국의 국가이미지, 국가브랜드 가치의 상승에 코리아타운을 중심으로 한 재외한인사회의 문화예술행사가 중요하다. LA 코리아타운, 오사카 이쿠노쿠 코리아타운, 심양의 서탑 코리아타운뿐만 아니라 한민족의 전통문화행사를 치를 수 있는 세계 각처의 재외한인사회의 문화예술행사가 중요한 이유가 여기에 있다. 지역에 따라 형편이 다르지만, 한국 정부와 지방정부 및 문화예술단체들의 관심과 지원이 필요한 때이다. 재외한인사회는 한국문화의 허브 기능을 수행하고 있다. 한국의 문화를 먼저 수용하고 또 이를 거주국에 전하는 발신지이기 때문이다. K-POP 이외에 또 다른 '신한류'는 언제든지 가능하다. 특별히 한국문화가 좋아 한국을 찾는 세계의 한류 팬들에게 그들이 거주하는 국가와 지역에서 한민족의 전통생활문화와 한국인의 따뜻함을 바로 전해줄 수 있는 체험행사와 저비용의 공연 또한 한국의 국가이미지를 더욱 상승시킬 수 있을 것이다.

---

18) 『길림신문』. 2011-9-26. 「아라디조선족민속촌에 고추향 날린다」.
19) 길림시조선족군중예술관 전경업 관장.인터뷰. 2011년 9월 24일.

참고문헌

강위원. 2008. 『조선족의 문화를 찾아서: 중국 동북삼성 조선족 민족향의 영상인류학적 기록』. 역사공간.
이쌍규. 2006. 『못다 이룬 꿈』. 집문딩.
장윤수. 2010. 『코리안 디아스포라와 문화 네트워크』. 북코리아.
조오지 타튼 3세와 에릭 샤크만 엮음. 1994. 『위기의 코리아타운: 1992년 Los Angeles 폭동 후 한국
　　계 미국인 사회의 새로운 방향』. 변주나 역. 다해.
國際高麗學會日本支部 在日コリアン辭典編集委員會編. 2010. 『在日コリアン辭典』. 明石書店.

고정자 · 손미경. 2010. 「한국문화 발신지로서의 오사카 이쿠노쿠 코리아타운」. 『글로벌문화콘텐츠』 제5호.
김기덕. 2005. 「문화원형 디지털콘텐츠화사업의 사회적 효용」. 『인문콘텐츠』 제5호.
김진영. 2011. 「이주공동체를 활용한 다문화콘텐츠 개발 방안 연구」. 한국외국어대학교 박사학위논문.
변시홍. 2008. 「밖에서 본 해외한민족연구소(나와 해외한민족연구소)」. 『韓民族共同體』 제16호.
손미경. 2011. 「오사카 원 코리아 페스티벌: 통일운동에서 다문화 공생의 장으로」. 『재외한인연구』 제23호.
신춘호. 2011. 「심양 코리아타운 '서탑'과 한국문화: 심양한국주간과 글로벌한상대회의 경우」. 『재외한인
　　연구』 제24호.
임영상. 2006. 「'문화콘텐츠 개발'과 인문학: 전국대학문화콘텐츠학과협의회(문콘협)의 발족」. 『인문콘
　　텐츠』 제6호.
＿＿＿＿. 2008. 「우즈베키스탄 고려인의 전통명절과 문화콘텐츠」. 『재외한인연구』 제20호.
＿＿＿＿. 2011. 「재외한인사회와 디지털콘텐츠」. 『재외한인연구』 제23호.
전경업. 2007. 「산재지구 대중문화예술의 현황, 문제점 및 향후 대책」. 『예술세계』 제5호.
정희숙 · 이영미. 2011. 「중국의 신 농촌사업과 길림시 아라디 민속촌」. 재외한인사회와 다문화 국제학술
　　회의 발표논문.
태산. 2006. 「〈한국주〉가 우리에게 다가오는 이미지」. 『심양조선족』.

『길림신문』, 『미주한국일보』, 『연합뉴스』, 『월드코리안신문』, 『조선일보』, 『코리아타운데일리』, 『타운뉴
스』, 『LA 중앙일보 코리아데일리』

심양시정부: http://www.shenyang.gov.cn/web/resource/hlzd-hw/hlzd-hw-03.htm

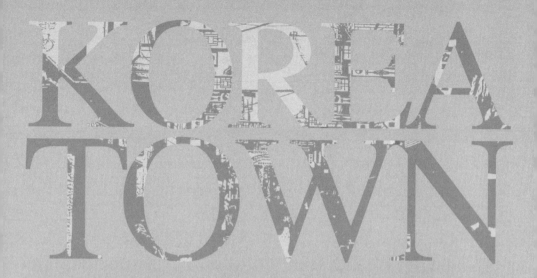

KOREA TOWN

Part 1

미국의 코리아타운

로스앤젤레스 코리아타운의 발전과 한국문화

김진영 (한국외국어대학교 문화콘텐츠학 연계전공 겸임교수)

1. 서론

캘리포니아주의 로스앤젤레스(이하 LA)는 연중 온화한 날씨와 아름다운 풍광을 자랑하는 미국 제2의 도시로서 서부의 관문이기도 하다. LA에는 다운타운 인근의 코리아타운을 비롯하여 차이나타운이나 리틀도쿄, 멜로즈(Melrose) 지역의 유태인 타운처럼 소수민족의 공동체가 잘 발달되어 있는데, 이는 히피의 발상지다운 자유로운 지역 분위기, 일자리가 많은 대도시라는 점과 더불어 이민자를 끌어들이는 요소로 작용한다. 2010년 인구센서스를 참고하면, LA 시의 총인구 379만여 명 가운데 백인은 188만여 명으로 절반에도 채 미치지 못하는 것으로 드러났다. 따라서 적어도 LA에서 만큼은 백인이 소수인종이라 해도 과언이 아니다. 그만큼 히스패닉을 비롯한 소수민족의 집거지로서 LA는 미국의 다인종, 다문화를 표상하는 대표적인 도시라고 할 수 있다.

1958년 존 F. 케네디(John F. Kennedy)가 이민자의 나라(A Nation of Immigrants)로 규정한 이후 대규모 이민의 단초를 마련한 미국은 현재까지도 다문화국가의 상징처럼 인식되고 있는 것이 사실이다. 그러나 미국의 이민 역사는 일

관련 정책보다는 때로는 차별과 배제의 논란 속에서 일련의 이주 단계를 거쳐 형성되었다. 이 과정에서 미국 정부는 20세기 중반까지 소수 문화에 대한 존중보다는 서유럽이나 북유럽계 백인이 주도하는 미국식 문화에 동화를 요구하거나 인종차별적인 정책들을 제정하는 등 문화다양성을 위해하는 많은 시행착오를 겪으면서 정치·사회면에서 이민자에 대한 저항과 포용을 두루 경험해 왔다.

그러나 애리조나 주의 이민법[1]에서 보듯, 이주자에 대한 배제와 수용의 역사가 정치·사회적 맥락 속에서 끊임없이 반복되어 왔음에도 불구하고 미국이 굳건히 고수하고 있는 것은 이민자 통합 정책의 기저라고 볼 수 있는 자유방임주의(Laissez faire)적인 소수민족정책이다. 이는 미 정부가 1930년대 대공황을 겪고 나서 경제 정책을 다시 정부가 주도하는 '간섭주의'로 전환한 것에 비추어보면, 소수민족정책만큼은 사회적 요구에 임기응변식으로 대응하기보다는 굳건하고 정태적(靜態的)인 통치 철학에 의하여 그 뿌리가 이어져 오고 있다는 방증이기도 하다. 미국의 수정헌법 제1조에도 나타나 있듯이, 자유와 인권을 숭상하고 최고의 가치로 여기는 미국의 정책이 집약적인 코리아타운의 형성을 가능하게 했다는 점에서 한국적 이주공동체의 개발과 활용의 방향을 설정하는 데 미국 내 이주공동체의 발전 사례는 중요한 이론적·실제적 틀을 제공할 수 있을 것이다.

미국에 살고 있는 한국의 이민자들은 본국의 일반적 문화 전통을 옮겨 왔으며 시간이 경과됨에 따라 새로운 사회, 문화적 조건하에서 점진적으로 자신들을 한국계 미국인, 즉 미국 내 하나의 소수민족 집단으로 변모시켜 가고 있다. 이와 같은 맥락에서, 코리아타운은 소수민족의 정체성을 지켜나가면서 동시에 주류 사회에서 성공적으로 적응하고 있는 모범적인 이주공동체

---

1) 2010년 애리조나(Arizona) 주 정부는 체류 신분이 의심스러운 이민자들을 불심 검문해 체포할 수 있는 권한을 경찰에게 부여하고, 불법 이민자로 드러날 경우 강제 추방하는 등의 내용이 들어 있는 강력한 이민법을 제정한 바 있다.

라고 해도 과언이 아닐 것이다. 따라서 이 글에서는 미국의 주류 사회에서 위상을 높이고 있는 LA의 코리아타운의 형성 과정을 살펴보고 문화적 가교이자 이주공동체의 성공적인 역할 모델로서 그 시사하는 의미를 파악해보고자 한다.

2. 코리아타운의 형성 배경 및 현황

1) LA 시의 한인커뮤니티 현황

미국의 건국 초기에는 앵글로색슨을 대표하는 영국과 아일랜드계 및 북유럽인들의 이민이 주를 이루었다. 1880년과 1920년 사이에는 유태인과 이탈리아인들이 대규모로 이민하였다. 그러나 1924년 제정된 출신국적법(National Origins Act)은 국민들의 출신국가의 비율대로 이민을 할당하는 차별적인 제도를 시행하면서 초기 이민의 대다수를 차지한 백인계를 우대하고 아시아계의 유입을 막았다.

아시아계 이민에 대한 쿼터제는 1965년 이민 국적법이 개정되면서 폐지되었으며, 그 결과 한국인을 비롯한 아시아계와 중·남미인들의 본격적인 이민은 1960년대 후반부터 시작되었다. 그러나 '언어의 장벽이 없는 영국계를 비롯하여 대부분의 백인 유럽계 이민자들이 미국이 형성한 정치, 경제, 사회, 문화적 체제와 쉽게 통합'한 것에 비해 아시아계를 위시한 기타 소수민족 이민자들은 민권운동의 영향으로 유색 인종에 대한 적대감에서 어느 정도 자유로워지기는 했으나 여전히 이방인이라는 인식을 떨치기는 힘들었다.

그럼에도 불구하고 전통적인 우방인 미국에 대한 호감과 완화된 이민법의 통과로 인해 한국 이민자의 숫자는 1965년 이후 급증하기 시작한다. 미국통계국(U.S. Census)에 따르면, 미국 내 한인의 수는 1970년에 7만 598명으로부

표 1 LA 시의 인구 구성

(단위: 명, %)

인종	인구수	비율
백인	1,888,158	49.8
히스패닉	1,838,822	48.5
아시안 소계	426,959	11.3
인도	32,996	0.9
중국	66,782	1.8
필리핀	122,787	3.2
일본	32,619	0.9
한국	108,282	2.9
베트남	19,969	0.5
기타	43,524	1.1
흑인	365,118	9.6
아메리칸 원주민	28,215	0.7
총계	3,792,621	100

자료: U.S. Census 2010.

터 1985년 54만 2,400명으로, 그리고 1990년에는 67만 8,801, 2010년에 145만 6,076명으로 급속히 늘어났다. 이들 중 상당수는 초기 이민 생활을 영위하기가 상대적으로 수월한 뉴욕, 로스앤젤레스, 호놀룰루 등 몇몇 관문 도시(gateway cities)에 집중 거주하는 형태를 보여주고 있다.

　　LA 시 관내 인구 구성비를 보면, 단일 인종이 두 개 이상의 인종보다 압도적으로 높아 전체 인구의 97.2%를 차지하고 있으며, 아시아계는 11.3%로 히스패닉계(Hispanic) 주민에 이어 흑인을 제치고 두 번째로 많은 인종으로 나타났다. 한인들의 숫자는 아시아계 주민 중 필리핀과 중국에 이어 세 번째인 2.9%를 차지하고 있는데, 2010년 현재 미국에 거주하고 있는 한인 1세와 1.5세의 인구는 142만 3,784명으로, 총 이민자의 3.5%로 나타난 것에 비추어보면 LA 시내 한인의 인구 구성비를 전국적인 개념으로 확장하여도 비슷한 양상을 보이고 있는 것으로 해석할 수 있다. 60년대 이민 초기 1만 1,000여 명에 불과하던 한인들은 40년 만에 100배 가까이 늘어났는데 이민 역사가 길어지면서 최근에는 본국보다는 미국에서 태어난 한인 인구가 점차 증가하고 있는 추세이다. 사실 재미한인의 숫자는 미국에서 태어난 한인이나 영구 이민을 목적으로 하지 않는 유학 및 사업 목적의 장·단기 체류자 또는 인구센서스에 소극적인 불법체류자를 포함한다면 현재 200만 명을 상회하는 것으로 추산되고 있다. 이처럼 미국 거주 한인의 폭발적인 증가는 의미 있는 소수민족으로서 미국 내 정치력 향상에 밑거름이 되고 있다.

2) 코리아타운의 형성과정

LA 코리아타운은 사실 1905년 남캘리포니아 대학(University of Southern California) 근처 제퍼슨 블러바드(Jefferson Boulevard)에 한인 장로교회(Korean Presbyterian Church)의 설립이 효시라 할 수 있다. 1962년 한국에서 이민법이 제정되고, 1965년 미국 내의 이민법이 개정되어 가족관계와 직업 기술이민으로 한인이 유입되면서 상대적으로 저렴하고 도심과 접근성이 용이한 LA의 올림픽가(街)에 한인의 자영업체와 거주지가 늘어나기 시작하였다.

발전 초기에는 동서로 버몬트가(Vermont Ave.), 웨스턴가(Western Ave.), 남북으로 올림픽가(Olympic Boulevard)와 8번가(8th Street) 사이를 코리아타운이라고 하였다. 이후 계속된 한인들의 유입으로 1970년에는 약 1만 명이, 1975년에는 약 6만 명이 거주하고 있었고, 1970년대 중반까지 70개의 한인교회가 설립되었으며, 12개의 불교 사원, 100여 개가 넘는 이민 조직체들이 형성되었고 1,400여 개의 소규모 한인 상점이 만들어졌다.

LA 코리아타운은 미국 내 최대의 한인 상가 밀집지역으로, 넓게는 LA 카운티 북부에 위치한 노스리지(Northridge)에서 동쪽의 하시엔다 하이츠(Hacienda Heights), 남쪽으로는 세리토스(Cerritos)와 LA 도심의 올림픽가(Olympic Blvd)와 그 인근에 산재한 한인 주거지를 가리키는 경우도 있으나, 이곳은 한인들의 거주 지역이라기보다는 히스패닉이나 흑인 등 소수민족 거주 지역에

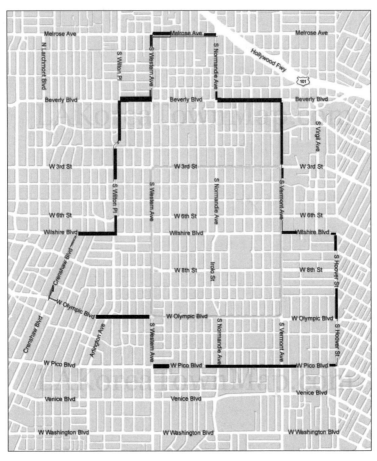

그림 1 수백 블록에 달하는 면적을 차지하고 있는 LA 코리아타운
(검은선으로 그어진 경계선)

한인 기관, 단체 및 상업 서비스업체가 밀집 분포한 상업지구(commercial area)
라 지칭하는 것이 타당할 것이다. 타운 내에는 2005년 현재 3,200여 개의 한
인 소유 상점이 들어서 있다. 한인사회의 자영업 비율은 23%로, 타 아시아민
족에 비하여 두 배 이상 높으며 LA 카운티 전체 평균인 7.8%보다도 세 배가
량 높다.

1970년대 후반 이후 한인의 이민이 증가하면서 자영업체의 분포 지역

그림 2 2012년 올림픽가에서 열린 코리아타운 퍼레이드

은 동서로 윌턴가(Wiltern Place)와 후버가(Hoover Street), 남북으로는 피코가(Pico Blvd)와 비벌리가(Beverly Blvd)까지 확대되었다. 이에 따라 월셔가(Wilshire Blvd)와 웨스턴 교차로(Western Ave)를 중심으로 3km 범위 내에 형성된 지역을 구(舊)코리아타운, 후버가−워싱턴가(Washington Blvd)−산타모니카가(Santa Monica Blvd)까지 뻗어나간 지역을 신(新)코리아타운으로 구별하기도 한다.

1990년대에 들어오면서 다섯 개의 우편번호(90020, 90007, 90006, 90005, 90004)를 공유하는 넓은 지역으로 성장하게 되는데 많은 한인 식품점, 세탁소, 의류 제조 및 봉제업체를 포함한 각종 제조업체와 서비스업체뿐만 아니라 대한민국 총영사관과 한국문화원을 비롯한 공공기관, 봉사기관, 종교단체, 방송 및 신문사, 의료기관 등이 분포하며, 도산(島山) 안창호(安昌浩) 선생을 기념하는 도산광장이 있다.

LA 코리아타운에는 현재 2만 명 이상의 한인이 거주하나, 전체 거주민의 절반 이상이 히스패닉계이고 한인은 다른 아시아계 민족에 비해 적어 전체 주민의 26% 정도에 그치고 있다. 비영어 사용 주민이 절반 이상이며, 이민자가 3/5 이상을 차지하는 독특한 문화권을 형성한다. 코리아타운을 구심점으로 한인사회의 정치적 위상은 점차 높아가고 있다. 이민 역사가 길어지면서 정계 진출이 늘어나는 것은 물론, 뜨거운 교육열을 바탕으로 한인들의 전문직 진출도 활발해지고 있다. 1990년대에 들어서면서 30, 40대로 장성한 이민 1.5세들이 의사, 변호사, 사업가, 공인회계사 등으로 많이 진출하면서 업종 면에서 다양화하는 경향을 보이고 있다. 코리아타운은 50만 명 이상이 거주하는 남캘리포니아 한인사회의 중추적 역할을 하며 이민자들에게 각종 생활 정보를 제공하고 있다. 2009년에는 코리아타운 내 올림픽 경찰서가 새로 생기고 한인 경찰관들이 다수 채용되어 보다 안전한 코리아타운을 만들어 나가는 데 큰 힘을 보탰다.

타운 내 행사는 여러 한인 단체들이 자발적으로 조직하여 시행하고 있다. 예컨대, 한인공동체의 단합을 도모하고 문화정체성을 유지하기 위해 1974년 이후 매년 추석을 전후하여 한인 축제가 열리고 있다. 축제는 질적, 양적 성장을 거듭하여 2010년 행사에 약 30만 명 이상이 참가한 것으로 집계되어 한국의 전통문화를 미국인과 타 소수민족에게 소개하는 첨병 역할을 톡톡히 하고 있는 셈이다. 많은 행사 중에서 특히 코리아타운 퍼레이드는 LA 지역의 학교, 공공기관, 민간단체, 상인 연합회 등 직간접적으로 코리아타운과 밀접한 관계를 맺고 있는 다양한 주체들이 참여하여 명실공히 대표적인 지역축제로 발돋움하고 있다.

3) LA 코리아타운의 문화콘텐츠

(1) LA 한인축제

한국의 문화를 미국사회에 알리고 재미한인의 위상을 제고하는 LA 한인축제는 2012년 현재 39회째를 맞이하는 문화축제이다. 한인사회는 1999년 비영리단체인 LA한인축제재단을 설립하여 축제의 준비과정에서부터 기금 마련, 콘텐츠 개발에 이르기까지 세심한 노력을 기울여 오고 있다. 2012년 축제에는 역대 최대 규모인 200여 곳의 한국 지자체 및 수출 지원기관이 참여했다. 전야제와 개막식에는 경상북도 도립국악단의 공연과 안동 하회별 신굿 탈놀이 공연이 펼쳐졌다. 이어서 한국에서 온 로봇공연과 강남스타일 플래시몹, 다인종 전통공연 등 다채로운 공연이 나흘간 이어졌다. 또한 한류 스타의 출연 및 현지 한인 예술단체들의 다양한 공연까지 더해져 다채로운 볼거리가 제공되었다.

축제에서는 독도를 두고 한·일 간 미묘한 신경전이 지속되고 있는 가운데 독도를 적극적으로 알리기 위해 홍보관을 설치하였다. 이로써 한인1세는 물론 2세 및 타민족에게까지 독도를 알리는 데 앞장섰다. 역대 최대 규모로 개최된 농수산특산물 엑스포에서 내방객은 고국에서 건너온 다양한 먹거리를 마음껏 즐길 수 있었다.

이와 같이 LA 한인축제는 한인사회의 문화를 외부로 발현시키는 중요한 도구이자 한인의 정체성을 유지할 수 있는 소중한 유산으로서 다양한 축제를 통해 한인사회 내 세대 간 간극을 줄이고 주류사회에 한인사회를 알리는 역할을 하고 있다. 매년 추석 전후에 열리는 한인축제의 세부 일정을 살펴보면 2012년 축제의 경우, 10월 3일부터 7일까지 5일간 코리아타운 인근 곳곳에서 열렸으며, 2011년에 이어 한국의 국군교향악단이 초청되는 등 약 45만여 명이 관람한 것으로 추산된다.

〈표 2〉의 프로그램 세부 내용에서 보듯이, 5일간의 일정 중 대부분이 전시와 공연 위주의 콘텐츠에 집중되어 있어 관광객이 한국문화를 체험하고 배울 수 있는 기회가 다소 부족한 편이다. 또한 축제 준비의 미비로 일부 대회나 공연이 취소되거나 시간이 미루어지는 바람에 상당수의 관람객이 발길을 돌리는 일도 발생하였다. 이밖에도 태권도 공연이나 한국의 유명 연예인의 공연에 몰려든 인파에 비해 주최 측에서 준비한 좌석의 수가 턱없이 부족했다.

매년 늘어나는 관람객을 수용할 주차장과 제대로 교육받은 자원봉사자

표 2 2012년 축제 프로그램 세부일정

날 짜	프로그램
10월 3일	축제 전야제, 한국 한복공업협동조합의 한복패션쇼, 경북도립국악단 태평무 · 부채춤 · 판굿 공연, 안동 하회탈춤
10월 4일	한복패션쇼, LA한인축제 개막식
10월 5일	K-pop 및 춤 경연대회, 키즈 아이돌 탤런트쇼(어린이 장기자랑), 연예인쇼
10월 6일	장수무대, 청소년 탤런트쇼, 제39회 코리안퍼레이드
10월 7일	무술공연 페스티벌, 비보이 댄스 배틀, 로봇 공연, 아시아전통무용 비단과 천둥, 미스하이틴 선발대회, 폐막공연 태권무무 '달하'
10월 3~7일	축제 마스코트 삽살개 체험, 도자기 체험, 로봇 체험, 키즈 파빌리온(민속놀이, 종이접기, 한복체험, 페이스페인팅), UNICEF TAP 프로젝트(유니세프 기부 활동)

자료: 한인축제재단.

확보의 문제도 개선이 필요하다. 특히, LA의 9월은 섭씨 30℃를 오르내리는 데 비해 행사장에 쏟아지는 햇볕을 피할 휴식공간이 없는 점 등이 문제로 지적되고 있다.

또한 미국 내 한류의 영향력이 커지고는 있으나 아직은 일부 마니아층에 국한되어 있는 만큼 한국의 연예인을 비롯한 대중예술인의 공연을 대표적인 한국문화로 내세우기보다는 전통문화, 음식이나 복식과 같은 생활문화 체험 등 다양한 분야에서 한국의 문화를 즐길 수 있는 방안을 모색할 필요가 있다. 아울러 오바마 대통령이 한국의 우수한 교육콘텐츠를 여러 번 언급하면서 미국에 우리 교육의 장점이 널리 알려진 바 있다. 이에 따라, 중고생 스펠링 비 대회 또는 암산 대회 등 한인의 학문적 우수성을 보여줄 수 있는 교육관련 축제 콘텐츠의 개발도 검토할 수 있을 것이다.

(2) 문화접변의 발상지: 코리아타운

사실 코리아타운을 둘러보는 것만으로도 한국의 어느 거리를 걷고 있는 것만큼 이국적인 정취를 느낄 수 있다. 하지만 다양한 한국의 문화를 좀 더 알리기 위한 관광명소가 속속 들어서고 있다. 코리아타운 내 문화콘텐츠는 미국문화와 한국문화를 잇는 문화접변의 첨병으로서 코리아타운의 문화적 위상을 높이고 한국의 문화를 새롭게 볼 수 있는 기회를 제공하고 있다. 다음은 타운 내 대표적인 문화센터와 시행 프로그램이다.

① 코리안 아메리칸 박물관(Korean American Museum)[2]

재미한인의 이민 역사를 조명하는 이 박물관은 규모는 크지 않지만 전시물의 질과 양적인 측면에서는 괄목할 만한 성과를 자랑한다. 한국의 역사, 예술, 재미한인의 비즈니스에서 종교의식에 이르기까지 다양한 전시가 진행된다. 문화다양성을 제고하는 강좌를 열고 있으며 문학작품, 영화 등도 꾸준히 소개하고 있다.

② 한국문화센터(Korean Culture Center)[3]

문화체육관광부의 산하기관으로 한국의 문화, 역사, 예술, 사회, 관광자원 등을 미국사회에 널리 알리는 역할을 해왔다. 한국문화센터(KCCLA)는 정기적으로 다양한 전시 활동 및 행사를 통해 한국문화를 지역주민에게 소개하고 있으며, 해외 도시 중 최대 규모의 문화센터로서 한국어를 배울 수 있는 세종학당을 위시하여 미국인 교사를 위한 한국의 역사 및 문화 강좌, 견학, 단체교육, 예술 공연, 영화, 연극 감상 등의 프로그램을 운영하고 있다. 한국의 문화적 배경지식을 얻을 수 있는 데 적합한 곳이다. 2012년부터 문화 PD를 파견하여 각종 한국문화 행사와 공연, 전시 등을 영상으로 제작하고, SNS 홍보 업무를 담당하고 있다. 이들이 제작한 콘텐츠는 문화부 문화포털과 유튜브, IPTV, KTX 운행방송 등에서 실시간으로 제공된다. 이는 한류 확산 현

---

[2] www.kamuseum.org, 주소: 3727 West Sixth Street, Suite 400, Los Angeles, CA, 90020.

[3] www.kccla.org, 주소: 5505 Wilshire Blvd., Los Angeles, CA 90036.

장의 소식을 신속히 전하고, 미국인에게는 한국문화를 보다 심층적으로 홍보해 한류 확산의 기반조성에 이바지한다는 점에서 의의가 크다.

③ LA 한국교육원(Korean Education Center)[4]

한국교육원은 재미한인과 그 자녀들에게 한국의 언어, 문화, 역사 등을 교육함으로써 한국인으로서의 자긍심과 정체성을 함양하기 위한 목적으로 설립된 교육기관이다. 한국의 교육과학기술부의 지원과 남캘리포니아 지역 한인들의 성금으로 세워졌으며, 다양한 교육프로그램과 한인 대상의 교육사업을 추진하고 있다. 청소년과 성인대상의 한국역사 및 이민사 특강, 사물놀이 체험, 민속놀이 체험, 서예, 전통미술, 한국화, 한국영화, 바둑 등의 프로그램을 시행하고 있다.

④ 한미연합회(Korean American Coalition)[5], 한인청소년회관(Koreatown Youth and Community Center)[6]

이들 비영리단체에서는 한인 1.5세 및 2세뿐만 아니라 지역 청소년을 대상으로 학업 지원, 직업교육, 리더십 강화교육, 가정문제상담, 비행청소년 상담, 지역 내 자원봉사 활동 등 다양한 프로그램을 시행하고 있다.

그림 3 한인청소년회관의 나무심기 행사에 참여하고 있는 청소년들

---

4) www.kecla.org, 주소: 680 Wilshire Place, Los Angeles, Suite 200, CA 90005.
5) www.kacla.org, 주소: 3540 Wilshire Blvd., Suite 911, Los Angeles, CA 90010.
6) www.kyccla.org, 주소: 3727 West 6th Street, Suite 300, Los Angeles, CA 90020.

3. 코리아타운의 발전 및 위상

　재미한인사회와 같이 디아스포라(diaspora)의 인적, 물적 네트워크는 국제화시대를 맞아 나날이 중요해지고 있다. 이러한 관점에서, 2010년 6월에는 경상북도 포항시가 관내 대표적인 축제인 '불빛축제'와 문화관광자원을 LA 코리아타운과 연계하여 교류하는 것을 주요 내용으로 하는 문화관광국제교류 업무협약서를 체결한 바 있다. 세부 내용에는 LA 코리아타운의 한인축제 기간 동안 포항의 문화, 축제, 특산물 등을 홍보하고, 상호 간에 인적, 물적 교류를 통해 축제의 품격과 상징성을 제고하는 것을 포함하고 있다. 이에 대해 포항시는 한인축제재단이 주관하는 모국방문 행사 프로그램에 적극적으로 협력하고 있다.

　따라서 코리아타운은 미국 내 입지를 발판으로 본국에까지 영향력을 미치고 있다고 할 수 있다. 그러나 코리아타운이 현재의 위상을 갖기까지는 적잖은 부침이 있었다. 코리아타운이라는 이름의 행정구역이 무색하게 실제 이 지역에 거주하고 있는 한인들의 수는 많지 않다. 그 이유는 교육 환경을 중요시하는 한인들의 특성상 이들 대부분은 새로운 이민 생활에 적응을 마친 후 주거 환경이 양호한 지역으로 이주를 하고 있다. 그 결과 거주 기능은 약화되었고 야간에는 히스패닉이나 흑인 우범자들의 타운으로 변한다. 이처럼 한인의 실제 주거지와 상업 지역의 분리로 인해, 지역사회에 대한 기여는 등한시하고 '돈만 벌어가는 한국인'이라는 그릇된 이미지를 심어주어 1992년 4월 29일 흑인 폭동을 촉발시킨 요인이 되기도 하였다. 이 폭동으로 코리아타운은 최소 두 명이 사망하고 수십 명이 부상을 당하는 등 인명 피해가 발생하고 상점이 파손되는 등 정신적, 경제적 상흔과 함께 경기 침체의 늪에 빠지게 되었다. 2008년 남가주 지방정부협의체(Southern California Association of Governments)의 보고서에 따르면, 2000년 코리아타운 인근에 거주하는 주민들의 평균 소득은 LA 카운티 평균 4만 2,000달러의 절반에도 못 미치는 1만 6,200달러에 불과했다.

코리아타운이 활기를 되찾게 된 시발점은 1995년 LA 시가 코리아타운과 인근의 윌셔 거리를 아우르는 도심 재개발 계획을 발표하면서부터라고 할 수 있다. 최근에는 민·관의 투자가 이어지면서 지역경제가 활력을 찾고 있다. 이 계획안의 골자는 코리아타운을 지역 상권의 핵심 지역(focal point of regional commerce area)으로 명시하고 교통의 허브(hub)로 격상시키는 것을 내용으로 하고 있다. 이에 따라 1996년 코리아타운 인근에 세 곳의 전철역이 추가로 건설되었고, 2000년엔 급행노선 버스가 증편·운행되었다. 지역이 광활하여 대중교통보다는 자가용에 의존하는 미국의 생활 패턴 상 전철역과 버스 노선의 추가 건설은 지역경제를 활성화하는 촉매제 역할을 할 수 있었다. 사통팔달의 교통망은 타운 인근의 주민들에게 편익을 제공하는 것뿐만 아니라 관광객 유치에도 도움이 된다. LA 국제공항에서 코리아타운까지 공항 리무진 버스인 플라이어웨이(Flyaway)가 운행되는데 도심지하철역인 유니언 스테이션(Union Station)에 정차한다. 이 역에서 타운까지 바로 가는 연결편이 있다. 공항에서 택시를 탄다면 러시아워가 아닌 이상 보통 30분 이내에 타운에 당도할 수 있을 정도로 가까운 거리이다.

주거 여건의 개선과 뛰어난 도심 접근성으로 기업체가 늘어나면서 주거 공간에 대한 투자도 증가했다. 따라서 코리아타운의 세수(稅收)도 늘어났으며, 이 지역에 대한 재투자로 이어짐에 따라 LA 시는 2007, 2008 회계연도에 2002년 대비 무려 900%가 늘어난 4,600만 달러를 코리아타운에 투자하기로 결정하였다. 그 결과 일자리가 늘어나고, 이는 다시 건설 경기 부양으로 이어져 2000년에서 2006년 사이 코리아타운에 새로 지어진 아파트 가구 수는 5,300여 세대(unit)에 달했다. 국외의 투자 여건도 개선되었는데, 2006년 한국 정부가 해외 부동산에 대한 투자 제한 조치를 완화하면서 코리아타운에 대한 투자도 대폭 증가하였다.

2005년부터 LA 시장직을 수행하고 있는 안토니오 비아라이고사(Antonio

표 3 코리아타운 인근지역의 주거 · 교통비 지출비교

(단위: %)

구 분	코리아타운	윌셔 인근	로스앤젤레스
소득대비 주거비 지출	14	23	28
소득대비 교통비 지출	17	19	23

자료: SCAG Region: Compass Blueprint Case Study.

Villarigosa) 시장은 2012년을 포함해 그동안 수차례 한국방문을 통해 LA 시에 대한 투자 유치활동을 한 바 있다. 현재 LA의 해외 교역 순위는 중국, 일본, 한국 순이다. 이들 3개국에서 LA를 방문하는 관광객 수만도 연간 100만 명에 육박할 정도로 동북아시아는 LA의 중요한 파트너이다. 특히, LA 시와 서울시는 2010년 친환경 교통수단의 인프라를 공동으로 구축하고 대기 질 개선의 공감대를 바탕으로 MOU를 체결하는 한편, 관련 인프라와 노하우를 공유하면서 교류를 늘려가고 있다. 청계천을 벤치마킹한 LA강이 복원되면 서울시와의 문화 비즈니스 교류가 더욱 더 활발해 질 전망이며, 양자 간 가교로서 코리아타운의 역할도 더욱 커질 것으로 예상된다.

〈표 3〉은 주거비와 교통비가 상당한 지출을 차지하는 미국에서 코리아타운의 주거 여건이 타 지역에 비해 상대적인 우위에 있음을 나타내고 있다. 앞서 언급했듯이, 코리아타운의 인구 구성에서 한인이 차지하는 비율은 그다지 높지 않다. 그럼에도 불구하고 코리아타운이 한국문화의 정체성을 지키면서 동시에 지역사회의 문화 허브로 자리 잡을 수 있었던 것은 히스패닉, 중국계, 필리핀계, 베트남계 등 다양한 주민 구성원이 어울려 살아가는 미국사회의 본질적인 특성과 민 · 관의 전폭적 지원, 한국인의 강한 문화적 정체성과 근면한 민족성을 바탕으로 이룬 경제력, 본국의 성장 그리고 한인들의 타민족에 대한 포용력 등이 뒷받침되었기 때문에 가능하였다.

4. 결론 및 제언

LA 코리아타운의 형성 시기는 국내의 대표적인 이주공동체인 안산의 다문화마을특구나 인천 차이나타운에 비해 거의 30여 년을 앞서 있다. 또한 공간적 거리는 서울에서 LA까지 약 9,604km에 달하고, 'LA 시의 경제 규모(GDP)는 3,732억 달러로 단일 국가로 환산해도 세계 17위'에 해당되는 등 규모면에서도 사실상 우리나라의 이주공동체들과 수치상의 단순 비교는 불가능하다. 그럼에도 불구하고 이주공동체로서 LA 코리아타운은 우리에게 여러 가지 면에서 시사하는 바가 크다.

첫째, 아메리칸 드림을 꿈꾸며 가난한 모국을 떠나 정치적 또는 경제적인 이유로 공동체를 이루어 살기 시작했던 당시(1960년 후반~1970년대 초)의 한인들과 코리안 드림을 좇아 이 땅에 정착한 이주자들은 많은 면에서 통시적(通時的)인 공통점을 지니고 있다고 할 수 있다. 경제적 어려움과 인종적 편견을 딛고 미국의 대도시 중에서도 손꼽히는 공동체를 이룩한 한인들의 성공에는 정치, 경제, 사회적인 맥락에서 씨줄과 날줄의 역할을 자임한 수많은 주체들의 뒷받침이 있었다. 따라서 LA 코리아타운은 다문화사회에 대한 경험이 비교적 일천한 우리나라가 벤치마킹과 취사선택을 통해 한국적 다문화주의를 정립해나가는 데 중요한 모델이 될 수 있을 것이다.

둘째, 급속한 세계화는 초국적 자본과 문화의 이동을 가능하게 하면서 전 세계에 흩어져 살고 있는 한인 디아스포라에 대한 관심을 증폭시켰다. 특히, 2010년 북한의 연평도 도발로 촉발된 한반도의 군사적 긴장은 한·미간 정치, 경제, 군사적 유대를 더욱 강화하는 계기가 되었다. 또한 한·미간 FTA 합의로 양국 간 교역이 증가할 발판이 마련됨에 따라 대미 교역량 1/3을 차지하고 있는 LA 지역의 중요성이 무엇보다도 커지고 있는 가운데, 코리아타운은 미국과의 경제 협력 및 한국 기업의 미국 진출의 첫 관문이자 교두보가 될 것으로 예상된다.

2012년 로스앤젤레스 카운티 경제개발공사(Los Angeles County Economic Development Corporation)와 대한무역투자진흥공사(KOTRA)가 공동으로 발간한『코리아 리포트』에 따르면, 카운티에는 삼성, 현대, 한진 등 89개의 한국 기업이 2,200여 명을 고용하고 1억 2,600만 달러의 임금을 창출하고 있는 것으로 드러났다. 이는 정치, 사회, 경제적인 측면에서 미국의 지역사회에 미치는 한국의 위상이 점점 더 커지고 있다는 방증으로써, 모범적인 소수민족타운으로 자리 잡은 코리아타운이 있었기에 한국기업의 진출이 용이했다고 해도 과언이 아니다.

또한 코리아타운은 강한 문화정체성을 지니고 있는 이주공동체의 역할 모델로서 문화접변(acculturation)을 통해 우리 문화를 알리고, 더불어 미국사회의 다양성을 풍부하게 하는 데 기여하고 있다. 문화의 무궁무진한 내재적 가치를 고려해볼 때, 최근 형성되고 있는 이주공동체들은 비교적 단일한 문화권에 안주해 있던 우리나라가 좀 더 다원화된 사회로 나아갈 수 있는 디딤돌이라는 점에서 중요한 의미를 지닌다.

마지막으로, 2010년 공직선거법 개정안에서 재외국민의 참정권을 보장함으로써 재미한인들의 본국에 대한 정치적 영향력이 확대될 것으로 예상된다. 2008년 한·미 무비자협정으로 양국의 인적교류가 증대되는 가운데 정치 참여까지 보장되면 코리아타운에 대한 본국의 지원 역시 늘어나게 될 것이고 이에 따라 향후 양자 간에 더욱 긴밀한 관계가 형성될 것으로 예상된다. 이러한 맥락에서 본다면, 재미한인에 비해 비록 이주 역사는 짧지만 주류 사회에서 점차 영향력을 넓혀가고 있는 국내의 이주공동체 또한 그들의 출신국과 우리나라를 연결하는 정치, 경제적 가교 역할을 담당할 수 있을 것으로 예상할 수 있다. 결과적으로, 현재 이주공동체가 내포하고 있는 정치, 경제, 문화적 가치는 다문화사회가 정착되어감에 따라 한층 증대하게 될 것이다.

LA 코리아타운의 성공에는 다양성을 존중하는 미국의 정책적인 뒷받침이 있었다. 대표적인 다인종, 다문화국가임에도 불구하고, 의외로 미국의 정책적 기조는 '무간섭자유방임주의(Laisser-faire)'에 가깝다. 그러므로 이민자 통합에 있어서 비교적 최소한의 역할만을 담당하고 있다. 따라서 안산시가 원곡동에 건립한 외국인 주민센터와 같은 직접적인 지원은 기대할 수 없다. LA 시청 내 스물한 개의 부서 중에서 소수민족(minorities 또는 ethnic group)을 지원하는 곳은 한군데도 찾아볼 수가 없다. 관내에 사는 소수민족은 단지 지역사회의 일원 또는 LA 시민의 대우를 받을 뿐이다. 시장이 임명할 수 있는 여러 명의 부시장 중 한인이 포함되어 있고 코리아타운 지역을 대표하는 시의원이 적극적으로 한인사회를 지원하고 있지만 이것은 소수민족에 대한 특별지원이라기보다는 대민봉사 차원에 가깝다고 할 수 있다.

　미국의 정책은 소수민족에 대한 복지가 오히려 노동과 그에 필연적으로 동반되어 일어나는 통합을 저지하는 것으로 판단한다. 미국 정부는 보건소, 보호소 등의 공공시설을 통한 정부의 지원이 도움보다는 이민자들의 격리를 조장할 수 있다는 입장이다. 또한 이민자에 대한 지나친 환대는 잠재적인 여타 이주 희망자들에게 그릇된 기대 심리를 불어넣게 되고, 그 결과 결국 미국 내에서 생산적으로 일하며 통합될 수 있는 적정한 수보다 더욱 많은 수의 사람들을 끌어들이게 된다. 이에 따라 주류 사회의 역차별 논란에 휘말리게 되고 이민자들에 대한 반감을 야기하여 결국 통합을 더욱 어렵게 하게 만든다는 것이다.

　복지는 정부가 내국인에게 요구하는 것과 달리 이주자들에게 아무것도 요구하지 않으면서 혜택을 베푸는 것이 아니다. 이주자들이 갖추어야 할 요건을 요구하는 것은 국수주의적이거나 인종주의적인 것이 아니라 시민사회의 일원으로서 당연히 갖추어야 할 것을 강조하는 긍정적인 방식이 되어야 한다. 따라서 다문화복지에 대해 보다 신중한 접근을 통해 그들이 본래 속해 있던 문화에 대하여 소속감을 유지하면서 새로운 사회의 방식들을 배우도록 격려하여야 할 것이다.

통합과 동화는 별개이다. 동화는 이주자들의 문화정체성을 폄하하지만 통합은 이민자들에게 민족정체성을 포기할 것을 전제하지 않는다. 요컨대, 유태계 미국인은 유태인이고 한국계 미국인은 한국인으로 인식되고 있다. 미국의 정책 기저는 이주자들이 특정 민족으로서의 정체성과 미국 이주 후에 체득한 미국인으로서의 정체성 사이에서 균형을 유지하도록 배려하는 것이다. 이와 같은 맥락에서 LA 코리아타운과 같은 이주공동체들은 개인적 공간만이 아니라 특정한 민족 공동체 내에서 스스로의 특정한 민족 배경 속에 자유롭게 살아가면서 완전하게 미국사회의 일원이 될 권리를 제공하고 있다는 데 의의가 있다.

LA 코리아타운의 경우, LA 카운티에 거주하고 있는 120만여 명에 이르는 한인들의 구심점이라 할 수 있는 LA 한인회를 비롯하여 한인상공회의소, 재미한인체육회, 노인회 등 약 300개의 한인단체들이 등록되어 있다. 물론 이들 단체들은 시기적인 차이는 있으나 코리아타운이 형성되면서 자생적으로 조직되었다. 페네마(Fennema)가 지적하듯이 이주공동체의 정치적 통합은 파편화된 시민사회(fragmented civil society)에 직접 융화되거나 소수민족 출신의 정치엘리트에 의해 이루어지는 것으로 볼 때, 코리아타운은 후자에 가깝다고 할 수 있다. 물론 소수민족 출신의 정치엘리트가 나오기 위해서는 이주공동체가 주류 사회에 완전히 통합하기까지 어느 정도의 시간이 필요하다. 그러나 무엇보다도 정치 면에서뿐만 아니라 교육, 문화, 사회 등 다방면에서 적극적 소수민족 우대 조처(affirmative action)와 같은 정책적 배려도 중요하다. 이러한 관점에서 보면, 대개 주류 사회의 도움으로 인위적으로 형성된 안산시의 이주자 단체나 자생적인 조직임에도 불구하고 정치적 역량을 발휘하지 못하고 있는 화교공동체의 문제는 우리나라가 이들의 직접적인 융화를 저해하는 요인을 제공하고 있는 데서 비롯되었다고 해도 과언이 아닐 것이다.

참고문헌

Fix, Michael. 2009. 『다문화사회 미국의 이민자 통합정책』. 곽재석 역. 한국학술정보.

Joppke, Christian. 2008. *Immigration and the Nation-State*. Oxford University Press: New York.

Fennema, Meindert. 2004. "The Concept and Measurement of Ethnic Community". *Journal of Ethnic and Migration Studies*, Vol. 30, No. 3.

Lee, D. 1995. "Koreatown and Korean Small Firms in Los Angeles: Locating in the Ethnic Neighborhoods". *The Professional Geographer*, Vol. 47, Issue 2.

Lee, Y. & Park, K. 2008. "Negotiating hybridity: Transnational Reconstruction of Migrant Subjectivity in Koreatown, Los Angeles". *Journal of Cultural Geography*, Vol. 25, No. 3.

Southern California Association of Governments. 2008. "SCAG Region: Compass Blueprint Case Study: Koreatown".

Whitehead, K. 2009. "Implications of Ethnic Identity Exploration and Ethnic Identity, Affirmation and Belonging for Intergroup Attitudes Among Adolescents". *Journal of Research on Adolescence*, Vol. 19, No. 1.

LA 한미연합회: www.kacla.org

LA 한인축제재단: www.lakoreanfestival.com

LA 한인회: www.koreanfed.org

미주중앙일보: www.koreadaily.com

미주한국일보: www.koreatimes.com

코리안 아메리칸 박물관: www.kamuseum.org

한국문화센터: www.kccla.org

한인청소년회관: www.kyccla.org

뉴욕 플러싱, 베이사이드 지역의 한인타운*

민병갑(뉴욕시립대학교 퀸즈 칼리지 사회학과 석좌교수)
주동완(코리안리서치센터 원장)

1. 머리말

아시아 국가들을 비롯하여 다른 지역들에서 한류가 그들 지역의 대중문화에 큰 영향을 미치니 한국인들은 한국문화의 우수성에 자신감을 가지고 있는 것 같다. 하지만 미국에서는 한국의 직접적인 한류 영향보다는 한인이민자들이 매일매일 여러 가지 한국문화 행사들을 활발히 전개함으로써 한국문화를 미국에 알리고 있다. 로스앤젤레스에 이어 둘째로 큰 한인 집중 거주 지역인 이곳 뉴욕과 뉴저지(New Jersey) 지역에서는 링컨센터, 한국문화원과 한인회관 등 여러 곳에서 자주 한국문화 행사가 열린다. 하지만 한국문화콘텐츠의 여러 면을 매일매일 자세히 볼 수 있는 곳은 한인 집단거주지역인 한인타운(Korean Enclaves)이다. 미국의 아시아계 소수민족 중 중국인이 어느 도시에서나 자기들의 집단거주지(Enclaves)를 형성하는 경향이 가장 높다. 미국 내에서 중국인 다음으로 자체적으로 분리된 거주지를 형성한 민족은 한인이다. 약 40년의 한인 이민 역사를 가지고 있는 뉴욕과 뉴저지 일대의 한인들은 적어도 세 개의 한인타운을 형성하고 있다. 제일 먼저 생긴 한인타운은

---

*   이 글은 『글로벌문화콘텐츠』 제5호(2010. 12)에 실린 것으로 내용 일부를 수정했다.

퀸즈 보로(Queens Borough)의 플러싱(Flushing) 지역의 한인타운이며, 뉴저지의 버겐 카운티(Bergen County)에도 포트리(Fort Lee)와 팰리세이드 파크(Palisades Park)에 두 개의 한인타운을 형성했다. 또한 맨해튼 브로드웨이(Broadway) 지역은 한인 집단거주지가 아닌 한인 상업지역만을 형성했다. 뉴욕에서 이 네 군데를 방문하면 한인들을 제일 많이 볼 수 있으며 한국 손님을 주로 겨냥한 많은 한인 가게들을 볼 수 있다.

이 글의 제1필자는 영어로 출판된 여러 저서(Min, 1996: 38-39; 2001: 173-200; 2008: 18-20)에서 플러싱 지역의 한인타운을 간단히 소개했었지만, 한국어 논문에서는 소개한 바가 없었다. 또한 다른 연구자들도 플러싱 지역의 한인타운에 대해 별로 소개한 적이 없는 것으로 알고 있다. 따라서 이 글에서 플러싱 지역의 한인타운을 좀 더 자세히 검토하고자 한다. 소수민족 집단거주지역은 첫째로 그 민족에 해당하는 인구가 집중되어 있고, 둘째로 그 민족의 전통적 문화상품을 판매하는 상업지역이 형성되어 있으며, 셋째로는 그 민족의 문화 및 사회활동의 중심지가 된다(Abrahamson, 2005: 1). 이 글에서는 플러싱 지역의 한인타운의 이 세 가지 면을 조명하고자 한다. 이 글에 쓰인 자료는 미국 센서스 자료, 두 필자가 지금까지 20년 이상 이 지역에 거주하면서 실시한 참여 관찰 및 2007년 뉴욕중앙일보사가 간행한 한인 전화번호부 등이다.

이 글은 다음의 세 부분으로 구성되어 있다. 첫째 부분에서는 플러싱 지역 한인타운의 형성을 소개한 후 그 인구학적 자료를 제공하고자 한다. 둘째 부분에서는 플러싱-베이사이드 지역의 한인 상업지역들을 자세히 살펴볼 것이다. 마지막 셋째 부분에서는 플러싱-베이사이드 지역 한인타운에서의 한인들의 문화 및 사회활동들을 소개할 것이다.

2. 플러싱 한인타운의 형성과 인구학적 자료

1960년대 이전의 뉴욕 일대 한인 인구는 500여 명으로 추산되는데, 이들은 주로 유학생들이었기 때문에 맨해튼이 이들의 생활 근거지가 되었다. 컬럼비아 대학생들이 제일 많았기 때문에 컬럼비아대학교 건너편에 세워진 뉴욕한인교회가 1960년대 이전의 한인들의 중요한 모임의 장소가 되었다. 1960년 이전의 뉴욕 한인이민 역사는 뉴욕한인교회가 1992년에 70주년 기념으로 출판한 『강변에 앉아 울었노라』(최병헌, 1992)에 상세히 기술되어 있다.

1960년대 말과 1970년대에 퀸즈에 정착하기 시작한 아시아 이민 민족은 주로 한인과 대만인 및 인도인들이었는데 간호원, 의사를 포함한 의료 전문인과 학생들이 그 주류를 이루었다. 이들이 퀸즈에 집중되어 살게 된 이유는 뉴욕 시 다섯 개 보로의 상황을 검토해보면 쉽게 이해할 수 있다. 다섯 개의 보로 가운데 스테이튼 아일랜드(Staten Island)는 뉴욕 시와 너무 떨어져 있어서 초기 이민자들의 거주지로는 전혀 고려의 대상이 안 되었고, 나머지 네 개 보로 중 맨해튼은 주거비가 너무 비싸서 이민자들이 정착하기에는 부적당했다. 나머지 세 개 보로 중 브루클린(Brooklyn)은 흑인들이 너무 많아 한인이민자와 다른 아시아 이민자들이 좋아할 리가 없었고, 브롱스(Bronx)도 저소득층의 푸에르토리칸(Puerto Rican)이 집중 거주하고 있어서 아시아 이민자들이 좋아할 수 있는 거주 지역이 못 되었다. 이에 반해 퀸즈 보로는 주로 백인 중산층이 거주하고 학군도 좋아서 아시아 이민자들이 선호하는 정착지가 될 수 있었다. 특히 현재 한인과 중국인이 자신들의 타운을 형성한 플러싱과 베이사이드 지역은 뉴욕에서 가장 좋은 두 학군에 속하며, 교외 지역의 전원 주거 지역인 롱아일랜드(Long Island)에 가까워서 교외 도시의 분위기를 갖고 있으면서 7번 지하철로 맨해튼으로도 쉽게 통근할 수 있는 장점을 가지고 있었다.

1970년대 아시아 이민자들이 몰려들기 전, 플러싱은 거의 완전한 백인 지역이었다. 1970년에 백인은 플러싱을 포함한 퀸즈 지역 인구의 96%를 차지했으며, 이 지역 인구의 다른 3%는 흑인이었다(New York City and Zuccott, 1973).
1970년 이전의 플러싱 지역 백인들은 주로 중산층의 이태리계, 유태인계 및
독일계였다. 1960년부터 시작된 롱아일랜드 여러 지역의 신흥 주거지 건설
과 1970년대 초 뉴욕 시의 재정 위기 등은 플러싱 지역의 백인들로 하여금 롱
아일랜드 교외 신흥지역으로 이사하도록 만들었다. 제1필자의 사회학과에
근무하는 한 노교수는 플러싱 지역에서 몇 십 년을 거주했는데, 1970년대에
한국계와 대만계 이민자들이 이민 왔을 때, 플러싱 다운타운 상업지역에는
빈 건물들이 많았다고 한다. 1980년대에도 플러싱 지역 백인들의 롱아일랜
드로의 이전이 계속되어 이 지역의 아파트는 비어 있는 곳이 많았다고 한다.

2010년 당시 뉴욕과 뉴저지 일대의 한인 커뮤니티에서 인구조사 시, 자
기를 '한인'이라고만 답한 사람이 21만 명 정도 되었다. 자신을 '한인'과 '다른
인종'이라고 복합적 인종을 선택한 한인들 숫자까지 합한다면 22만 명을 넘
을 것으로 추산되고 있다. 이들 중 10만 명 이상이 뉴욕 시에 거주하고 있다
(Min & Kim, 2013: 19). 뉴욕 시에 거주하는 한인들 가운데 퀸즈에 거주하는 한인
은 약 64%인 6만 6,000명 정도가 된다. 그리고 퀸즈에 거주하는 한인 가운데
플러싱 일대(커뮤니티 제7지역)에 거주하는 한인 인구수는 〈표 1〉에서 보는 바와
같이 2만 8,000명 정도이다.

플러싱을 포함한 제7지역에 거주하는 아시안은 12만 3,000여 명으로,
이 지역 전체 인구의 약 절반을 차지하고 있다. 2010년 현재에는 플러싱 지
역만 볼 때, 아시안계의 인구가 이 지역 전체 인구의 65%를 차지하고 있는
것으로 예상된다. 사실상 플러싱은 서부 이외의 다른 지역에서 아시아계 인
구가 다수를 이루는 유일한 지역이다. 이 지역의 아시아 인구 중 가장 큰 인
구는 중국인으로 2010년에 이미 7만 6,000명 가까이 되었다. 최근 중국 대륙
으로부터 많은 이민자들이 몰려들어 이제는 이곳의 중국 인구가 한인 인구
보다 세 배 정도 많다. 앞으로 중국인과 한인의 수적 차이는 점점 더 커질
것으로 예상된다. 아시아계 인도인은 이 지역에 거주하는 셋째로 큰 아시아

표 1 인종별 인구분포: 커뮤니티 제7지역(2010)

(단위: 명, %)

인종별	인구수	비율
백인	73,668	29.8
흑인	5,512	2.2
히스패닉	41,164	16.6
아시안	122,859(100.0)	49.7
한인	27,881(22.7)	〈11.3〉
중국인	75,992(61.9)	〈30.7〉
인도인	8,408(6.8)	〈3.4〉
기타 아시안	10,578(8.6)	〈4.3〉
기타 인종	4,151	1.7
총인구	247,354	100.0

주: ( ) 안의 숫자는 7지역 아시안 전체 인구에 대한 각 아시아 민족의 인구 비율을 나타내며, 〈 〉 안의 숫자는 7지역 전체 인구에 대한 각 아시아 민족의 인구 비율을 나타낸다.
자료: New York City, Department of City Planning(2012).

이민 민족으로 2010년 현재 약 8,400여 명 정도의 인도인이 이곳에 살고 있었다. 이곳에는 약 4만 명 이상의 히스패닉(Hispanic)계 이민자들이 살고 있어서 플러싱 일대는 다민족 거주지가 되었다.

플러싱의 한인 인구가 전체 인구의 11%밖에 안 되는데도 한인타운으로 고려할 수 있는 중요한 이유는 이곳에 제일 큰 한인 상업지역이 형성되었으며, 30여 개의 중요한 한인 단체가 자리 잡고 있기 때문이다. 또한 이곳이 뉴욕 한인의 문화 및 사회활동의 중심지이기 때문이다. 로스앤젤레스의 코리아타운(Korea Town)에도 교포 인구는 20% 밖에 되지 않고 멕시코 및 다른 남미계가 50% 이상을 차지하지만(Yu et al., 2003) 이곳이 한인 인구, 상업 및 문화의 중심지가 되기 때문에 '코리아타운'이라고 부른다.

플러싱 일대 커뮤니티 7지역의 백인 인구는 2010년 당시 30%이었지만, 플러싱만의 백인 비율은 20% 미만이었다. 20% 미만의 백인들 대부분이 플러싱 가장 자리 주택가에 살고 있기 때문에 플러싱 시내 다운타운에서는 백인을 찾아보기 힘들 정도다. 플러싱 시내에서 가장 많이 눈에 띄는 사람들은 중국인이며, 그 다음으로는 남미계 이민 민족이고 한국 이민자들이 그 다음을 따른다. 커뮤니티 7지역에 거주하는 6,000여 명의 흑인들 거의 대부분이 캐리비안 해안에서 이민 온 흑인들이다. 이들 숫자가 백인의 1/13밖에 안 되지만, 그들 거의 모두 플러싱 다운타운 가까이에 있는 아파트에 살기 때문에 플러싱은 세계의 인종 전시장처럼 보이고 미국 냄새는 전혀 나지 않는다.

플러싱 지역의 한인 거주자들 중, 노인의 비중이 아주 높다. 한국 이민자들이 뉴욕에 처음 올 때는 언어 장벽 때문에 플러싱 같은 한인 집단거주지를 선호하지만, 어느 정도 영어를 배우고 뉴욕을 알게 되면 학군이 좋고 덜 번화한 롱아일랜드나 뉴저지의 교외 지역으로 이사를 하는 한인 가정이 많다. 교외 지역의 백인촌은 자녀교육에 유리하고 범죄, 소음 등이 낮아 거주에 쾌적한 장점이 있지만, 한인 가게와 한인 단체가 없어서 한국 노인들은 살기가 힘들다. 따라서 이민자들이 그들의 자녀교육을 위해 플러싱 한인타운으로부터 교외 지역으로 옮길 때, 부모 노인들은 자식을 따라 가지 않고 플러싱 아파트에 살면서 이웃에 있는 그들의 친구들과의 친목을 우선순위로 하는 경우가 많다. 플러싱 다운타운 지역에는 한국어 간판을 가진 수백 개의 한국 가게가 있고 노인들을 도와주는 복지기관도 많이 있어서 영어를 못하는 한국 노인들이 별 불편 없이 살아 갈 수 있는 곳이다.

뉴욕 일대에는 중국에 거주하던 한인(조선족)이 상당히 많은 것으로 추산되는데 플러싱은 그들의 중심지가 되기도 한다. 중국 조선족협회가 있는데 협회 주소도 플러싱으로 되어 있고, 연변 출신의 조선족이 운영하는 조선족 식당도 이곳에 몇 개가 있다. 중국 조선족 이민자들이 플러싱을 선호하는 이유는 이곳에 많은 한국식당과 다른 한국 손님을 상대로 하는 한인 가게가 있어서 한인 소유 가게에서 일자리를 쉽게 찾을 수 있기 때문으로 여겨진다. 한국식당의 경우 주방에서 일을 하는 사람들은 라틴계와 중국 출신 조선족이 섞여 있고, 손님을 접대하는 웨이트리스는 대부분 중국 출신 조선족 여자들이다. 큰 한국식당 대부분은 일본식 회요리(사시미)와 술을 제공하는 '스시바(Sushi Bar)'가 있는데, 이 스시바에서 사시미를 만드는 사람들 중 상당한 숫자가 중국에서 온 조선족 남자들이다.

퀸즈에서 플러싱 지역 다음으로 한인이 많이 사는 곳은 플러싱과 이웃하고 있는 베이사이드 지역이다. 다음 장에서 설명하겠지만, 한인 상업지역이 노던블러바드(Northern Boulevard)를 따라서 플러싱에서 베이사이드까지 연속되어 있다. 따라서 노던블러바드 한인 상업지역을 중심으로 남북 양쪽으로 많은 한국 이민자들이 살고 있다. 이러한 이유로 이곳 한인타운은 플러싱 한인타운이라고 부르는 것보다 '플러싱-베이사이드 한인타운'으로 부르는 것이 더 적절하다고 생각한다.

〈표 2〉에서와 같이 베이사이드(Bayside), 리틀넥(Little Neck), 더글라스톤(Douglaston) 및 오크랜드가든스(Oakland Gardens)를 연결하는 커뮤니티 11지역에는 2010년 당시 약 1만 7,000명의 한인이 살고 있으며, 2만 7,000여 명의 중

표 2 인종별 인구분포: 커뮤니티 제11지역(2010)   (단위: 명, %)

인종별	인구수	비율
백인	54,690	47.0
흑인	2,400	2.1
히스패닉	11,676	10.0
아시안	45,809(100)	39.3
한인	16,668(36.4)	〈14.3〉
중국인	23,533(51.4)	〈20.2〉
인도인	2,098(4.6)	〈1.8〉
기타 아시안	3,510(7.7)	〈3.0〉
기타 인종	1,856	1.6
총인구	116,431	100.0

주: ( ) 안의 숫자는 7지역 아시안 전체 인구에 대한 각 아시아 민족의 인구 비율을 나타내며, 〈 〉 안의 숫자는 7지역 전체 인구에 대한 각 아시아 민족의 인구 비율을 나타낸다.

국인과 다른 이민 민족을 합치면 아시아 인구는 4만 6,000여 명으로 전체 인구의 39%를 차지한다. 베이사이드를 포함한 커뮤니티 11지역은 공립학교가 플러싱 지역보다 더 좋고, 교통이 덜 복잡하며 지역 주민의 경제수준이 높기 때문에 이곳에 정착한 한인들은 이곳에 평생 정착하는 경우가 많으며, 퀸즈의 다른 지역에 처음 정착했던 한인 이민자들이 몇 년 후에는 이 지역으로 이사 오는 경우가 많다. 게다가 한인 상가가 베이사이드 지역까지 연결되어 있어서, 이곳에서도 한국식으로 사는 데 조금도 불편함이 없다. 제1필자도 이 지역에서 1987년부터 살아 왔는데, 지금은 이곳에도 한인타운이 형성되었고 많은 한인 식당과 반찬집이 집 근처에 생겨서 한국식 생활에 조금도 불편함이 없다.

제1필자가 1987년에 이곳에 처음 이사 왔을 때만 해도 백인들로부터 인종 차별을 많이 받았다. 예를 들면 7월 4일 독립기념일에 집 마당 잔디밭에서 식구들과 바비큐 파티를 하고 있는데 백인 젊은 아이들이 지나가면서 "동양인은 가라!"고 야유하기도 했다. 하지만 지금은 중국인 및 한인 수가 급증해서 이곳에서 기를 펴고 살 수 있다. 현재 제1 필자의 집 양쪽 및 길 건너편에 사는 사람 모두가 중국인이기 때문에 이 지역에서 백인의 편견 같은 것은 잊은 지 이미 오래 되었다.

3. 한인 상업 지역의 형성

플러싱-베이사이드 지역을 한인타운으로 간주할 수 있는 중요한 이유는 뉴욕의 한인이민자들이 이곳에 집중되어 살고 있다는 사실만은 아니다. 이 지역에서 한인의 존재를 알릴 수 있는 더 중요한 것은 한글로 된 간판을 단 한인 가게들이 이곳에 밀집되어 있다는 사실이다. 물론 뉴욕 시의 한인 이민 가정의 40% 이상이 자영업을 하니(Min, 2008: 32) 한인 소유 가게는 뉴욕

의 어느 지역에서든지 볼 수 있다. 하지만 플러싱-베이사이드 지역의 한인
타운에는 한국식당과 한국 식품점, 한국 빵집을 위시한 한인을 주고객으로
하는 가게들이 집중되어 있다. 한인들이 주고객이기 때문에 이러한 가게들
은 큰 한글 간판을 달고 있으며, 영어는 한글 밑에 작게 쓰여 있거나 아예 영
어 간판을 달지 않는 가게도 많다. 한글 간판을 달고 밀집되어 있는 한인 가
게들은 플러싱-베이사이드 지역이 한인의 타운이라는 사실을 이곳에 거주
하거나 이곳을 지나가는 미국인에게 알리는 역할을 한다.

플러싱 지역의 한인 상업지역은 플러싱 다운타운에서 가장 번잡한 메인
스트리트(Main Street)에서 1980년대 초에 시작되었다(〈그림 1〉 참조). 하지만 메인
스트리트는 점차 중국인 상업지역으로 변화되어갔으며, 한인 상점들은 메인
스트리트 동쪽으로 한 블록 떨어져 있는 유니온스트리트(Union Street)로 점차
집중하기 시작했다. 그래서 그 후 플러싱 한인 상업지역의 중심지는 41애비
뉴(41 Avenue)와 노던불러바드 사이의 유니온스트리트 선상이 되었다. 1990년
대 전반까지는 주로 유니온스트리트 선상의 이곳 네 블록에 한인 가게가 집

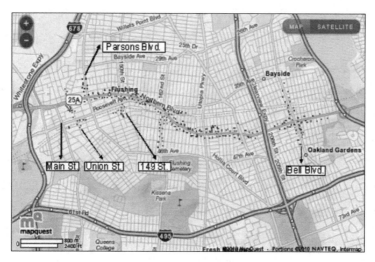

그림 1 플러싱 주변 한인 상업지역

중되어 있었는데, 그 후 노던블러바드 북쪽으로 32애비뉴까지 유니온스트리트 선상에 한인 가게가 확장되었다.

유니온스트리트 서쪽으로는 메인스트리트에 중국 상업지역이 커져서, 한인 상업지역이 노던블러바드 선상에서 서쪽으로 뻗어 나가는 것이 불가능했다. 따라서 노던블러바드를 따라 유니온스트리트에서 동쪽으로 한인 상업지역이 확장되기 시작했다. 1990년대 후반에는 플러싱 유니온스트리트에서 베이사이드 226가(226 Street)까지 90여 블록(Block)에 이르는 노던블러바드 양쪽에 한인을 주고객으로 하는 가게가 띄엄띄엄 세워졌었는데, 지난 15년 동안 점점 더 많은 한인 가게들이 채워져, 플러싱-베이사이드를 연결하는 노던블러바드는 오늘날 명실 공히 한인 상업지역이 되었다. 또한 노던블러바드를 교차하는 두 개의 거리인 162가(162 Street)와 벨블러바드(Bell Boulevard)에도 작은 한인 상권이 형성되었다. 162가에서는 남쪽으로 6블록 정도까지 한인 가게가 뻗어 나갔으며, 벨블러바드에서는 남북으로 각각 네 블록 정도씩 한인 가게가 형성되었다. 그 외에 149가와 루스벨트 애비뉴(Roosevelt Avenue)가 교차하는 지점에는 사방 한 블록씩 한인 가게들이 들어섰다.

플러싱 한인 상업지역(Flushing Korean Business District)의 중심지는 남쪽으로 41애비뉴와 북쪽으로 32애비뉴에 이르는 유니온스트리트 선상의 9블록 사이인데, 제1 필자와 김영옥 연구원은 2005년에 이 9블록 사이에 415개의 한인 가게가 있는 것을 확인했다. 이렇게 짧은 구역에 400개 이상의 한인 가게가 자리 잡을 수 있는 이유는 1층뿐 아니라 2층과 지하층까지도 한인 가게들이 들어섰기 때문이다. 또한 플러싱-베이사이드 한인 상업지역이라고 칭할 수 있는 서쪽의 유니온스트리트에서 동쪽의 226가에 이르는 노던블러바드 선상 90여 개의 블록에도 460여 개의 한인 가게가 자리 잡고 있음을 알 수 있었다. 따라서 이 플러싱에서 베이사이드에 걸쳐있는 한인 상업지역에 속한 한인 가게 수는 2005년 당시 약 900여 개였다. 5년이 지난 지금은 이 한인 상업지역 안의 가게 수는 1,000개가 훨씬 넘는다고 추측할 수 있다. 물론 플러싱−베이사이드 지역에는 다른 미국인을 상대로 하는 한인 소유 가게가 무수히 많다. 그들은 미국 식품점, 과일 가게, 세탁소 및 네일 가게가 주류를 이룬다. 이들은 한인을 주고객으로 하지 않기 때문에 플러싱−베이사이드 한인 상업지역 안에 있든 밖에 있든 한인 상권에 속하지는 않는다.

〈표 3〉은 퀸즈에 있는 주로 한인들을 고객으로 하는 한인 가게들 중 어느 정도가 플러싱−베이사이드 한인 상업 지역에 자리 잡고 있는가를 보여주고 있다. 플러싱−베이사이드 한인타운에는 2010년에 퀸즈에 거주하는 한인 6만 6,000명 중 약 4만 5,000명(67%) 정도가 거주했던 것으로 예상한다. 그런데 한인을 주고객으로 하는 한국문화 및 서비스 사업체는 퀸즈 전체 1,289개

표 3 퀸즈소재 한인고객 상대 한인비즈니스의 한인타운 집중도(%, 2007)

비즈니스 형태	퀸즈 총계	플러싱 베이사이드 밀집지역
식당	145	120 (83%)
식품점 및 슈퍼마켓	15	7 (47%)
주점	63	58 (92%)
빵집	21	17 (81%)
미용실	110	80 (73%)
비디오 대여점	26	21 (81%)
부동산	238	178 (75%)
여행사	43	38 (88%)
보험업	115	106 (92%)
침, 지압, 한약방	103	96 (93%)
회계사	50	46 (92%)
의사	233	175 (75%)
치과	75	56 (75%)
변호사	52	49 (94%)
총계	1,289	1,047 (81%)

자료: 제1저자가 2007년 중앙일보에서 간행한 교포주소록을 기초로 분석한 것임.

중 81%에 해당하는 1,047개가 플러싱-베이사이드 한인 상업지역에 자리 잡고 있다. 예상했던 대로 이러한 한인 상대 가게는 플러싱-베이사이드 한인 상업지역에 한인 인구 분포보다 더 많이 집중되어 있음을 알 수 있다. 따라서 이 자료에서 우리는 한국음식이나 치과 등 한인 사업체에서만 받을 수 있는 서비스를 위해서 한인타운 밖에 사는 한인교포가 한인타운을 자주 방문하는 것을 알 수 있다.

한국의 독자들에게 더 관심 있는 사항은 한인 상업지역에서 한인을 주고객으로 하는 한인들의 업종이 주로 무엇인가 하는 것일지도 모른다. 〈표 3〉은 이러한 질문에 잘 답해주고 있다. 플러싱-베이사이드의 한인 상업지역에 자리 잡은 한인 가게들 중 가장 많은 업종은 178개의 부동산 업체이다. 이는 퀸즈에 자리 잡은 총 한인 부동산업체 238개의 75%에 해당한다. 언어 장벽과 상호 신뢰 문제 때문에 한인이민자들이 집이나 가게를 매매할 때는 그들 절대 다수가 한인 부동산 업체에 의존한다. 한인이민자들은 비교적 경제 수준이 높고, 자기 사업 의존도가 높아서 집이나 사업체 매매의 필요성이 많기 때문에 한인사회의 이러한 필요성에 부응해서 부동산업을 하는 교포가 많다.

한인타운의 사업체 중 둘째로 큰 사업 종류는 의사 사무실로 175개가 있다. 이와 비슷한 치과 사무실도 56개나 된다. 이 두 가지를 합하면 230여 개의 사업체가 한인들의 건강 서비스와 관계된다. 퀸즈에 있는 이 두 가지 전문 서비스업종의 75%가 한인타운에 자리 잡고 있다. 한인 의사나 치과 의사들은 대부분 병원에 고용되어 일하기보다는 자기 사무실을 차리고 있는데, 자영업을 하는 한인 건강 전문인들은 주로 한인 고객들을 대상으로 한다. 언어 장애와 문화적 차이 때문에 한인 절대 다수가 한인 의사나 한인 변호사의 서비스에 의존한다. 제1 필자의 경우 갖고 있는 건강 보험의 제한 사항 때문에 의사를 본인 마음대로 선택할 수 없어서 어쩔 수 없이 미국 의사에 의존하고 있는데, 문화적 차이 때문에 병의 징후를 의사에게 효과적으로 설명할 수 없어서 답답할 때가 많다.

　다른 두 가지 전문적인 서비스업에 해당하는 사업체는 회계사 사무실과 변호사 사무실로 각각 50여 개가 플러싱-베이사이드 한인 상업지역에 자리 잡고 있다. 이러한 전문직 서비스 업체의 한인타운 집중 정도는 90% 이상으로 타 업종보다 더 높은 편이다. 뉴욕 한인들은 사업을 운영하는 사람들이 많은데, 이들 한인 사업가들은 대부분이 회계사와 변호사의 도움을 절대적으로 필요로 하고 있으며 이들 거의 전부가 한인 회계사와 한인 변호사에 의존하고 있다.

　플러싱-베이사이드 한인 상업지역에는 120여 개의 한인 경영 식당이 자리 잡고 있는데, 이는 퀸즈 전체에 산재해 있는 식당 145개의 83%에 해당한다. 변호사나 의사 사무실과 여행사 같은 전문 및 준전문 사무실은 2층이나 지하실에 있어서 행인들의 눈에 잘 보이지 않지만, 식당은 큰 한국어 간판과 함께 주로 1층에 자리 잡고 있기 때문에 한인 상업지역을 방문하는 한국 및 비한국 고객에게 한인타운의 존재를 알리는 중요한 상징적 가치를 가지고 있다. 뿐만 아니라 한국음식은 한국문화와 한국 정서를 대변하기 때문에 한인 상업지역에 자리 잡은 한인 식당들은 고국을 떠난 한인 고객들에게 한국적 정서로 마음을 달래줄 수 있으며, 비한인 고객에게는 한국의 음식 문화를 소개할 수 있다. 우선 '금강산', '대동면옥', '삼다도' 등 이름만 들어도 한인 교포 이민자들은 고국을 연상하게 된다.

　플러싱-베이사이드 지역에 120여 개나 되는 한인 식당이 자리 잡고 있다는 사실은 놀라운 일인데, 이 중 10개 정도는 한국식 중국식당이며, 다섯 개 정도는 일본음식과 한국음식을 같이 제공하거나 일본음식을 주로 제공하고 있다. 또 세 개 정도는 월남음식을 제공한다. 플러싱-베이사이드 지역에서 베이글(Bagel) 가게나 다른 미국식당을 운영하는 한인들도 많다. 이렇게 비한인을 주고객으로 하는 가게는 거의 다 한인 상업지역 밖에 있으며 〈표 3〉의 자료에 포함되어 있지 않다.

한인들이 중국식당이나 일본식당 등 타 아시아 식당까지 운영하는 이유는 그들이 주로 자영업에 집중되어 있어서 한국식당 간에 치열한 경쟁 때문에 경쟁을 피하기 위해서 타 아시아 국가 음식에까지 손을 대게 된 것이다. 그러나 한인이 운영하는 중국식당은 한국 스타일의 중국음식을 하기 때문에 한인 고객은 중국인이 경영하는 중국식당보다 한국식 중국식당을 선호한다. 따라서 그들 고객의 절대 다수는 한인이며, 이들 가게는 한인 상업지역에 주로 자리 잡고 있다. 일본식당을 운영하는 한인은 미 서부에 가면 더 많은데, 그 이유는 서부에 일본계 미국인이 집중되어 살고 있지만, 최근에는 일본에서 이민 오는 일본인이 별로 없어서 일본식당을 운영하고자 하는 일본인들이 거의 없기 때문이다. 미국에서 태어난 3, 4세 일본인들은 이민자와는 달리 미국 직장에서 좋은 직업을 찾을 수 있기 때문에 식당을 운영하기를 원치 않는다. 한인이 운영하는 일본식당은 일본음식을 지나치게 변형시켜서 일본계 미국인 고객이 가끔 얼굴을 찡그리고 불평하는 경우가 많다고 한다. 예를 들면, 일본식당은 음식을 접시에 정교하게 진열하는 것을 중요하게 생각하는데 한인이 운영하는 일본식당은 음식 전시의 정교함보다는 실용적으로 맛있게 하는데 초점을 두는 경향이 있다. 또 한인이 운영하는 일식집에서는 사시미와 스시를 만들고 남은 생선머리로 찌개를 만들거나 이를 튀겨서 고객에게 주는데 이런 점도 일본인 고객들로 하여금 한인이 운영하는 일본식당은 진짜 일본음식을 제공하지 않는다고 불평하게 만드는 요소가 된다.

많은 한인이민자가 일본식당을 운영할 뿐만 아니라 뉴욕이나 다른 도시의 큰 한국식당에서 '사시미-스시바'를 세워 한국식 일본음식을 제공하고 있다. 많은 한인 식당이 '사시미 바'(회와 술을 마시는 곳)를 따로 마련해서 사시미와 술을 팔고 있는 한 가지 중요한 이유는 한인이 술을 마실 때 생선회를 같이 먹기를 좋아한다는 사실이다. 결국 한인 식당 한 쪽에 갖가지 술 종류(한국식 소주나 정종 및 양주)를 마련해 놓고, 남자 요리사 두어 명이 사시미를 떠주는 사시미 바는 한국에서 흔히 볼 수 있는 횟집을 한국식당에 붙여 놓은 것과 같다. 최근에는 건강상의 이유로 미국의 백인들도 육식 소비로부터 점차 생선 소비로 음식 문화가 바뀌어가고 있어서 미국의 한국식당에 마련된 스시바는 미국인에게도 점차 호응을 받고 있다.

중국식당 및 타 아시아 음식을 제공하는 한인 소유 식당을 제외해도, 플러싱-베이사이드 한인 상업지역에는 100개 이상의 한국식당이 있다. 12스퀘어 마일(4×3마일) 안에 4만 명 정도의 한인이 살고 있는데 100여 개의 한국식당이 자리 잡고 있다는 사실은 한국식당 운영자들이 치열한 경쟁을 하고 있음을 시사하고 있다. 이렇게 큰 경쟁이 있어도 한인이민자가 한국식당을 계속 시작하는 이유는 그들이 언어 장벽으로 미국 회사에서 만족스러운 직장을 잡을 수 없는데 반해, 한국식당은 한국음식에 이미 익숙해져 있어서 쉽게 시작할 수 있기 때문이다. 한국식당끼리 치열한 경쟁 때문에 대부분의 한국식당은 점심 메뉴로 10가지 이상의 반찬이 포함된 비빔밥이나 된장찌개 같은 일반 메뉴를 7달러 정도에 제공한다. 한국에서는 점심에 된장찌개를 먹기 위해서는 5달러 미만도 가능하겠지만, 뉴욕에서 7달러짜리 된장찌개는 밑반찬의 질에 있어서 한국에서 먹는 된장찌개보다 훨씬 낫다. 그 음식 맛에 있어서도 이곳 한인 식당은 서울에 있는 한국식당들에 비해 조금도 뒤떨어지지 않는다.

다른 어느 나라 식당에서도 여러 가지 밑반찬을 공짜로 제공하지 않는데 한인 식당들에서는 깨끗하고 건강에 좋은 여러 가지 채식 반찬을 무료로 제공하기 때문에 플러싱-베이사이드에 있는 잘 알려진 한국식당에는 미국인들도 자주 드나든다. 물론 맨해튼 브로드웨이에 있는 한인 상업 지역에 자리 잡고 있는 한국식당들은 비한국계 미국인들에게 더 인기가 있다. 이들 한국식당들 가운데 몇몇 식당의 저녁 손님은 70% 이상이 비한국계라고 한다. 교포가 운영하는 식당이 특히 점심 식사를 좋은 반찬과 함께 염가로 제공해, 지난 몇 년 사이에 한국음식이 미국인들에게 많이 알려지게 되었다.

이제 한인이민자들이 한국음식을 미국인들에게 더 많이 알리고, 식당 운영으로 돈도 벌기 위해서는 한인 상업지역에서 계속 식당을 열어 경쟁하지 말고, 과감히 중산층 이상이 거주하는 백인 지역에 들어가 한국 메뉴를 백인들에 맞게 변형시켜 제 값을 받고 식당을 운영해야 한다. 중국인들은 미국 어느 동네든지 들어가 중국식당을 운영하는데 그 지역의 경제수준에 따라 음식 값을 잘 조절하고 있다. 또 그 지역에 사는 사람들의 경제수준이나 민족적 특성을 고려해 중국음식을 개조해왔다. 한국음식 메뉴는 해장국, 곰탕, 갈비탕, 해물찌개 등 국과 탕 종류가 많은 데, 미국인들은 이런 음식을 좋아하지 않고 불고기, 파전, 잡채, 비빔밥 등 국물이 없는 한국 메뉴를 좋아한다. 따라서 현재 미국인들에게 인기가 있는 한국 메뉴는 계속 제공하고, 그들의 입맛에 맞게 다른 메뉴도 점차 개발해나가는 것이 필요하다.

한인 상업지역에 위치한 한인 가게 중 한국음식과 관련된 것은 한국식당뿐만 아니라 한국 식품점이다. 〈표 3〉에서 볼 수 있는 바와 같이 퀸즈에 위치한 15개의 한국 식품점 및 슈퍼마켓 중 일곱 개는 플러싱-베이사이드 한인타운에 있다. 이 중 다섯 개는 미국의 슈퍼마켓보다 훨씬 큰 슈퍼마켓인데 이들은 미국 식품을 모두 취급할 뿐만 아니라, 채소와 과일 및 해산물 부분을 크게 늘려서 염가로 대량 판매함으로써 많은 미국 백인 고객을 끌어 들였다. 미국 백인 중년이나 노년층들은 건강 때문에 육류의 소비를 줄이고 과일, 채소 및 해산물을 더 많이 먹고자 하는데 한국 슈퍼마켓이 이러한 미국사회의 음식물 소비 양상의 변화를 빨리 감지하고 이 부분의 식품을 대량으로 구입해 미국 슈퍼마켓보다 훨씬 저렴하게 판매함으로써 미국 백인 및 타인종, 민족의 고객을 끌어 들이게 되었다. 채소와 과일의 경우, 한국의 슈퍼마켓은 미국 슈퍼마켓의 거의 반 가격으로 판매하기 때문에 중년 및 노년의 백인이 한국 슈퍼마켓을 많이 이용하고 있다. 플러싱 지역의 '한아름'이나 '한양' 같은 슈퍼마켓은 한국에서 건너 온 대자본으로 사업체가 시작되어 농장에서 채소를 직접 대량으로 구입할 수 있기 때문에 박리다매가 가능하게 되었다. 생선의 경우 미국 슈퍼마켓은 냉동생선을 약간 진열하는 정도인데, 한양이나 한아름은 해산물부를 크게 늘려 다섯 명 정도의 고용인이 고객이 원하는 대로 생선을 다듬어 주기까지 한다. 따라서 미국 슈퍼마켓은 한국 슈퍼마켓에 전혀 경쟁할 수 없게 되었다.

한국 슈퍼마켓은 한국배, 한국감, 제주도귤 등 한국 특산 과일 등을 팔고, 또 곶감, 각종 한국 과자, 마른 오징어, 막걸리, 소주, 한국 맥주 등 한국의 전통적 음식을 모두 판매하고 있다. 한국 슈퍼마켓은 이러한 한국의 농산물과 전통 음식을 판매함으로써 한인들의 한국에 대한 향수를 달래줄 수 있고, 동시에 한국상품을 미국인에게 알리는 역할을 한다.

플러싱-베이사이드의 한인 상업지역과 관련해서 소개해야 할 중요한 업종 가운데 하나는 침, 지압, 한약 등을 제공하거나 판매하는 한의학 관계 업소들이다. 〈표 3〉에 의하면 한의학에 관련된 업소가 퀸즈 지역에 103개가 있는데, 이들 중 93%에 해당하는 96개의 업소가 한인타운에 자리 잡고 있다. 이들 거의 전부가 플러싱에 있다. 한국에서는 한의학이 오래 전에 법적으로 중요한 병 치료 방법으로 인정되어 한의학 사용 시 보험 혜택을 받을 수 있다. 하지만 미국에서는 1970년대 이후 중국과 한국 이민자들이 늘어나면서 동양 한의사들이 주정부에 로비를 하여 남가주와 뉴욕 주 등에서 한의학 처방 시 침에 대해서만 보험 혜택을 제한적으로 받을 수 있는 법이 통과되었다. 하지만 많은 한인이민자들은 건강 보험이 없거나 또는 보험이 있다고 하더라도 많은 경우 한방 처방에는 보험 혜택을 받을 수 없는데도, 자기 돈을 써서라도 한의학을 이용하는 경우가 많다. 특히 한인 노인들 중에는 몸을 보강하기 위해서 한약을 먹고 광범위한 목적으로 침을 사용하는 사람들이 많다. 아직은 극소수이지만 미국 백인이나 흑인들도 팔, 다리를 삐었을 때 한국이나 중국 한의사를 찾는다. 앞으로 한의학이 미국에서 점점 더 일반화됨에 따라 미국인들의 한의학 의존도가 높아질 것이다.

플러싱 한인 상업지역은 중국 상업지역과 붙어 있어서 미국인의 관심을 더 많이 받는 지도 모른다. 위에서 이미 시사한 바와 같이 중국 상업지역은 플러싱 다운타운의 중심을 지나는 메인스트리트 선상 약 15블록(노던블러바드 까지)을 차지하고 있다. 동쪽으로는 유니온스트리트에 한인상가가 건설되어서 중국상가는 메인스트리트에서 남쪽으로 뻗어 나가고 또 서쪽으로 발전할 수밖에 없었다. 중국 상업지역은 퀸즈의 여러 버스 종점과 맨해튼을 연결하는 7번 지하철 종점 및 맨해튼-롱아일랜드를 연결하는 기차 정거장이 있는 교통의 요지인 플러싱 다운타운의 메인스트리트에 자리 잡고 있어서 아주 번잡하고, 다운타운을 왕래하는 타민족의 시선을 많이 받는다. 이와 대조적으로 중국 상업지역에서 크게 한 블록 동쪽의 유니온스트리트에 위치한 한인 상업지역은 아주 조용한 편이다. 한인 상업지역이 중국 상업지역에 비해 훨씬 더 한산한 데는 또 하나의 이유가 있다. 메인스트리트의 중국 상업지역에 있는 가게들은 식당이건, 식품점이건 옷가게이건 박리다매를 해서 중국 고객뿐 아니라 타민족 고객들도 많이 이용하고 있기 때문이다. 반면 한인 상업지역의 가게들은 물건 값이 더 비싸기 때문에 식품점이나 일부 식당을 제외하고는 타민족 고객의 이용이 적다. 중국 상인들은 중국에서 싸게 들여온 물품을 가지고 임금 수준이 낮은 중국인 고용인을 써서 사업을 운영하니 한국 상인보다 싸게 상품을 팔 수 있다.

4. 한인타운에서의 문화 및 사회활동

뉴욕과 뉴저지 한인 커뮤니티에서는 매일 여러 가지 한국문화 및 사회활동이 계속되고 있다. 물론 이러한 중요한 문화 및 사회활동들은 뉴욕 한인 커뮤니티의 가장 중심지로 간주되는 플러싱 지역에서 특히 활발히 진행되고 있다. 우선 한국문화와 전통의 가장 중요한 요소로 간주할 수 있는 한국 전통명절의 축제는 음력 1월 1일 설축제와 음력 8월 15일 추석명절인데 이 두 가지 명절 축제 모두 플러싱에서 오래 전부터 매년 열리고 있다.

음력설(Lunar New Year Day)축제 행사의 하나로 중국인과 한국인이 공동으로 음력 1월 1일 아침에 플러싱 다운타운에서 퍼레이드를 개최한다. 중국인과 한인은 물론 이 지역의 많은 미국인들이 지켜보는 가운데 한국의 사물놀이와 중국의 용춤을 선두로 플러싱 다운타운 거리를 행진한다. 가두행진이 끝나면 오후에 한인들은 플러싱 지역의 학교 강당을 빌려 제기차기, 널뛰기 등 여러 가지 한국 민속놀이를 계속함으로써 한국문화 전통을 한인이민자뿐만 아니라 한인 2세와 미국인들에게 소개한다. 플러싱에서 중국, 한국 이민자들은 여러 가지 공동 문화행사와 사회, 정치적 공조 활동을 펴왔는데 가장 중요한 한·중 공동 문화행사로 이 음력설 퍼레이드 활동을 같이 해왔다. 중국 이민자와 한국 이민자가 본국에서 음력설을 중요한 명절로 쇠기 때문에 플러싱 중국타운과 한인타운에서 설 퍼레이드를 함께 진행하는 것은 당연한 일인지도 모른다. 중국인들과 한인들은 생김새가 구별할 수 없을 정도로 닮아 있고 유교문화를 공유하기 때문에 서로 친근감을 느껴 가까운 친구로 사귀는 일이 많으며 결혼도 많이 한다(Kibria, 2002; Min & Kim, 2009). 또한 퀸즈 여러 지역에서 중국 이민자들과 한국 이민자들은 같은 지역에 함께 사는 경향이 있다. 플러싱 지역에서 중국인과 한인이 제일 큰 두 아시아 민족이라는 사실은 우연한 일이 아니라, 중국과 한국 이민자가 서로 이웃으로 하고 사는 것을 꺼리지 않는 경향이 있기 때문에 가능한 것이다.

하지만 플러싱 지역에서 다른 문제로 중국인과 한인 커뮤니티가 갈등을 겪어온 것처럼 음력설 축제의 공동행사 진행에서도 갈등을 겪어왔다. 중국 커뮤니티는 음력 설날을 '중국 설날(Chinese New Year Day)'로 칭하는 반면 한인 커뮤니티는 '음력설(Lunar New Year Day)'로 부르기를 원해서 1990년대 말에는 한때 3년 동안 음력설 퍼레이드를 공동행사로 진행하지 못하고 따로 한 적도 있었다. 그 당시는 먼저 플러싱 지역으로 이민 온 대만계가 플러싱 중국 커뮤니티의 상인협회를 장악하고 있었다. 따라서 이때 플러싱 한인상인협회는 대만계 중국 커뮤니티 지도자들과 갈등을 겪게 되었다. 그런데 점차 중국 본

토계 이민자들의 수가 증가해 플러싱 중국상인협회에 영향력을 행사하게 되자 중국 본토계 지도자들은 한인 커뮤니티의 '음력설(Lunar New Year Day)'의 칭호를 수용하게 되어 결국 한·중 커뮤니티는 설날 퍼레이드 행사를 다시 공동으로 하게 되었다.

플러싱 한인타운에서 설날 가두 행진보다 더 중요한 한국 전통명절 행사는 음력 8월 15일 추석날을 전후하여 주말 이틀 동안(토요일과 일요일) 플러싱 메도우－코로나 파크(Flushing Meadow-Corona Park)에서 거행되는 추석행사이다. 이 추석행사는 뉴욕의 한인청과협회가 뉴욕의 교포 이민자들과 한자리에 모여서 추석을 쇠고 한인 2세들과 미국인들에게 한국의 문화 전통을 알리기 위해 1982년부터 시작했다. 한인청과협회는 이 축제를 영어로 'Korean Harvest and Folklore Festival'이라고 부른다. 처음에는 추석축제를 토요일 하루 동안만 실시하다가 1996년부터 토요일과 일요일 이틀간 실시하고 있다.

한인들의 추석축제는 한국에서 한국 가수들을 초청하여 한국의 대중음악 및 춤을 선사하는 것이 중요한 부분이지만 씨름, 널뛰기, 제기차기, 한국 전통결혼식 등 민속놀이도 보여 준다. 또한 한국의 KBS가 노래자랑 프로그램을 넣어 뉴욕 지역 한인들의 노래 경연을 한국에 중계 방송한다. 1990년대 말부터 한인청과상조회가 한국의 각 도청을 방문해 한국의 지방 특산 농산물 및 공산품을 이 플러싱 추석축제에 전시해서 판매할 수 있도록 만들었다. 이렇게 함으로써 한국의 새로운 특산물을 뉴욕 한인과 미국인들에게 소개할 수 있는 창구를 마련함과 동시에 특산물을 전시한 회사에 전시 및 판매료를 부과해 추석행사 경비를 충당할 수 있게 되었다.

청과협회 추석행사는 뉴욕에서 개최되는 가장 큰 한국문화 행사로 최근 몇 년 동안 이틀간의 추석잔치에 매년 20만 명 정도의 관객을 동원했다. 참석자 대부분은 한국 이민자들이지만 2세들과 타민족 참석자들도 상당한 부분을 차지한다. 추석 잔치 개막식에는 뉴욕 시장과 주지사가 참석해서 축사를 해주고 한국에서도 여러 국회의원과 도지사들이 참석해서 축사를 한다.

또한 한국 대통령과 미국 대통령도 축사를 보내어 대신 읽게 한다.

위에서 본 바와 같이 뉴욕한인청과협회 추석맞이 잔치는 한국의 가수, 정치인 등이 뉴욕의 한인행사에 참여하는 한국과 한인들의 공동행사다. 이 행사를 위해서 청과협회는 최근에 매년 50만 불의 경비를 부담했다. 이 경비 부담을 위해서 청과협회는 한국 정부, 각 도 지자체 및 재외동포재단으로부터 상당한 재정 지원을 받았으며, 헌츠포인트(Hunts Point) 청과 도매시장에 자리 잡고 있는 청과 도매상들로부터도 적지 않은 재정지원을 받았다. 또한 추석잔치 행사 기간에 행사장에서 불고기 및 다른 한국 전통음식을 즉석에서 만들어 팔거나 자기 상품을 홍보하는 각 회사 및 단체들로부터 행사 참가비를 받는 것도 행사 경비 충당의 중요한 수단이 된다.

뉴욕 지역에는 두 개의 원불교 교당이 있는데, 원불교는 한국문화 전통을 강조한다. 플러싱에 자리 잡은 뉴욕 교당은 150명의 학생을 가진 한글학교를 운영하고 있으며, 5월 5일 한국 어린이날을 기념해서 5월이나 6월 중 한 주 일요일에 '뉴욕 어린이 민속 큰잔치'를 매년 플러싱의 플러싱 메도우-코로나 파크에서 연다. 이날에는 많은 한인이민자들이 아이들을 데리고 와서 씨름대회, 널뛰기, 제기차기, 떡방아 찧기, 사물놀이 등 한국의 여러 민속놀이를 즐긴다. 2010년의 민속 잔치에는 등록된 참가자 어린이 600명 이상과 부모와 다른 참가자들을 포함하여 2,000여 명이 참석했다고 한다. 참가자 거의 대부분은 한인이민자와 그 자녀들이지만 최근에는 미국인 참석자들도 상당히 많다. 몇몇 한인교회에서도 소규모의 어린이날 행사가 있지만 플러싱 원불교 교당의 민속행사는 이곳 뉴욕 한국 어린이들의 가장 큰 축제로 자리 잡고 있다.

플러싱 한인타운에서는 일 년에 여러 차례 한국미술 및 서예전시회가 열린다. 이러한 전시회는 이 지역에서 활동하는 미주한인서화협회가 그 회원들의 작품을 소개하기 위한 노력으로 이루어지는 것이 대부분이지만, 한국이나 한인 커뮤니티의 알려진 화가나 서예가들의 작품을 소개하는 경우도 있다. 작품 전시는 주로 플러싱 다운타운에 자리 잡은 플러싱 타운 홀(Flushing Town Hall)과 코리아 빌리지(Korea Village)의 '열린공간'에서 주로 이루어지지만 이 지역에 있는 큰 한인교회에서 열릴 때도 있다. 플러싱 지역 한인 노인들로 구성된 미주한인서화협회는 민화반, 붓글씨반, 사군자반 등의 전문반을 두고 서화 연습을 해왔는데 중견 회원들의 작품은 대한민국 서화 전람회와 국전 등에도 출품시켜 몇몇 작품들이 입선되기도 했다.

한국의 전통적인 노래, 춤 공연도 플러싱 지역에서 활발히 이루어지고 있다. 이 지역에는 적어도 네 개의 사물놀이 팀이 자리 잡고 있는데, 그 하나는 뉴욕에서 제일 큰 퀸즈한인천주교성당에 있는 '터풍물패'로 고교, 대학생 및 어른 등 20명으로 구성되어 있다. 이 풍물패는 교회 안에서는 물론 밖에서도 한인이나 미국 기관의 중요한 행사가 있을 때 초청되어 한국의 전통적 사물놀이를 보여준다. 플러싱에 있는 뉴욕한국국악원도 어린이 풍물단을 가지고 있다. 이 이외에 어른들로 구성된 사물놀이 팀이 두 개가 있어서 각종 행사에서 활발히 활동하고 있다.

플러싱 지역에는 세 개의 한인합창단이 활동을 하고 있다. 플러싱 다운타운에 자리 잡은 KTV(한국케이블텔레비전방송)는 KTV어린이 합창단을 가지고 있으며, 또 이 지역의 한국 YWCA는 여자 어린이 합창단과 중년, 장년으로 구성된 어머니 합창단을 가지고 있다. YWCA는 한국 청소년, 여성 및 노인들을 돕고 있는 아주 중요한 한인 복지기관이다. 이 세 합창단은 이 지역에서 진행되는 여러 가지 한인행사에서 한국 노래로 공연을 한다. 또 플러싱 다운타운에는 두 개의 한국무용 음악학원이 있어서, 한국 어린이와 청소년들에게 한국무용과 음악을 유료로 가르치고 있다. 이 학원들도 한인 단체 행사에 가끔 학생들을 동원해서 시범 공연을 한다.

플러싱 다운타운에서 남쪽으로 차로 10분 정도 가면 뉴욕시립대학교의 하나인 퀸즈대(Queens College)가 있다. 한인타운이 있는 플러싱에 위치한 퀸즈대는 한인 커뮤니티와 밀접한 관계를 가지고 있다. 플러싱 한인타운의 한인

문화활동과 관련해서 퀸즈대의 중요한 역할은 이 대학교 강당에서 매년 여러 차례 한국의 유명한 가수와 연예인을 초청해 공연을 한다는 것이다. 퀸즈대 대학 자체가 이런 한국문화 공연을 하는 것이 아니라, 중요한 한인단체가 기금 모금을 목적으로 이 학교 강당을 빌려서 한국 연예인 초청 공연으로 한인들을 동원한다. 한번 공연할 때 참석하는 한인수는 수백 명에서 수천 명에 이른다.

퀸즈대 사회학과 교수로 오랫동안 재미 한인사회를 연구해온 제1필자는 2009년 가을에 퀸즈대 안에 재외한인사회연구소(The Research Center for Korean Community)를 설립했다. 이 연구소는 한인에 대한 연구 결과와 미국 센서스 자료를 분석하여 플러싱 한인 커뮤니티에 소개하고 2개월에 한 번 정도 강연회도 갖는다. 이 연구소는 2010년 10월에 재외동포가 모국과 어떤 관계를 가지고 있는가에 대한 국제학술회의도 개최했다. 국제 학술회의 행사 직전인 10월 6일에는 서울관광마케팅사가 서울시를 대신해서 퀸즈대 캠퍼스 내에 한국의 장승 네 개를 세웠다. 10월 6일 장승 제막식에 많은 한인과 미국 교수들이 참석하여 장승작가인 김종흥 장인의 신비스러운 장승 제막 공연을 관람하기도 했다. 서울관광마케팅사는 한국의 서울여행을 장려하기 위한 간접적인 방법으로 한국의 문화전통을 상징적으로 알릴 수 있는 장승을 미국과 다른 나라에 세우고자 한다. 미국에서는 수도 워싱턴의 스미스소니언 인스티튜트(Smithsonian Institute)와 애리조나(Arizona) 주의 세도나(Sedona)에 한국장승을 세웠으며, 퀸즈대에 세운 장승은 미국 내에서 세 번째이며, 대학 캠퍼스 내에 세워진 것은 전 세계에서 독일의 베를린 대학 다음으로 두 번째라고 한다.

플러싱 지역에서 한인 문화, 사회활동을 매일 진행할 수 있는 공간은 코리아 빌리지(Korea Village)란 이름의 건물이다. 이 건물은 노던블러바드와 150가 교차점에 있는데, 이곳에서 거의 매일 한인 문화, 사회활동 이벤트가 진행된다. 이 건물의 2층에 있는 대동연회장은 주로 칠순 잔치, 아이들 돌잔치, 결혼식 및 단체들의 모금을 위한 장으로 사용되며, 1층은 각종 한국 옷과 상품들을 파는 고급 가게들이 들어서 있으며, 지하에는 '열린 공간'이라고 하여 한인 단체들이 여러 가지 회의나 세미나를 무료로 할 수 있도록 되어 있다. 열린 공간에서도 거의 매일 주로 저녁에 각 단체의 모임이나 강연회가 개최되는데 미술품 전시 같은 문화행사도 많이 열린다.

월드컵이나 다른 중요한 국제운동 경기에서 한국팀이 겨룰 때에는 코리아 빌리지의 대동연회장에 1,000명 이상의 한인이민자 및 2세 한인이 같이 모여 큰 스크린으로 운동경기를 보면서 한국 팀을 응원한다. 2002년 한국에서 열린 월드컵에서 한국이 8강전에서 이겼을 때는 대동연회장에서 단체 응원한 한인 젊은이들이 붉은 악마 티셔츠를 입고 플러싱 일대를 행진했다. 2002년에는 뉴욕 한인들이 대동연회장 한 곳에서만 단체 응원을 했지만, 2010년 6월에 있었던 월드컵에서는 대동연회장을 위시한 뉴욕의 4군데에서 한인들이 단체 응원을 했다. 2010년 대동연회장에서의 월드컵 한국 팀 단체 응원에 참석했던 한 사람은 대동연회장 안을 가득 채운 응원단이 "고함을 너무 질러서 고막이 터질 것 같았다"고 말했다.

플러싱 지역에서 코리아 빌리지 다음으로 한인행사가 많이 진행되는 곳은 '금강산' 식당이다. 금강산은 뉴욕-뉴저지 한인 커뮤니티에서 가장 크고, 가장 고급스럽고 또 가장 많이 알려진 식당이다. 이 식당은 식당 입구에 많은 한국책을 구비해 놓은 방을 따로 마련해 어떤 손님이든지 자기 이름을 적어놓고 책을 빌려갈 수 있게 해놓았다. 24시간 영업을 하는 이 식당은 점심과 저녁에 넓은 식당 자리가 거의 다 찰 정도로 매일 몇 백 명의 한인들이 친구와 친지를 만나서 식사하는 곳이다. 한 쪽에는 큰 연회장을 마련해서 거의 매일 칠순 잔치, 돌잔치, 결혼식 등 연회가 열린다. 또 식당 지하에는 여러 개의 방들이 있어서 여러 한인 단체가 각 방에서 정기, 비정기 모임을 갖는다. 따라서 뉴욕 한인사회에 잘 알려진 한인사회의 지도급 인사들을 금강산 식당에서 자주 만날 수 있다.

5. 맺음말

　　뉴욕, 뉴저지 지역의 한인 커뮤니티는 1965년 미국 정부의 진보적 이민법 개정 이후에 미국으로 이민 온 한국 이민자들이 건설한 것으로, 남가주에 이어 미국에서 둘째로 큰 한인 집중도시이다. 한인 집중 도시에는 한인교포가 집중 거주하고 한인 상업지역을 형성한 한인타운이 있기 마련인데, 뉴욕지역에도 네 개나 된다. 이 중 플러싱 지역의 한인타운은 미국 동부 지역에서 가장 오래되고 가장 큰 것이다. 1970년대 말부터 플러싱 한인타운과 상업지역이 발전하기 시작했는데, 1980년 후반부터 플러싱 동쪽에 있는 베이사이드 지역으로 한국 이민자의 거주지와 상업지역이 연결되어서 '플러싱-베이사이드 한인타운'이라고 부를 수 있다.

　　플러싱-베이사이드 한인타운은 다른 민족 집중거주지역처럼 한인 상업지역을 형성해 미국인들의 시선을 끈다. 이곳 한인 상업지역에 있는 천여 개의 한인 가게가 한국어 간판을 달고 한국음식이나 다른 한국문화상품을 주로 판매하기 때문에 한국 이민자들에게는 고향의 맛을 느끼게 할 수 있고 비한국계 손님에게는 한국문화상품을 소개할 수 있기에 한국문화를 위해서 중요하다. 특히 이곳에 집중해 있는 한국식당과 한국 슈퍼마켓은 미국인에게 한국음식과 한국식품을 알리는 데 중요한 역할을 하고 있다. 하지만 플러싱 다운타운 메인스트리트에 자리 잡은 중국 상업지역이 외진 길목에 위치한 한인 상업지역보다 훨씬 더 많은 미국인의 시선을 받고 있으며 중국 가게는 박리다매를 하기 때문에 한국 가게보다 미국인에게 더 인기가 있다.

　　뉴욕, 뉴저지 지역의 교포는 단체적으로 또 개인적으로 매일 갖가지 문화, 사회활동을 통해서 미국인에게 우리 문화를 소개하는데 그러한 문화, 사회활동은 플러싱 한인타운에서 특히 활발히 일어나고 있다. 우선 이 지역에서 개최되는 설날 퍼레이드와 청과상협회 주최로 이틀 동안 대대적으로 개최되는 추석맞이 민속 잔치는 전 뉴욕, 뉴저지 한인 커뮤니티의 엄청난 수의 교포가 참여하는 문화행사로 교포들이 미국에서 우리 문화전통을 유지하고 미국인에게 우리 문화를 알리는데 큰 역할을 하고 있다. 또 한인타운에서 거의 매일 일어나는 교포들의 한국 미술, 서예 활동 및 전시와 한국 및 비한국계 단체행사에서 빠지지 않는 사물놀이 공연도 미국에서 한국의 전통예술을 보존하고 미국인에게 소개하는데 중요한 역할을 한다. 이 지역에 사는 미국인들 중 사물놀이 공연을 보지 않은 사람은 거의 없을 것이다. 또 이 지역에 사는 교포는 조금도 외국에 사는 외로움을 느낄 틈이 없다. 이것은 이 지역에 거주하는 교포 노인에게도 마찬가지다.

참고문헌

최병헌·뉴욕한인교회편찬위원회. 1992. 『강변에 앉아 울었노라: 뉴욕한인교회 70년사』. 깊은샘.

Abrahamson, Mark. 2005. *Urban Enclave; Identity and Place in the World*. New York: Worth Publishers.

Kibria, Nazli. 2002. *Becoming Asian American: Second Generation Chinese and Korean American Identities*. Baltimore: John's Hopkins University Press.

Min, Pyong Gap. 1996. *Caught in the Middle: Korean Communities in New York and Los Angeles*. Berkeley: University of California Press.

_____. 2001. "Koreans: An 'Institutionally Complete Community' in New York". New Immigrants in *New York, Editedby Nancy Foner*. New York Columbia University Press.

_____. 2008. *Ethnic Solidarity for Economic Survival: Korean Greengrocers in New York City*. Russell Sage Foundation.

New York City & John E. Zuccott. 1973. *Community Planning District Profiles, Part I: Population and Housing*. New York: New York City Planning Commission.

Min, Pyong Gap & Kim, Chigon. 2009. "Patterns of Intermarriages and Crossgenerational Inmarriage among Native-Born Asian Americans". *International Migration Review*, Vol. 43.

_____. 2010. "Growth of the U.S. Korean Population and Changes in Their Settle mentPatterns, 1990~2008." *Research Report* No. 2, March 16. The Research Center for Korean Community, Queens Collegeof CUNY.

New York City Department of City Planning. 2009. American Community Survey (ACS) Demographic and Housing Estimates: 2006-2008. New York City Department of City Planning.

Yu, Eui-Young, P. Choe, H S.I.Han & K Yu. 2003. "Emerging Diversity in Los Angeles, Korea town, 1990~2000", *Amerasia*, Vol. 30, No. 1.

뉴욕 플러싱 코리아타운의 디지털화를 위한 기초 연구*

주동완(코리안리서치센터 원장)

1. 머리말

　　뉴욕은 한국과 미국이 정부 간 최초로 공식적인 관계를 맺은 곳이다. 뉴욕은 1882년 조선과 미국 사이에 조미수호통상조약을 맺고 이듬해인 1883년 9월 민영익이 이끄는 11명의 보빙사절단이 미국의 제21대 체스터 A. 아더(Chester A. Arthur) 대통령을 뉴욕 맨해튼의 한 호텔에서 알현함으로써 그동안 한국과 미국의 130여 년에 걸친 상호 관계의 첫 장을 열었던 곳이다(뉴욕한인회, 2010: 18-21). 그 후 뉴욕은 많은 초창기 한국 유학생들이 학업을 닦으면서, 조국이 일본 제국주의의 식민지가 되었을 때는 조국의 독립을 위해, 조국이 군사 정권하에 놓였을 때는 조국의 민주화를 위하여 많은 활동을 전개하여 미주 한인들의 구국 활동의 중심지가 되었다. 1965년 미국 이민개정법으로 한국인들의 미국 이민이 재개되면서 미국으로 물밀 듯 이민 들어온 한국인들에게 로스앤젤레스(LA)가 서부 지역의 대표적인 초기 이민 관문 도시였다면, 동부지역에서는 뉴욕(NY) 시가 그러한 관문 도시 역할을 했다.

---

*　　이 글은 『재외한인연구』 제23호(2011. 2)에 실린 글로 일부 내용을 보완했다.

뉴욕 시의 다섯 개 보로(Borough)[1] 중의 하나인 퀸즈 보로(Queens Borough)에 속한 플러싱 타운(Flushing Town)이 바로 1970년대 이후 뉴욕 시로 유입된 한국인들에 의해 코리아타운이 형성되고 한인들의 주요 거주 지역인 동시에 상업과 생활의 중심지가 된 곳이다. 최근에는 매년 수많은 한국인 관광객과 유학생들이 방문하고, 특히 한국이 경제적으로 성장하면서 많은 한국 기업들이 세계의 경제 중심인 뉴욕과 많은 긴밀한 관계를 맺으면서 뉴욕의 플러싱 코리아타운의 성장과 발전에 직간접적으로 많은 영향을 미치고 있다. 따라서 이제 뉴욕은 한국인들에게 더 이상 낯선 곳이 아니며, 한국인들의 이민 역사의 많은 흔적과 자취를 간직하고 있게 되었다.

그러나 1990년대 중반 이후, 뉴욕 한인들의 정착 패턴의 변화와 중국인과 인도인 등 다른 민족들의 대거 유입 등으로 플러싱의 한인들은 도시 생태학적으로 많은 변화를 겪었다. 이러한 변화 과정에서 초창기 플러싱 한인 이민자들의 많은 삶의 흔적들이 지워지고 있는 것은 무척 안타까운 일이다.

1965년 이후 그동안 거의 한 세대 반(45년)을 지나오는 동안 뉴욕의 한인들에 대한 연구는 주로 개인 인물이나 청소년, 여성, 노인 등의 세대 중심 또는 한인들이 운영하는 소기업을 통한 경제적 적용이나 지역 또는 직능 단체 그리고 종교적인 활동 등을 중심으로 한 사회학과 인류학 등의 학문적인 연구가 중심이 되었다. 그리고 이러한 연구들은 나름대로 많은 성과를 이루었지만, 실제로 한인들의 삶의 모습을 보여주는 사진 또는 영상과 같은 다큐 기록물에 대한 연구는 거의 전무하다시피 하고, 그에 대한 자료의 축적이나 보전조차도 이루어지고 있지 않다. 이런 상태로 간다면 이제 반 세대(15년) 또는 한 세대(30년)만 더 지나면 초창기 뉴욕 한인들의 모습을 그대로 보여주는 기

---

1) 보로(Brough)는 미국에서 뉴욕 시에만 있는 행정 단위이다. 뉴욕 시는 맨해튼(Manhattan), 브롱스(Bronx), 브루클린(Brooklyn), 퀸즈(Queens), 스테이튼 아일랜드(Staten Island)의 다섯 개의 보로로 되어 있는데, 한국의 '구'나 '군'과 같은 행정 단위인 카운티(County)와 같은 정도 또는 카운티보다 더 큰 행정 단위를 나타낸다. 보로 안에는 한국의 '동'과 같은 많은 타운(Town)들로 구성되어 있다.

록물들은 거의 찾아보기 힘들지도 모를 일이다.

특히 디지털 기술이 발달한 요즘 뉴욕의 한인 이민 역사와 사회를 보여주는 사진 및 영상 자료들의 디지털 콘텐츠화가 절실히 요구됨에도 아직은 그런 곳에까지 학계나 일반의 관심이 미치지 못하고 있음이 현실이다. 따라서 이러한 현실을 감안하여 뉴욕의 한인 이민 사회의 역사적인 자료들이 더 사라지기 전에 그리고 앞으로 뉴욕의 한인 이민 사회와 역사를 디지털 콘텐츠화하기 위한 기초 작업으로 우선 뉴욕의 한인 중심지인 플러싱에 대한 한인 이민 역사가 될 사진 자료들을 모아 보았다. 학문적인 깊이보다는 이러한 자료들을 통하여 뉴욕의 한인사회를 이해하고 연구하는데 더욱 도움이 되기를 바라며, 이 글을 통하여 앞으로 보다 더 체계적이고 지속적인 자료 수집과 디지털 콘텐츠화가 이루어지길 바란다.

우선 플러싱 지역의 코리아타운의 모습들을 사진으로 남겨 역사적인 자료로서 보전하고 그 변화의 모습들을 되짚어보면서 코리아타운의 도시 생태학적인 변화과정을 살펴보는 것은 현재와 같이 미개척적인 상황하에서 나름대로 상당한 의미가 있는 연구라고 생각한다. 앞서 지적한 대로 이 글은 앞으로 플러싱 코리아타운을 체계적으로 디지털 콘텐츠화 하기 위한 사전 연구의 성격을 띤 것으로서 플러싱 코리아타운의 주요한 몇몇 부분들만을 우선 대상으로 했다.

사진은 2010년 10월 10일에 한국외국어대학교 임영상 교수와 필자에 의해 촬영되었으며, 임영상 교수는 필자에게 이 글에 대한 방향과 방법에 대해 지도해주었다. 사진들에 대한 내용 설명은 뉴욕 플러싱에서 지난 25년간 살아온 필자의 경험을 바탕으로 이루어졌다. 따라서 필자의 주관적인 판단에 따라 설명이 충분하지 못할 수 있고 사실과 약간 다를 수도 있음이 본 연구의 한계임을 미리 밝히고자 한다. 이러한 미비한 점과 혹시 있을 지도 모르는 잘못된 이해와 설명들은 차후에 본격적인 플러싱 한인 연구에서 좀 더 체계적인 자료 수집과 과학적인 분석으로 정정될 것으로 기대한다.

2. 뉴욕 주와 뉴욕 시 개관

약 30만 명 이상의 한인들이 뉴욕에 살고 있고 매년 100만 명 이상의 한국인들이 뉴욕을 왕래하고 있지만, 한국인들에게 알려진 뉴욕에 대한 정보는 유명한 관광지들에 대한 피상적인 내용 이외에는 별로 알려진 것이 없는 듯하다. 더구나 한국과의 행정상의 차이로 뉴욕 주와 뉴욕 시에 대한 구분이나 위치 관계도 뉴욕을 방문하는 한국인들에게 명확하지 않은 경우가 많음을 보았다. 이 글의 주 대상지역인 플러싱에 대해 살펴보기 전에 플러싱이 속한 뉴욕 주와 뉴욕 시에 대해 기본적인 개관을 살펴보는 것이 플러싱 코리아타운을 이해하는 데 도움이 될 것으로 생각한다.

먼저 뉴욕 주는 면적이 약 14만km^{2}로 남한 면적의 약 1.5배 정도이며, 남북한을 합한 한반도 전체 면적의 약 64% 정도의 크기다. 뉴욕 주는 면적으로 미국의 50개 주 가운데 스물일곱 번째로 큰 주이며, 총 인구수는 〈표 1〉에서와 같이 2000년 인구조사에서 약 1,900만 명으로 집계되어 미국의 50개 주 가운데 캘리포니아 주와 텍사스 주 다음으로 세 번째로 많은 인구를 가진 주로 나타났다.

〈그림 1〉에서 보듯이 뉴욕 주의 북쪽은 캐나다의 퀘벡(Quebec) 주와 맞닿아 있으며, 북서쪽은 온타리오(Ontario)호와 에리(Erie)호 등의 오대호와 접해

표 1 인구수별 미국 최상위 다섯 개 주의 인구변화

순위/주	2000	2010	2000~2010 증감	증감율(%)
1. 캘리포니아	33,871.648	37,253,956	3,382,308	10.0
2. 텍사스	20,851,820	25,145,561	4,293,741	20.6
3. 뉴욕	18,976,457	19,378,102	401,645	2.1
4. 플로리다	15,982,378	18,801,310	2,818,932	17.6
5. 일리노이	12,419,293	12,830,632	411,339	3.3

자료: U.S. Census Bureau, 2010 Census.

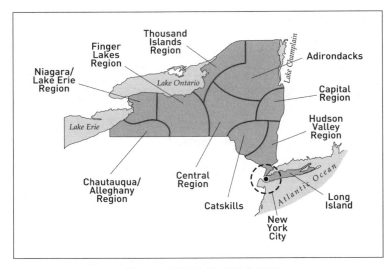

그림 1 뉴욕 주와 뉴욕 시의 지역구분

자료: http://www.findrentals.com/images/new-york-map.png

있고 온타리오호와 에리호 사이에는 유명한 나이아가라(Niagara) 폭포가 있어서 연중 많은 관광객들을 끌어들이고 있다. 또한 뉴욕 주의 남서쪽은 펜실베이니아(Pennsylvania) 주와 뉴저지(New Jersey) 주 등과 연결되어 있으며 동쪽은 버몬트(Vermont) 주, 매사추세츠(Massachusetts) 주 그리고 코네티컷(Connecticut) 주 등과 접해 있다. 깔때기 모양의 뉴욕 주 남쪽 끝은 대서양으로 나가는 입구로 뉴욕 시가 자리 잡고 있으며, 뉴욕 시 옆에는 동쪽으로 길게 뻗은 롱아일랜드(Long Island)가 있다. 뉴욕 주의 북부지역은 애팔래치안(Appalachian) 산맥의 줄기가 지나 대부분이 산악지대인 아디론댁(Adirondacks)과 캣츠킬(Catskills) 지역으로 구분되는데 이 두 지역은 천연림 보존 지역으로 되어 있다.

뉴욕 주는 대략 북위 40도에 걸쳐 있어서 한국의 북위 38도선보다 조금 더 북쪽에 위치해 있지만 사계절이 뚜렷하여 한국과 비슷한 기후 체계를 보여주고 있어서 여름엔 덥고 습하며, 겨울엔 춥고 많은 눈이 내리고, 봄과 가을은 짧지만 아름다운 계절의 변화를 보여주고 있다.

그림 2 뉴욕 시의 위치와 지역구분

자료: http://wikitravel.org/upload/shared//thumb/5/5a/New_York_City_District_Map.png/300px-
New_York_City_District_Map.png

 뉴욕 주의 주청(주의 수도)은 올바니(Albany)에 있으며, 올바니 옆으로 흐르는 허드슨(Hudson) 강은 뉴욕 주 북쪽 아디론댁에 있는 뉴욕에서 가장 높은 산인 마시산(Mount Marcy: 해발 1,309m)에서 발원하여 남쪽으로 약 507km를 흘러 대서양과 만나고 있는데, 그 허드슨강 하구지역에 맨해튼, 스테이튼 아일랜드 그리고 롱아일랜드라는 커다란 세 개의 섬이 형성되어 있다. 이 세 섬 중 맨해튼과 스테이튼 아일랜드 그리고 롱아일랜드 섬의 서쪽 일부 지역인 퀸즈와 브루클린 그리고 육지 끝의 일부인 브롱스, 이렇게 다섯 개의 보로(Borough: 한국의 '구'와 같은 행정단위)가 모여 바로 뉴욕 시가 된다. 뉴욕 시 다섯 개 보로의 총 육지면적은 790km^2(수면 면적까지 합하면 약 1,200km^2)로 약 605km^{2}인 서울의 1.3배 크기이며 총인구는 840만 명 정도이다.

 하지만 맨해튼을 중심으로 뉴욕, 뉴저지, 코네티컷을 연결하는 뉴욕 메트로폴리탄(New York Metropolitan) 지역의 인구는 2,100만 명을 넘어[2] 미국 최대의 메트로폴리탄 지역을 형성하고 있다. 세계적으로는 일본의 도쿄(Tokyo), 브라질의 상파울루(San Pauolo), 멕시코의 멕시코시티(Mexico City) 그리고 한국의 서울에 이어 메트로폴리탄이 세계 5위의 높은 인구 집중률을 보이고 있다. 뉴욕 시는 1524년 이탈리아의 탐험가 지오바니 다 베라자노(Giovannida Verrazzano)에 의해 유럽인들의 첫 발이 내딛어진 후, 1614년 짐승들을 사냥하고 가죽을 무역하는 네덜란드인들에 의해 처음 정착되기 시작했다. 그 후 1626년 네덜란드 총독인 피터 미누이트(Peter Minuit)가 맨해튼에 살고 있던 레나페(Lenape)인디언들로부터 60길더(흔히들 24달러어치의 구슬과 바꾸었다고도 함)를 주고 맨해튼을 사들인 이후에 뉴 암스테르담(New Amsterdam)으로 명명하고 본격적으로 유럽인들(초기에는 주로 네덜란드인들)의 정착이 시작되었다. 1664년에는 영국이 점령하여 뉴욕(New York)으로 개명하고 주요 교역 도시로 성장하기 시작했다.

1898년 맨해튼은 인근의 퀸즈, 브롱스, 브루클린, 스테이튼 아일랜드를 합하여 뉴욕 시로 확장되었으며, 이후 유럽을 연결하는 최대의 항구 도시로 발전하여 1920년대에 이미 500만 명 이상의 인구를 가진 세계적인 도시가 되면서 그 전성기를 구가하였다. 뉴욕 시의 다섯 개 보로 가운데 코리아타운이 속해 있는 퀸즈 보로는 다섯 개의 보로 가운데 면적으로는 가장 크지만 인구수 면에서는 2009년 브루클린에 이어 두 번째인 230만 명의 인구를 가진 것으로 추정되었다.

〈표 2〉에서 보듯이 퀸즈는 아시아인들이 백인을 제외한 흑인이나 히스패닉과 비슷한 정도로 거주하며, 특히 퀸즈의 플러싱은 아시아인이 절대 다수를 차지하고 있다. 이처럼 플러싱의 아시아인들은 1970년대부터 미국으

---

2) U.S. Census Bureau, Census 2000. 2000년 4월 1일 현재 미국에는 500만 명 이상 되는 메트로폴리탄 지역은 모두 아홉 개가 있다. ① 뉴욕 지역(2,120만 명), ② LA 지역(1,640만 명), ③ 시카고 지역(920만 명), ④ 워싱턴 지역(760만 명), ⑤ 샌프란시스코 지역(700만 명), ⑥ 필라델피아 지역(620만 명), ⑦ 보스턴 지역(580만 명), ⑧ 디트로이트 지역(550만 명), ⑨ 댈러스 지역(520만 명)

표 2 지역별 인구구성 비교

구 분	미국 전체	뉴욕 주	뉴욕 시	퀸즈2)	플러싱3)
총인구수	308,745,538	19,378,102	8,175,133	2,230,722	178,295
백인	63.8%	58.3%	33.3%	27.7%	19.2%
흑인	12.2%	14.4%	22.8%	17.7%	2.6%
히스패닉	16.3%	17.6%	28.6%	27.5%	15.7%
아시안	4.7%	7.3%	12.6%	22.8%	60.1%
기타1)	1.1%	0.2%	0.9%	1.8%	0.4%
2인종 이상 선택한 경우	1.9%	2.2%	1.8%	2.5%	2.0%
계	100.0%	100.0%	100.0%	100.0%	100.0%

주: 1) 기타는 아메리카 인디언, 알래스카 원주민, 하와이 원주민, 기타 태평양도서지역 원주민 및 타인종을 포함.
2) NYC Department of City Planning. Population Growth and Race/Hispanic composition.
3) 플러싱의 통계자료는, 2010센서스 자료를 기초로 하여 만들어진 아래의 우편번호별 인구확인 웹사이트
를 이용하여, 플러싱 지역의 11354, 11355, 11358 등의 세 우편번호의 인종별 구분포 자료를 토대로 만
들어졌음. http://www.zip-codes.com/zip-code/11354/zip-code-11354-2010-census.asp.
자료: U.S. Census Bureau, 2010 Census.

로 온 이민 물결과 더불어 급격히 증가했는데, 이러한 증가는 플러싱이 당시
다른 지역에 비해 비교적 안정되고 교통이 편리한 백인 중심의 주거 지역이
었던 때문이었다고 여겨진다.

3. 플러싱 지역 개관

플러싱은 뉴욕 시의 중심인 맨해튼에서 동쪽으로 약 20km가량 떨어져
있는 교외 주거 지역이다. 플러싱은 I-495, I-678, I-295 등의 뉴욕 지역의
주요 고속도로로 둘러싸여 있으며, 롱아일랜드에서 가장 오래된 길인 노던
불러바드가 타운의 중심을 관통하고 있어서 편리한 교통 시설의 발달로 일
찍부터 맨해튼의 배후 주거 지역으로 발전해왔다.

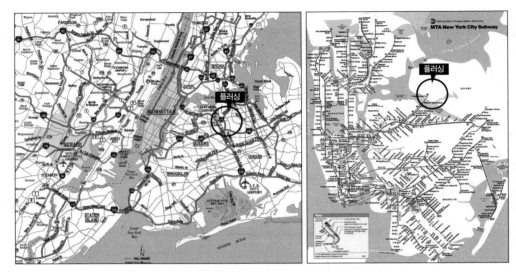

그림 3 플러싱의 교통도(좌)와 플러싱의 지하철 노선도(우)
자료: (좌) http://www.aaccessmaps.com/show/map/us/ny/nyc_area_hwy
(우) http://macaulay.cuny.edu/eportfolios/tomkiewiczs10/files/2010/03/nyc-subway-map1.jpg

플러싱 지역에 처음 정착한 사람들은 뉴욕 북동쪽에 위치한 매사추세츠 주에서 살다가 그 지역 식민지 정부의 혹독한 통치를 견디지 못하거나 또는 좀 더 비옥한 토지를 찾아 이 지역으로 이주해온 영국인들이었다. 당시 플러싱은 네덜란드어로 블리싱겐(Vlissingen)으로 불리며, 뉴욕 맨해튼 남부를 점령하고 있던 네덜란드 식민지 정부의 지배를 받고 있었다. 플러싱 지역의 초기 영국인 이주자들은 1645년 네덜란드 식민지 정부로부터 이주특허를 받고 이 지역으로 이주해왔지만, 이주하자마자 종교적인 문제로 네덜란드 식민지 정부와 갈등을 빚기 시작하였다.

1645년 네덜란드 식민지 정부가 플러싱 지역에 이주 특허를 내줄 때, 이 지역 초기 이주자들인 영국인들에게 그 당시 유럽에서 가장 자유스러운 국가였던 네덜란드에서와 동일한 만큼의 종교적인 자유를 보장한다고 했지만, 현지의 사정은 달랐다. 특히 피터 스타이브센트(Peter Stuyvesant) 네덜란드 총독

이 부임하면서 네덜란드 식민지 정부와 영국인 이주자들 간의 종교적 갈등은 더욱 심화되어졌으며, 특히 1650년대 많은 퀘이커(Quaker)[3] 교도들이 이 지역으로 들어오면서 종교적 갈등은 극에 달하게 되었다. 이러한 식민지 정부와 지역 주민들 간의 종교적 갈등은 마침내 1657년 12월, 이 지역(플러싱)의 많은 주민들로 하여금 미국에서 종교와 정부를 분리시키고 개인이 믿는 신은 각 개인이 결정할 일이며, 이에 대해 정부는 간섭해서는 안 된다고 하는 내용을 담은 '플러싱 탄원서(Flushing Remonstrance)'라고 불리는 문서에 서명하도록 만들었다. 그리고 이 문서는 미국 역사상 종교의 자유를 선언한 최초의 문서 가운데 하나가 되었다.

이렇게 종교적인 갈등과 종교적인 자유의 쟁취를 미국 식민지 지역에서 가장 먼저 경험하고 이룩한 플러싱은 퀘이커 교도들의 주 거주 지역이 되었으며, 이후 주민들의 주류는 퀘이커 교도들이 되었다. 이처럼 종교적 자유와 더불어 노예 해방에도 동정적이었던 플러싱 지역의 대다수의 퀘이커 교도들은 1774년 이후 노예를 소유하지 않기로 결정하여 플러싱은 많은 흑인들에게 매력적인 이주 지역이 되기도 하였으며, 1800년대 초에는 플러싱 중심에 마케도니아(Macedonia) 흑인 교회가 세워지기도 했다.

미국 독립전쟁 당시에는 플러싱을 위시한 퀸즈 지역 주민들은 대부분 중립을 지켰는데, 오직 프란시스 루이스(Francis Lewis)만 영국에 대항하여 필라델피아(Philadelphia)에서 열린 제2차 대륙의회에 참석하여 독립선언서에 서명한 유일한 퀸즈 주민이 되었다. 그 때문에 그의 집은 불에 타버렸고, 그의 부인은 잠시 감옥에 갇히기도 했다. 미국 독립전쟁이 끝난 1783년 이후 영국군

---

3) 퀘이커교는 1650년대 영국의 조지 폭스(George Fox)가 제창한 명상운동을 시작으로 17세기에 나타난 개신교의 한 종파이다. 퀘이커는 '하나님 앞에서 떤다'는 조지 폭스의 말에서 유래했으며, 퀘이커교는 친우회(Society of Friends)라고도 불렸다. 퀘이커 교도들은 영국에서 박해를 받아 종교의 자유를 찾아 미국으로 많은 수가 이주하였으며, 이들 중 윌리엄 펜(William Penn)이 그의 아버지가 영국 국왕 찰스 2세에게 빌려준 돈 대신 불하받은 미국 식민지의 영토에 펜실베이니아 주를 건설하여 많은 퀘이커 교도들을 받아들임으로써 종교의 자유를 찾았다.

은 물러가고 플러싱은 다시 조용한 마을로 돌아갔다(Driscoll, 2005: 9-10; Seyfried, 2001; Seyfried and Asadorian, 1991; Anots, 2009).

식민지 시대 동안 플러싱은 주로 상업적으로 나무를 재배하여 판매하는 지역으로 성장했는데, 사무엘 B. 파슨스(Samuel B. Parsons)를 비롯한 몇몇 대농들이 그들의 농장지로 플러싱 지역 대부분을 차지하고 있었다. 이들 나무 농장에서 재배된 나무들은 후에 맨해튼 센트럴 파크(Central Park)를 조성할 때 옮겨 심어지기도 했다. 미국 독립 후에는 플러싱은 맨해튼의 발달과 더불어 주거 지역으로 성장했는데, 1813년 village에서 town으로 승격되었다. 1900년 대 들어서는 1910년에 맨해튼에서 롱아일랜드의 포트 워싱턴(Port Washington)을 연결하는 기차가 플러싱을 관통하면서 건설되고, 1928년에는 맨해튼과 플러싱을 연결하는 지하철이 건설되는 등 편리한 대중교통의 건설과 더불어 전원적인 타운이었던 플러싱은 맨해튼의 주요 배후 주거 지역으로 더욱 발달하였다. 1939~1940년간에는 플러싱 코로나 파크(Flushing Corona Park)에서 세계 박람회가 개최되어 세계 최초로 텔레비전이 선보이기도 하였다. 또 1964~1965년간에 개최된 세계박람회에서는 교황 요한 바오로(Pope Paul) 6세가 참석하기도 하여, 플러싱이 전 세계적으로 알려지기도 했으며, 1964년 New York Mets 야구장이 지어지고, 1978년에는 플러싱의 U.S. Open 테니스 경기장이 건설되어 1881년부터 이어져온 테니스 경기가 플러싱 지역에서 개최되어 오늘에까지 이르는 등 지역 발전의 전성기를 구가하였다.

1970년대 이후, 앞서 이야기한 대로 1965년도 이민법 개정으로 아시아 국가들에도 미국 이민 문호가 개방되면서, 한인을 비롯하여 중국인, 인도인 등 아시아인들이 물밀 듯이 플러싱 지역으로 들어와 플러싱의 성장을 부추겼다. 특히 플러싱 7번 지하철 노선의 건설 이후 지역경제가 활성화되어온 이래, 1970년대 이후에는 7번 지하철 노선 주위 지역이 한국인, 중국인, 인도인 등 많은 아시아인들의 밀집 거주지역이 되면서 7번 지하철을 이용하는 아시아인들이 증가하자, 뉴욕 시민들은 7번 지하철을 '오리엔탈 익스프레스

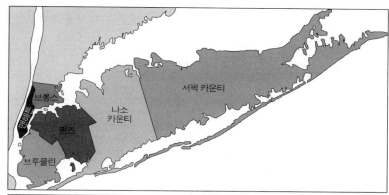

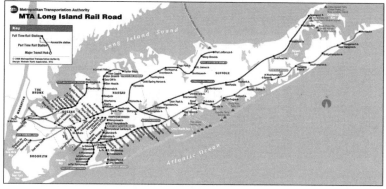

그림 4 뉴욕 시와 롱아일랜드(상), 롱아일랜드 기차노선도(하)

자료: (상) http://upload.wikimedia.org/wikipedia/commons/4/46/New_york_long_island.jpg
(하) http://www.vakantiewegwijzer.com/new-york/trein-kaart-new-york-long-island.gif

(Oriental Express)'라고 부르기도 했다. 최근 2000년대 이후에는 개발 붐이 불어 곳곳에 새로운 고층 건물들이 지어져 플러싱의 스카이라인(Skyline)을 바꿔가고 있다. 또한 국제공항인 케네디(John F. Kennedy)공항과 라과디아(LaGuardia) 공항이 10~20분 내의 거리에 위치하고 있어 모든 편리한 교통 시설을 다 구비하고 있다.

또한 플러싱은 물고기 모양의 롱아일랜드의 물고기 눈에 해당되는 지점에 위치하고 있는데, 롱아일랜드는 남북의 길이가 37km, 동서의 길이가

190km이며 전체 면적이 3,600km²로써, 한국의 제주도 면적보다 두 배 정도 큰 대서양의 북동쪽으로 길게 뻗은 섬으로, 섬의 전체 인구는 약 760만 명이다. 롱아일랜드의 서쪽은 뉴욕 시의 일부인 브루클린과 퀸즈가 있으며, 동쪽으로는 낫소(Nassau)와 서폭카운티(Suffolk County)로 연결된 교외지역의 비교적 부유하고 안정적인 주거 지역들이다. 롱아일랜드는 플러싱에서 경제적으로 안정을 찾은 한인들이 자녀들의 교육과 전원생활을 위해 선호하는 뉴욕 인근의 주거 지역 가운데 하나이기도 하다.

이처럼 플러싱은 서쪽으로는 맨해튼과 1시간 거리에 위치하고 있으면서 고속도로와 지하철, 기차 및 항공 교통편 등이 발달하였고, 많은 고용 기회 제공과 소기업 활동이 용이할 뿐만 아니라 롱아일랜드라고 하는 교외 지역의 풍부한 주거 지역까지 겸비하고 있어 이민자들이 아메리칸 드림을 이루기에는 가장 최적의 장소라고 여겼다. 실제로 정치, 경제, 사회, 문화 등 다양한 부문에서 그러한 아메리칸 드림의 신화를 이룬 많은 아시아인들이 이 지역에서 배출되고 있다.

4. 플러싱 한인들의 인구 및 정착형태의 변화

1970년대까지만 해도 백인중심의 주거 지역이었던 플러싱이 1970년대 이후, 많은 타 민족과 인종들이 대거 유입되면서 인구 구성이 바뀌기 시작했다. 이러한 변화는 1980년대 물밀 듯이 들어오는 아시아인, 특히 한국인과 중국인들을 주축으로 한 아시아인들의 유입으로 급변하였으며, 이들의 플러싱 지역 내에서의 활발한 경제적 활동은 지역 경제를 더욱 활성화시키면서 지속적인 인구유입을 불러 일으켜 급격한 인구 변화를 경험하게 하였다. 플러싱의 인구는 2000년 인구조사에서 17만 6,026명이었고, 중간소득이 3만 9,804 달러로 중산층 거주 지역으로 나타났다. 인종별 인구구성은 백인 19.7%, 흑인 3.5%, 히스패닉 18.4%, 아시아인 44.3%, 기타 4.1% 등으로 나타나 아시아인 집중 거주 지역임을 보여 주었다. 이러한 아시아인 인구 집중도는 2010년에 실시된 인구조사에서 더욱 크게 증가할 것으로 예상되고 있다. 특히 2000년대 이후 지역 개발이 본격화되면서 이러한 변화는 더욱 가속화 되었다.

플러싱에 한인들이 언제부터 들어와 살게 되었는지는 확실하지 않지만 필자가 오래전에 뉴욕으로 이민 온 초창기 한인 이민자 한 분과 인터뷰에서 들은 이야기로, 일설에는 1960년대 플러싱 칼리지 포인트 블러바드(College Point Boulevard) 선상에 있던 엔텐만스(Entenmann's) 빵 공장에서 노동자로 일하기 위하여 맨해튼에서 이주해온 한인들이 최초의 플러싱 한인들[4]이었다고 한다. 그 후 롱아일랜드 기차와 지하철, 고속도로와 사통팔달하는 대로 등의 편리한 교통 시설과 백인들 중심의 안정된 거주 환경 등을 갖추고 있었던 플러싱은 '아메리칸 드림(American Dream)'을 꿈꾸며 태평양을 건너온 한국인들에게는 안성맞춤의 거주 지역이었다. 맨해튼과 플러싱을 연결하는 7번 지하철을 따라 연결된 써니사이드(Sunnyside), 우드사이드(Woodside), 잭슨하이츠(Jackson-Heights), 앰허스트(Elmhurst) 등의 지역들이 한인들의 거주 지역으로 발전하였지만, 지하철의 종착역인 플러싱은 1990년대까지 그중에서도 가장 한인들이 밀집하여 발전한 미동부 지역 최대의 한인 거주 지역으로 발전했다.

그러나 1980년대까지는 가장 우세한 아시아인으로 한국인들이 주류를 이루었던 플러싱에 더 많은 중국인들이 물밀 듯이 들이닥치면서 한인들은 서서히 플러싱 중심지를 벗어나 거주 지역과 상권을 옮기기 시작하였다. 이러한 변화의 주요 요인으로는 첫째, 수적인 면에서 중국인들의 유입을 감당하기 힘들었으며, 둘째, 경제적으로 안정되기 시작한 한인들이 서서히 자녀

---

4) 뉴욕 한인 이민사회의 역사를 기록한 언론인 조종무 씨는 1964~1965년 세계박람회가 플러싱 지역에서 개최되었을 때, 한국에서 참가한 300여 명의 행사요원들 가운데 약 200명 정도가 박람회가 끝난 후 미국에 잔류하여 그들 중 일부가 플러싱에 거주하기 시작하면서 플러싱 한인 이민 역사가 시작되었다고도 한다.

들의 교육을 위하여 더 환경이 좋은 교외 지역으로 자발적으로 이주하기 시작하였기 때문이었으며, 셋째, 주로 플러싱 지역에서 렌트(Rent: 월세)로 소기업을 운영하던 한인들은 렌트비의 인상으로 더 이상 버티지 못하고 물러났기 때문이었다. 넷째, 최근의 한인 이민자들은 경제적인 여건의 향상으로 이제 더 이상 플러싱과 같은 이민자들의 삶의 애환을 간직한 초기 이민 관문 도시를 필요로 하지 않기 때문이다.

각 요인들을 좀 더 구체적으로 살펴보면 플러싱 지역으로의 중국인들의 유입은 홍콩과 대만 등지에서 온 중상류층의 중국인들이 그들 특유의 균등 투자 동업 방식으로 공동 투자하여 이전에 유대인과 이탈리아인들이 주로 소유하고 있었던 플러싱 지역의 부동산들을 매입하고, 그 매입한 부동산을 초기에는 주로 한인과 다른 중국인들에게 렌트를 주었다. 한인들은 선천적인 근면성으로 열심히 일하여 개인의 경제적인 부를 쌓아 갔지만, 다른 한편으로는 그 렌트 얻은 건물의 부동산 가치를 더 몇 배 이상으로 올려주어 결국은 자신의 렌트비를 스스로 인상시키는 결과를 초래하였으며, 마침내 자신이 스스로를 자신의 삶의 터전에서 쫓겨나가게 만들고 말았다.

한인들이 부동산 구입에 관심을 돌릴 무렵에는 이미 이 지역의 부동산 가격들이 상당히 상승하여 부동산 구입에 엄두를 내지 못할 정도가 되고 말았다. 그렇다고 한인들의 속성상 중국인들과 같이 균등한 금액을 투자하는 동업 방식을 도입하는 데는 어려움이 있어서 공동 투자하여 부동산을 공동 구입하는 경우가 드물었다. 결국 건물주인 중국인들에게만 좋은 일을 만들어주고 한인들은 자신들의 생업 터전을 떠날 수밖에 없게 되었으며, 이는 플러싱 한인 커뮤니티의 해체로 이어졌다. 또 중국인들은 플러싱 지역에서 많은 중국계 은행들을 설립하여 대규모 금융 자본을 이용하여 큰 규모의 부동산 투자에 성공한 반면, 한인들은 은행을 통한 금융 자본의 이용보다는 전통적인 '계'의 방식을 통하여 비공식적으로 축적된 자본을 이용하여 주로 비즈니스 창업 및 운영자금 정도로만 조달하였기에 부동산 투자를 할 수 없었다.

또한 한인들은 렌트를 얻어 소기업을 운영하면서 얻은 수익으로 사업에 재투자나 상업용 건물의 구입보다는 교외 지역에 고급주택을 먼저 구입하여 스스로 한인 커뮤니티의 울타리를 벗어나 버렸다. 이러한 자발적 이탈의 주된 이유는 교외 지역에서 자녀들에게 더 좋은 교육 환경을 마련해주기 위함이었다. 즉, 동업에 대한 경험부족과 한인들의 체질적인 성격상 동업에 대한 부정적인 인식의 결과 부동산에 투자할 만한 대자본을 형성하지 못하고, 렌트로만 소기업을 운영하여 결국은 그 부동산의 가치만을 올려 자신의 렌트를 인상시켜 놓고 그것을 감당하지 못해 떠나야 하는 악순환과 교외지역으로의 자발적인 이주 등으로 한인 커뮤니티의 중심지였던 플러싱을 잃고 말았다.

아울러 최근의 한인 이민자들은 비교적 충분한 이민 정착자금을 가지고 이민을 오기 때문에 구태여 플러싱과 같은 징검다리역할을 한 거주지역을 거치지 않고 바로 롱아일랜드의 백인 지역에 주거지를 장만하고, 흑인지역에서부터 비즈니스를 시작하는 것이 아니라 맨해튼이나 플러싱 등지의 코리아타운 또는 바로 백인 중산층 지역에 비즈니스를 시작하여 훨씬 짧은 시간 내에 이민 생활에 적응해버리기 때문에 한인들의 중간 거주지 역할을 했던 플러싱은 점점 한인들의 공동화가 가속화되었다.

그 결과 메인 스트리트(Main Street)와 루스벨트 애비뉴(Roosevelt Avenue)가 만나고 7번 지하철의 종점이 있는 플러싱 중심지역은 이제 완전히 중국인들의 거리가 되었으며 그 지점을 중심으로 사방으로 뻗은 길들은 중국인들의 음식점과 상점들이 즐비한 신 차이나타운(New Chinatown)이 되어버렸다. 플러싱의 중심 지역을 상실한 한인들은 2000년대부터 플러싱에서 동쪽으로 길게 뻗은 노던 블러바드를 타고 양편으로 새로운 상가를 형성하며 발전하고 있는 중이다.

2000년대 초만 해도 플러싱 중심 지역을 벗어난 노던 블러바드는 아직 비즈니스들이 활성화되지 못한 도로여서 플러싱 중심 지역에 비해 렌트비가

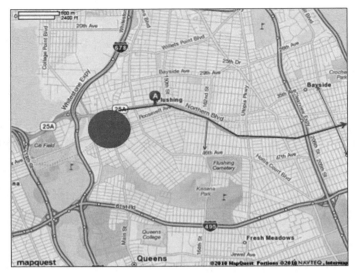

그림 5 1980~2000년대 한인상권의 변화 모양

왼쪽 중간의 원은 1980년대 플러싱 코리아타운의 중심지를 나타내며 오른쪽 방향 굵은 선은 1990년대의 플러싱 한인들의 정착패턴의 변화로, 2000년대 들어서면서 중심지(원 표시)를 잃고 노던 블러바드를 따라 롱아일랜드로 뻗어가며 상권을 형성하고 있는 모습을 표시한 것임.

저렴하여 적은 자본으로 소기업을 운영할 만했다. 또한 플러싱과 같은 뉴욕시 외곽지역은 대중교통이 크게 발달하지 않아 조금만 시내 중심에서 떨어져 있어도 왕래하기를 불편하게 여겼었는데, 1990년대 중반 이후 한인들도 각 가정마다 자가용의 소유가 보편화되어 시내 중심에서 벗어난 노던 블러바드 선상의 상권 이용을 용이하게 만들었다. 결과적으로 이전에는 대중교통편 때문에 한 곳에 집중되어 발달했던 상권(면형 상권)이 자가용 소유의 증가로 큰 대로를 따라 길게 발달하는 형태(선형 상권)의 상권 형성을 가능하게 하였다. 특히 군데군데 들어서기 시작한 한국식 대형 슈퍼마켓들 덕분에 그 슈퍼마켓 주변으로 자가용을 소유하지 못한 저소득층이나 노년층의 인구가 집중되기 시작하고, 자가용을 이용한 슈퍼마켓 이용이 늘어나면서 더욱 선형으로 길게 뻗는 상권 형성을 용이하게 하고 이러한 선을 따라 커뮤니티 발달을 가속화시켰다.

　이제 롱아일랜드를 동서로 달리는 노던 블러바드 선상을 중심으로 해
서, 플러싱 중심지역인 메인 스트리트(Main Street)에서 한 블록 동쪽으로 떨어
진 유니온 스트리트(Union Street)부터 크로스 아일랜드 파크웨이(Cross Island
Parkway)라고 하는 남북으로 달리는 고속도로가 있는 약 5km 정도의 90개 블
록(Block)거리는 한인 상점과 사무실들로 가득 차게 되었다. 몇몇 한인사회 지
도자들 가운데에는 이러한 한인 상권의 변화를 한인 커뮤니티의 발전이라고
보는 이도 있다. 하지만 필자의 견해로는 플러싱 중심에 한인 커뮤니티를 확
고하게 형성시켜 놓고 이렇게 한인 상권이 가지를 뻗었더라면 엄청난 커뮤
니티의 파워를 형성했을 것으로 여겨진다. 그런데 그 중심 상권을 잃어버리
고 가지만 길게 뻗은 현재의 커뮤니티 모습은 뭔가 아직은 구심점이 없는 불
안한 형태의 커뮤니티 발전으로 보여 안타까움을 더한다.

5. 플러싱 코리아타운 한인들의 삶의 모습

　이제 1970년대 형성하기 시작하여 1980년대 번성기를 구가하다가 1990
년대 변혁기를 맞으면서 2000년대에 면(面) 중심에서 선(線) 중심의 다른 형태
로 발전하기 시작한 플러싱의 코리아타운을 몇몇 주요 지점들의 사진과 함께
살펴보면서 플러싱 코리아타운의 역사 콘텐츠를 만들어보고자 한다. 한 세대
만에 쇠퇴기에 접어든 플러싱 코리아타운은 뉴욕 한인 이민사의 역사적인 모
습을 벌써 많이 상실해버려, 이젠 원래의 모습을 찾기에 늦은 감이 없지 않다.
하지만 지금이라도 점점 변모해가는 플러싱 코리아타운을 본격적으로 기록
과 사진과 영상으로 보존해야 할 시점이라고 생각한다. 여기에 실은 몇 장의
사진들도 조만간 어떠한 변화를 겪으며 사라질지 모르는 일이기 때문이다.

1) 플러싱 코리아타운의 거리 모습

　뉴욕 맨해튼 59 스트리트에서 동쪽으로 가면 맨해튼과 퀸즈 보로를 연결하는 퀸즈보로 브릿지(Queensboro Bridge)를 건너게 된다. 퀸즈보로 브릿지를 건너면 바로 왼쪽의 25A(노던 블러바드: Northern Boulevard)와 오른쪽의 25번(퀸즈 블러바드: Queens Boulevard) 도로로 길이 갈라지는데 왼쪽 25A 도로를 타고 약 30~40분 정도 계속해서 동쪽으로 차를 달리면 오른쪽으로 뉴욕 프로야구 메츠(Mets)팀의 전용구장이 나타나고 오른쪽 편으로 조금 더 멀리 US오픈 테니스 경기장이 보인다. 그리고 이제는 강이라는 형체를 잃어버린 플러싱 강을 오버패스(overpass)하면 중국 간판들이 한눈에 들어오기 시작하면서 간간이 '지구촌교회', '칼국수집' 등의 한글로 된 간판도 눈에 뜨인다.

　오버패스를 내려오면서 첫 번째 신호등에서 바로 우회전을 하면 플러싱

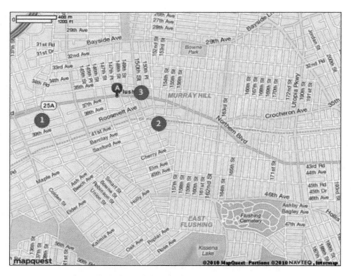

그림 6 플러싱 코리아타운의 주요 거리 모습 안내지도
① 플러싱 코리아타운의 모습을 볼 수 있는 유니온 상가 지역
② 41애비뉴와150스트리트 지역의 제2의 플러싱 코리아타운 지역
③ 1990년대부터 선형 상권으로 발전하기 시작한 노던 블러바드의 한인 상권

그림 7 플러싱 유니온 상가들의 모습

의 가장 중심이며, 가장 번화한 메인 스트리트로 접어들게 되는데, 1990년대 까지만 해도 한인 상가들이 적지 않았던 플러싱의 중심 도로인 메인 스트리트가 이제는 완전히 차이나타운의 중심이 되어버렸다.[5] 노던 블러바드를 계속 달려 다음 두 번째 신호등에 멈추면 유니온 스트리트를 만나게 되고 유니온 스트리트 양쪽으로 발달된 한인 상가를 볼 수 있게 된다. 이 유니온 상가 지역이 플러싱에서 마지막으로 남은 코리아타운의 모습이다.

먼저 플러싱 코리아타운의 대표적인 거리 모습이라고 하면 바로 〈그림 7〉에서 보는 유니온 스트리트 선상에 있는 '유니온 상가'를 들 수 있다. 1980년대 개발되어 거의 한 블록에 걸쳐 형성된 유니온 상가에는 한글 간판들이 연이어 걸려 있어, 간판이 닥지닥지 붙어 있는 한국의 어느 아파트 단지 내의 대형 상가를 연상케 할 정도다. 이 유니온 상가는 1980년 불기 시작한 플러싱 개발의 대표적인 건물이며, 이 건물이 지어진 후인 1980년대 초 플러싱 지역에 주로 거주하던 많은 한인들이 이곳에 입주하여 비즈니스를 일으키고 몇몇 한인은 상가를 소유하기도 했다. 그러나 이 유니온 상가를 지은 건설업자는 토마스 황이라는 중국인이었는데, 그는 상가 건설로 엄청난 수익을 챙

---

5)　이 지역 차이나타운에 대해서는 Kwong, Peter, 1996 참조.

그림 8 41애비뉴와 150스트리트 지역의 제2의 플러싱 코리아타운의 모습

기고, 그 수익으로 플러싱의 다른 지역을 계속해서 개발했는데, 그가 부동산
을 개발하여 건물을 새로 지으면 대부분 한인들이 구입 또는 입주하였다. 그
결과 토마스 황은 그 당시 '아시아인 부동산 왕'으로 불리며 아메리칸 드림을
이루기도 했다.

　　다음으로 플러싱 코리아타운이라고 하면 1990년대 플러싱 코리아타운
이 앞서 설명한 변환기를 맞으면서 플러싱 중심가로 부터 4~6블록 떨어진
41애비뉴와 150스트리트가 만나는 지역에 새롭게 작은 규모로 형성되기 시
작한 〈그림 8〉 지역이다. 2000년대 들어서는 이 지역에 주로 식당들과 주점
들이 많이 들어와 플러싱 코리아타운의 '먹자골목'이 되었다.

　　플러싱 중심지 코리아타운을 중국인들에게 빼앗기고, 중심 지역에서 물
러나 1990년대 후반부터 한인 상권이 발달하기 시작한 플러싱의 노던 블러

그림 9 1990년대부터 선형 상권으로 발전하기 시작한 노던 블러바드의 한인상가 모습

바드는 새로운 모습의 〈그림 9〉와 같은 플러싱 코리아타운을 형성하고 있
다. 최근에는 한인 은행들의 자본을 이용하여 한인 건설업자들에 의해 새로
운 빌딩이 계속해서 지어지고 있지만, 문제는 노던 블러바드 선상의 많은 한
인 업소들이 아직도 건물을 소유하기보다는 장소를 빌려 소기업을 운영하고
있다는 것이다. 2008년 뉴욕을 중심으로 발생한 금융위기 이후 불경기가 계
속되면서 노던 블러바드 선상의 업소들은 극심한 불경기로 몸살을 앓고 있
으며, 가게 주인이 자주 바뀌는 등 불안한 비즈니스 운영이 이루어지고 있어
서 코리아타운을 지속적으로 성장, 발전시킬 수 있을까 하는 우려가 많다.
아울러 경기가 활성화되어 장사가 잘된다고 해도 부동산 값을 상승시켜 건
물주들에게만 실질적인 이익이 돌아가게 하고, 렌트비를 인상시키는 결과를
가져와 소기업을 운영하는 한인들이 이를 감당하지 못하면 결국은 또 이곳

그림 11 한아름 마켓과 인근 상가들의 모습

을 떠나야 하는 처지가 될는지도 모른다. 알려진 바로는 노던 블러바드 선상
의 많은 상업용 부동산들도 이미 상당수가 중국인들의 손에 넘어갔다고 한
다. 앞으로 메인 스트리트를 중심으로 형성되어 있는 중국인 밀집 상업 지역
이 포화상태가 되어 새로운 활로를 모색하기 위하여 노던 블러바드로 진출
하기 시작하면 노던 블러바드 선상의 코리아타운은 또 다시 제2의 한인상권
상실이라는 비극을 맞이하게 될 지도 모른다.

2) 플러싱 코리아타운의 중심지: 슈퍼마켓

플러싱 코리아타운의 발달은 한국음식 재료와 식품을 취급하는 슈퍼마
켓의 개업과 밀접한 관련이 있다. 현재 뉴욕 일원에는 여러 개의 한국 슈퍼
마켓이 있는데, 가장 오래된 슈퍼마켓은 41애비뉴와 유니온 스트리트가 만
나는 코너에 있었던 '구화식품'이었다. 하지만 구화식품점은 규모가 그리 크
지 않았고, 주택가에 있어서 자가용을 가진 한인이 별로 없었던 시절에는 번
창했지만, 자가용을 소유한 한인이 늘고 다른 슈퍼마켓들이 대형화, 고급화
되어가면서 상대적으로 쇠퇴하다가 2000년대 중반에 플러싱 코리아타운의
대표적인 슈퍼마켓인 한아름 마켓[6]에 팔렸다.

〈그림 11〉의 한아름 마켓은 대형 한국 슈퍼마켓으로 미동부지역 여러

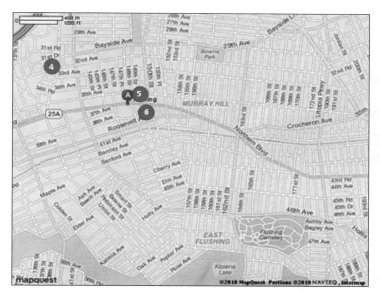

그림 10 플러싱 코리아타운의 중심지: 슈퍼마켓들의 위치도
④ 한아름 마켓과 인근 상가 지역 ⑤ 한양슈퍼와 인근 상가 지역
⑥ 노던 블러바드의 대표적인 한인 상가 코리아 빌리지의 상가 지역

곳에 체인점을 두었으며 2000년대 중반에는 한인들만이 아니라 미국 주류 주민들도 타깃으로 하여 상호도 한아름에서 미국인들도 친숙하게 하기 위하여 H-Mart로 변경하고 한국 식품을 포함하여, 미국식 슈퍼마켓 경영방식을 도입하여 크게 성공했다.

H-Mart와 쌍벽을 이루며 경쟁하는 다른 한인 슈퍼마켓으로는 〈그림 12〉의 한양슈퍼[7]가 있다. 한양슈퍼도 뉴욕, 뉴저지 인근에 여러 체인점을 두고 성공적으로 비즈니스를 운영하고 있다. 이들 이외에도 '아씨 플라자'라고 하는 대형 한인 슈퍼마켓이 있는데, 이들 대형 한인 슈퍼마켓들은 미국 일

---

6) 주소: 29-02 Union St. Flushing, NY 11354, 전화번호: (718) 445-5656, 홈페이지: www.korea-townportal.com.

7) Hanyang super market, 주소: 150-51 Northern Blvd. Flushing, NY, 전화번호: (718) 886-9301, 홈페이지: www.hy1004.com.

그림 12 한양슈퍼와 인근 상가들의 모습

반 식품은 물론 한국에서 한국 식품들을 수입하고, 현지의 농장에서 배추나 무와 같은 한국 식품 재료들을 직접 재배하기도 한다. 또 구정이나 추석 때와 같은 한국 명절 때는 한국 농수축산물을 대량으로 들여와 평소보다는 비교적 싼 가격으로 세일도 하여 많은 한인들에게 제공하고 있다. 이들 대형 한인 슈퍼마켓들은 자체적으로 슈퍼마켓 안에 옷, 장신구, 전자제품 등의 소형 전문점들을 운영하면서, 인근에 한인 상권을 일으키는 견인차 역할을 하고 있다.

플러싱 코리아타운의 명물 가운데 하나로 〈그림 13〉의 '코리아 빌리지 (Korea Village)'[8]가 있다. 1990년대 한인상권이 플러싱 중심지를 벗어나 노던 블러바드를 타고 롱아일랜드로 막 뻗어갈 무렵, 한인 건설업자에 의해 지어진 '코리아 빌리지'는 뉴욕에서 최초로 한인의 자본으로 지어진 대형 건물로 알려져 있다. 내부에는 은행, 보석, 의류 등 고급 전문점들이 입주해 있으며 2층에 대동연회장이라는 500석을 갖춘 연회 전문 식당이 있어 뉴욕 한인사회의 주요 행사들을 많이 치르고 있다. 2002년 월드컵 때부터는 한국 축구 대표팀의 경기들이 있을 때마다 합동 응원 장소가 되어 노던 블러바드를 중

---

8) Dae Dong Manor 주소: 154-24 Northern Blvd. Flushing, NY 11354, 전화번호: (718) 939-2555, 홈페이지: www.daedongmanor.com.

그림 13 노던 블러바드의 대표적인 한인 상가 코리아 빌리지의 모습

심축으로 하는 새로운 플러싱 코리아타운의 중심지 역할을 하고 있다. 특히 '코리아 빌리지' 지하에 있는 '열린 공간'이라는 공공장소를 무료로 대여해주어 한인사회의 많은 문화 및 교육 활동들이 연중 개최되고 있다. 하지만 이 건물이 지어질 당시부터 소유주의 재정 문제로 여러 차례에 걸쳐 소유주가 바뀌고 아직도 완전한 해결이 이루어지지 않아 한인사회의 명물이 그대로 한인들의 손에 보존이 될 지는 의문이다. 플러싱 코리아타운의 보존을 위해서라도 코리아 빌리지의 소유권이 중국인이나 다른 타 민족들의 손에 넘어가지 않도록 하는 노력이 있어야 할 것으로 생각된다. 본 건물이 노던 한인 상권을 일으키는데 지대한 공헌을 하였을 뿐만 아니라 한인들에게 그 건물이 갖는 상징성이 적지 않기 때문이다.

3) 플러싱 코리아타운의 사회단체들

플러싱은 1980년대 한때 최전성기에는 10만 명 이상의 한인이 거주하면서 상업 활동을 영위했던 곳이다. 한인들이 집중하면서 음식, 모임, 오락 등 쉽게 한국적인 생활을 즐길 수 있었다. 그렇지만 주류 사회에의 적응과 참여의 어려움, 정부 기관과 타민족들과의 갈등과 편견으로 인한 차별받는 소기업 활동, 일탈 한인 청소년 문제, 부부갈등으로 인한 가정문제, 늘어가는 노년층 한인들의 사회적응 문제 등 한인사회 내외의 많은 문제점들도 노출되는 중심지였다. 플러싱의 한인들은 이러한 문제점들을 단체들을 만들어 집단적으로 해결하기 위하여 노력하였다.

그 결과 플러싱을 비롯한 뉴욕, 뉴저지 일원에는 크고 작은 단체들이 수백 개에 이르고 있다. 오죽하면 한인 세 명이 모이면 단체 하나가 만들어진다는 자조적인 지적도 있다. 세 명 중 한 명은 회장이고, 다른 한 명은 부회장, 그리고 또 다른 한 명은 이사장이 된다. 한인들의 단체 만들기에 대해 이러한 부정적인 견해도 있고 또 실제로 그 많은 한인 단체들 중에는 유명무실한 단체들도 적지 않다. 하지만 그동안 한 세대 동안 플러싱을 비롯한 뉴욕 한인사회를 유지 발전시켜 온 데는 한인 단체들의 역할이 컸음은 아무리 강조해도 지나치지 않는다. 특히 플러싱은 그러한 중요한 역할을 한 한인 단체들의 '메카'라고 해도 과언이 아니다. 그래서 더욱 플러싱 코리아타운의 보존 문제가 중요시 되는 것이다.

뉴욕의 한인 단체는 크게 나누어 한인들이 모여 있는 각 지역을 대표하는 각 지역 한인단체, 한인들이 종사하는 각 업종들의 권익을 보호하기 위한 직능단체, 한인들을 위한 사회봉사를 목적으로 한 봉사단체, 기독교와 불교 등의 종교단체, 향우회, 동창회 등과 같이 친목을 위주로 한 친목단체 등으로 크게 나눠진다. 이 글을 작성하기 위하여 플러싱 지역에 소재한 몇몇 한인 단체들을 조사하면서 시대의 변화에 따라 단체들의 발전도 많이 달라졌음을 확인했다.

〈그림 14〉 ⑦은 김성수 소장이 운영하는 뉴욕한인소기업센터[9]로 뉴욕 메트로폴리탄 지역 한인이민 사회를 대표하는 단체라고 할 수 있다. 1980년대 뉴욕의 한인들이 급격히 증가하면서 가장 많이 종사했던 업종이 과일과 채소를 파는 청과업이었는데, 한창일 때는 뉴욕 일원에 약 3,000여 개의 한

---

9) Korean-American Small Business Service Center, 주소: 146-03 34 Ave. Flushing, NY 11354, 전화번호: (718) 886-5533.

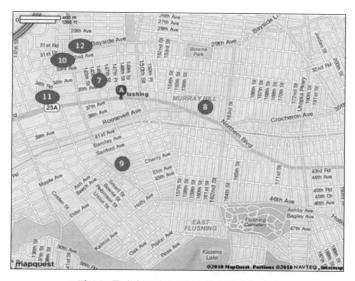

그림 14 플러싱 코리아타운의 한인 단체들 위치도
⑦ 뉴욕한인소기업센터 ⑧ 뉴욕한인봉사센터(KCS) ⑨ 플러싱YWCA ⑩ 밀알장애인선교회
⑪ 뉴욕한인청소년센터와 한인상담소 ⑫ 뉴욕 한인사회 최초로 설립된 플러싱 '한인커뮤니티센터'

인 청과업소가 있었다고 한다. 청과업은 큰 자본이나 특별한 지식 또는 기술과 영어 능력 등을 크게 요구하지 않는 업종으로, 브롱스에 있는 헌츠 포인트 (Hunts Point) 청과 도매시장에서 과일과 채소 등 물건을 사다가 업소에서 팔기만 하면 되는 단순한 소매 유통업이다. 한인들은 특유의 부지런함으로 새벽에 장이 서는 청과 도매시장에 밤 10시에서 새벽 4~5시 사이에 나가 장을 보고 물건을 구입한 후, 아침에 자신의 업소에 물건을 진열해 놓고 고객을 맞이하였다. 특히 한인들은 구입해온 채소를 잘 다듬고, 과일들을 잘 닦아서 진열을 잘 해놓아 고객들이 편하고 기분 좋게 물건을 고르고 사갈 수 있어서 많은 고객을 확보할 수 있었다.

하지만 초창기 한인 청과업주들은 도매시장에서 물건을 구입할 때, 주로 이태리인이 주인인 도매업주들의 횡포와 그 도매업소에서 일하는 종업원들로부터 무시와 차별 그리고 가격과 물건 속임 등의 횡포를 당해야만 했다.

또 주로 한인 초창기 청과업소들이 흑인들이 주로 거주하는 저소득층 지역에 소재했기 때문에, 주 고객층인 흑인들과의 사회 · 문화적 갈등에서 비롯된 갈등과 보이콧을 겪어야 했다. 특히 1990대 초에 브루클린의 처치애비뉴에서 한인 청과업소 2곳에 대해 지역 흑인 주민들이 벌였던 보이콧은 뉴욕 한인사회를 근본적으로 뒤흔든 사건이었다. 이에 더해 다 죽어있는 건물들에서 비즈니스를 잘 일으켜 놓아, 건물의 가치를 올려놓으니까 새로운 리스(Lease: 임대차)계약을 맺을 때, 건물주인 이태리인 또는 유대인들이 두세 배에서 심지어는 10배에 이르는 터무니없이 인상된 렌트비를 요구하여 건물주들과의 갈등도 야기되었다. 더구나 업종의 특성상 채소와 과일을 가게 앞에 진열해놓기 위하여 좌대를 만들어 조금 더 가게 앞쪽에 배치를 해야 하는데, 좌대가 통행인들의 보행에 불편을 준다고 하면서 뉴욕 시의 시 규정을 위반했다고 수많은 벌금 티켓을 받아야 했고, 과일과 채소 쓰레기 처리 때문에도 뉴욕 시 청소국에 엄청난 벌금을 내야 했다.

이러한 갈등과 문제점들을 집단적으로 해결하기 위하여 한인 청과상들은 1974년에 헌츠 포인트 도매시장 내에 한인청과상조회를 만들고, 봉사실을 두어 이러한 제반 문제와 갈등을 지혜롭게 합법적으로 해결하려고 노력하고, 상조회에서는 회원들에게 관련 법규와 고객들에 대한 예절과 문화교육 등을 통해 자정 노력을 기울였다. 1980년대 초 한인청과상조회 봉사실의 봉사실장으로 부임한 사람이 바로 김성수 씨였다. 갖가지 문제를 특유의 뚝심으로 해결한 김성수 씨는 1985년 독립적인 기관으로 뉴욕한인소기업센터를 플러싱의 가장 중심지인 메인 스트리트와 루스벨트 애비뉴가 만나는 7번 지하철 종점 입구 바로 옆 건물 2층에 문을 열었다. 당시 필자는 미국에 막 이민 와서 미주 동아일보사 기자로 일을 하고 있었는데, 아직도 뉴욕한인소기업센터 개원식에 참석하여 취재했던 기억이 난다. 그때만 해도 컬럼비아대학 박사과정에서 학업을 지속하며 소기업센터를 패기 있게 운영하던 김성수 씨의 모습이 아직도 눈에 선하다.

하지만 그 후 세월이 지나 이제 한인 청과업의 위세도 줄어들고, 정해진 법률과 규정 내에서 청과업을 운영하는 한인 청과업주들의 사업 운영방법도 많이 향상되었다. 또 한인사회에 많은 변호사들이 등장하여 법률적인 문제를 대신 해결해주고 있다. 청과업주들의 자녀들이 성장하여 이제는 웬만한 영어소통 때문에 생기는 문제도 거의 사라져서 청과업을 운영하기도 편해졌다. 무엇보다도 한인 청과업소들이 소재한 흑인지역에 많은 히스패닉이 들어와 주민들의 인구 구성이 달라지고, 또 다른 소수민족들이 운영하는 소기업들이 같은 지역 내로 많이 진출하여 이제 한인 청과업소들이 흑인지역 흑인 주민들과 갈등이나 마찰을 일으키지 않게 되었고 그들이 벌이는 불매운동의 주요 대상이 되지 않게 되었다. 그러나 이러한 한인 청과업소들의 여러 가지 갈등 감소는 소기업 센터의 업무 감소의 근본적인 원인이 되었다.[10] 즉, 그만큼 소기업센터의 업무는 줄어들었고 한인사회에서 차지하는 그 중요성은 많이 약해졌다. 그러한 변화는 센터의 회원들 수의 격감과 재정적인 운영난의 어려움으로 이어졌다. 그 결과 뉴욕한인소기업센터는 플러싱 중심지에서 떨어진 한적한 주거 지역 골목길로 이전하여, 뉴욕 시에서 소기업상들에 대하여 불리한 조례나 법률이 논의될 때, 동 센터의 관계자 몇 명만이 시청 앞으로 달려가 간간이 항의하고 성토하는 정도에서 그 활동이 그치고 있다. 한때는 뉴욕 시 소상인들, 특히 한인 소상인들을 위하여 불철주야 뛰면서 뉴욕 시장실과 뉴욕 시의회에 수십, 수백 명씩을 몰고 가 직접적인 항의와 건의 그리고 로비활동을 하던 김성수 소장의 모습은 이제 한인들의 일간지 어느 면에서도 찾아보기 힘들게 되었다. 뉴욕한인소기업센터의 한인 소상인들을 위한 새로운 비전과 변화한 현실에 부합하는 운영 방향의 정립이 시급하며, 이에 따라 앞으로 동 센터가 뉴욕 한인사회를 위하여 새로운 발전의 전기를 마련할 수 있을지 그 여부가 달려있다고 해도 과언이 아닐 것 같다.

---

10) 이러한 한인 청과상들의 활동과 갈등들에 대해서는 Min, Pyong Gap, 2008. *Ethnic Solidarity for Economic Survidal*, Russell Sage Foundation. 참조.

그림 15 뉴욕한인소기업센터(사진의 오른쪽 간판, 좌)와 뉴욕한인봉사센터(KCS, 우)

〈그림 15〉의 뉴욕한인봉사센터(KCS)[11]는 1973년부터 김광석 소장이 운영하는 봉사센터로 뉴욕 일원 6곳에서 한인 노년층들에 대한 봉사활동을 활발히 전개하고 있다. 시대가 변하면서 뉴욕한인소기업센터의 뉴욕 한인사회에서의 그 역할이 상대적으로 감소한 반면, 뉴욕한인봉사센터의 역할은 증대되고 있다. 뉴욕한인봉사센터는 뉴욕 시로부터도 많은 재정지원을 받아한인 노년층에게 점심식사 제공과 많은 교육 및 취미활동 프로그램을 제공하고 있다. 뉴욕 한인사회가 경제적으로 발전하던 시절에는 소기업센터 활동이 활발했으나, 이제 어느 정도 경제적으로 안정되어가면서 노년층의 인구가 증가하고 삶의 질을 추구하는 시기가 되자 뉴욕한인봉사센터와 같은 봉사기관의 역할과 활동이 활발해지는 것을 보면 한인사회의 단체들의 변화가 한인사회의 변화를 대변한다고도 할 수 있겠다.

뉴욕한인봉사센터 본부건물은 이전 교회건물을 구입하여 여러 가지 프로그램을 운영하는 강당과 교실 등으로 사용하고 옆의 흰 주택건물도 구입하여 센터의 사무실로 이용하고 있다. 12명의 이사진과 30명의 풀타임, 40명의 파트타임 직원 그리고 100명의 자원봉사자 및 전문 소셜워커 등 유·무급

---

11) Korean Community Services of Metropolitan NY, Inc., 주소: 26-56 159 St. Flushing, NY 11358, 전화번호: (718) 939-6137, 홈페이지: www.kcsny.org.

직원들도 두고 비교적 안정된 운영체제를 갖추어 운영되고 있는 뉴욕한인봉사센터는 매일 1,100여 명에게 전문복지 서비스를 제공하고 있다. 센터는 플러싱 지역에서 개최되는 한인 단체들의 모임 공간으로도 활용되고 있으며, 한인들뿐만 아니라 외국인(주로 중국인)들이 많이 참여하는 컴퓨터반 등과 같은 직업 준비를 위한 프로그램도 운영하고 있다. 동 센터의 주요 재원은 뉴욕 시의 보조금이 큰 비중을 차지하고 있지만, 한인 커뮤니티에서의 모금활동을 통해서도 적지 않은 기금이 확보되고 있다. 그만큼 이러한 성격의 봉사 기관에 대한 한인사회의 관심의 증대와 참여를 볼 수 있는 대표적인 경우라 하겠다.

플러싱에 있는 한인단체 중 가장 오래된 단체 가운데 하나인 〈그림 16〉 (좌)의 YWCA[12]는 1978년에 설립되어 한인여성들을 위한 다양한 프로그램을 제공하고 있다. 또한 자체 유아원도 운영하여 자녀를 둔 직장 여성들에게 많은 도움을 주고 있으며, 여성 노인들을 위한 늘푸른 대학도 운영하여 한인 여

그림 16 플러싱YWCA 건물 모습(좌)과 밀알장애인선교회(우)

---

12) 주소: 4207 Parsons Boulevard, Flushing, NY 11355, 전화번호: (718) 353-4553.

성들의 노후의 여가 선용과 평생 교육 분야에서도 많은 활동을 하고 있다. 〈그림 16〉(우)의 밀알장애인선교회[13]는 한인 장애인들을 위한 전문적인 봉사활동을 전개하고 있다.

1980년대 한인 부모들의 경제 활동이 왕성하던 시절, 반대급부로 자녀들의 교육을 소홀히 한 경우 한인 청소년들이 탈선에 노출되기 쉬웠다. 갓 이민 와서 언어와 문화 등 모든 것이 생소할 때, 한인 청소년들은 학교 공부도 따라가기 힘들고 비즈니스에 바쁜 부모님들의 눈길에서 벗어나 있으면서 음주, 흡연, 심지어는 마약까지 유혹의 손길에 빠지기 쉬웠다. 이러한 한인 청소년들을 선도하고 보살피기 위하여 한인교회들이 중심이 되어 설립한 것이 〈그림 17〉(좌)에서 보는 뉴욕한인청소년센터[14]다. 요즘은 이러한 청소년 문제가 발생하기 전에 예방 차원에서 몇몇 공립학교에 방과 후 한인 청소년

그림 17 뉴욕한인청소년센터(좌)와 한인상담소(우)

---

13) Milal Mission in New York, 주소: 142-44 Bayside Ave. Flushing, NY 11354, 전화번호: (718) 445-4442, 홈페이지: www.milal.us.

14) Korean Youth Center of NY, 주소: 35-34 Union St #1 Fl., Flushing, NY 11354, 전화번호: (718) 321-1010, 홈페이지: www.aycny.org.

그림 18 뉴욕 한인사회 최초로 설립된 플러싱 '한인커뮤니티센터'

프로그램을 넣어 한인 청소년들에게 모임 장소를 만들어 주고 스포츠를 통한 건전한 사회 활동을 친구들과 함께 할 수 있도록 하는 프로그램 개발과 실행에 많은 노력을 기울이고 있다.

이 외에도 〈그림 17〉(우)의 한인상담소와 같이 비즈니스, 청소년, 여성, 노인들의 가정상담소와 봉사단체들이 플러싱 한인 지역사회에 널리 퍼져 있다.

그런데 필자가 생각하기에 플러싱을 비롯해 뉴욕 일원에 500여 개의 단체가 있지만, 〈그림 18〉의 한인커뮤니센터[15]는 플러싱 코리아타운의 역사에서 반드시 기록되어야 할 사회단체이다. 그동안 뉴욕 한인사회에는 유태인들이 많이 거주하는 곳에는 예외 없이 한 지역에 한 군데씩 설립된 유태인커뮤니티센터(Jewish Community Center)와 같은 커뮤니티센터는 없었다. 그 이유는 유태인커뮤니티센터에서 제공하는 여러 가지 서비스를 한인사회는 여러 곳에서 나누어 전문적인 형태로 운영하고 있기 때문이 아닌가 싶다. 예를 들어 유태인커뮤니티센터의 주요 기능 가운데 하나가 유태인 자녀들에게 히브

---

15) Korean Community Center, 주소: 143-03 Bayside Ave., Flushing, NY 11354, 전화번호: (718) 353-1200 한인커뮤니티센터는 최근 커뮤니티 활동을 중단하고, 커뮤니티센터를 세를 주어 건물 유지에 우선적으로 노력하고 있다.

리어를 배울 수 있는 프로그램을 제공하는 것인데, 한인사회의 경우 한국어 프로그램은 몇몇 전문 한국어 학교나 또는 대부분의 교회나 사찰에서 '토요한글학교'를 운영하고 있어서 굳이 2세들에 대한 한국어 교육을 위해 커뮤니티센터가 필요치 않았던 것이다. 그 외에 다른 필요한 사회 보장 프로그램들은 앞서의 여러 청소년, 여성, 노인 단체들에서 각각 제공하고 있기 때문에 역시 이러한 서비스 제공을 위하여 별도의 커뮤니티센터가 필요치 않았다.

하지만 필자의 견해로 이러한 상황은 한인들의 커뮤니티가 아직 '한인'이라는 울타리 속에 있을 때는 어느 정도 이해되고 받아들일 수 있겠다. 그렇지만 이제 한인 커뮤니티가 단지 '한인들'끼리만의 커뮤니티가 아니라, 2세 자녀들의 족외혼이 늘어나고 있는 추세와 한국계 입양인들, 그리고 한국문화에 관심 있는 타민족들에게까지 우리 한인 커뮤니티의 범위를 확대시키고자 한다면 각 지역에 한인커뮤니티센터의 개설은 절실한 문제가 아닐 수 없다. 수영장과 체육관 등 대규모 시설을 갖춘 유태인커뮤니티센터가 단지 그 지역 유태인들만을 위한 기관이 더 이상 아니듯이, 한인커뮤니티센터도 더 이상 한인들만을 위한 기관일 필요는 없다. 한국어와 한국문화 등 한국적인 프로그램을 주로 제공하여 한인커뮤니티센터로서의 특성은 유지하되 다른 민족과 인종들이 모두 함께 즐길 수 있는 한인커뮤니티센터의 마련이 중요하다 하겠다. 이러한 한인커뮤니티센터가 한인들이 집중해서 거주하는 지역들 곳곳에 설립될 때 한인들은 비로소 미국 주류사회의 일원으로서 인정받게 되고, 자연히 미국이라는 사회 속에서 한인들이 갖고 있는 특수성이 보편적인 성격을 띠게 될 것이다.

플러싱 코리아타운은 오랜 숙원 끝에 2009년에 한인들의 모금과 한국정부의 지원 등으로 플러싱 지역에 최초로 한인커뮤니티센터를 마련했다. 하지만 장소 선정부터 한인들의 왕래가 거의 없는 지역인데다가 한인들이 필요로 하는 프로그램들을 제공하는데 미흡하고, 센터 운영비 등 재정적인 자립의 어려움과 한인 지역사회의 무관심 등 여러 가지 부정적인 요인들이 복합적으로 작용하여 개설한 지 1년도 되지 않은 시점에서 벌써 센터 건물의 부동산 매각 논의와 더불어 운영상의 파행이 거듭되고 있어 안타깝다.

이러한 커뮤니티센터의 설립에 오랫동안 관심을 가져온 필자의 견해로는 이같이 각 지역별 한인커뮤니티센터의 설립과 정상적인 운영 문제는 한인들이 마음먹기에 따라 오히려 간단히 하루아침에 해결할 수 있다. 그 해결 방법은 한인들이 모여 거주하는 곳에는 예외 없이 들어 서있는 교회를 비롯한 사찰 등 종교 기관들이 적극 나서서 재정적인 지원을 마련해주는 것이다. 공식적인 통계는 없지만 약 60~70%의 한인들이 교회, 성당, 사찰 등에 매주 정기적으로 출석하고 적지 않은 헌금을 내고 있는 것으로 알려져 있다. 특히 한인교회들은 신자들에게 신앙심과 더불어 십일조의 중요성을 강조하고 있는데, 이러한 한인사회의 종교 기관들이 멀리 브라질 아마존 오지까지의 선교에 갖는 관심을 1/10만이라도 바로 교회 주변의 커뮤니티에 관심을 갖는다면 이러한 커뮤니티센터는 한인들이 밀집된 거주지역이라면 어느 곳에나 하루아침에 세워질 수 있으며, 이들 종교기관들의 지속적인 관심과 재정 지원으로 그 운영도 원활해지고 많은 프로그램을 활발하게 실시할 수 있을 것이다.

다만 이러한 커뮤니티센터를 설립할 때 유의해야 할 일은 종교 기관을 비롯하여 기부자들이 이러한 커뮤니티센터 설립에 많은 기부를 한다고 해도 센터 운영에 간여해서는 안 되고 유대인들의 커뮤니티센터처럼 전문가들을 고용하여 운영하여야 할 것으로 생각된다. 적지 않은 한인사회의 단체들이 처음에는 좋은 뜻으로 설립되었지만 전문적으로 운영되지 않아 더 이상 성장에 한계를 보이거나, 설립자들끼리의 의견충돌로 단체 운영이 파행을 겪어 심지어는 유명무실해지거나 해체되는 경우가 적지 않았기 때문이다. 또한 이러한 단체들이 미국 주류사회와 연결되어 보다 더 큰 활동을 위해서는 한인 1.5세, 2세 전문가들을 영입할 필요가 더욱 절실해지고 있다.

플러싱 코리아타운의 유지와 발전, 나아가 한인 2세들에 대한 민족 문화의 전승 및 아이덴티티(Identity)의 확립, 그리고 미국사회에서의 한인들의 위상 정립과 미국 주류 사회에 한국문화의 전파 등을 위하여 한인들이 많이 거주하는 지역들에 '한인커뮤니티센터'를 1개소씩 건립하고자 하는 '한인커뮤니티센터 건립 운동'이 뉴욕을 위시한 미주 한인사회에 하루 빨리 일어나기를 바라는 마음이다.[16]

4) 플러싱 코리아타운의 대표적인 어른 단체: 대뉴욕지구 한인상록회

대뉴욕지구 한인상록회[17]는 한인 노인들의 사회보장 서비스를 제공하는 단체로, 1976년 설립 당시부터 뉴욕 한인사회의 제일 웃어른 단체로 자리매김하여 오늘에 이르고 있다. 노인들에 대한 영어, 컴퓨터 교육과 사회보장금 신청 등 다양한 서비스를 제공하고 있으며, 노인들을 위한 효도관광 여행 등 한인 노인들의 오락과 여흥 그리고 교육의 장소이다.

이러한 단체의 성격 때문에 상록회에서 주최하는 행사에는 뉴욕한인회와 뉴욕 총영사관을 비롯하여 많은 한인 단체들이 관심을 갖고 참여하며 기부도 한다. 또한 상록회는 1980년대 초 뉴욕 시 공원국으로부터 플러싱 인근에 있는 공터의 사용허가를 받아 회원들에게 불하하여 상록농장[18]으로 만들어 노인들의 심심풀이 여가 선용의 기회를 제공해왔다. 이 공터는 인근 주

---

16) 앞으로 미국 내 코리아타운의 중심은 이러한 '한인커뮤니티센터'가 될 것으로 예상되며, 또 그래야 코리아타운의 지속적이면서도 체계적인 발전을 도모할 수 있을 것으로 생각된다. 현재는 한인들이 모여 살거나 비즈니스를 많이 하는 지역에 각 지역 한인회들이 있다. 하지만 이러한 지역 한인회들은 아직 그 지역 한인들을 대표한다고 하는 대표성 문제에서도 확실한 지역 한인들에게 인식시켜주지 못하고 있는 실정이며, 그 운영에 있어서 재정적인 문제 또한 안정되어 있지 않은 경우가 많은 것으로 보인다. 때로는 지역 한인회 회장 선거 때, 자리를 놓고 감투싸움으로 번져 오히려 한인들의 눈살을 찌푸리게 하고, 심지어는 법정다툼으로까지 번져 주류사회에 한인들에 대한 부정적인 인식마저 심어주는 경우가 적지 않아 '지역한인회 무용론'까지 대두되기도 하였다. 앞으로 이러한 지역 한인회와 한인커뮤니티센터의 조화로운 통합과 발전이 이루어져 명실상부한 한인사회의 구심점 역할을 하는 제도와 기구가 만들어지는 것이 코리아타운의 발전에 중요할 것 같다.

17) Korean American Senior Citizens Society of NY, 주소: 149-18 41 Ave., Flushing, NY 11355, 전화번호: (718) 461-3191, 홈페이지: http://kascsny.org.

18) Sang Rok Farm, 주소: 46-21 Colden Street, Flushing, NY 11355(동서국제학교 맞은편에 위치), 전화번호: (718) 461-3191.

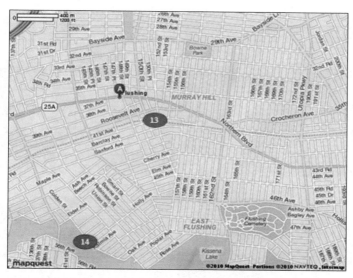

그림 19 플러싱 코리아타운의 ⑬ 상록회와 ⑭ 상록농장 위치도

민들이 쓰레기를 마구 버리던 장소였는데, 이러한 곳을 한인 노인들이 맨손으로 일구어 채소와 꽃밭으로 바꾸어 아름다운 정원처럼 만들어 놓은 것이다. 이렇게 하여 주변의 환경이 아름답게 되고 인근의 부동산 가치도 덩달아 오르게 만들었다.

상록농장은 30m²의 크기를 1필지로 한 밭을 만들어 총 400여 필지 정도를 조성해 1인 1필지씩을 원칙으로 해서 상록회원들에게 경작권을 나누어 주고 있는데, 어떤 회원은 채소를 심어 텃밭으로 이용하기도 하고 어떤 회원은 꽃을 심어 아름다운 꽃밭으로 이용하기도 한다. 본 회의 규정상 상록농장에서 거두어진 채소는 상업적인 목적으로 판매가 금지되어 있다. 한때는 한 사람이 여러 필지를 경작하여 상업적 목적으로 채소를 가꾸어 길거리 행상으로 판매를 하기도 하여 커뮤니티 차원의 문제를 야기하기도 했으나 이제는 모두 정화되고 회원들에 대한 교육도 잘 이루어져 상록농장 운영이 많이 안정되었다.

⑬   ⑭ A

⑭ B   ⑭ C

그림 20　대뉴욕지구 한인상록회 회관과 ⑭ A, B, C 상록농장의 모습들

　　한인들이 이렇게 농장을 조성하는 것을 보고, 인근의 미국인 노인들이 시샘을 하여 수년 전에 뉴욕 시 공원국에 신청하여 상록농장 옆의 땅에 대한 사용허가를 받아 농장을 만들어보려고 시도한 적이 있었다. 그러나 이들은 1년도 가지 못해 모두 포기하고 말았는데, 쓰레기더미가 쌓여 있고 자갈과 돌이 수없이 박혀 있는 땅을 일구어 이렇게 옥토를 만든다는 것은 생각만큼 쉬운 일이 아니었다. 미국 노인들은 한인들이 일구어 놓은 채소밭과 꽃밭만을 보고 자기들도 욕심을 냈지만, 그런 밭을 갖기 전에 먼저 그런 밭을 자신들이 일구어야 된다는 것은 생각지 못했던 것이다. 아울러 밭을 경작하는데 드는 모든 비용은 개인이 부담해야 하고, 또 경작된 농작물을 판매할 수도 없기 때문에 계속해서 드는 비용 부담도 고려해야 한다.

현재 상록농장은 뉴욕 시로부터 농작물 경작에 필요한 물만 무상으로 공급받고 있으며, 그 이외의 모든 경비는 경작자 본인이 부담해야 한다. 그간 상록회원들의 노력으로 필지별로 조성된 모든 밭에 물 공급이 잘 되도록 하기 위하여 스프링 쿨러 시설도 농장 전체에 땅 밑으로 설치되어 있다. 한인 노인 경작자들은 특유의 근면성과 부지런함 그리고 흙에 대한 전통적인 애착과 약간의 욕심을 더하여, 농작물의 씨앗을 한국에서 직접 가져와 한국 채소와 꽃을 재배하기도 한다.

5) 플러싱 코리아타운의 종교기관

플러싱은 앞서 개관에서도 언급한 것처럼 350여 년 전 처음 유럽인들이 정착하면서 제일 처음 부딪힌 문제가 종교의 자유였다. 그 결과 미국 내에서 종교의 자유를 보장한 최초의 장소가 되었다. 한인들도 1903년 하와이 사탕수수밭의 노동자로 처음 미국으로 이민을 왔을 때 가장 먼저 세운 공공건물이 교회였으며, 뉴욕의 한인들도 1921년에 맨해튼에 뉴욕한인교회를 세워 뉴욕 한인 역사에서 가장 오랜 기념물이 되고 있다.

플러싱에도 1970년대 초 많은 한인들이 이주하기 시작하면서 한인교회들이 들어서기 시작했는데, 초창기에 플러싱 중심지에서 미국 교회들을 빌려 예배를 드렸던 한인교회들은 이제 한인사회에서 가장 큰 대형 교회들이 되었다. 이들 교회들은 1990년대에서 2000년대 초에 걸쳐 플러싱 중심지의 부동산을 사들여 크게 교회를 짓거나 플러싱 중심에서 조금 외곽 지역으로 나가 더 큰 교회 장소로 이전하여 여전히 한인 교회의 중심 역할을 하고 있다. 불교의 사찰도 비슷한 경로를 겪었으며, 특히 불교는 한국불교의 특징인 산중불교의 영향으로 몇몇 사찰은 뉴욕 시에서 1~2시간 정도 거리의 멀리 떨어진 뉴욕 북쪽 산속에 한국식 전통 사찰 건축물을 지어 자리 잡은 경우들도 있다.

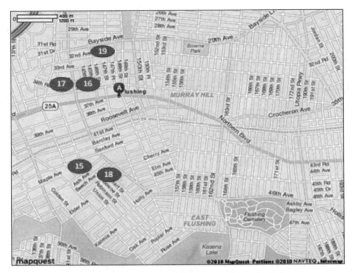

그림 21 플러싱 코리아타운의 주요 종교기관 위치도

⑮ 퀸즈 뉴욕장로교회 ⑯ 퀸즈 한인천주교회 ⑰ 구세군 뉴욕한인교회 ⑱ 원불교 사찰 ⑲ 한국식 전통사찰 모양의 한마음선원(한마음선원 왼편에 미국인들의 First Church of Christ, Scientist of Flushing, NY가 있고, 오른편에 한인성화장로교회가 있다.)

　　큰 교회와 사찰이 떠난 플러싱은 작은 규모의 교회와 사찰들이 골목골목 들어서게 되었는데, 경우에 따라서는 한 건물에 두세 개의 교회가 함께 입주하여 좀 지나친 경우도 없지 않다. 특히 다른 민족도 아우르는 커뮤니티속의 종교기관이라기보다는 한인 신자들만을 위한 교회나 사찰이 되는 경우가 많아 커뮤니티로부터 환영받지 못하고 교통문제, 주차문제, 소음문제 등을 일으키기만 하는 단체로 인식되어 사회적 문제를 일으키는 경우도 있는 것이 사실이다.

　　플러싱에서 가장 오래된 한인교회 가운데 하나인 〈그림 22〉(좌)의 퀸즈 뉴욕장로교회[19]는 현재의 위치에서 1973년에 장영춘 목사에 의해 개척되어

---

19) The Korean American Presbyterian Church of Queens, 주소: 143-17 Franklin Ave, Flushing, NY 11355, 전화번호: (718) 886-4040, 4340, 홈페이지: www.kapcq.org.

그림 22 퀸즈 뉴욕장로교회(좌)와 퀸즈 한인천주교회(우)

오늘에 이르고 있는데, 주변의 주택들을 계속 구입하여 교회를 증축하고 주
차장을 넓혀왔다. 플러싱 중심 주택지역에 위치하여 일요일 오전이면 1,000
여 명 이상의 신자들로 주변 지역은 항상 붐비고 있다. 본 교회는 토요 한글
학교와 방과후 학교, 그리고 신학교까지 여러 교육시설과 기관을 두고 있다.

〈그림 22〉(우)의 퀸즈 한인천주교회[20]는 정욱진 신부가 1973년 뉴욕에
서 두 번째로 한인들을 위하여 첫 미사를 드리면서 시작된 성당으로, 이제는
뉴욕 인근 최대의 한인성당이 되어 교인수가 6,000명에 이르고 있다. 퀸즈
한인천주교회는 한인 천주교인들의 신앙의 중심지일 뿐만 아니라, 각종 교
육 및 봉사프로그램과 신용협동조합 및 장학프로그램 등에 이르기까지 한인
사회에 모범적인 다양한 사회적 기능을 담당하고 있다.

〈그림 23〉(좌)은 퀸즈 한인성당 바로 맞은편에 있는 구세군뉴욕한인교
회[21]의 모습이다. 또 구세군뉴욕한인교회 바로 왼쪽으로는 한인 여호와의
증인 교회가 자리 잡고 있고, 그 뒤쪽으로는 모슬렘 사원인 모스크도 있어서
다양한 종교가 밀집되어 있는 것을 볼 수 있다. 마치 350여 년 전에 이 지역

20) St. Paul Chong Ha-Sang Roman Catholic Church, 주소: 32-15 Parsons Boulevard, Flushing,
    NY 11354, 전화번호: (718) 321-7676, 홈페이지: www.stpaulqueensny.org.

21) The Salvation Army Flushing Corps., 주소: 142-50 32nd Ave., Flushing, NY 11354, 전화번
    호: (718) 762-9613, 홈페이지: www.kcmusa.org.

그림 23 구세군 뉴욕한인교회(좌)와 원불교 사찰(우)

에 최초로 정착한 퀘이커 교도들이 이룩한 종교의 자유를 오늘날 우리 후세 이민자들이 누리고 있는 것처럼 보인다.

〈그림 23〉(우)은 플러싱 원불교[22] 사찰의 모습이다. 원불교는 역시 30여 년 전인 1974년에 플러싱에 문을 열어 한국 원불교를 이곳 뉴욕에 소개해 왔다. 특히 원불교는 한인들의 사회복지를 위한 활동도 활발히 전개해오고 있으며, 원광한국학교를 세워 자라나는 2세들의 한국어와 한국문화 교육에도 많은 관심과 공헌을 해오고 있다. 특히 매년 5월 초가 되면 원광한국학교 주최로 플러싱에 있는 키세나 공원에서 어린이날 잔치가 베풀어진다.

〈그림 24〉는 한국식 전통사찰 모양으로 2009년에 플러싱에 지어진 한마음선원[23]이다. 이제는 한국식 전통사찰 건축도 미국에 알려져 이 같은 건축물을 짓는데 큰 문제가 없다. 그런데 20여 년 전만 해도 몇 개의 기둥을 세우고 그 위에 공포(栱包)를 짜맞추어 얹고 지붕을 올려 내부 공간을 넓히는 한

22) Won Buddhist Temple of NY, 주소: 143-42 Cherry Ave, Flushing, NY 11355, 전화번호: (718) 762-4103, 홈페이지: http://ny.wonbuddhism.info.
23) Hanmaum Zen Center of New York, 주소: 144-39 32ndAve., Flushing, NY11354/ 전화번호: (718) 460-2019, 홈페이지: www.juingong.org.

그림 24 한국식 전통사찰 모양의 한마음선원

국식 전통사찰 건축에 대한 사전 지식이 없던 상황에서 이렇게 크고 무거운
지붕이 올라가는 데 비하여 기둥이 몇 개 안 되는 한국식 전통사찰 건축구조
의 설계도를 보고 시공허가를 내주지 않아 주지 스님과 신도들을 애먹인 경
우도 있었다고 한다. 한마음선원은 이제 아름다운 한국 전통사찰 모양의 절
을 지어 다양한 인종과 여러 민족이 가장 많이 모여 사는 플러싱에서 건축물
자체만으로도 한국문화를 알리는 명소가 되었다.

〈그림 25〉는 한마음선원 바로 왼쪽에 외국인의 First Church of Christ,

그림 25 한마음선원 왼편에 있는 First Church of Christ, Scientist of Flushing,
NY(좌)와 오른편에 있는 한인성화장로교회(우)

Scientist of Flushing, NY이라는 기독교 관련 기관이 있고, 바로 오른쪽으로는 한인성화장로교회가 있어 정말 종교적으로 다양하고 자유스러운 플러싱의 모습을 상징적으로 보여주고 있다.

6) 플러싱 코리아타운의 한국어와 한국문화 교육

외국에 살고 있는 한인들에게 있어서 자녀들의 뿌리교육은 아주 중요한 과제다. 다행히도 요즘에는 교통과 통신이 발달해서 언제든 한국에 대한 소식을 주고받고 쉽게 왕래를 할 수 있어서 자녀들의 한국에 대한 뿌리교육을 보다 쉽게 할 수 있게 되었다. 특히 한국의 경제가 성장하고 한국의 문화가 '한류'라는 새로운 바람을 타고 전 세계로 퍼져가는 추세에 있어서 한인 2세 자녀들이 지나칠 정도로 한국문화에 관심을 보이고 모방하려 하고 있다. 그래서 오히려 지나친 한국문화에 대한 피상적인 관심과 모방이 한인 2세들의 '정체성' 확립을 왜곡시키지나 않을까 염려스럽기조차 하다.

어쨌든 한인 2세들이 한국문화에 대해 관심을 자연스럽게 갖고 접하면서 한국의 뿌리를 유지하는 것은 좋은 현상이지만, 문제는 문화 전달에서 가장 중요한 언어교육이 그만큼 충실하게 이루어져야 한다는 점이다. 현재 뉴욕 일원에는 많은 교회들에서 주로 토요일과 일요일을 이용해서 하루에 2시간에서 5시간 정도의 한글학교들을 운영하고 있으며, 많은 한글학교 선생들이 자원봉사도 하면서 한인 2세들에게 한국말을 가르쳐 주려고 많은 노력을 하고 있다.

미국 내 한국학교들의 전국 조직인 한국학교협의회의 한 지회인 동북부 한국학교협의회에서는 매년 한글학교 교사들의 연수와 한글학교 학생들의 한국어 글짓기 대회, 웅변대회, 동화구연대회, 역사퀴즈대회 등 많은 프로그램을 현지 한글학교들과 함께 개최하면서 한국어 교육의 중요성을 알리고 보급하는데 앞장서고 있다. 또 뉴욕총영사관의 교육원에서는 이러한 현지

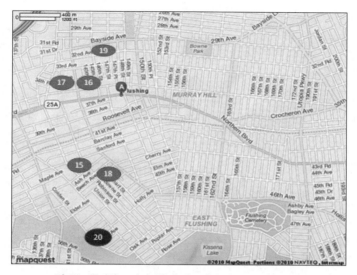

그림 26 플러싱 코리아타운의 대표적인 한글학교들의 위치도
⑮ 퀸즈뉴욕장로교회 한글학교 ⑯ 퀸즈한인천주교회 한글학교 ⑰ 구세군 뉴욕한인교회
⑱ 뉴욕원불교 원광한국학교 ⑲ 한마음선원 ⑳ East-West School(동서국제학교)

한인들의 자녀들에 대한 한국어와 한국문화 보급에 물심양면으로 지원을 아끼지 않고 있다. 하지만 아직 현지에 적합한 교재개발이나 통합적인 학과 과정이나 학년 체계 등이 이루어지지 않고, 한글학교 교사들을 체계적으로 양성하는 교육 시스템도 없어 교사들의 자질 향상 등 해결해야 할 많은 문제들이 있다.

〈그림 26〉의 ⑮부터 ⑲까지는 앞서 제5절에서 말한 각 종교기관들의 위치인데 이 종교기관들은 대부분 모두 자체 한글학교를 운영하고 있으며, 규모가 큰 종교기관들이라 비교적 좋은 여건에서 나름대로 체계적인 한국어, 한국문화 교육을 오래 전부터 해오고 있다. 또, 최근에는 뉴욕 공립학교들에서도 한국어를 제2외국어의 하나로 채택하여 한인 학생뿐만 아니라 일반 외국 학생들에게도 가르치는 경우가 늘고 있다. 이들 학교에 대한 한국정부 차원의 재정 지원도 늘고 있는 추세이며, 특히 미국 대학입학 시험인 SAT

II 시험에 한국어가 정규 시험 과목 가운데 하나가 되어 매년 미 전국에서 4,000~5,000명의 학생들이 응시하고 있어서 더욱 한국어 교육이 확대되고 있다.

특히 한국어를 가르칠 교원양성 프로그램을 현지 대학과 연계하여 실시하고자 하는 한국학교 관계자들의 노력들이 모아지고 있어서 상당히 고무적이다. 동 프로그램은 2010년에는 뉴저지 주의 럿거스 대학(Rutgers University)에서 시작하여 운영되다 2011년부터는 플러싱 코리아타운과 인접한 퀸즈 대학(Queens College)에서 운영할 예정인 것으로 알려져 있다. 앞으로 동 프로그램을 통해 한국어 교사들이 배출되기 시작하면 보다 전문적인 교원들에 의해 체계적인 한글 및 한국문화 교육이 이루어져 양질의 한글교육 효과를 기대할 수 있으며, 다른 민족과 인종 또 주류 미국사회에 한국문화를 알리는 데 중요한 역할을 담당할 것이다.

이들 한국어를 가르치고 있는 학교들 가운데 특히 플러싱 코리아타운에 있는 동서국제학교[24]의 한국어반은 중국어, 일본어와 더불어 이 학교에 재학하고 있는 모든 학생들이 적어도 한 가지는 선택해야 하는 아시아인 언어 중의 하나로 되어 있다. 즉, 학생들이 9학년에 입학하면 한국어, 중국어, 일본어 중에 한 가지를 외국어로 선택하여 4년 동안 공부해야 하는데, 학교 측에서는 그 선택 비율을 고르게 배정하여 현재 약 150여 명의 학생들이 한국어를 공부하고 있다. 2010년에 4년 과정을 모두 마친 첫 졸업생을 배출하기도 하였으며, 여름방학 중에는 학생들이 한국을 방문하여 직접 한국을 보고 한국문화를 체험하는 기회도 가졌다. 하지만 한인 커뮤니티와 한국 정부의 관심과 지원 노력이 함께 하지 않으면 동서국제학교의 한국어반은 지속적인 개설이 불가능할 수도 있다. 왜냐하면 중국어반은 이 학교에 중국 학생들도 많이 재학하고 있어서 학부모들이 그 필요성을 느끼고 있으며, 일본어는 비

---

24) East-West School of International Studies, 주소: 46-21 ColdenStreet, Flushing, NY11355, 전화번호: (718) 353-0009, 홈페이지: www.ewsis.org.

그림 27 East-West School(동서국제학교)의 모습

록 일본 학생은 별로 없다고 해도 학부모들의 일본에 대한 인식이 비교적 잘 되어 있어서 지속적인 개설이 가능한데, 이 학교에 다니는 한인 학생은 불과 서너 명에 불과하여, 한국이나 한국어에 대한 학부모들의 인식이 상당히 부족하기 때문이다.

7) 플러싱 코리아타운의 조선족

플러싱 코리아타운에 중국에 거주하는 조선족들이 들어오기 시작한 것은 대략 1990년대 중반부터이다. 1992년 한중수교가 이루어지면서 많은 조선족들이 한국으로 돈을 벌기 위해 갔듯이 그들 중 일부는 미국으로 왔다. 비교적 한국말과 중국말이 모두 자유스러운 조선족들은 거의 대부분 한인들이 운영하는 소기업들에서 일하며 돈을 벌었다. 조선족이 들어오기 시작한 초창기에 한국에서도 그러한 현상이 나타났듯이 뉴욕을 비롯한 미국에서도 초기에는 한인들이 조선족을 약간 무시하는 경향이 있었다. 특히 같은 양의 노동에 대한 임금에서도 차별을 두어 조선족들의 불만과 원성을 샀다. 그래도 중국가게보다는 같은 민족이라는 동질감과 조금 더 나은 임금 수준 때문에 조

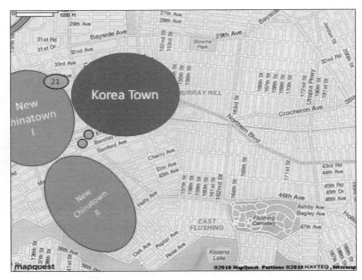

그림 28 플러싱 코리아타운의 조선족 비즈니스 위치도
㉑ 조선족식당들과 지하에 자리 잡고 있는 뉴욕조선족 교회
그 밖의 작은 원들은 조선족들이 운영하는 다른 식당들을 나타냄

선족들은 주로 한인가게에서 일을 하면서 돈을 모으고, 중국의 가족들에게 송금도 하면서 새로운 미국 이민생활에 적응하려고 노력해왔다.

현재 뉴욕에는 대략 3~4만 명의 조선족이 거주하는 것으로 추산되고 있는데, 불법체류인 경우가 많아 정확한 집계는 거의 불가능하다. 필자도 조선족 친구들이 있어서 그들의 사정에 대해서 자세히 들어본 적이 있다. 필자의 조선족 친구들은 1990년대 말, 조선족들이 뉴욕으로 들어오기 시작한 비교적 초창기에 미국에 온 사람들로 그들 중 몇 명은 4~5년 동안 열심히 일해 번 돈을 가지고 중국 연변으로 돌아간 사람도 있고, 일부는 아직까지 남아서 영주권도 취득하고 비즈니스도 운영하고 있기도 하다.

최근 조선족들이 운영하는 비즈니스들이 하나 둘씩 늘어나고 있는데, 그들은 주로 식당업이나 잡화, 네일가게, 지압집 등 한인들 가게에서 일하면서 배운 사업 노하우를 그들의 비즈니스에 응용하여 비즈니스를 시작하고

그림 29 플러싱에 있는 조선족식당, 지압집 등 조선족 비즈니스 모습

있다. 하지만 조선족들은 중국어도 잘 하는 이점을 살려 한인들과 중국인들의 경계지역에서 양쪽 시장을 겨냥한 비즈니스 전략을 갖고 있다. 〈그림 28〉의 ㉑로 표시한 지역에는 조선족들이 개업한 비즈니스가 여럿 모여 있다.

특히 조선족들은 〈그림 29〉에서 보듯이 초창기 비즈니스로 식당을 많이 개업하고 있는 것으로 보이는데, 이는 조선족들이 중국음식과 한국음식 모두를 할 수 있는 이점이 있으며, 또한 중국인과 한국인 모두를 고객으로 맞이하는데 언어상 불편이 없기 때문이다. 또 조선족들이 식당을 쉽게 개업하는 다른 한 이유는 많은 조선족들이 초기에 주로 한국식당의 주방에서 일하는 경우들이 많아서 접시닦이부터 시작해서 주방장 보조를 거쳐 한국식당의 제2 주방장으로 근무한 경험이 그들로 하여금 식당 개업을 쉽게 하고 있다. 또 조선족식당은 한인들에게도 많은 호기심을 자아내어 호기심에서 들렀다가 조선족식당의 독특한 음식 맛에 끌려 단골이 되는 경우도 있다.

플러싱 코리아타운에는 뉴욕 조선족들의 비즈니스가 모여 있는 곳에 뉴욕조선족교회[25]도 있어서 조선족들의 신앙 중심지와 조선족들의 만남의 장

---

25) New York JoSunJok Church, 주소: 144-80 Barclay Ave., New York, NY 11355, 전화번호:

그림 30 상가 지하에 자리 잡고 있는 뉴욕조선족 교회와 담임목사인 이성달 목사 부부

소 역할을 하고 있다. 뉴욕조선족교회는 뉴욕에 있는 조선족교회로서는 두 번째로 설립된 교회로서, 자체 교회시설을 가지고 있는 최초의 조선족 교회다. 뉴욕조선족교회는 현재 미국에서 신학교를 마친 이성달 목사가 시무하고 있다(〈그림 30〉 참조).

6. 플러싱 코리아타운의 변화

앞서 지적한대로 플러싱의 한인들은 플러싱 중심지의 코리아타운을 지켜내지 못했다. 그야말로 인해전술로 물밀 듯이 들어오는 중국인들을 당해낼 수 없었던 데에도 그 이유가 있었겠지만, 한인들이 부동산 구입보다는 비즈니스 개업에 더 치중하는 바람에 비즈니스의 근간이 되는 부동산 가치 상

(917) 731-5061, 홈페이지: http://nykca.com.

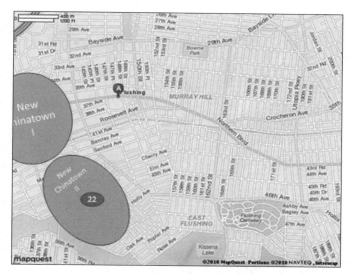

그림 31 플러싱 중국인들의 코리아타운 잠식도
㉒ 지금은 사라진 1980~1990년대 제2의 플러싱 한인 상권

승과 더불어 렌트비 인상 등으로 더 이상 고비용을 견디지 못하고 스스로 이민 초창기 때의 삶의 터전을 상실하고 말았던 것이다.

여기에 그 대표적인 한 예가 있다. 〈그림 31〉의 ㉒는 과거 1980년대 말에서 1990년대 초에 플러싱 중심 한인 상권이 번창하고 있을 때, 새로운 한인 비즈니스 중심지로 한인들의 상점이 즐비하게 늘어섰던 곳이다. 특히 앞서 말한 바와 같이 코리아타운 형성에 중요한 역할을 한 것이 한인 슈퍼마켓이었는데, ㉒지역에 당시로서는 한아름이나 한양 슈퍼마켓보다 훨씬 현대적인 시설을 갖추고 실내 인테리어도 잘 꾸민 롯데식품이 있어서 많은 한인들을 유인하고 지역 한인 경제를 활성화시켜 롯데식품을 중심으로 인근 상가가 한인 상가들로 꽉 차 있었다. 더구나 롯데식품 때문에 플러싱 한인 중심지로부터 롯데식품까지 한인 가게들이 이어지면서 코리아타운이 확대 발전되고 있었다. 또 롯데식품 바로 옆에 뉴욕에서 가장 큰 한국식 중국식당인 '미원장'도 문을 열어 플러싱에서 제2의 코리아타운이 활발하게 형성되기 시

㉒ A

㉒ B

㉒ C

㉒ D

그림 32 중국상점들로 변한 이전 한국상점들이 있던 장소들

작했었다.

　　그러나 1990년대 말부터 이 지역에 중국인들이 들어오기 시작하고, 또 롯데식품점 사장이 교통사고로 사망하여 롯데식품이 문을 닫자, 중국인의 금성슈퍼마켓(〈그림 32〉 ㉒ A)이 들어오고, 곧이어 한국식 중국식당이었던 '미원장'도 경영난으로 문을 닫아 중국인의 뷔페식당인 East(〈그림 32〉 ㉒ B))가 되어버렸다. 이에 따라 롯데식품점 앞에 즐비하던 한인 상가들(〈그림 32〉 ㉒ C)도 얼마 지나지 않아 줄줄이 모두 중국인들의 상점들로 바뀌었다. 2000년대 중반까지 롯데식품점 쇼핑센터 바로 옆에 마지막 한인 식당으로 있었던 '북창동 순두부'집도 결국은 중국식당(〈그림 32〉 ㉒ D)으로 바뀌고 말았다.

　　이처럼 플러싱 코리아타운이 20년도 되지 않은 사이에 완전히 차이나

㉒ E

그림 33 간판만 남은 1990년대의 코리아타운

타운으로 바뀐 데는 한인들이 전통적인 방식인 '계'에 의존해서 자신들의 비즈니스 구입 및 운영자금을 마련한데 비해 중국인들은 '은행'이라는 공식적인 금융기관을 이용하여 훨씬 더 큰 자본으로 부동산을 구입한 것이 첫 번째 요인으로 꼽는다. 두 번째 요인으로는 두 민족의 기질적 특성에서 비롯된 것인데, 중국인들은 공동 투자하여 동업방식을 발달시킨데 비해 한인들은 동업은 결국 동업자와의 갈등으로 망하고 만다는 고정관념에서 벗어나지 못해 동업을 통한 큰 공동자본을 만들어 내지 못한 것이다.[26] 한인들이 이렇게 한 세대도 버티지 못하고 사라져 버린 플러싱 코리아타운 곳곳에는 아래 〈그림 33〉 ㉒ E와 같이 빛바랜 옛 한글간판들만이 이제는 전설이 되어버린 플러싱 코리아타운의 이야기를 전해주고 있다.

---

26) 동업방식에 있어서 중국인들은 동업에 참여한 모든 사람들이 동일한 금액을 함께 투자하는 방식을 택하고, 전문가를 두어 공동투자 사업을 관리하는 게 보편적인 데 반해, 한인들은 자본이 있는 정도에 따라 차별된 금액을 투자한 후, 투자자 중에 한두 사람이 직접 투자 관리를 하기 때문에 문제 발생의 소지가 많다. 즉, 서로 투자한 금액의 차이와 관리에 대한 생각의 차이나 수익의 분배 차이 등에서의 투자자 간의 갈등이 결국은 동업을 깨고 만다는 것이다. 일례로 이전 플러싱 코리아타운의 가장 중심지였던 메인 스트리트에 마지막으로 남아 있었던 한인 소유의 '그린 팜(Green Farm)'이란 채소, 파일가게가 결국은 중국인들에게 팔리고 만 경우가 있다. 당시 그 가게의 매매가격이 30만 달러라고 알려졌는데, 중국인 30명이 1만 달러씩 공동 투자하여 구입했던 것으로 알려지고 있다. 투자한 30명이 자신들의 투자 수익금을 늘리기 위해 자기들이 필요한 채소, 파일 구입은 자기들이 구입한 가게에서 할 것이 분명하므로, 그 가게는 가게 문을 열기도 전에 최소한 30명의 고객을 미리 확보하고 있는 것과 마찬가지이니 망할 염려가 없는 것이다.

7. 맺음말

이상에서 살펴본 바와 같이 뉴욕 시 퀸즈 보로 내의 플러싱은 미 동부지역 최대의 한인 밀집지역이었으며, 아직도 1970~80년대의 코리아타운의 면모를 일부 유지하고 있으면서 여전히 많은 한인들의 생활의 중심지 역할을 하고 있다. 하지만 플러싱의 코리아타운의 중심지였던 곳은 1990년대부터 중국인, 인도인 등 타 민족 이민자들에게 잠식당해 이제는 노던 블러바드라는 도로를 따라 길게 선형으로 발전하고 있는 중이다. 이렇게 선형으로 발전하는 과정에서 플러싱 코리아타운의 중심지는 많은 한인 이민자들의 삶의 자취를 잃어가고 있다.

물론 도시도 유기체와 마찬가지로 흥망성쇠를 거듭하여 끊임없이 생태학적으로 변화하는 것이 당연하지만, 이제 겨우 한 세대를 지난 뉴욕의 최근 한인 이민 역사에 비추어볼 때, 너무도 빨리 우리 한인 이민자들의 흔적이 지워지고 있다는 데 안타까운 마음을 금할 수 없다. 이런 상태로 간다면 앞으로 10~20년 후면, 플러싱에서 초창기 한인 이민자들의 모습은 거의 찾아보기 힘들게 되지 않을까 염려스럽다. 따라서 지금부터라도 체계적이고 세심하게 계획을 세워 한인들의 이민 역사자료를 보존하려는 노력을 기울여야 한다.

이 글은 무엇보다도 앞으로 플러싱 코리아타운의 이민 역사자료를 적극적으로 보존하고자 하는 취지에서 실시한 예비연구로 우선 플러싱의 코리아타운을 대강 훑어본 것에 지나지 않는다. 더구나 플러싱 초창기 이민자들에 대해 심층적인 인터뷰나 자료 발굴 등도 이루어지지 않아 많은 한계를 지니고 있다. 하지만 플러싱 지역에서 25년을 살아오고 생활해온 필자의 실생활 경험과 참여관찰에 기초한 것으로 어느 정도 역사적 사실에 부합한 분석이라고 생각한다. 필자는 앞으로 좀 더 체계적이고도 광범위하면서 심층적인 그리고 현대적인 디지털 기술을 이용한 플러싱 코리아타운의 역사 자료 보존과 수집을 진행할 계획이다.

참고문헌

뉴욕한인회. 2010. 『뉴욕한인회 50년사』. 뉴욕한인회.

Anots, Jason D. 2009. *Queens: Then & Now*. Arcadia Publishing.

Driscoll, James. 2005. *Flushing 1880-1935*. Arcadia Publishing.

Kwong, Peter. 1996. *New Chinatown* (Revised Edition). Hill & Wang.

Min, Pyong Gap. 2008. *Ethnic Solidarity for Economic Survival*. Russell Sage Foundation.

Seyfried, Vincent F. & Asadorian, William. 1991. *Old Queens, N.Y. in Early Photographs*. Dover Publication Inc.

Seyfried, Vincent F. 2001. *Flushing in the Civil War Era 1837-1865, Queens Community Series*. Traction Yearbook.

KOREA TOWN

Part 2

일본의 코리아타운

한국문화 발신지로서의 오사카 이쿠노쿠 코리아타운*

고정자(고베대학 겸임교수)
손미경(한국외국어대학교 강사)

1. 머리말

1) 연구배경 및 목적

한국과 일본을 흔히 '가깝고도 먼 나라'라고 한다. 지리적으로 가깝게 위치하고 있으나 식민지배 등의 역사적인 배경 때문에 이러한 말이 생겨난 것은 아닐까 싶다.

'가깝고도 먼 나라'였던 일본이 한국문화에 관심을 가지게 된 것은 불과 20여 년이 채 되지 않는다. 그 계기는 1988년 서울 올림픽이었다. 일본은 서울올림픽을 통해 한국문화에 관심을 가지게 되었으며, 매스컴은 한국 관련 보도 비중을 늘렸다. 반면 이 시기 한국은 불법적인 경로를 통해 일본의 대중문화를 소비하고 향유하였다. 문화교류가 차단되었던 한·일 양국의 쌍방향 문화교류가 시작된 것은 1998년 김대중 정부가 일본문화를 단계적으로

---

* 이 글은 『글로벌문화콘텐츠』 제5호(2011. 12)에 실린 것으로, 단행본 간행과 관련하여 많은 내용이 추가, 보완되었다.

그림 1 현재 코리아타운 내 한류 관련 상품을 판매하고 있는 가게들

개방한 이후부터이다.

일본문화 개방으로 한국문화 시장이 잠식당할 것이라는 우려의 목소리도 있었으나, 오히려 일본에 한류 붐을 일으키는 불씨가 되었다. 그리고 주지하듯이 2004년 NHK 위성방송에서 〈겨울연가〉(일본 타이틀 冬のソナタ)가 방영되면서, 한국 대중문화는 폭발적인 호응을 얻기 시작했다. 이것이 바로 우리가 알고 있는 '한류 붐'이다.

'한류 붐'은 결코 갑자기 나타난 현상이 아니다. 1945년 이후 국교가 단절된 이후 한·일 양국의 교류가 차단된 시기에 60만 재일코리안 사회는 집거지인 코리아타운을 중심으로 일본 내에서 끊임없이 한국문화를 발신해왔던 것이다. 그리고 한류 붐이 형성된 이후에는 한국문화의 확대·재생산하는 전초기지로서 그 역할과 기능을 담당하고 있다. 그렇기 때문에 일본의 한류현상에서 재일코리안들과 코리아타운의 역할은 간과되어서는 안 되는 것이다. 일본인들이 최근 몇 년 사이에 한류 붐에 편성하여 비로소 '김치(기무치)'나 비빔밥에 눈을 뜬 것은 아니다. 현재 일본 전국에 산재하는 8,000여 개의 야키니쿠야(焼き肉屋 한국식 불고기집)를 통해 일본인들이 수십 년 전부터 한국의 맛에 익숙해진 측면을 무시할 수 없다. 일본인들이야말로 한국음식에 가장 친숙한 외국인들이었던 것이다. 이러한 문화이동의 수맥에는 60만 재일코리

안의 존재가 있었던 것은 물론이다(윤상인, 2006: 6). 그 증거로 1990년대 이후 일본 젊은이들이 제일 좋아하는 음식 중에 야키니쿠는 항상 1, 2위를 차지해 왔었으며, 김치 또한 일본인들의 식탁에 일상적으로 오르고 슈퍼에서도 흔히 살 수 있는 음식이 되었다.

이 글에서는 한·일 양국의 국교수립 이전부터 일본 속에서 한국문화를 발신해온 재일코리안 집단거주지의 하나인 오사카 코리아타운을 중심으로, 코리아타운의 형성과정과 그들의 생활공간인 코리아타운이 한국문화 발신지로서 어떠한 역할을 해왔는가를 살펴보고자 한다.

2) 선행연구 검토

한국사회에서 재일코리안들에 대해 관심을 가지게 된 것은 1960년대 이후의 일이다. 재일코리안에 관한 연구내용을 살펴보면 시대적, 정치적 상황에 따라 변모되어 왔다는 것을 알 수 있다. 1960년대와 1970년대에는 재일코리안의 법적지위 문제, 한국어 교육문제 및 정책 등에 관한 연구들이 대부분이었다. 이러한 연구들이 진행되었던 주된 이유는 크게 두 가지를 들 수 있다. 첫째, 당시 일본에는 북한을 지지하는 재일본조선인총연합(이하 조총련)과 한국사회를 지지하는 재일본한국민단(이하 민단)이 대립관계에 있었다. 조총련과 민단은 항상 긴장 상태를 유지하고 있었으며, 이러한 정치적인 상황이 정부차원에서 연구를 적극적으로 지원하게 만들었다. 둘째, 당시 한국경제 발전을 위해서도 재일코리안 기업들의 투자를 유치하는 일이 시급했기 때문에 재일코리안 관련 연구들이 활발하게 이루어졌다.

한국 학계에서 정책적 차원이 아닌 재일코리안들의 생활문화에 대한 종합적인 연구가 나온 것은 1983년 이광규의 『在日韓国人: 生活実態를 中心으로』부터가 그 시발점이라고 할 수 있다. 문화인류학자인 이광규는 재일코리안의 역사와 생활문화를 개관하면서 재일코리안들이 겪고 있는 차별이나 편견, 그리고 그들이 현재까지도 고향의 생활문화를 이어가는 모습을 한국사회에 알렸다.

1990년대 이후에는 한국정신문화연구원(『세계 속의 한국문화: 재외한인 생활과 문화』, 1992), 한국재외동포정책연구원(1995), 외무부(1995), 국제문제조사연구소(1989, 1996)에서 연이어 보고서가 나왔다. 그리고 최근에는 문화인류학자들이 중심이 되어 연구업적을 쏟아내고 있다. 그중 오사카 코리아타운과 재일코리안들의 생활실태에 관한 대표적인 연구로는 국립민속박물관에서 간행된 『일본 관서지역 한인동포사회의 생활문화』(2002)를 들 수 있다. 이 보고서는 문화인류학자들이 11일간 일본에서 심층조사한 결과를 정리한 것이다.

보고서의 구성을 보면 1장 총론(문옥표, 박준규), 2장 정착배경(한경구), 3장 지역사회의 구조(한경구), 4장 가족 및 친족생활(문옥표), 5장 직업과 경제생활(유철인), 6장 식생활(권숙인), 7장 의생활 및 주생활(권숙인), 8장 의례와 신앙생활(오지은), 9장 언어와 민족교육(정병호 · 송기찬), 10장 세시와 놀이(정병호)로 구성되어 있다. 보고서의 주된 내용은 간사이 지역에 사는 재일코리안들의 생활문화 전반에 대하여 조사한 것을 정리한 것으로, 1983년에 발표된 이광규의 논문을 보완하여 20년이 지난 간사이 지역의 상황변화를 기록한 것이라 할 수 있다(문옥표, 2002: 18). 이 보고서의 연구사적 의의와 성과는 조선시장의 가게들의 변화상이 상세하게 보고되어 있어 향후 이 분야를 연구하는 연구자들에게 유익한 자료로서 가치가 충분하다는 점이다. 또한 일본과 한국 그리고 미국에서 출판된 선행연구와 현지 민족단체나 행정당국이 펴낸 통계자료는 물론 각종단체에서 소개 받은 증언자들의 증언으로 이루어졌다는 점이다. 특히 그동안 조사하기 어려웠던 조총련계 조선학교에서 진행되는 민족교육에까지 조사가 이루어졌다는 점 등은 중요한 연구성과라 할 수 있다.

이러한 연구성과에도 불구하고 증언자의 개인적이며 주관적인 증언이 다수 제시됨으로써 객관성을 확보하지 못한 한계점도 드러난다. 이러한 증언의 내용은 그 배경을 모르는 사람에게는 오해의 소지를 불러일으킬 가능성이 있기 때문이다. 예를 들어 직업과 경제생활 부분의 증언 내용 중 조선 시장에서 코리아타운으로 전환하는 과정에서 상점가 간의 갈등에 대한 증언은 의견 충돌이 있었음을 파악할 수 있지만 그러한 갈등이 생겨난 과정에 대한 상세한 언급이 없다. 그렇기 때문에 전체적이고 객관적인 분위기를 파악하기에는 무리가 따른다. 이러한 기존연구의 한계점은 조선시장에서 코리아타운으로의 전환하게 된 이 지역의 양상을 이해하는 데 어려움을 주고 있다.

이 글은 일제시대부터 현재에 이르기까지 재일코리안들의 집거지인 오사카 코리아타운의 변천과정을 살펴보고, 끊임없이 한국문화를 발신해온 정보 발신지로서 코리아타운에 초점을 맞추어 고찰해보고자 한다.

2. 재일코리안 집거지 오사카 이쿠노쿠: 공간의 형성

1) 재일코리안의 탄생

재일코리안들은 일제 식민지가 남긴 잔재라고 해도 과언이 아니다. 우선 재일코리안 탄생에 관한 역사를 개괄한 후, 한국문화의 정보 발신처인 코리아타운에 대하여 살펴보고자 한다.

1945년 일본의 패전 당시에 일본에는 약 200만 명에 달하는 조선인이 있었다. 해방과 동시에 시모노세키(下關), 센자키(仙崎)를 비롯한 항구에는 귀국선을 기다리는 사람들로 들끓었다. 일본을 통치하고 있었던 당시 연합군 최고사령부(General Headquarters, the Supreme Commander for the Allied Powers 이하 GHQ)에는 당초 조선인에 관한 정확한 지식이 없었으며, 그들을 고향으로 귀국시키기 위한 정책 또한 없었다. 고향에 가려는 당시 조선인들에 대해 우선 일본정부는 조선인 군인이나 군속을 우선적으로 송환시키는 것으로 정하고, 부산으로 일본인을 태우러 가는 편도선에 징용으로 끌려간 조선인 노동자나

그림 2 현재 오사카 코리아타운의 전경

그 가족들을 태워 귀국시켰다. 이때에 조선인 스스로 소형 배를 빌려 귀국한 사람들도 있었다.

GHQ가 조선인에 대한 계획적인 운송을 시작한 것은 1945년 11월 13일 이후였으며, GHQ는 몇 가지 제한을 두었다. 첫째, 지참할 수 있는 짐을 1인당 약 114kg으로 제한하였다. 둘째, 소지할 수 있는 금액을 1,000엔으로 제한하였다(村上尚子, 2010: 128). 이러한 제한은 일본에서 일정 기간 동안 생활하던 사람들에게는 모은 전 재산을 남겨두고 가라는 것과 다름없었기 때문에 귀국을 주저하는 사람들도 나타났다.[1] 또 귀국한 사람들 중에는 제주도 4·3사건 등 한반도 내에서 일어난 정치적 혼란을 피해 다시 일본으로 되돌아오는 사람들도 있었다. 이러한 상황 속에서 일시적으로 귀국을 보류하는 사람들도 속출했으며, 그 수가 약 60만 명에 이르렀다. 이 글에서 다루고자 하는 재일코리안은 이렇게 탄생되었다.

---

1) 이 시기까지 약 140만 명의 조선인들이 귀국하였다.

2) 재일코리안의 자녀교육

해방 직후 조선인들은 자신들의 권익을 지키기 위하여 신속하게 조직을 만들었다. 당시 일본에는 민족주의자와 사회주의자가 중심이 된 재일본조선인연맹(1945년 10월 16일 발족, 이하 조련)과 무정부주의자였던 박열이 단장이 된 재일본조선거류민단(1946년 10월 발족, 1948년 대한민국건국 후 재일본한국거류민단으로 명칭 변경, 지금은 재일본한국민단)으로 한반도 상황에서와 같이 양분되었으며, 현재까지 이런 상황이 계속되고 있다.

일본에 머물기로 한 재일코리안들은 자녀들의 교육에 힘을 쏟았다. 그 결과 일본 전국에는 1947년 당시 초등학교 541개교(5만 6,961명), 중학교 7개교 (2,761명), 고등학교 8개교(358명) 등 '조선인학교'가 건립되었으며, 교원 수는 약 1,000명에 달했다. 당시 슬로건은 '돈이 있는 사람은 돈으로, 힘이 있는 사람은 힘으로, 지혜가 있는 사람은 지혜로'였다. 한편, 민단계(재일본조선인거류민단) 학교는 초등학교 52개교, 중학교 2개교였다.

그러나 제2차 세계대전이 끝난 이후부터 서서히 잠재되어 있던 동서냉전과 한반도 내에서의 혼란(예: 제주 4·3사건)에 따라 GHQ는 일본에 있는 재일코리안은 모두 '공산주의자'이며, 조선인들이 설립한 학교는 공산주의자의 온상지로 인식하게 되었다.

1948년 GHQ는 모든 '조선인학교'에 폐교 명령을 내렸으며, 여기에 반발하는 재일코리안들과 충돌이 일어났다. 1948년 4월 24일 효고현에서는 1만 명의 재일코리안들이 집회를 열었으며, 효고현(兵庫県) 지사로부터 폐교령 철회를 쟁취했다. 그러나 이에 격노한 GHQ(미국 제8사령관 마이클 버거 중령을 파견)는 고베(神戸) 일대에 '일부 비상사태령'을 선포하였으며 2,000여 명을 검거했다. 26일에는 오사카부 청사 앞에 모인 재일코리안에게 일본 경찰대가 발포하여 16살 김태일 소년이 총에 맞아 쓰러졌다.

이러한 격렬한 재일코리안들의 투쟁에도 불구하고 1949년 조선인학교는 폐교되었으며, 이 운동을 지도한 재일조선인연맹도 강제적으로 해산 당하고 재산도 몰수당했다. 당시 일본 국적이었던 재일코리안 학생들은 조선인학교에서 쫓겨났으며, 일본인 학교에 다니게 되었다. 이러한 혼란 속에서 자녀들의 민족교육을 보장하기 위한 타협안으로 '공립조선인학교'[2](도쿄, 오사카 등에서 설치됨)와 같은 방식으로 일본 교육제도 내에서의 민족학교가 이루어졌고 또 다른 방식으로는 공립일본인학교에 다니는 조선인 학생들을 방과 후에 모아서 우리말과 역사를 가르치는 '민족학급'을 설치하는 방안이 모색되었다.[3]

오사카에서 공립일본학교에 설치된 민족학급(방과 후에 민족교육을 하는 학급)의 학생과 교사들은 1955년에 재일본조선인총연합(이하 조총련)이 설립되면서 재건된 조선학교로 옮겨갔다. 당초 33개교에 존재한 민족학급은 해방 후 일본사회에서 민족차별이 심각해짐과 더불어 일본에 정착하는 경향이 커지면서 민족학급에 입학하는 학생 수는 서서히 감소되었다. 1985년에는 7개교 11명의 교원밖에 남지 않은 상황에 처하게 되었다.

이러한 열악한 상황에서 새로운 움직임이 일어난 것은 1972년도부터이다. 남북 7·4공동성명에 의해 일본에서도 민족통일의 기운이 높아지고, 또한 일본 내에서 차별문제를 해결하려는 인권교육의 영향을 받은 학생들 스스로 민족교육을 희망하여 새로운 민족학급을 요구하는 일들이 일어났다. 이에 대응하여 조총련과 민단에 강사 파견을 요청하여 자주적 민족학급이 만들어졌다. 이 운동의 배경에는 민족 정체성을 상실한 재일코리안 학생들을 주목하기 시작한 일본 교사들의 '재일본조선인교육' 운동의 움직임을 무시할 수 없다. 해방 후 재일코리안들의 생활상황은 해방 이전보다 더 열악하

---

2)   공립조선인학교는 재일코리안 학생들을 대상으로 하는 학교이다. 일본인 교사와 재일코리안 교사가 함께 교편을 잡게 되었다. 그러나 1952년 샌프란시스코강화조약 조인으로 인해 재일코리안들이 일본 국적을 상실함으로써 공립조선인학교 제도 또한 막을 내렸다.

3)   오사카의 경우 오사카부 지사와 조련대표와의 사이에서 각서를 맺어 민족학급이 설치되었다.

그림 3 조선학교 전경 및 조선초급학교 학생들 모습
자료: 안해룡.

고 빈곤했으며 비참했다. 따라서 학생들에게 민족교육을 통해 희망을 심어 주고 민족 정체성을 구축하게 하는 일은 재일코리안과 양심적인 일본인 교사에게는 중요한 과제였다. 재일코리안 청년들은 자원봉사로 자주적 민족학급의 선생님이 되었다. 이것은 '재일코리안들의 손으로 직접 민족문화를 가르치는 교육'을 일본학교 내에 확립시키는 것이 목적이었다. 이 운동에 의해 현재 오사카 시의 공립 초·중학교에 106개교가 개설되는 커다란 성과를 올렸다. 이 운동을 담당했던 곳이 1985년에 발족한 민족교육촉진위원회이다. 2004년 민족교육촉진위원회, 원 코리아, 재일한국인민주인권협의회의 세 조직은 '코리아NGO센터'로 통합하였으며, 재일코리안들의 권익보호를 위한 조직으로 발전하고 있다. 뿐만 아니라 코리아NGO센터는 2009년부터 코리아타운에서 시작한 '공생마츠리'를 주도하고 있다. 그 외에도 민족교육 보장, 인권문제 등 다양한 분야에서 활동을 펼치고 있다.[4]

3) 집거지의 형성

　　오사카 이쿠노쿠는 주민의 1/4이 재일코리안으로 구성된 아주 특별한 지역이다(오사카 이쿠노쿠의 인구추이는 〈표 1〉 참고).

　　해방직후 일본은 혼란스러웠으며 식량난으로 배급에 의한 통제경제가 계속되었고, 배급제도로는 생계를 이어갈 수 없었다. 사람들은 살아남기 위하여 암시장을 만들었으며, 오사카에도 몇 군데의 대규모 암시장이 존재했다. 그중 하나가 쓰루하시역 주변에 생긴 암시장이었다. 이곳에서는 일본인뿐만 아니라 조선인, 중국인들이 함께 장사를 하였고, '쓰루하시 국제상점가(통칭 국제시장)'로 불렸다. '쓰루하시 국제상점가'는 현재 JR쓰루하시역 주변에 존재하는 시장이다(藤田, 2005).

　　한편 이카이노(猪飼野)로 불렸던 지역에는 해방 이전부터 많은 조선인이 생활하고 있었다. 현재의 이쿠노쿠(生野区)는 남북으로 횡단하는 신히라노(新平野)강의 동서 0.8km, 남북으로 1.9km 지역을 가리킨다. '이카이노(猪飼野)'라는 지명 자체는 1973년 주소표시 변경(1973. 2. 1 실시)에 따라 현재에는 존재하지 않는다. 주소표시 변경에 의해 이카이노라는 지명은 사라졌지만, 이 지역에 재일코리안이 집거하였다는 사실은 변함없고, 지금도 재일코리안들의 집거지를 가리키는 상징적인 언어로 쓰이고 있다.

　　그러면 이카이노에 언제부터 조선인들이 많이 살게 되었는지와 이 지역과 조선인들과의 관계에 대해 선행연구를 중심으로 간략하게 살펴보자.

　　이카이노의 향토사를 연구하고 있는 이카이노 보존회의 기록에 의하면 이 주변은 에도(江戸), 다이쇼(大正) 중반까지 이카이노 쓰루하시마치로 불렸던 농경지대였다. 우에마치다이치(上町台地)와 비교해서 토지가 낮았으며 밭과 수로가 얽혀 있었다. 또 저습지대였던 이 지역은 비가 많이 오면 주변을 흐

---

4)　코리아NGO센터는 오사카와 도쿄에 설립되어 있다. 홈페이지: http://korea-ngo.org.

표 1 재일조선인 인구추이

연 도	국세조사	내무성 조사	제주도 출신
1911	–	2,527	–
1915	–	3,917	–
1917	–	14,502	–
1920	40,755	30,189	–
1921	–	38,651	–
1922	–	59,722	–
1923	–	80,415	10,381
1924	–	118,152	19,552
1925	–	129,870	25,789
1926	–	143,798	28,144
1927	–	165,268	30,505
1928	–	238,102	32,564
1929	–	275,206	35,322
1930	419,009	298,091	31,786
1931	–	311,247	33,023
1932	–	390,543	36,125
1933	–	456,217	47,271
1934	–	537,696	50,045
1935	–	625,678	48,368
1936	–	690,501	46,463
1937	–	735,689	–
1938	–	799,878	–
1939	–	961,591	–
1940	1,241,315	1,190,444	–
1941	–	1,469,230	–
1942	–	1,625,054	–
1943	–	1,882,456	–
1944	–	1,936,843	–
1945	–	980,635	–
1946	–	647,006	–
1947	508,905	598,507	–
1948	–	601,772	–
1949	–	597,501	–
1950	464,277	544,907	–

자료: 文京洙, 2007: 65.

그림 4 1955년 당시 히라노 강 풍경
자료: https://www.mlit.go.jp/tochimzushigen/mizsei/toshisaisei/neyagawa4/ siryo2.pdf#search.

르던 네코마 강(猫間川)과 히라노 강(平野川)이 범람하여 많은 피해를 입었다고 한다.[5]

당시 오사카는 방직업을 필두로 금융과 상업 중심지로 '동양의 맨체스터'로 불렸으며 인구 211만 명의 대도시였다. 또 식민지 조선과 오키나와 등으로부터 노동자가 많이 유입되어 인구증가가 현저히 높아졌다. 농지 구획정비, 농업용 도로와 수로의 확보를 통해 농업생산을 높이는 일이 불가피해져 경지정비와 히라노 강 개수공사를 하기로 했다.[6] 이 개수공사에 한반도에서 많은 노동자가 동원되었으며, 이후 가족 등을 불러들이면서 이 지역에 조선인이 많이 거주하게 되었다고 하는 것이 종래의 설이다(高贊侑, 2009).

히라노 강 개수공사에 동원된 노동자뿐만 아니라, 특히 이 지역에 제주도 출신 사람들이 많이 정착하게 된 것은 1923년부터 취항한 오사카-제주 간 정기항로(기미가요마루: 君代丸)의 영향이 크다. 일할 곳을 찾던 제주도 출신

---

5) 이와 관련한 자세한 내용은 ① 이카이노보존회. 1997. 『이카이노 향토사: 쓰루노하시 공원완성기념』. 이카이노보존회. ② 金贊汀. 1985. 『이방인은 기미가요마루를 타고』. 이와나미문고. ③ 東遼一. 1980. 「지도에는 없는 마을 쓰루노하시」. 『월간 플레이보이』를 참고하기 바람.

6) 그러나 실제로 구획된 농지는 주택지화되었다(이카이노보존회. 1997).

사람들은 친척이나 가까운 이웃을 의지하여 기미가요마루에 몸을 싣고 이카이노로 들어왔다. 해방 이전부터 제주도에서 '오사카시 이쿠노쿠 이카이노 김○○'만 쓰면 편지가 왔다는 일화가 남아있을 정도로 이 지역에는 제주도 출신 사람들이 많이 생활하고 있었다.

이카이노에 조선인이 정주하게 된 이유를 지금까지의 연구를 바탕으로 정리해보면 다음과 같다. 첫째, 중소영세기업이 많았기 때문에 일본어를 구사하지 못하는 조선인이라 해도 건강한 육체만 갖고 있으면 일자리를 찾기 쉬웠다. 둘째, 조선인이 거주할 주택이 있었다. 당시 조선인에게 집을 빌려주는 일본인은 거의 없었다. 그러나 이 지역의 주택은 저습지대로 밭을 메워 지어졌기 때문에 비가 오면 도로가 진흙탕이 되고, 비가 많이 내리면 침수하는 등 악조건이었다. 이 때문에 일본인이 집을 빌리는 경우가 드물어 집 주인들은 할 수 없이 조선인에게 집을 빌려주었던 것이다. 집을 빌린 조선인은 월세를 벌기 위해서 다른 조선인에게 또 다시 집을 빌려주어서 한 집에 수 십 명이 같이 생활하였다고도 한다. 지금으로서는 상상할 수 없는 상황이지만 그래도 생활할 수 있는 곳을 확보할 수 있어서 다행이라고 생각되었던 것이다(金賛汀, 1985).

일할 장소와 잠자리가 확보되면 마지막에 먹거리에 대한 해결이 시급한 문제가 된다. 사람은 의복과 주거는 금방 적응한다 하더라도 적응하기 힘든 가장 보수적인 것은 역시 음식이다. 어렸을 때부터 몸에 배인 식생활을 바꾸기가 쉽지 않기 때문이다.

일본과 조선의 식생활은 많은 부분에서 닮아 있다. 예를 들면 주식이 쌀인 점, 조미료도 된장과 간장을 사용하는 것 등이 그렇다. 그러나 자세하게 들여다보면 많은 차이점이 있다. 가장 큰 차이점은 일본인은 조선인과 먹는 생선 종류가 다르며, 조리할 때 맛을 내는 방법이 다르다. 생선 조림을 예를 들어보면 일본은 간장과 설탕으로 조리지만 조선은 마늘과 간장, 고추가루 등으로 조리는 등 자극적인 재료를 많이 섭취한다. 닭과 돼지 등의 육류도 일본인보다 더 많이 먹는다. 단기간 일본에서 생활한다면 일본적인 식생활에 견딜 수 있지만, 체류가 장기화되면 조선에서의 식생활이 그리워진다. 점차 이주생활이 길어지면서 사람들은 가족을 불러들이게 되었다. 특히 이카이노에 모여 사는 제주도 사람들은 고향에서 가족을 불러들였고, 주로 제주도 출신 사람들이 이 지역의 식생활을 담당하게 되었다. 이들의 생활터전은 일본이었지만 생활방식은 제주도 생활의 연장이었다. 따라서 생활에 필요한 식재료를 손쉽게 구할 수 있는 이 지역에서 서로 의지하면서 살았다고 볼 수 있을 것이다.

4) 조선시장의 형성

이민이 정착하기 위해 필요한 세 가지 요소인 일자리, 주거지, 먹거리가 갖춰진 이카이노 지역은 제주도 사람들이 모여듦으로써 서서히 그 규모가 커져갔다. 이에 따라 조선의 식재료를 취급하는 가게도 처음에는 노점상에서 시장으로 확대되고 활기를 띠게 되었다.

이 지역에서 식재료를 취급하는 가게가 어떻게 생겨나고 늘어났는지 그 과정을 살펴보자. 1920년대에 일본어를 구사하지 못하는 조선인 아낙들은 물건을 구하기가 힘들었다. 일본인 상점에서는 조선인에게 물건을 팔지 않았기 때문이다. 어쩔 수 없이 부근에서 채소와 미나리 등을 뽑아서 양념을 하여 맛을 낸 반찬을 노점에서 팔기 시작하였다. 이것은 한편으로는 일자리를 찾기 힘든 아낙네들에게는 좋은 일자리가 되었다. 공장에서 일자리를 구하기가 어려운 아낙네들이 한둘씩 모여들면서 노점에서 장사를 하는 사람들이 차츰 늘어났다고 한다(金贊汀, 1985).

1933년에 발행된 『아사히 클럽』에는 이카이노 조선시장의 사진이 게재되어 있다. 여기에 게재된 기사를 통하여 당시의 모습을 살펴보면 조선시장에 오는 소비자에 대해서 다음과 같이 기술되어 있다.

2만 명 가까이 모여 있는 이 지역사람들은 두말할 것도 없이 고베, 교토 방면의 조선인들에게도 유명하며, 2년 정도 전부터 한 사람, 두 사람씩 사람들이 다른 데에서는 구하기 어려운 그들의 애호식품을 팔기 시작한 것이 시초이며, 지금은 매일 1만 명 가까운 사람들이 물건을 사러 오는 번창한 곳이다.[7]

여기서 말하는 '애호식품'이란 소 내장, 돼지머리, 가오리 등과 같은 음식이다. 그리고 조선의 긴 곰방대를 손에 든 수염이 긴 할아버지, 말린 명태를 파는 사람, 치마저고리를 입고 등에는 어린 아이를 포대기로 둘러업은 여성, 돼지머리를 진열한 진열대 앞에 불을 지핀 커다란 솥을 지켜보는 남성, 좁은 길을 사람들이 쉴 새 없이 왕래하는 풍경을 담은 사진들이 게재되었다.

시장에서 팔고 있는 물건으로 곰방대, 명태, 자리(제주도에서 잡을 수 있는 생선), 돼지머리, 조기, 고무신, 옷감, 콩나물, 김치 등이 소개되고 있다. 여기서 '음식계의 그로테스크'로 소개된 소 내장은 현재는 야키니쿠집에서 시오탄(シオタン：소의 혀)으로 불리며 사랑받고 있는 소의 혀와 대장 등과 같은 내장 종류와 곰탕 재료가 되는 소꼬리이다. 최근에 유행하고 있는 내장전골은 모츠나베라는 이름으로 인스턴트 식품으로도 출시되어 슈퍼에서도 쉽게 구입할 수 있게 되었다.

또 돼지머리는 무속의례에서는 빠져서는 안 될 제물의 하나로 팔리고 있었다. 돼지수육은 제주도 세시풍속과 제사에는 꼭 필요한 음식이었고, 족발과 돼지 귀는 비교적 가격이 저렴해서 사람들이 좋아했다. 족발과 돼지 귀는 콜라겐이 풍부하다 하여 선호하는 사람도 현재는 있지만, 당시 일본사람들의 눈에는 이런 음식들이 그로테스크한 것으로 비쳐졌던 것 같다. 가오리나 상어도 제주도에서는 제사에 오르는 제물로 현재까지도 사용되고 있고 이카이노에서는 지금도 팔리고 있다.

---

7) 통계에 의하면 당시 조선반도에서 건너온 조선인의 30.7%(1933년 오사카 거주 조선인 수는 14만 277명)가 오사카에 거주하고 있었다(杉原, 1998).

여기서 비쳐진 풍경은 도저히 일본이라고 할 수 없는 것들이었다. 이것은 마치 한국의 어느 한 지방에 있는 시장모습과 비슷했다.

여기는 일본어보다 조선어가 더 잘 통한다. 돼지고기와 마늘, 저장음식의 냄새, 막대기와 동그라미로 조합된 조선 문자의 칵테일, 그 속을 흰옷을 입은 무리가 떠다닌다.

또 시장을 이용하는 사람과 물건을 파는 사람 중에 제주도 출신이 많았다는 사실을 알려주는 글귀도 실려 있다.

홋카이도산 명태가 비싸서 제주도 사람들은 못 산다. 팔고 있는 상품 중 자리가 있는데, 이것은 제주도민이 좋아하는 생선이다.

조선시장이 상점가의 뒷골목에 형성된 배경에는 큰길 상점가가 있었기 때문이었다. 이 큰길 상점가에 대해 히라이(白井) 씨[8]는 "제1차 세계대전 후 경기가 악화됨에 따라 실업자가 증가하였고, 물가 안정을 도모하고자 각지에 공설시장이 만들어졌다. 이 정책으로 생겨난 쓰루하시 공설시장을 중심으로 주변에 상점이 생겼다. 이 상점가는 어디에나 있는 재래시장형 상점가로 생선, 과일, 채소, 두부, 절임 등을 파는 가게가 조금씩 생겨났다"고 증언했다. 히라이 씨의 6, 7살 쯤(1934, 5년 정도로 추정됨) 기억에 따르면 이 주변은 매우 번성하였다고 한다. 그 이유는 근처에 이마자토신치(今里新地)라고 하는 유명한 환락가가 있었고, 그곳에서 장사하는 가게에서도 이곳 상점가로 물건을 구매하러 왔기 때문이다. "쇼와(昭和) 초기부터 10년 정도까지 월초나 연말에는 사람이 너무나도 많아서 경찰이 감시하러 올 정도였다"고 옛 기억을 되살려주었다.

미유키모리도오리(御幸通) 상점가에는 일본인만 살고 있었고, 동쪽 끝에

---

8)   1928년생으로 부모님 세대부터 이 지역 상점가에서 옷가게를 하고 있다.

직물을 파는 상점 하나만이 조선인 가게였다. 그러나 한 걸음 미유키모리 상점가 뒷골목으로 들어서면 조선인이 많이 생활하였으며, 그중에는 간혹 일본인도 있었다고 한다. 1930년대 중반쯤까지는 큰길가의 미유키모리 상점가도, 상점가 뒷골목에 있는 조선시장도 다 번성하였다.

1930년대 후반에서 40년대에 들어서자 전쟁의 심화로 인해 식재료 등 물품이 부족하였다. 경제는 통제되기 시작하였고 장사 또한 힘들어졌다. 또 공습이 심해지면서 가게 문을 닫고 피신가는 사람들도 많아져 이곳 상점가도 쥐 죽은 듯이 조용해졌다.

그러나 조선인은 언제, 어디를 가더라도 조상의 제사와 명절을 모시는 것이 사람의 도리라고 생각하였다. 일본에서 생활하면서도 제사와 명절은 고향에 있을 때와 똑같이 모셔왔으며, 식량이 부족한 상황에서조차 거르는 일이 없었다.

태평양 전쟁이 심해진 시기는 물론이고 일상적으로 먹을 것이 없었던 시대에도 제사는 모셨다. 제사와 명절에 빠져서는 안 되는 것이 콩나물과 생선이었다.

양동이에 구멍을 뚫어서 콩나물을 집에서 키웠어. 고기는 구할 수도 없었어. 생선은 어디선가 구해오고, 감자 데친 것을 바치거나, 고구마 철에는 고구마를 삶아서 바치고 했었지.

당시 상황을 재일코리안 2세인 김경자(1934년생) 씨가 필자에게 들려주었다. 이러한 모든 제사용 식재료의 구매처는 바로 조선시장이었다(고정자, 2006).

3. 코리아타운과 한국문화의 발신

1) 생활문화의 발신

전쟁 말기에 미유키모리 상점가도 공습(1945. 6)을 받았고, 물품부족으로 인해 상점가 사람들은 지방으로 피신해 갔다. 전쟁이 끝난 후에도 원래 이곳의 주민이었던 일본인들은 좀처럼 돌아오지 않았다. 빈 집이 된 상점을 빌리는 사람은 조선인 밖에 없었다. 해방 전 뒷골목에서 조선의 식재료를 취급하던 가게가 한 채, 두 채씩 큰길 상점가로 옮겨왔다. 장사를 하지 않는 집의 지붕 아래를 빌려 거기에 판자를 놓고 장사를 시작하는 가게도 있었다. 미유키모리 상점가에 조선인이 나타나게 된 것은 1948년 이후이다.

어릴 때부터 조선시장 인근에 살았던 김경자 씨는 "오사카부청에서 조선인 아이가 죽고 나서,[9] 조선인이 미유키모리에 우글우글 거렸어. 나중에 들으니 이 무렵 통제경제가 해소되었다고 하더라고"라며 당시의 상황을 증언했다.

조선의 식재료를 취급하는 가게가 늘어가면서 오사카 근교뿐만 아니라 교토, 나라(奈良)에서도 조선인이 모여들었다. 설날, 추석 명절이 가까워지면 물건을 사려고 하는 사람들로 넘쳐났다. 이곳에서 조기와 옥돔을 팔았던 김충홍(金充洪) 씨에 의하면 명절 때에는 몇 십 상자의 생선을 팔았다고 한다. 이 생선가게는 김충홍 씨의 아버지 김만년(金万年) 씨가 처음 시작한 장사였다. 처음 시작할 때는 제주도 해녀였던 어머니가 인근 바다에서 물질해온 것을 조선시장에서 아버지가 내다 팔았다고 한다. 1913년생인 김만년 씨는 1951년에 어패류 판매업 종사원 허가서를 받아, 중앙시장(오사카 최대의 도매시장)으로 드나들면서 물건을 구매했다. 이때쯤 김충홍 씨의 어머니는 물질을 그만두

---

9) 앞에서 기술한 1948년 4월 26일 오사카 청사 앞에서 조선인 학교 폐교령에 대항한 조선인 데모부대에 경찰이 발포하여 김태일 소년이 사망한 사건을 말한다.

고 김치와 반찬을 만들어 팔았다.[10]

　1970년대까지는 평일에도 손님이 많았다고 하는 조선시장에는 품질이 좋은 콩나물과 조기 등이 있어 먼 지역에서도 일부러 사러 왔다고 한다. 또한 다른 상점가에는 볼 수 없는 참기름 전문점이 조선시장에는 있었다. 한국 음식에 빠질 수 없는 참기름을 전문적으로 판매하는 이 가게는 한국전쟁 후 조선시장에서 장사를 하게 된 가게 중의 하나였다. 이 가게는 참기름을 짜는 기계를 구입하여 직접 참기름을 짰기 때문에 다른 곳에서 시판되는 것과는 달리 품질이 좋았다. 참기름은 제사와 명절음식에는 빠질 수 없는 조미료로 멀리서도 이 가게 참기름을 사러 오는 사람들이 많았다.

　한국전쟁은 일본경제에는 특수를 가져왔으나 한반도는 다시 남과 북으로 분단이 고착되었다. 일본에 남은 60만 재일코리안은 일본에 거주하는 것을 받아들일 수밖에 없었다. 주지하듯이, 재일코리안은 해방 후 심한 일본정부의 차별정책 속에 처하게 되었는데, 일자리를 얻지 못한 재일코리안은 친척들과 결속하여 영세한 가내공업을 경영하면서 살아갔다. 열악한 환경과 장시간 중노동을 이겨낼 수 있었던 힘은 가족 간의 끈끈한 결속이었고, 제사와 명절은 이러한 결속을 유지할 수 있게 해주었다(송연옥, 2004). 그렇기 때문에 어려운 생활 속에서도 생활비를 아껴가며 제사와 명절을 잘 치르려고 했던 것이다. "싯케(シッケ, 제사를 의미하는 제주도 방언)가 있으면 이웃사람들과 친척들이 많이 왔다"라고 1941년생 재일코리안 2세인 한정이(韓正二) 씨는 어린 시절의 제사 때의 기억이 떠오른다고 증언해주었다.

　세시풍속도 재일코리안들은 고향에서 해온 풍습대로 하고자 했다. 예를 들면 신부의상은 하얀 치마저고리인 한복이었다. 조선시장에는 한복을 파는 가게가 있었고, 그 가게를 저고리야(屋: 가게)라고 불렀다. 1세 할머니들은 옛날부터 필요한 옷은 스스로 만들어 입었기에 한복을 잘 만드는 사람들

---

10)　필자에게 증언한 것은 김충홍 씨의 셋째 며느리이다.

이 많았고, 일본에서도 한복을 직접 지어 입었다. 한복은 결혼식뿐만 아니라 장례식에서도 입었다. 예를 들어 망자에게 입히는 수의와 상주와 유족이 입는 하얀 면소재의 상복을 저고리야에서 팔았다.

　재일코리안들은 일본사회의 풍속을 받아들이면서도 한국식으로 바꾸고자 했다. 예컨대 망자가 입는 수의를 준비한다든가, 상주는 두건을 쓴다든가, 민족적인 습관 중 상징적인 부분은 가능한 이어가면서 장례식은 장의사가 주관하는 일본식 장례식 문화를 받아들였다. 현재 오사카의 장의사는 한복인 수의를 입히는 방법을 알고 있고, 제단 옆에 제물을 준비하여 장례식을 하기 전에 발인을 하는 재일코리안들의 습속에 맞추기도 한다. 이렇듯 재일코리안들은 정주국의 문화를 받아들이면서 또 다른 혼종문화(hybrid culture)를 창조했으며, 이러한 문화창조를 저변에서 지탱해준 것이 바로 조선시장이었다.

2) 조선시장에서 코리아타운으로

　1950년대부터 1960년대까지 돼지 삶는 냄새, 마늘과 김치냄새가 뒤섞인 독특한 냄새로 '더럽다', '냄새가 난다', '어둡다'라는 것이 당시 조선시장의 이미지였다. 조선시장은 1960년대에서 1970년대까지 정월과 추석, 설날에는 제사 물품을 구매하고자 하는 재일코리안들로 번성했는데, 1980년대에 들어서면서 급격하게 한산해졌다.

　그 이유는 첫째, JR 쓰루하시역 주변의 국제시장으로 손님이 몰리기 시작하면서 접근이 불편한 조선시장까지 손님이 찾아오지 않게 되었기 때문이다. 둘째, 재일코리안의 세대가 1세에서 2세, 3세로 교체됨에 따라 제사와 명절이 간소화 내지 지내지 않는 경향이 강해지면서 고객이 줄어들게 되었다. 셋째, 남북분단으로 인해 동포들끼리 반목하게 된 것도 조선시장으로 가는 손님의 발길이 떨어지게 된 원인이다.

　남북분단의 영향은 1965년 체결된 한·일 기본조약 이후 현저하게 나타

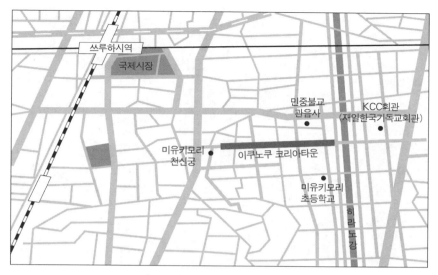

그림 5 이쿠노쿠 코리아타운과 주변지역

났다. 한·일 기본조약에 따라 남쪽에 고향을 둔 재일코리안은 고향으로 왕래가 가능하게 되었다. 한국정부는 한국 왕래를 미끼로 외국인등록상 '조선'이라는 기호를 가진 사람들에게 '한국'으로 국적을 바꿀 것을 요구했다. 이것은 자유로운 국적 선택이 아니라 고향으로 왕래하고자 하는 재일코리안들의 애향심을 이용하여 남쪽의 정권지지를 요구한 것이었다. 때문에 재일코리안 사회에서 '한국을 지지하느냐, 조선을 지지하느냐'라는 이념대립이 심각해졌다. 이는 한반도의 정치상황이 바로 재일코리안 사회에 영향을 미친다는 것을 말해준다. 조선시장에까지 영향을 미친 이념 대립은 재일코리안들이 서로 힘을 합쳐 일본 내에서의 힘든 상황을 극복할 수 있는 기회를 빼앗은 것이나 다름없었다.

1960년대에 들어서 박정희 정권에 의한 '의례간소화 정책추진'도 조선시장에 그림자를 드리웠다. 한민족의 4대 명절의 하나인 단오 명절이 1970년대 한국사회에서는 거의 행해지지 않게 되었다. 국교정상화로 한국과의

그림 6 코리아타운 내 한국 식료품점

왕래가 빈번하게 되면서 고향에서도 행하지 않는다는 이유로 단오 명절은 없어졌고, 이웃 사람들과 함께 했던 제사도 아주 가까운 친척만 모이게 되었다. 이러한 제사와 명절의 간소화는 그대로 조선시장의 매상감소로도 직결되었다.

재일코리안 청년들의 국제결혼 또한 조선시장에 영향을 끼쳤다. 일본사회로의 정주화가 진척되면서 재일코리안 청년들의 국제결혼이 90% 가까이 달하고 있다. 특히 1985년 국적법 개정[11] 이후 일본국적을 가진 자녀들이 증가하고 있다. 재일코리안 사회의 이러한 상황변화와 세대교체는 재일코리안의 생활문화를 전면적으로 후원하고 이 일을 생업으로 해온 조선시장 사람들에게 방향 전환을 요구하였다.

1980년대 이후 미유키모리 상점 자체에도 변화가 나타났다. 이 시기에

---

11) 일본정부는 1985년 국적법을 개정하면서 이전의 부계혈통주의를 양계주의로 바꾸었다. 그러면서 일본국적을 가진 사람과의 결혼으로 인해 태어난 아이들에게 무조건 일본국적이 부여되었다.

대형점포인 대규모 슈퍼마켓이 진출함으로써 일본 각지의 상점가는 쇠퇴하였으며, 이 영향은 조선시장에도 나타났다. 마침내 1993년 미유키모리 상점의 핵이었던 쓰루하시 공설시장[12]이 폐지되는 상황에 몰리게 되었다.

이러한 상황 속에서 조선시장의 젊은 상인 조직인 한국오사카청년회의소(KJC)와 일본청년회의소(JC)가 이 지역을 이전의 번화한 곳으로 되돌리고자 1985년부터 공동모임을 가지면서 '코리아타운 구상'을 제창하게 되었다. 즉 한국음식에 필요한 식재료와 상품을 취급하는 가게가 많은 미유키모리 상점가의 특징을 살리면서 이 부분을 전면으로 내세워 상점가의 재생을 도모하자는 것이었다. 이는 지금까지 재일코리안을 대상으로 한 판매 전략이 1985년 이후 초래된 에스닉 붐과 김치 붐[13] 등 일본사회의 변화에 맞추어 재일코리안 이외의 사람들을 염두에 둔 판매 전략으로 전환되었음을 의미한다.

다시 말해서 지금까지 재일코리안에 대한 일본사회에서의 부정적(negative) 이미지를 긍정적(positive) 이미지로 재평가한 가치관의 전환이었다. 여기에 1988년 서울올림픽을 통해 일어난 한식 붐은 코리아타운 구상을 견인하였다(高賛侑, 2009).

여기에 칼라 도로포장 보조금을 지원하겠다는 오사카시의 정책에 따라 1991년에 코리아타운 구상은 마침내 구체화되어갔다. 상점가들 간에 우여곡절[14]을 겪으면서 1993년 코리아타운은 만들어졌다.

---

12) 일본정부는 시장에서 판매되는 물품도 통제하여 구역별로 시장을 만들어 공적으로 허가를 주었다. 이런 재래시장을 '공설시장(公設市場)'이라고 불렀다.

13) 이사쿠라 도시오(朝倉敏夫)는 일본에서 야키니쿠가 인기식품이 되는 과정에 대해서 1985년 이후 에스닉 식품 붐과 함께 이즈음에 개발된 무연 풍로(곤로)에 의한 것이라고 말한다. 이전까지 '연기는 뭉게뭉게, 기름은 끈적끈적'하다고 하여 남성들만 먹는 야키니쿠였지만 무연 풍로가 개발됨에 따라서 여성과 어린이들도 함께 즐길 수 있는 외식산업으로 받아들여지게 되었다(아사쿠라, 1994).

14) 미유키모리 상점가 가운데 중앙상점가와 동상점가는 참여했으나, 일본인 상점이 70% 이상인 서상점가는 참여하지 않았다. 그러나 현재는 함께 상점가의 행사에 참여하고 있다.

3) 한국문화의 발신

재일코리안은 일본사회에서 생활하면서 '보이지 않는 존재'로 살아왔다. 그 이유는 재일코리안들의 시선이 항상 분단된 조국, 본인들이 태어나고 자란 고향을 향해 있었기 때문이다. 그래서 일본에서의 생활은 임시적인 생활로 여겨졌다. 재일코리안 1세들의 조국지향적인 경향을 도노무라(外村)는 해방 전부터 지속적으로 행해져온 일본사회의 동화에 대한 강요와 전후 본국의 분단상황, 조선인임을 드러내놓고 생활하는 것이 허용되지 않았던 차별의 실태가 '조국지향형 내셔널리즘'으로 몰아넣었다고 분석하고 있다(外村, 2004).

그러나 1970년대부터 1980년대에 들어서면서 해방 후에 태어난 2세들이 재일코리안 사회의 주류를 점하게 되면서 지금까지의 '조국지향형 내셔널리즘' 운동과는 다른 방향이 모색되었다. 그 실마리는 1970년 박종석(朴鐘碩) 씨의 히타치 취업차별 재판(日立就職差別裁判 1974년 승소) 투쟁과 김경득(金敬得) 씨가 한국 국적인 채로 사법연수소에 입소(1976)한 것, 외국인에게는 지불되지 않았던 아동수당을 지급하는 운동, 외국인에게는 입주가 거부되었던 공영주택에 입주자격이 주어지는 등 차별철폐운동 등이 그것이다. 해방 후 강요되어 왔던 민족차별의 실태에 대하여 일본에서 교육을 받고 자란 재일코리안 2세들이 스스로의 존재를 공공연하게 드러낸 일들이었다. 해방 이후 더욱 강화된 일본의 국민국가 틀 주변에 내쳐져 있던 재일코리안 2세들이 일본사회 구성원의 일원으로서 스스로의 존재를 주장하기 시작한 움직임이었다고 볼 수 있다(外村, 2004). 한편, 이것은 기존의 민족단체가 이념대립으로 일관하여 재일코리안의 생활과 요구에 대한 적합한 활동을 하지 못했음을 의미하고, 또 한편으로는 민족단체가 이전과 같은 구심력을 발휘하지 못하고 있음을 뜻한다. 이 시기 재일코리안들에게 요구된 것은 눈에 보이지 않는 38선을 뛰어 넘어 재일코리안들이 손을 잡고 자신들의 문제에 눈을 돌리는 것이었다.

이러한 상황 속에서 재일코리안의 집거지인 이쿠노쿠(生野区)에서 마당극 공연이 펼쳐졌다. 여기서 공연된 작품은 〈아리랑 고개〉라는 1970년 후반 서울에서 공연된 작품이다. 교토에 거주하는 양민기(梁民基)는 이 공연의 대본을 입수하고 공연 기획까지 담당했다. 무대연출은 지금까지 수많은 무대연출을 담당해온 고찬유가 맡았다.

이 공연이 이루어질 수 있었던 것은 양민기가 구보사토루(久保覚)와 공저로 출판한 『가면극과 마당극』(1981, 창문사)의 출판 기념 강연회가 계기가 되었다. 이쿠노 민족문화제는 기념 강연회에 모인 재일코리안 청년들이 중심이 되었다. 조총련 산하 학생조직인 재일조선인유학생동맹(유학동)과 한국계 학생조직인 재일한국학생동맹(한학동) 관계자들이 공연을 준비하여 무대에 올린 것이다.

이쿠노쿠의 중심에 자리 잡고 있는 '이쿠노쿠 구민센터' 홀의 무대를 사용하지 않고, 홀 중심에 원형 형태의 평평한 무대를 설치하여 이 원형무대 주변을 관객들이 빙 둘러앉아 볼 수 있게 하는 공연 형태를 취했다. 연기를 하는 사람과 보는 사람이 동일선상에서 공연되는 무대는 이 당시 매우 충격적이었다. 무엇보다 중요한 것은 각각 남과 북을 지원했던 조직의 청년들이 함께 무대 공연을 했다는 점이다. 한반도의 남북분단에 따른 이념대립은 오사카의 재일코리안의 일상생활에도 영향을 미쳤다. 즉, 친척끼리조차도 "북이다, 남이다"라고 하면서 싸우는 광경을 빈번하게 볼 수 있었기 때문이다.

이 시기에 재일코리안 사회의 주류로 성장한 2세와 3세들이 추구한 것은 동포 사이에 존재하는 분단 상황을 화해를 통하여 복원시키고 민족성을 떳떳하게 드러내면서 일본사회에서 살아가는 것이었다. 이러한 요구에 맞아떨어진 것이 마당극 공연이었으며, 또한 같은 시기에 준비되었던 이쿠노 민족문화제였다.

이쿠노 민족문화제에서 제창되었던 슬로건은 정치적인 이념이 아니라 '하나가 되어 키우자! 민족의 마음을! 정신을!'이라고 하는 지극히 정서적인 것이었다. 그리고 이 행사가 열린 장소는 코리아타운 한 가운데에 위치한 성화사회관(聖和社會館)에 한국인 관장이 취임한 이후부터이다. 1980년대에 들어서면서 재일코리안 2세와 3세들의 민족적 정체성의 위기는 지속되고 있었다. 김덕환(金德換) 관장은 부정적으로 인식되고 있는 민족관을 긍정적으로 바꾸고 재일코리안들이 서로 화해하고 일본사회에 자신의 존재를 확실하게 드러내자고 재일코리안 청년들에게 호소했던 것이다.

이쿠노 민족문화제는 기존의 민족조직에 얽매이지 않기 위해서 단체가 아닌 개인의 자격으로 실행위원회를 결성하였고, 재일코리안들이 하나씩 손수 만들어가는 축제를 만들고자 했다. 이 행사를 통해 청년들은 몇 달 동안 풍물, 부채춤, 마당극 등의 민족문화를 배우고 이쿠노 민족문화제 당일에 발표하였다. 축제장소는 이쿠노쿠에 있는 공립일본인학교 운동장이었다. 추석날에는 민속 악기를 연주하는 대열이 조선시장(지금의 코리아타운)과 그 주변을 퍼레이드(일종의 '길놀이') 하면서 모금운동을 했고, 이렇게 모은 돈으로 문화제를 치렀다. 이쿠노 민족문화제 당일 아침에도 축제 행사장인 학교 주변과 조선시장 주변에서 퍼레이드를 펼쳤는데, 제1회 퍼레이드를 위해 이쿠노 경찰서(生野警察署)에 퍼레이드 허가신청을 요청하자 경찰서에서는 풍물패의 퍼레이드를 시위로 받아들였다고 한다(김덕환, 1992).[15]

이쿠노 민족문화제가 발신한 에너지는 이후 일본사회와 재일코리안 사회에 많은 영향을 끼쳤다. 1985년 시작된 원 코리아 페스티벌은 남북통일을 염원하는 축제로 2012년 28회째를 맞이했다. 뿐만 아니다. 1990년에는 고베 '나가타(長田)마당', 교토 '히가시 구조(東九条)마당', 후쿠오카(福岡) '삼일(三一) 문화제' 등 현재 일본 전국에 한반도와 관련된 축제가 수십 개나 등장했다. 코리아타운을 중심으로 한국문화를 발신했던 이쿠노 민족문화제는 아쉽게도 2002년 20회를 마지막으로 그 막을 내렸고, 재일코리안들의 힘으로 행해진

---

15) 이는 치안당국인 경찰에게 재일코리안은 통제대상에 불과하다는 것을 말해주는 사례라고 할 수 있다.

나가타 마당도 2003년을 끝으로 막을 내렸다. 현재는 외국인들과의 공생을 위한 국제적인 페스티벌 행사가 많아지고 있는 추세이다. 2009년부터는 매년 11월에 코리아타운에서는 상점가의 주최로 다문화 공생을 추구하는 '코리아타운 공생 마츠리'가 개최되고 있으며 많은 사람들이 이 축제를 찾아오고 있다.

4) 한국음식 문화의 발신지

한국음식에 가장 친숙한 외국인은 일본인이었다. 야키니쿠는 1985년 이후 각광받는 외식메뉴였으며, 김치(기무치) 또한 일본인들에게 익숙한 음식이었다. 1988년 올림픽을 계기로 일본 매스컴에서 주로 다루었던 주제도 한국음식 관련된 방송이었으며, 일본인들은 이미 어느 정도 한국음식에 관한 정보를 가지고 있었다. 드라마〈겨울연가〉가 일본인으로 하여금 한국을 과거 전쟁 폐허의 나라로부터 세련되고 로맨틱한 나라로 각인시키는 데 큰 기여를 하였다면(고정민 외, 2009: 29),〈대장금〉은 한국음식을 알리는데 긍정적인 역할을 하였다. 비빔밥과 야키니쿠가 한국음식을 대표한다고 인식하고 있었던 일본인들에게〈대장금〉은 한국음식에 대한 이해의 폭을 넓혀주었으며, '한국음식 붐'을 불러 일으켰다. 일본 속의 한국음식 붐 현상은 곳곳에서 발견되고 있다. 예를 들어 코리아타운에서만 팔았던 김치는 일본의 대형 백화점 식품코너에서 혹은 동네 슈퍼에서도 쉽게 구매할 수 있게 되었다. 또 제주도의 세시풍속에 쓰인 상어, 재일코리안들이 좋아하는 족발과 돼지 귀, 삼계탕용 닭고기와 같은 음식들도 현재는 콜라겐이 풍부한 음식으로 좋아하는 사람이 늘어난 것도 좋은 사례라 할 수 있다.

최근에는 일본에 막걸리 열풍까지 더해지고 있다. 관세청에 따르면 막걸리 수출은 1998년 631톤에서 2008년 5,457톤으로 8배가 넘게 증가했다고 한다. 특히, 2009년 상반기에 수출된 막걸리의 89%가 일본으로 수출되었다

(고정민 외, 2009: 261). 소주도 물에 타서 연하게 즐기는 일본인의 특성에서 본다면 막걸리는 알코올 농도가 진하지도 않을 뿐더러, 부드러우면서도 어떤 음식과도 잘 어울리는 매력적인 술이다. 특히 도수가 낮은 술을 좋아하는 여성들에게 인기가 있어서 한식집에서는 생 막걸리를 파는 집도 많다.

이제 일본인의 밥상에는 일상적으로 김치가 놓이게 되었으며, 막걸리를 즐겨 마시는 일본인들이 늘어나고 있고, 회식 장소로 한식을 찾는 것은 일반적인 현상이 되었다고 해도 과언이 아니다. 이러한 음식 전파에는 전파지역의 음식문화에 이미 익숙한 메뉴 등을 고려한 현지화(고정민 외, 2009: 250)가 중요한 역할을 한다. 오사카 코리아타운 내에 위치한 반가공방(班家工房)에서는 일본인 주부는 물론 학교 학생들을 대상으로 한 김치를 담그는 체험프로그램이 실행되고 있으며, 각종 한국 관련 이벤트들이 개최되면서 한국의 문화를 접할 수 있는 체험장소가 되고 있다.

코리아타운은 일본 내에서 한국음식의 현지화의 장으로, 한류 열풍으로 한국문화를 체험할 수 있는 체험의 장소로 한류 이전부터 지금까지 중요한 역할들을 수행해왔던 것이다.

4. 맺음말

쓰루하시역 국제시장은 광복 이후 혼란스러운 일본에서 살아남기 위해 형성되었던 암시장으로 출발하여, 현재는 한국문화인 음식문화와 한복, 한류스타들의 제품을 파는 가게 등이 생겼다. 쓰루하시역 국제시장과 지척거리에 있었던 조선시장은 본래 해방 이전인 재일코리안들이 광복 후에도 일본에 잔류하게 되면서 자신들의 식생활을 해결하기 위한 목적으로 조선의 식재료를 취급하는 노점상에서 시작하여 시장으로 확대되었던 것이다.

1920년대 일본말을 구사하지 못하는 여성들이 중심이 되어 근처에서 채소와 미나리 등을 뽑아서 양념을 하여 맛을 낸 반찬을 노천에서 팔기 시작한 조선시장은 1950년대부터 1960년대 민족차별의 상징이었으며 돼지 삶는 냄새, 마늘, 김치냄새가 뒤섞여 독특한 냄새가 나는 '더러운 곳'이라는 이미지가 강했던 곳이었다. 그러나 재일코리안들에게는 음식문화를 제공하던 공간이고 세시풍습을 이행하는데 있어서 필수적인 장소였다. 재일코리안들의 세대교체가 이루어짐에 따라 1970년대까지 번성했던 조선시장은 1980년대에 들어서면서 한산해졌다. 1985년부터 조선의 식재료와 상품을 취급하는 가게가 많은 지역의 특징을 살린 상점가로 재생시키자는 재일코리안 청년과 일본인 청년의 노력으로 조선시장은 1993년부터 현재의 코리아타운으로 탈바꿈하였다.[16]

재일코리안들의 생활터전이자 생활공간인 코리아타운은 재일코리안들에게는 언제나 돌아갈 수 있는 고향과 같은 곳이며, 흔들리는 정체성을 재확인하는 공간이었다. 동시에 일본사회에서 한류 이전부터 오랜 세월동안 한국문화를 발신하는 핵심장소였다.

현재 오사카 코리아타운뿐만 아니라 700만 해외 동포들의 집단 거주지인 해외의 코리아타운은 한국문화를 이어주는 매개 장소로, 또한 한국문화 콘텐츠가 현지의 문화로 정착되는 전략적인 차원에서도 없어서는 안 될 소중한 곳이다.

---

16) 해방 이후에도 이쿠노쿠에서 일하는 사람들은 한국과의 관계를 끊임없이 맺어왔다. 코리아타운에서 뉴커머들이 많이 일하고 있지만 이들은 재일코리안들과 혼인관계이거나 친족관계로 다른 지역에서 다루고 있는 뉴커머와는 좀 다른 양상을 보이고 있다. 이 부분은 향후 연구과제이기도 하다.

고정민 외. 2009.『한국문화산업교류재단 한류총서 II』. 한국문화산업교류재단.

윤상인 외. 2006.『일본 문화의 힘』. 동아시아.

高贊侑. 2007.『コリアタウンに生きる: 洪呂杓ライフヒストリー』. エンタイトル出版.

金贊汀. 1985.『異邦人は君が代丸に乗って』. 岩波文庫.

藤田綾子. 2005.『大阪「鶴橋」物語: ごった煮商店街の戰後史』. 現代書館.

路地裏探檢隊(中山茂大文). 2005.『燒肉橫丁を行く －コリアンタウンのディープな歩き方』. 彩流社.

杉原達. 1998.『越境する民－近代大阪の朝鮮人史』. 新幹社.

宋連玉. 2004.「'在日'女性の戰後史」,『環』. 藤原書店.

外村大. 2003.『在日朝鮮人社會の歷史學的硏究: 形成・構造・変容』. 綠蔭書房.

朝倉敏夫. 1994.『日本の燒肉韓國の刺身』. 農文協.

高正子. 2006.「'食.'集う街－大阪コリアンタウンの生成と変遷」. 河合利光編著.『食からの異文化理解』. 時潮社.

윤인진. 2000.「재외한인연구와 한국학-연계와 통합의 모색: 재외한인연구의 발전과 미래 과제(1990 창간호~2010.8 제22호 내용분석을 중심으로)」,『2010년 재외한인학회 · 한국학중앙연구원 공동 학술회의 보고서』.

정병호. 1996.「재일 한인사회」.『민족과 문화』제4집.

朝日新聞社. 1933.『アサヒグラフ』第21卷 19号.

오사카시 시민 홈페이지: http://www.city.osaka.lg.jp/shimin/page

오사카시 계획조정국 홈페이지: http://www.city.osaka.lg.jp/keikakuchosei/ cmsfiles/contents

공생하기 위한 가와사키 코리아타운: '오오힌지구'의 지역적 문맥*

하시모토 미유키(릿쿄대학 겸임강사)

1. 머리말

가나가와현(神奈川県) 가와사키시(川崎市)의 코리아타운은 도쿄(東京)와 오사카(大阪)에 비하면 규모도 작고 보잘것없다. 한류 숍을 찾는 사람들도 별로 없을 뿐만 아니라 음식점도 많이 없고 한복을 파는 가게도 눈에 띄지 않는다. 그래도 역시 이곳은 '코리안' 요소가 섞인 일종의 코리아타운이다. 물론 한국의 거리를 연상할 정도로 한글간판이 즐비한 공간은 아니다.

이 글에서는 가와사키에서 코리아타운이 어떻게 형성되어 왔고, 어떤 의미를 가지는지를 역사적 문맥에서 살펴보고자 한다. 즉 지역의 다른 주민들 및 가와사키시 행정 당국과의 상호작용 과정을 겪는 과정에서 코리안 요소를 표상(表象)하게 된 역사적 필연성을 밝히고자 한다.

이 지역의 특징이 된 '코리안' 요소는 밀집해 있는 야키니쿠점(일본식 고깃집)과 '다문화 공생(多文化共生) 마을만들기'의 거점인 가와사키시 후레아이관(ふれあい館)을 들 수 있다. 이른바 코리아타운의 거리와 후레아이관은 지금까

---

*   이 글은 『재외한인연구』 제28호(2012. 11)에 실린 것으로 일부 내용을 수정했다.

지 관계자에 대한 인물소개 혹은 그들의 공적, 가와사키시의 명소로서 이념의 정당성과 선진성을 중심으로 주목 받아 왔다(日経BP, 2006; 川崎市, 2001; 金侖貞, 2007; 富坂キリスト教センター・在日朝鮮人の生活と住民自治研究会, 2007 등). 예를 들면, 김윤정은 후레아이관의 실천활동을 재일코리안과 일본인들 당사자의 정체성과 '공생' 이념이 중핵이 된 '다문화 공생 교육'의 모델로 그렸다. 이에 대해 필자는 독특한 건물이나 후레아이관이 특별한 사람에 의해서 운영되는 훌륭한 사업으로서가 아니라 지역사회의 사회적 요구에 따라 필연적으로 생긴 것으로 본다. 공생을 위한 마을만들기가 키워드가 되기까지 어떤 사회적 조건이 있었는가? 다른 지역과의 비교를 통해서 응용 가능한 사례로 이 지역을 살펴볼 것이다. 그리고 필자는 많은 올드커머[1] 코리안이 역사적으로 살아온 지역의 경우, 뉴커머 외국인들의 에스닉 타운 형성과는 다른 '마을만들기'의 특성이 나타났다는 것을 강조하고자 한다.

이를 위해 필자는 학교교육과 상점가를 주목했다. 교육과 경제 활동은 일반시민의 기본적인 생활의 장이다. 그러나 일본에 살고 있는 재일코리안[2]은 제도적 차별과 주위의 사회적 무관심 때문에 이러한 당연한 기회를 누리지 못했다. 서로 이질적인 주민들이 가와사키에서 어떻게 공생하게 되었는가? 이를 살펴보는 과정에서 우리는 가와사키 코리아타운의 성격을 확인할 수 있을 것이다.

---

1) 뉴커머(New Comer)란 주로 1980년대 이후 일본에서 급증한 외국인을 의미하고, 올드커머(Old Comer)란 그 전부터 계속 일본에 살고 있는 옛 식민지 출신자를 가리킨다.

2) 식민지시대 전후부터 오늘까지 일본에서 살아온 한반도 출신자와 그 손자들을 이 글에서는 '재일코리안'이라고 쓴다. 그들의 국적은 외국인등록령이 시행되었을 때(1947) 모두 한반도를 의미하는 '조선'으로 등록했는데 대한민국 건국 후 점점 '한국'이라고 바꾼 사람이 늘어가고, 현재도 '조선' 혹은 '한국' 두 가지이다. 다만, 해방되기 전의 한반도에서 온 사람을 조선인이라고 쓴다.

2. 오오힌지구 개요: 가와사키시 남부의 역사적 사회적 배경

　　〈그림 1〉은 '가와사키 야키니쿠 요식업주회(川崎焼肉料飲業者の会)'(후술) 회원 분포로, 이 글에 등장하는 시설명이나 위치를 알 수 있다. 지도 한가운데에 후레아이관이 있고 그 위에 사쿠라모토소학교(桜本小学校)[3]와 사쿠라모토중학교(桜本中学校)가 있으며, 오른쪽으로 조선학교(朝鮮学校)와 아래쪽으로 오

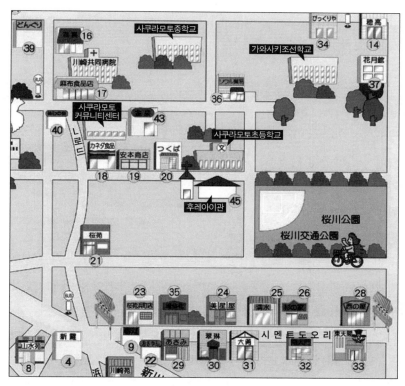

그림 1 가와사키 코리아타운 지도

자료: http://www.yakinikutengoku.com/korea_town/(검색일: 2012-9-20).

---

[3]　이 지도는 정확하지 않다. 예를 들면 사쿠라모토소학교가 있던 당시 그 위에 있었을 터인 '히가시사쿠라모토소학교(東桜本小学校)'가 없다. 소학교는 일본의 초등교육기관이다.

시마소학교(大島小学校)가 있다. 후레아이관을 중심으로 사쿠라모토상점가 L
로드(桜本商店街L口ー드), 시멘트도오리(セメント通り), 그리고 산업도로(産業道路)라
는 길이 있다. 좁은 의미의 가와사키시 코리아타운은 시멘트도오리를 가리
킨다. '오오힌지구'나 '코리아타운 구상'이라는의 문맥에서는 사쿠라모토상
점가 L로드와 시멘트도오리를 합친 범위를 가리킨다. 그리고 야키니쿠 가게
와 한국·조선식당은 지도상의 전 지역에 분포되어 있다. 따라서 가와사키
코리아타운은 그 내용에 따라서 범위가 부동적이라고 할 수 있다.

1) 오오힌지구 형성사

가와사키시는 수도 도쿄(東京)
와 요코하마(横浜) 사이에 위치하는
정령지정도시(政令指定都市)이다. 가
와사키시의 남쪽에 위치하는 가와
사키구 면적의 절반이 근대이후 조
성된 매립지이다. 케이힌(京浜) 공
업지대의 중심을 이루는 이곳은
'노동자 마을', '공해(公害) 마을'로

그림 2 오오힌지구의 위치
자료: 국토지리원의 지도를 기초로 작성.

유명했다. 가와사키구는 잘록한 부분이 중앙지구, 동쪽이 다이시(大師)지구,
남부가 다지마(田島)지구이며 '오오힌지구'는 다지마지구에 속해 있다(그림 2).

오오힌지구[4]라고 불리는 지역은 사쿠라모토(桜本) 1·2쵸메, 오시마(大
島) 3·5쵸메, 하마쵸(浜町) 3·4쵸메, 이케가미쵸(池上町)로 구성된다(그림 3). 공
장이 밀집해 있는 이 지역에는 여러 지역에서 이주해온 사람들이 공생하고
있다.

---

4) '코리아타운 구상'을 위한 회합에서 오시마·사쿠라모토·하마쵸를 통틀어서 이인하가 제안한 애칭이
   다. 오오힌 지구 마을만들기협의회 발족 이후부터 사용되었다(李, 2006: 141).

그림 3 오오힌지구의 지명
자료: 〈그림 1〉을 기초로 작성.

　1912년 가와사키쵸[5]가 마을의 방침으로서 공장을 유치해온 이래, 농업 중심이었던 이 일대는 급격히 변화되었다. 소비지와 가깝고 해상 교통도 편리하고 공장용 토지가 싸고 발전소가 있다는 유리한 조건들로 일본 최초의 민영 철강 회사인 일본강관(日本鋼管)이 건설되었을 뿐만 아니라, 1915년에는 현재의 아지노모토(味の素)의 전신인 스즈키 상점(鈴木商店), 1917년에는 아사노 시멘트(浅野セメント)가 공해문제로 도쿄에서 이곳으로 이전해왔고 조업을 시작했다(川崎市民ミュージアム, 2007).

　가와사키 시제(市制)가 1924년에 시행된 이래 현재의 오오힌지구가 위치하는 다지마쵸는 1927년에 편입되었다. 가와사키시 편입 직전에 발행된 『다지마쵸지(田島町誌)』는 '발전 가능성이 높은 지역으로 도쿄와 요코하마에 가깝고, 공업뿐 아니라 상업도 번창할 곳'(田島町役場 1927)으로 다지마쵸를 기술하

---

5)　메이지(明治)시대 이후 행정구역의 변경으로 인해서 가와사키의 지명은 수차례 변경되었다. 1912년경, 현재의 가와사키 구역에는 가와사키쵸(川崎町), 그리고 다치바나군 다이시가와라촌(大師河原村), 및 다지마촌(田島村)이 있었다(川崎地名研究所, 2004: 2-3). 그 후 다지마촌은 1923년에 다지마쵸가 되면서 현재의 각 쵸 이름이 된 것은 1973년이다.

고 있다. 이미 그 당시부터 공업도시로서의 발전은 의심할 여지가 없었던 것이다. 큰 공장뿐 아니라 하청기업, 운송업, 음식점, 도로건설 등 주변 산업의 수요가 증가함으로써 노동자들도 모여들었다. 사택, 학교, 병원이 증가하고 상점가도 북적거렸다. 그곳에는 조선인의 모습도 보였다. 지금의 이케가미쵸[6]와 하마쵸는 1930년대부터 조선인이 모여들어 조선식당도 증가했다(神奈川と朝鮮の関係史調査委員会, 1994: 160-1).

중일전쟁이 본격화되면서 군수산업 공장이나 토목공사 현장에서는 많은 노동력이 필요하게 되었다. 1938~1940년에는 전국 공장노동자의 25%를 차지할 만큼 노동자가 많은 지역으로 탈바꿈했다(神奈川県第二愛泉ホーム, 1969). 그중에는 강제 혹은 반강제적으로 연행되어 온 조선인 노동자들도 적지 않았다. 일본철강에 '훈련공(訓練工)'으로 배치된 조선인은 약 천 명에서 수만 명에 달했다(神奈川と朝鮮の関係史調査委員会, 1994: 162-3). 1945년 4월에는 가와사키 대공습으로 군수공장이 밀집해 있던 다지마지구를 중심으로 남부의 반 정도가 폐허가 되었으며, 같은 해 8월 일본의 패전으로 조선인은 귀환하거나 실업상태에 빠지게 되었다.

가와사키에 가기만 하면 일자리가 있을 것이라는 소문이 퍼져 전국 각지에서 수많은 조선인이 가와사키로 몰려들었다. 그들은 습지에 세워진 판자집이나 공장 사택에서 생활했다. 가혹한 환경이었지만 일할 곳은 있었다. 일본경제가 안정되자 재일코리안은 다시 취업난에 빠진다. 1969년 일본 전국의 생활보호율이 13.6%(일본인 포함)인데 비해, 다지마지구는 46.3%, 특히 이케가미쵸는 273.6%로 높은 비율을 나타냈다(神奈川県第二愛泉ホーム, 1969: 9).

전후 부흥과 '한국전쟁 특수'[7] 덕분에 일본이 고도 경제성장기에 들어

---

6) 다시로구니지로(田代国次郎)에 의하면, 이케가미쵸(당시 사쿠라모토3쵸메)에 '사쿠라모토 슬럼가'가 형성된 것은 1941년과 1953년 사이다. 이 지역에 온 이유는 '구직(27.8%)', '집 찾기(16.7%)', '동포가 많아서(16.7%)'의 순이다. 유입방법은 조선인의 경우, '아는 사람을 찾아서(58.3%)'가 압도적으로 많아서, '일 관계'라고 대답한 일본인과 대조적이다(田代, 1966). 조선인들은 사쿠라모토에 가면 일자리가 있다. 혹은 아는 사람의 도움을 받을 수 있다는 기대감에 온 것으로 보인다.

감으로써 가와사키의 케이힌 공업지대는 크게 성장했다. 하지만 임해지역의 공장에서 발생하는 분진과 대기오염으로 인해서 공해문제가 심각해졌고, 일본 산업구조의 전환을 계기로 공업분야는 정체기를 맞이하게 된다.

2) 인구 추이와 분포

가와사키시의 인구는 2011년 현재 142만 6,000명이며, 그중 외국인 등록자는 3만 2,000명(2.2%)이다. 제2차 세계대전 이후 일관되게 증가했고, 외국인의 국적도 다양해졌다(그림 4).

가와사키구, 그중에서도 다지마지구의 특징을 보자. 예전의 가와사키시 거주 외국인의 특징은 재일코리안이 다지마지구에 밀집했다는 점이다. 그러나 〈표 1〉을 통해서 한국·조선적 인구가 장기적으로 감소하고 있음을

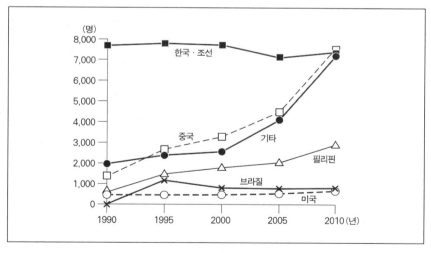

그림 4 국적별 가와사키시 외국인 인구
자료: 국세조사를 기초로 작성.

---

7) '한국전쟁 특별 수요'. 한국 전쟁 당시 일본은 미국군의 군수품 공급지가 되어 공업이 성장하였고 경기도 회복했다.

표 1 가와사키구와 다지마지구의 인구추이

구 분	가와사키시		가와사키구		다지마지구	
	일본인	한국·조선인	일본인	한국·조선인	일본인	한국·조선인
1950	330,555	-	-	-	-	-
1955	451,150	6,969	-	-	-	-
1960	651,005	8,541	246,692	-	-	-
1965	863,720	9,069	297,373	-	-	3,506
1970	972,319	9,371	253,562	-	-	3,433
1975	1,014,997	9,276	217,408	5,890	59,374	3,175
1980	1,037,708	9,088	202,443	5,566	54,406	2,885
1985	1,076,713	8,964	190,412	5,361	49,105	2,644
1990	1,152,639	9,559	195,245	5,190	47,629	2,413
1995	1,178,564	9,077	190,548	4,701	47,397	2,186

자료: 社會福祉法人靑丘社(1999; 1985)의 자료로 작성.

알 수 있다. 재일코리안뿐만이 아니다. 현재 이 지역의 인구 전체가 1960년
대 후반 이후 감소하고 있다. 가와사키시 전체적으로는 인구가 계속 증가하
여 도시 개발도 진행되고 있는 반면, 다지마지구의 인구는 감소하고 있다.

　　다지마지구의 인구감소는 '지역 탈출'이 가능한 계층의 전출로 1970년
경부터 시작된 한편, 장애인과 저소득 세대는 남을 수밖에 없었다. 작은 공
장도 1980년경부터 이 지역에 위치한 임해부 공업단지로 이전했다(神奈川県第
二愛泉ホーム, 1991: 2-3).

　　사쿠라모토 소학교는 오오힌지구 중간에 위치하고 있었다. 1957년 히
가시사쿠라모토 소학교가 분교로 분리되었고 학생 수는 1959년 현재 1,391
명에 이르러 가장 많은 수를 기록했다. 그러나 이후 계속 감소됨으로써 2009
년 말 현재 187명(川崎市立桜本小学校, 2010)으로 전성기의 13%에 지나지 않는다.
2010년 4월 두 학교가 통합되어 '사쿠라소학교(さくら小学校)'가 되었다.

다지마지구를 관할했던 인보관(隣保館)이 1968년에 이케가미쵸 지역의 실태조사를 시도한 적이 있다. 하지만 재일코리안으로부터 회수된 조사표는 한 장도 없었다(神奈川県第二愛泉ホーム, 1969: 19). 그 배경에는 복잡한 가족 사정이나 빈곤문제, 열악한 주거 환경이 있었다는 것을 알고 있었지만 당시에는 손을 쓸 수 없었던 것이었다.

3) 지역의 공통 과제: 청구사와 후레아이관의 설립

다른 지역에 비해서 행정 시책이 뒤떨어지는 사쿠라모토는 당시 사회적 모순을 안고 있었다. 청소년과 아동의 건전한 육성을 목적으로 한 공공시설의 건설은 이미 예정되어 있었고 건설에 반대하는 사람은 아무도 없었다. 문제는 시설내용을 '어떻게 하면 지역 실태를 반영해 효과적으로 운영할 수 있을까' 하는 점이었다(川崎ふれあい館・桜本こども文化センター, 2008: 32-3). 그래서 1988년 사쿠라모토 1쵸메에 가와사키시 후레아이관이 개관했는데 후레아이관의 설립전의 상태를 살펴보자.

재일대한기독교교회 가와사키 교회의 이인하(李仁夏) 목사가 보육원을 설립한 것은 1969년이다. 딸을 일본 유치원에 입학시키려고 했을 때 '저쪽 사람' 즉, 재일코리안은 받지 않겠다는 굴욕적인 말을 들은 것이 계기가 되었다(李, 2006: 112-3). 목사는 자신이 설립한 보육원은 민족과 종교의 벽을 두지 않는다는 방침을 세웠는데, 실제로 원생의 대부분은 일본인이었다. 1973년 보육원을 운영하던 청구사는 사회복지법인으로 인가를 받았고 다음 해에는 보육원도 공식인가를 받게 되었다.

법인설립 12년 후 청구사가 발행한 소책자에 다음과 같은 구절이 있다.

지역사회의 정황에 맞춘 '봉사'활동으로 시작한 교회의 보육원 활동은 민족의 공동체이기도 한 한국인교회가 일본인이라는 '타자'와 '공적'으로 접근할 수 있는 기회가 되었다. 그리고 동시에 한국인으로서 '정체성'을 재고할 수 있는 실천 활동이기도 하다. 이와 같은 큰 명제를 안고 있는 교회는 보육원 활동으로 드디어 지역사회에서 '인정'받게 된 것이다(社会福祉法人靑丘社, 1985: 1).

청구사는 1970년대 중반부터 아이들의 보육과 어린이회를 통해서 초·중학생을 돌봐 주는 일을 시작했다. 그 일을 통해서 가시화된 것은 현 지역의 문제가 재일코리안 자녀에 대한 민족차별의 문제만이 아니라는 것이었다. 일본인 자녀에게도 '비행소년·소녀', '문제·결손 가정', '빈곤' 등은 문제였다.

> 재일코리안 자녀들이 자신의 출신을 떳떳이 밝히고 살아갈 수 있을 때 비로소 인간다운 삶이 보장된다. 하지만 그 실천을 위하여 쌓아야 하는 지평은 재일코리안 자녀들의 자립만을 목표로 해서는 안 된다. 다양한 어려움을 안고 있는 아이들이 그 문제들로부터 해방되어 자립할 수 있는 시점을 가지는 실천이어야 한다. 그것은 바로 재일코리안과 일본인 어린이들의 자립과 연대이다. 이와 같은 실천이야말로 지역사회의 '공생'의 초석이라고 확신한다(社会福祉法人靑丘社, 1985: 2).

민족차별이 있는데다가 일본인도 인간다운 생활을 하기 어려운 지역사회의 현실, 그것을 통해서 발견된 타개책이 '공생'이다. 이는 재일코리안과 일본인의 공통된 새로운 과제이기도 했다. 그리고 이것이야말로 오오힌지구 지역만들기의 키워드가 되었다. 이 글에서는 후레아이관 사업내용에 대해서 자세하게 언급하지 않겠다. 여기서는 다만 후레아이관이 '재일코리안의 운동 거점'이 아니라, '공생을 위한 지역사회의 창조를 목표로 하는 거점 시설'(山田, 2007: 75)임을 확인하고 싶다.

3. 공교육에 있어서 '조선인' 재가시화

이제 1920년대 이후 지역형성 과정에서 '조선인'이 공교육에서 어떻게 등장하고 있는지, 그리고 어떻게 변화해 왔는지를 살펴보고자 한다. 이를 통해 재일코리안이 지역사회 구성원으로 인정되는 과정도 보일 것이다.

1) 1920년대~30년대의 소학교

『다지마쵸지』에 남아있는 1926년 당시 소학교[8] 재학 중인 2,548명의 출신지는 놀라울 정도로 다양하다. 가나가와현 출신 학생은 전체의 22%에 지나지 않는다. 가나가와현, 도쿄도 출신 학생이 세 자릿수로 많은 것은 당연하지만, 남동북(南東北), 홋카이도(北海道), 규슈(九州)와 같은 먼 지역 출신자가 각각 두 자릿수를 차지한다. '조선' 출신자는 12명이다(田島町役場, 1927: 27-9). 당시 다지마쵸에 유입해온 조선인이 단신 남성 노동자뿐만 아니라 가족과 같이 전입해온 이들도 있었다는 것을 의미한다.

다음에 『가와사키교육사』를 통해서 1932년의 자료를 보자. 가와사키시에 거주하는 학생은 전국 3부(府) 43현(県)에서 전입해왔다. 그뿐만이 아니다. "조선, 대만(台湾), 카라후토(樺太), 관동주(関東州), 남양(南洋), 만주(満州) 등 실로 광범위한 지역의 출신자다"라고 쓰여 있다. 시립소학교의 전 아동수 2만 4,275명 중 가와사키시 출신은 약 60%다. 조선 출신자는 1.1%였지만, 당시의 가와사키시의 홍보자료에 의하면 '조선인이 해마다 증가하고 있음에 주목할 만하다'라고 쓰여 있다. 조선인 학생이 많은 학교는 오시마 72명(전 학교의 3.7%), 인접지역인 와타리다(渡田) 40명(3.3%), 사쿠라모토 23명(3.5%), 그리고 다마강(多摩川)에 가까운 교쿠센(玉川) 17명(4%)이었다. 그리고 초등학생의 '과반수는 공장노동자의 자녀'라는 것도 기록되어 있다. 이는 부모의 직업 구

---

8) 당시의 의무교육은 6년제 진죠소학교(尋常小学校)로 다지마쵸에는 두 개의 학교가 있었다. 이하 이 글에서는 진죠소학교와 국민학교(国民学校)를 '소학교'라고 표현한다. 문부성이 '일본에 거주하는 조선인(内地在住朝鮮人)'의 학동연령의 취학의무를 문서로 표명한 것은 1930년이다. 그러나 일본인의 취학률이 거의 100%인데 비해 조선인은 1931년 18.5%, 1942년 64.7%(야학생 고령자 포함)로 낮다. 그 후 조선인의 취학률이 높아진 후에도 일본인과의 차이는 컸다(川田, 2012: 223).

성을 반영한 결과이다. 전국적인 불황 속에서 다른 도시는 침체된 분위기였지만 가와사키의 시민과 학생은 일종의 독특한 분위기, 즉 '조잡하고 미완성이기는 하지만, 젊은 활기와 가능성으로 가득 차 있었다'(川崎市敎育委員会, 1958: 430-433)라고 기술하고 있다.

인구 증가와 경제 성장으로 활기가 넘쳤던 다지마지구에 타지역과 식민지 출신자들이 많았다는 것은 앞에서 지적한 바 있다. 그 시기를 와타리다소학교 출신인 일본인 여성(1933년생)의 기억에는 놀림 받아 울고 있던 조선인 동창생의 모습이 지금도 선명하다. 친한 사이였는지는 분명하지 않지만 비슷한 배경의 조선인이 주위에 있었고, 그들은 적어도 같은 공간에서 생활하고 있는 당연한 존재로서 인식하고 있었던 것 같다. 복수의 문화가 공존하는 일상생활이 존재했었다는 것을 알 수 있다.

2) 오시마소학교: 학교 역사에서 사라진 조선인

가와사키시립 오시마소학교는 오오힌지구에 최초로 세워진 초등 교육기관이다(당시의 명칭은 '橘樹郡田島村田島第二尋常小学校'). 1935년에는 사쿠라모토소학교가 분교로 분리되었고, 이어서 1941년에는 무카이소학교(向小学校)가 분교로 떨어져 나왔다. 오시마소학교의 학군은 현저히 인구가 증가한 것이다.

제2차 세계대전 이후 오시마소학교 터에 한동안 조선인 학교가 운영된 적이 있다. 1945년 4월 15일 가와사키 공습으로 건물이 불에 탄 오시마 소학교는 다음 해 3월을 마지막으로 문을 닫는다. 그곳에 조선인 아동용 학교가 세워졌다. 오시마소학교 부지에 학교를 세우려고 당시 조선인들은 시 당국과 교섭을 거듭해 차용 계약을 맺은 것이다(今里, 2009: 164).

왜 조선인들은 불에 탄 오시마소학교 터를 조선인 학교부지로 선택한 것일까? 그 이유는 전쟁발발 전에도 조선인을 위한 교육기관이 그곳에 있었기 때문이다.[9] 오시마소학교 연혁지 1942년 기록에 의하면 '시립오시마소학교는 교육받지 못한 조선인 청소년들을 위해서 특별히 야학교를 세워서 교육을 시켰다'(川崎市教育委員会, 1959: 42-43). 즉 옛 모교라고 할 수 있는 오시마소학교에서 공부한 조선인들이 적지 않았던 것이다.

이에 관해 학교 연혁지는 다음과 같이 기술하고 있다.

> 쇼와(昭和) 21년 3월 31일 화재로 휴교함으로써 학생들은 와타리다, 사쿠라모토, 무카이 각 소학교에 각각 분산되었다. 그곳에 판잣집 형태로 조선학교가 세워졌고, 사쿠라모토 소학교의 분교가 된 후, 쇼와 29년에는 분교를 사쿠라모토쵸 2쵸메로 이전함으로써 오시마 소학교를 원래 장소에 재건축하게 된 것이다(川崎市教育委員会, 1959: 42). 10)

그런데 오시마소학교 출신으로 보이는 S씨(1921년생, 여성)는 당시를 이렇게 회고한다.

> 오시마소학교가 공습으로 불 탄 빈터에 조선인이 마음대로 학교를 세웠기 때문에 학생들은 먼 와타리다소학교까지 다녔지요(斎藤, 2008: 21).

오시마소학교에서 다른 학교로의 분산과 조선인 학교 건설의 순서가 연혁지의 기술과는 다르다는 점에 주의하길 바란다. 사실이야 어쨌든 당시 일본인들은 조선인에게 학교를 빼앗겼다는 생각을 갖고 있었던 것 같다.

1954년에 오시마소학교는 원래 부지에 새로운 학교 건물을 세워서 되

---

9) 『가와사키교육사』의 '오시마 야간학교'에 대한 기사는 조선인을 위한 학교라고는 명시되지 않았지만, 의무교육을 이수하지 않은 일본인이 거의 없었으므로 조선인을 위한 학교의 성격을 띤다. 1935~1938년에도 오시마소학교에 조선인을 위한 야학교가 있었는데, 이것은 임의 단체가 학교 건물을 임차해서 사용하는 어린이 대상 교육기관이었다(神奈川と朝鮮の関係史調査委員会, 1994:158-9; 大門・加藤, 2003: 520). 한편 공립야학교가 있었던 시기에 대해서 연혁지(1942)와 다른 자료(1939) 간에 차이가 있지만 동일한 학교라고 여겨진다.

10) 제2차 세계대전 종결 후 일본에 남아있던 조선인은 한국으로 귀국할 날에 대비해서 일본에서 태어난 자녀들에게 한국어를 가르치기 위해서 각지에 국어강습소를 설치했다. 가와사키 사쿠라모토에는 오오힌지구를 중심으로 일곱 개의 장소에 개설된 후 점점 조직화되어갔다(川崎同胞愛国愛族運動史20世紀の足跡編集委員会, 2001).

돌아온다. 1975년에는 개교 50주년 기념을 맞이했고, 부독본인 『오시마』를 발행했다. 이 책자에는 야학교의 당시 상황이 묘사되어 있다.

쇼와14년(1939)에 오시마야학교(大島夜学校)가 개교됨으로써 밤늦게까지 선생님과 학생들이 하나가 되어 수업을 진행하였다(川崎市立大島小学校, 1975: 21).

밤에 열심히 공부하는 오시마야학교 학생 모습은 상상되지만, 낮에 일하고 밤에 공부하러 온 조선어를 섞어가며 말하는 노동자 학생의 얼굴은 떠올릴 수 없다. 휴교 중에 조선인 학교가 있었던 사실 또한 일체 기술되어 있지 않다. 학교 역사에서 조선인의 존재, 조선인과의 관계가 지워져버린 것은 아닐까.[11]

3) 사쿠라모토소학교: 뒤늦게 역사에 등장한 조선인

한편, 사쿠라모토소학교는 다행히도 공습피해를 면했다. 그로 인해 한동안 근린 지역 학교에 교실을 빌려주기도 했다. 오시마소학교 터에 세워진 조선인학교가 폐쇄령으로 교문을 닫고 있는 동안(1949~66)에 대신 세워진 조선학교명은 가와사키시립 사쿠라모토소학교분교(川崎市立桜本小学校分校)였다.[12]

사쿠라모토소학교와 오시마소학교의 공통점은 제도적으로 조선인의 교육기관을 겸했던 시기가 존재했다는 점이다. 사쿠라모토소학교는 조선인과의 관계를 어떻게 규정하고 있는가?

사쿠라모토소학교의 부독본은 1975년판과 1992년판 두 개가 있다. 1975년판은 오시마소학교 부독본과 발행연도가 동일한데, 조선인에 대한 언급이

---

11) 다만 2012년 현재 오시마소학교 HP의 '연혁'에는, 조선인 자주학교인 사쿠라모토 분교가 있었다고 기재되어 있다. http://www.keins.city.kawasaki.jp/2/ke200901/syoukai/enkaku/enkaku.html(검색일: 2012-9-20).

12) GHQ와 일본정부가 재일코리안 단체의 활동을 규제했기 때문에 민족학교는 폐쇄되거나 혹은 일본의 문부성 관할 공립학교로 통폐합시킴으로써 당분간 재일코리안의 자율적인 학교운영이 인정되지 않았다.

없다는 점도 오시마소학교와 동일하다. 부독본에 실린 연표에는 마치 분교가 없었던 것처럼 1949년 전후에 대한 언급이 없고, 1966년에 대해서는 다른 내용이 실려 있다.

반면, 1992년판 부독본은 연표에 분교에 대한 기록이 있다. 뿐만 아니라 본문에는 조선인에 대한 내용도 싣고 있다. 예를 들면 '큰 공장이 세워져서'라는 페이지에는 식민지 조선으로부터 강제노동 동원이 있었다는 내용과 함께, '이렇게 많은 조선인이 일본에서 일하고 있었구나'라는 내용의 삽화가 게재되어 있다. 본문은 '함께 사는 마을을 위해서'라는 항목으로 끝을 맺고 있고, '일본인과 코리안이 공존하는 마을'로 사쿠라모토 지역을 그리고 있다 (川崎市立桜本小学校, 1992). 조선인과의 관계를 명확히 가시화시킨 점에서 1975년판과 대조적이며 그 내용도 상당히 구체적이다.

두 책자의 차이는 왜 생겼을까? 사쿠라모토소학교의 자발적 변화인가? 아니다. 그것은 신/구 부독본이 발행된 사이에 지역에서 변화가 생겼으며, 그 변화가 반영된 것이라고 봐야한다. 왜냐하면 1980년대에 가와사키시 교육위원회는 교육방침을 전환하여 사쿠라모토 지역의 역사와 현재를 재구성했던 것이다. 이 또한 가와사키시 교육행정의 자율적인 변화는 아니다. 그 부분에 대해서는 다음 절에서 상세하게 살펴보자.

4) 재일코리안 교육과 후레아이관

1983년 가와사키시 교육위원회는 '가와사키 재일코리안 교육을 진행시키기 위한 모임(川崎在日韓国・朝鮮人教育をすすめる会)'(이하, '진행시키기 모임'으로 표현)에 대해 〈그림 5〉와 같은 문서를 작성했다.

'진행시키기 모임'은 가와사키시 공립학교의 민족차별을 해소하고 일본인과 연대하면서 지역사회의 창조에 도전하는 단체로 이인하 목사가 실질적 지도자였다(星野, 2005: 61). 〈그림 5〉의 기본인식은 '진행시키기 모임'이

> **가와사키시 재일코리안 교육을 진행시키기 위한 기본인식**
>
> 가와사키시교육위원회교육장
>
> 일본역사 속에서 재일코리안에 대한 민족적 편견과 차별이 조성되었을 뿐만 아니라 지금도 뿌리깊이 존재하고 있음을 충분히 인식했습니다. 가와사키시 또한 학교 현장에서 민족차별이 있었다는 사실을 인정하면서 가와사키시 교육위원회는 지금까지 열심히 호소해오신 재일코리안 분들의 아픔을 겸허히 받아들이고, 이러한 상황에 입각해서 차별과 편견이 없는 교육을 종합적으로 추진시킬 것을 약속합니다.

그림 5 가와사키시 재일외국인 교육기본방침

교육위원회와의 장기간의 토론을 거듭하는 과정에서 이끌어 낸 것이다. 1986년 '가와사키시 재일외국인 교육기본방침-주로 재일코리안교육'(이하, '기본방침')[13]이 제정되었다.

기본인식이 제정된 다음 해인 1984년 가나가와현 주최의 '후레아이=상호교류(ふれあい)교육' 실천학교로 사쿠라모토소학교, 히가시사쿠라모토소학교, 사쿠라모토중학교가 지정되었다. 연구 주제는 '재일코리안과 일본인 아동의 상호교류를 통한 인권존중'이었다. 이와 같은 활동을 통해서 그때까지 가시화되지 않았던 학교 내 민족차별 실태가 점점 명확해졌을 뿐만 아니라, 편견 없는 교육의 필요성을 교원들이 다시 인식하게 되었다. 이 외에도 1986년 가와사키시는 위의 세 학교를 인권존중 교육연구 위탁교로 지정해서 '기본방침'을 구체화시키고자 했다(川崎市ふれあい館・桜本こども文化センター, 2008: 28-9).[14]

13) '기본방침'의 전문은 星野(2005: 218-20)를 참조.

14) 각 학교의 교육실천에 대한 구체적 내용과 2009년의 외국 국적 학생의 재적률은 아래와 같다. 한편, 가와사키 시립 소/중(초/중)학교 전체의 외국 국적 학생비율은 0.83%이다.

1. 사쿠라모토소학교는 이문화(異文化) 수업, 입학설명회를 통한 상담 안내, 교내 복수언어 안내판, 지역사회와 학부모를 대상으로 한 활동을 하고 있다. 본교의 전교생 중 외국 국적 학생은 12.70%로 가와사키시에서 1위를 차지한다. 한편 본교의 한국·조선 국적자는 9%이다. 외국과 관계가 있는

'기본방침'은 학교 교육뿐만 아니라 사회교육에도 영향을 미쳤는데, 이는 후레아이관의 방침과도 관계가 깊다. 후레아이관은 가와사키 조례에 의거해서 설치되었으며, 사회복지법인 청구사(青丘社)에 운영위탁[15]되는 사회교육기관이며 아동복지관이다. 그러나 실제로 후레아이관 구상이 구체적으로 진행되어 착공을 앞둔 상황에서 건설이 연기되었다. 지역의 주민단체가 '차별은 없다. 우리는 차별하지 않았다. 왜 새삼스럽게 그런 시설을 만들 필요가 있는가', '재일코리안이 운영하는 청구사에 위탁하는 것은 일본인으로서 안심할 수 없다'라며 반대한 것이다(川崎市ふれあい館·桜本こども文化センター, 2008: 32-5). 이런 반대 의견에 대해서 설득을 거듭하고 서로 양보한 결과 가와사키시에 청소년회관 설립을 요구한지 6년 만에 후레아이관이 개관되었다.

이제 후레아이관은 가와사키시의 명소가 됨으로써 매일 많은 방문객이 찾아오고 있다. 지역주민 이용자는 1년에 4만 명이고 1,000여 개의 단체가 시설을 사용하고 있다. 개관 후 몇 년간은 행정 관계자의 시찰이 많았다고 한다(川崎市 ふれあい館·桜本 こども 文化 センター, 2008: 174-7). 후레아이관은 청구사의 운영뿐만 아니라, 가와사키시의 제도적 기반조성, 지역주민을 비롯한 많은 사람들의 이해와 이용을 통해서 평가받을 수 있을 것이다.

지역 실태를 제대로 반영한 사업을 위하여 당사자인 일본인 지역주민이 이를 어떻게 수용해야 하는가가 문제였다. 1980년대 중반 당시, 행정의 방침 전환과 지역주민의 승인을 얻는 일은 쉽지 않았다. 가와사키시와 가나가와현의 혁신계열의 지자체장과 지향하는 바가 같았고, 사회운동에 열성이었던 사

학생은 아동 36%로, 그중 한국·조선과 관계가 있는 학생은 23%이다.

2. 히가시사쿠라모토소학교는 가와사키 조선초급학교와 사쿠라모토보육원, 후레아이관과 교류를 갖고 있다. 외국 국적 학생은 2.09%이다.

3. 사쿠라모토중학교는 가와사키조선학교에 중급부가 존재했을 때 가와사키 조선초중급학교와 학생 교류가 있었는데 학교축제 때 풍물놀이를 연주했다. 그리고 클럽활동으로서 일조·일한 우호동호회가 있다. 외국 국적 학생은 14.47%이며, 이 중 한국·조선 국적은 7.5%이다(川崎市教育委員会, 2010: 39-43).

15) 2006년도 이후 후레아이관도 지정관리자제도의 대상이 되었다. 현재는 5년마다 지정사업자 계약 절차를 밟아야 한다(川崎市ふれあい館·桜本こども文化センター, 2008: 43).

람들이 있었기 때문에(富坂キリスト教センター・在日朝鮮人の生活と住民自治硏究会, 2007: 152) 보편적 과제[16]로서 추진할 수 있는 유리한 조건이 있었다. 이 글에서 강조하고 싶은 것은 시 행정당국, 지역주민, 사회운동가 3자가 '지역실태'와 '청소년의 건전한 육성'이라는 공통과제를 공유, 확인하기까지의 상호작용 과정이 있었다는 점이다. 그 과정은 시간이 걸렸고 그 시간들이 있었기 때문에 가능했다.

4. 상점가의 '공생' 마을만들기

이제 지역밀착 경제생활의 장으로 오오힌지구 두 지역의 상점가 — 'L로드 사쿠라모토 상점가'와 '시멘트도오리' — 를 중심으로 그곳에서 실천된 '코리아타운' 혹은 다문화 공생 마을만들기를 살펴보겠다. 양 상점가는 각자 자율적으로 상점가를 이루었는데 결국 '(다문화)공생'이라는 같은 테마로 합류했다.

1) 사쿠라모토 상점가

1964년에 발족한 사쿠라모토 상점가 진흥조합[17]이 전환기를 맞은 것은 1980년경이다. 대형슈퍼 건설계획에 대한 반대운동을 계기로, 매력적인 활기찬 마을을 조성하는 작업이 '근대화 사업'의 일환으로 시작된 것이다. 1983년부터 진행된 제1기 근대화 사업으로는 커뮤니티센터 건설, 쇼핑몰 건

---

16) 이인하의 다음과 같은 지적은 시사하는 바가 크다. "민족이라는 것은 아주 개별적인 문제입니다. 민족이 모든 사람들에게 의미 있는 표현이 되기 위해서는 보편성을 갖지 않으면 안 됩니다. … 공생 가능한 마을 조성에 대해서 지역 전체의 합의를 얻기 위해서는 역시 기득권을 가진 다수에게도 의미 있는 공통 과제여야 합니다(富坂キリスト教センター・在日朝鮮人の生活と住民自治硏究会, 2007: 171)."

17) 1970년대 사쿠라모토 상점가는 자전거를 타고 지나갈 수 없을 정도로 고객이 많았다고 한다.

설, 가을 이벤트 '일본의 축제'[18] 등을 시작했다.

1996년부터 진행된 제2기 근대화 사업은 '다문화 공생 마을만들기, 사람들이 살기 쉬운 배리어 프리(Barrier Free: 장벽 없애기) 마을만들기'를 테마로 내세웠다. 2003년 현재 '임해부 근로자 감소에 따른 구매력의 저하'와 거듭되는 새로운 대형마트의 설립으로 생긴 '사쿠라모토 상업환경은 어렵다'라는 인식의 반영이라 할 수 있다(桜本商店街振興組合, 1984; 2003: 2).

사쿠라모토 상점가 진흥조합 창립 40주년 기념 팸플릿 『우리 마을』은 사쿠라모토의 역사를 다음과 같이 기술하고 있다.

> 다치바나군 오시마쵸 가장자리에 위치하는 우리 사쿠라모토는 임해부 습지일 뿐만 아니라 일부는 제방 밖에 위치하는 등 좋은 조건이라고 할 수 없다. 한반도와 오키나와(沖縄)에서 이주해온 주민들도 많다. 세월의 흐름과 더불어 지금은 '활발한 마을만들기', '살기 좋은 마을만들기'를 추진하고 있다. 우리 지역이 중심이 되어 올바른 세상 만들기를 시작하고 있는 것이다(桜本商店街振興組合, 2003: 10).

사쿠라모토 상점가는 악조건인 주위 환경임에도 불구하고 외부에서 전입해온 사람들이 힘을 합쳐서 노력하고 있다는 것을 알 수 있다. 그런데 처음부터 '한반도에서 온 사람'에게 친절했던 것은 아니라는 점은 앞에서도 설명했다.

그렇다고 해도 1990년 이후 '일본축제'에 후레아이관에서 풍물놀이를 배우는 사람들이 '사쿠라모토 풍물놀이'를 연주하게 되었다. 그리고 2003년 현재, 97명의 상점가진흥조합 회원 중에 적어도 네 명이 야키니쿠점, 한국·조선식당, 건어물점 등 '코리안' 점포를 경영하고 있는데(桜本商店街 振興組合, 2003: 6-7), 사실 이 수치는 1984년과 같다.

'공생 마을만들기'라는 발상은 이미 제1차 근대화 사업 때부터 이인하 목

---

18) '일본의 축제'라는 행사명은 '일본에서 자랑할 만한 축제'라는 의미로, 배타적인 의도는 없다고 한다. 사쿠라모토상점가진흥조합 사무국장 K씨 인터뷰, 2012년 9월 11일.

사와 이야기하면서 이미 일어났던 것 같다. 상점가 팸플릿을 보면 상점가 청년부와 청구사 간의 교류가 바로 당시 가나가와현 지사가 제창하던 '민제외교(民際外交)'[19]이며 '이것도 근대화의 일종'이라고 묘사되어 있다(桜本商店街振興組合, 1984). '근대화'하지 않으면 상점가의 존속이 위태로운 상황에서 살아남기 위해 손을 잡을 상대로서 재일코리안이 부상했다는 의미이다. 외부와의 '외교'라는 수단적 의미가 강하지만 이때 상점가는 그러한 외부를 포함한 자화상을 그린 것이다.

재일코리안을 동화시키는 것이 아니라 있는 그대로 받아들이는 방식은 이후 '다문화 공생'이라는 목표와 합류하게 된다.

2) 시멘트도오리와 '코리아타운 구상'

사쿠라모토 상점가의 제2기 근대화사업과 같은 시기에 오오힌지구 음식점 경영자를 중심으로 '코리안'을 의식하는 마을만들기 움직임이 일어났다. '〈KOREA TOWN〉 건설을 구상하는 가와사키 야키니쿠 요식업주 모임(KOREA TOWN 建設を目指す川崎焼肉料飲業者の会)'(이하 '요식업주모임')의 결성과 요코하마 중화가(차이나타운)를 모델로 한 '코리아타운 구상'이다.

시멘트도오리의 역사적 배경부터 살펴보자. 하마쵸 3쵸메 · 4쵸메를 가로지르는 시멘트도오리는 원래 아사노시멘트 공장 노동자의 통근 길로 번창했다(神奈川と朝鮮 の関係史調査委員会, 1994: 161). 노동자를 상대로 한 음식점, 잡화점, 막걸리를 파는 한국식당은 가와사키 안팎에서 온 사람들로 흥청거렸다. 일본인과 조선인이 공존하는 거리이기도 했다.

1957년에 간행된 『재일본조선인 상공명감』을 분석한 히구치유이치(樋

---

19) '민제외교'란 1975~95년의 가나가와현 지사의 방침을 드러내는 조어이다. 그때까지 국제외교라면 국가 간의 교섭이었지만, 민제외교는 지자체 간에 그리고 민중들 간의 교류를 의미했고 실제로 다양한 시책이 전개되었다. http://www.pref.kanagawa.jp/ cnt/f1040/p10497.html(검색일: 2012-10-13).

그림 6 시멘트 도오리의 코리아타운 아치(좌)와 가로등(우)

口雄一)에 의하면 확인된 가와사키시 전체 조선인 상공업자는 315명이다. 음식점 145건, 금속회수업자 74건으로 70% 정도를 차지하는데, 이들의 35~38%가 오오힌지구에 점포를 두고 있다. 오오힌지구 음식점의 반수 이상이 하마쵸에 집중되어 있고, 재일코리안 상업자 4단체[20]의 사무소가 전부 하마쵸에 위치한다(樋口, 2002: 62-8). 재일코리안의 초기 민족금융 기관인 대동신용협동조합(大同信用協同組合)도 1952년 가나가와현 지점은 하마쵸에 설립되었다(川崎同胞愛国愛族運動史20世紀の足跡編集委員会, 2001: 5). 시멘트도오리 일대는 조선인 상공업의 중심지였던 것이다.

　　반면 요식업주회가 결성된 것은 1992년이다. 2대 회장이며 야키니쿠점을 경영하고 있는 D씨(60대, 재일2세, 남성)에 의하면, 동 모임의 취지는 코리안 음식문화 보급, 상점가의 활성화, 지역사회 만들기이다. 이 모임에는 한국 국적자 외에 조선적, 일본인 회원도 존재하는데, 모임운영은 정치색을 띠지 않아야 한다는 약속이 있다. 회원을 연결시키는 것은 '코리안 음식'이라는 공통의 생활수단이다. 협력 체제를 갖춤으로써, 식재료의 저렴한 공동구매가

---

20) 神奈川県朝鮮人商工連合会, 川崎国際遊戯業組合, 川崎朝鮮人飲食店組合, 川崎朝鮮人鋼鉄商組合.

가능할 뿐만 아니라 조성금의 공동수여가 가능함으로써 동업자의 공존이 기대된다. '지역사회 만들기'란 구체적으로 말하면 차별 없는 사회, '공생' 문화와 고향 만들기라고 한다(요식업주회 회장 D씨 인터뷰, 2012-8-20).[21]

1997년 시멘트도오리 입구에 'KOREA TOWN'이라 쓰인 아치가 완성되었다. 공생의 심볼이 필요하다는 요식업주회의 제안과 전체 상점가와 주민으로 구성된 '시멘트도오리 상영회(商栄会)'(이하, 상영회)의 승인 아래 건설된 것이다(요식업주회 회장 D씨 인터뷰, 2012-8-20).

지역주민회에는 "왜 코리아타운인가?", "자기 나라로 돌아가는 게 낫지 않나?"라고 말하는 사람도 있었다(D씨 인터뷰, 2012-8-20). 요식업주회가 결성되었을 때도 야키니쿠점이 아닌 가게를 운영하는 일본인 경영자들 중에는 '야키니쿠점만 돈을 벌 것이다', '상점가를 빼앗길지도 모른다'라는 냉담한 반응을 보이는 이도 있었다고 한다. 그 이후 표면적으로 눈에 띄는 반대의견은 사라졌고 요식업주회와 시멘트도오리 상영회 공동주최로 축제도 개최했다. 하지만 그 후에도 배타주의는 가끔 드러났다고 한다.[22]

재일코리안 2세 야키니쿠점 주인인 상영회 회장은 지역신문 인터뷰에서 다음과 같이 대답했다. 그는 처음으로 상영회 회장으로 선출된 재일코리안 2세다. "아치의 건설로 고객이 모여들게 되면 다른 업종도 번성할 것이다. 공생한다는 것은 마이너스가 아니라 플러스라는 것을(중략) 이해해주었으면 좋겠다."[23]

조성금에 대해서 가와사키시 직원 야마다 다카오(山田貴夫)는 행정 측 입장에서 다음과 같은 흥미로운 지적을 했다. 요식업주회와 가와사키 코리아타운협회 설립준비회(후술)의 요청만으로는 '행정은 움직일 수 없다'. 그들만

---

21) 코리아타운 건설의 움직임에 대해서 역사학자인 미야지마히로시(宮島博史)는 다음과 같이 말한다. "재일코리안 1세는 언젠가 조국에 돌아간다는 의식이 있었는데, 2, 3세는 일본에 영주할 것을 생각한다. 이와 같은 2, 3세의 목적의식이 코리아타운 구상과 합치되었을 것이다." 『朝日新聞』. 1992-11-15.

22) 『神奈川新聞』. 1997-11-9.

23) 『神奈川新聞』. 1997-11-9.

우대하면 비판이 예상되기 때문이다. 요식업주회는 가능한 한 동일지역에서 식자재를 구매한다며 공존과 공영을 호소함으로써 상점가의 양해를 구했다. 그리고 상영회가 중심이 되어 상점가의 활성화 사업을 신청했다. 이로 인해 상점가 진흥모델 사업으로서 행정의 승인을 얻은 것이다(山田, 2007: 170-171). 가와사키시가 조성금을 부여한 것은 '코리아타운'에 대해서가 아니라 '코리안 요소가 표출되는 지역 특성을 겸비한 상점가인 시멘트도오리'에 대한 것이었다. 또 상점가 조직이나 일본인 주민들은 시멘트도오리를 코리아타운으로 만든 것을 인정해준 것이 아니라 지역진흥책으로 '코리안' 요소를 활용한 것에 동의한 것뿐이다.

하지만 원래 주택지역인 시멘트도오리는 활기찬 지역이라고 말하기 어렵다.[24] 이와 같은 상황 속에서 D회장을 중심으로 코리아타운 건설을 본격적으로 제안하는 '가와사키 코리아타운 구상안'을 냈다. 코리아타운 구상 자체는 1992년경부터 요식업주회를 중심으로 계획되고 있었으나 실현은 용이하지 않은 상태였다. '가와사키 신시대 2010플랜'을 통해서 코리아타운이라는 신도시 건설을 구상한 것이다. 그러나 시 당국의 재정적 문제와 공업용지 전용제한이라는 이유로 실현되지 못한 채 현재에 이르고 있다(D씨 인터뷰, 2012-8-20).

이 구상에서 주목해야 할 점은 분명한 지역 정체성이다. 코리아타운에 대한 구상은 '이 가와사키라는 마을을 지켜온 주민으로서 이 지역에 관심을 갖고 정주의 땅으로서의 가와사키의 도시재생의 힘이 될 것'이며, '해방 후 50년이 지난 지금', '재일코리안 한 명 한 명의 능력을 최대한 발휘하여 재일 코리안 사회를 더 풍부하게 다시 세워 가는 것'을 테마로 한 것이다(川崎コリアタウン協会, 2002: 5). 이는 D씨 자신이 일본 출생이라는 전제가 있다고 말한 바와 관련이 있다.

---

24) D회장은 장사에 열심인 뉴커머 한국인 경영자도 증가하고 있지만 요식업자회의 입회를 권해도 별로 관심을 갖지 않는다고 한다.

이상으로 두 지역의 상점가를 살펴보면 '공생'이라는 키워드가 다른 문맥에서 나왔다는 것을 확인할 수 있었다. 사쿠라모토 상점가 측은 생존을 위해서 '근대화' 할 필요성을 느꼈고, 그 방법의 하나로서 재일코리안과의 '외교' 의의를 발견한 것에서부터 '공생'이 시작되었다. 즉, 수단으로서의 '공생'이라고 할 수 있다. 한편, 시멘트도오리와 요식업주회 측은 재일코리안 2세의 '코리안' 요소의 활용을 제안하면서 자신들의 특성과 존재를 지역으로부터 인정받게 된 것이다. 달성 목표로서의 '공생'이라고 할 수 있지 않을까? 어느 쪽이든 '이곳에서 공생하는 것'은 이미 전제이며 거기에 '코리안'이라는 요소를 어떻게, 어느 정도 받아들일까가 문제인 단계로 접어들었다.

5. 맺음말: '공생하는' 지역사회의 조건

오오힌지구를 생활이나 일의 무대로 여기는 사람은 지역의 장래에 대한 관심을 공유하고 있다. 1991년 '오오힌지구 마을만들기협의회(おおひん地区街づくり協議会)'가 발족되었다. 사무국은 후레아이관이다. 지역사회 성원이 공생하는 마을, 그리고 누구라도 언제든지 돌아올 수 있는 고향으로서의 마을 조성을 위해서(川崎市ふれあい館·桜本こども文化センター, 2008: 96-99) 다방면의 주체[25]가 제 나름대로의 방식으로 참여하고 있다.

오오힌지구의 마을만들기의 특색은 이런 식으로 이 지역 내의 여러 구성원이 참여하는 장치가 있는 것이라고 생각된다. 관계자들의 일상적인 공존과 교섭의 축적, 그리고 후레아이관이라는 거점시설과 그것을 필요로 한 지역의 공통과제, 이것들이 장치를 기능시켜 왔다. 여기서 '코리안' 요소가

---

25) 발기인으로서 참석한 사람은 오오힌 지구 각 쵸나이카이회(町内会) 회장, 사쿠라모토상점가진흥조합 이사장, 사쿠라모토보육원 원장, 후레아이관 관장이다. 마을조성협의회 주최 연례행사인 '오오힌 지구 봄 축제'의 전단지를 보면 요식업주회와 지역 병원이 새로 가입하고 있다.

적용될 때 그들 과제의 공유가 기초로 되는 점에서 뉴커머 중심의 코리아타운과는 다른 마을만들기가 될 것이다.

그런데 공교육의 기본방침과 지역 마을만들기에 절반 정도 공공적으로 '코리안' 요소를 포함시킨 오오힌지구의 지역적 문맥은 어떤 것인가. 마지막으로 외부 유입자를 수용하는 지역적 토양과 가변성이라는 점을 고찰하는 것으로 이 글을 끝내고자 한다.

다지마지구는 1914년까지 인구가 유출되어오던 농촌지역이었다. 그러나 1915년부터 인구가 급증하게 되었는데 그중에 가나가와현 외 출신자가 80%를 넘게 되었다. 게다가 인구 유동성이 큰 요코하마 등과는 달리 다지마 쵸는 비교적 정착도가 높았다(内田, 2004: 237-238). 오오힌지구는 타 지역에서 유입된 사람들을 받아들여 지역을 재생시킨 경험을 가진 마을이다. 이런 경험은 현재도 미래에도 살려나갈 수 있지 않을까.

'조선인 부락을 찾아간다'라는 1937년에 쓰인 탐방기사가 있다. 도쿄 각처를 방문한 저자는 기타구 다키노가와(北区滝野川)에서 들은 당시 지역 유지의 말을 다음과 같이 남기고 있다.

> 그의 경험에 따르면 토착민이 많은 지역에서는 차별을 받지만, 다른 먼 지역에서 온 사람이 많은 지역에서는 그렇지 않다고 했다. 그 말에 나는 고개를 끄덕였다. 거기에는 생활고에 시달리던 사람들만이 모인다. 후쿠시마(福島), 치바(千葉), 도치기(栃木) 사투리 속에 조선 사투리가 하나 추가된 것뿐이다. 비슷한 빈곤을 겪고 있다는 데에서 나오는 그 어떤 공감이 복장과 습관이 원인이 되는 혐오와 반감, 그리고 차별을 이긴 것이다(野口, 1973: 270-271).

생활고에서 생겨난 '어떤 공감'이 모순되기는 하지만, 사회의 구조적 모순점에 대하여 물음을 던지는 계기가 될 것이다. 그것은 오오힌 지구의 전매특허는 아니다. 다만 실제 사회생활에서 공감대를 이루는 것이 쉽지 않다는 것은 이 글의 '오시마소학교 터' 사용의 해석에 관한 사례에서도 보았다. 공감을 이끌어 내기 위한 도움이 필요할 때가 있다는 것이다.

　게다가 지역사회도 변화하고 있다. 1980년대 후반 이후 재일코리안과 일본인만이 아니라 오오힌지구에서도 증가한 뉴커머 외국인들의 새로운 생활 과제도 드러났다. '가와사키시 재일외국인교육 기본방침 ― 주로 재일코리안의 교육문제'는 1998년 그 대상을 바꿔서 '가와사키시 외국인교육 기본방침 ― 다문화 공생 사회를 위해서'라는 명칭으로 변경되었다. 자녀들의 출신이 다양해지고 상황도 복잡해졌기 때문이다. 다문화 공생 마을조성에 있어서 고려할 대상은 '코리안'만으로는 불충분하게 되었다.

　시대변화에 부응하기 위해서는 지속적인 노력이 필요하다. 공생을 위한 마을조성은 미완성일 뿐만 아니라, 현재의 대책방법이 언젠가는 맞지 않을 때가 올 것이다. 지금까지 재일코리안이 일본인과의 갈등관계 속에서 실천해온 '공생'은 앞으로의 방향을 제시하는 초석이 될 것이다. 동북지방 출신이면서 현 지역의 주민의 한 사람이기도 한 필자도 지금까지의 마을역사에 경의를 표하면서 다문화 공생 마을조성에 참가하고 싶다.

참고문헌

金侖貞. 2007. 『多文化共生教育とアイデンティティ』. 明石書店.

大門正克・加藤千香子. 2003. 「川崎市: 新興工業都市の事例研究 I」. 大石嘉一郎・金澤史男編. 『近代日本都市史研究: 地方都市からの再構成』. 日本経済評論社.

李仁夏. 2006. 『歴史の狭間を生きる』. 日本キリスト教団出版局.

富坂キリスト教センター・在日朝鮮人の生活と住民自治研究會. 2007. 『在日外國人の住民自治: 川崎と京都から考える』. 新幹社.

社會福祉法人靑丘社. 1985. 『川崎市櫻本地區〈川崎・南部〉靑少年問題調査研究報告書(1)』.

_____. 1999. 『1927 川崎 在日韓國・朝鮮人の生活と聲: 在日高齡者實態調査報告書(1998年度)』.

星野修美. 2005. 『自治体の変革と在日コリアン: 共生の施策作りとその苦惱』. 明石書店.

神奈川縣第二愛泉ホーム. 1969. 『川崎市池上町における住民とホームの福祉關係 昭和43年度社會調査報告書』.

_____. 1990. 『田島地區における住民の地域生活態度と福祉意識 その2 平成2年度社會調査報告書』.

神奈川と朝鮮の關係史調査委員會. 1994. 『神奈川と朝鮮: 神奈川と朝鮮の關係史調査報告書』. 神奈川縣涉外部.

野口赫宙. 1937→1978. 「朝鮮人聚落を行く」. 小澤有作編. 『近代民衆の記錄10 在日朝鮮人』. 新人物往來社.

日本地名研究所. 2004. 『川崎地名辭典(上)』. 川崎市.

田島町役場. 『田島町誌』.

川崎同胞愛國愛族運動史20世紀の足跡編集委員會. 2001. 『川崎同胞愛國愛族運動史20世紀の足跡(あかし)』.

川崎市. 1991. 『川崎市史 資料編4上 現代 行政・社會』.

_____. 2001. 『20世紀のかわさき: 100年を振り返り、新世紀をひらく』.

川崎市立大島小學校創立五十周年記念事業委員會. 1975. 『創立50周年記念副讀本 おおしま』.

川崎市立櫻本小學校. 1975. 『繪で見るわたしたちの學校と町』.

_____. 1992. 『社會科副讀本 わたしたちの町 さくらもと』.

_____. 2010. 『閉校記念誌 新たに芽吹く櫻本』.

川崎市市民ミュージアム. 2007. 『企畫展 産業都市・カワサキのあゆみ100年: 進化しつづけるモノつくりの街』.

川崎市教育委員會. 1958. 『川崎教育史 上卷』.

_____. 1959. 『川崎教育史 下卷』.

_____. 2008. 『かわさき外國人教育推進資料Q&A ともに生きる: 多文化共生の社會をめざして(9版)』.

川崎市ふれあい館・櫻本こども文化センター. 2008. 『だれもが力いっぱい生きていくために: 川崎市ふれあい館20周年事業報告書』.

川崎朝鮮初級學校創立60周年記念行事實行委員會. 2006. 『川崎朝鮮初級學校創立60周年記念誌』.

川崎コリアタウン協會. 2002. 『川崎コリアタウン構想案』.

平和マップづくり實行委員會. 1995. 『平和ウォーキングマップ・川崎』. 教育史料出版會.

櫻本商店街振興組合. 1984. 『櫻本商店街Lロードさくらもと』.

_____. 2003. 『ぼくのまち・わたしのまち(櫻本商店街振興組合創立40周年記念)』.

田代國次郎. 1966. 「都市の福祉問題: 川崎市のドヤ街とスラム街の實態」. 『福祉問題研究』第2卷. 童心社.

今里幸子. 2009. 「神奈川における在日朝鮮人の民族教育: 1945~49年を中心に」. 在日朝鮮人運動史研究會. 『在日朝鮮人史研究』第39号.

山田貴夫. 2007. 「地方自治体の外國人住民施策: 川崎市を事例として」. 富坂キリスト教センター・在日朝鮮人の生活と住民自治研究會. 『在日外國人の住民自治: 川崎と京都から考える』. 新幹社.

川田文子. 2012. 「ハルモニの唄: 在日女性の戰中・戰後 ①」. 『世界』6月号.

內田修道. 2004. 「人口統計から見る橘樹郡の町村: 1897~1924」. 京浜歴史科學研究會. 『近代京浜社會の形成: 京浜歴史科學研究會創立20周年記念論集』. 岩田書院.

樋口雄一. 2002. 「川崎市おおひん地區朝鮮人の生活狀況」. 朝鮮問題研究會. 『海峽』20号.

齋藤喜久子. 2008. 「浜町の移り変わり」. 特定非營利活動法人かわさき歴史ガイド協會. 『かわさきの思い出(川崎市田島地域編)』.

『朝日新聞』. 1992-11-15. 「川崎のコリアン・タウン構想」.

『神奈川新聞』. 1997-11-9. 「コリアタウンに念願のアーチ完成」.

日経BP 홈페이지: http://nr.nikkeibp.co.jp/ad/yakiniku/page3.html

1. 가와사키 코리아타운 가는 길

    도쿄국제공항(하네다공항)(東京國際空港(羽田空港))에서 게이힌큐코(京浜急行)으로 20분,
    게이큐가와사키에서 하차
    가와사키에키 히가시구치(川崎驛東口)에서 린코버스(臨港バス)
    후레아이관—다이시행 혹은 미츠이후토행(大師行き、三井埠頭行き)으로 15분,
    요츠가도(四ツ角) 하차
    요식업주모임 야키니쿠점 등—다이시행, 미츠이후토행 혹은 미츠에쵸행(水江町行き)

2. 후레아이관(ふれあい館)

    (우)210-0833 가나가와현 가와사키시 가와사키구 사쿠라모토1-5-6
    가와사키시 홈페이지: http://www.city.kawasaki.jp/25/25seiiku/home/fureai/hureai.htm
    청구사 홈페이지: http://www.seikyu-sha.com/fureai/?page_id=30
    문의: 전화 81-44-276-4800 / 팩스 81-044-287-2045

3. 가와사키 야키니쿠 요식업주 모임(川崎燒肉料飲業者の會)

    문의: 전화 81-44-322-7102 / 팩스 81-44-366-6688

도쿄 코리아타운과 한류: 다문화 공생의 실천 장소*

유연숙(호세이대학 겸임강사)

1. 머리말

　'한류'란 아시아를 중심으로 급속히 유행하게 된 한국의 드라마, 영화, 대중가요 등의 인기를 가르치는 조어이다. 현재 한류는 일본은 물론, 중국, 대만, 베트남, 태국 등지의 아시아를 넘어서 이슬람 문화권인 중동지역과 라틴 아메리카, 중남미 국가에까지 진출하기에 이르렀다. 본 연구에서는 '한류'에 대한 용어를 2000년대 중반이후 고조된 한국어 혹은 문화에의 관심이라는 광의의 의미로서 사용한다.

　일본에서 한류 붐이 일어나게 된 직접적인 계기가 된 것은 〈겨울연가〉(冬のソナタ)의 방영임은 주지하는 사실이다. 2003년도 4월에 NHK의 위성방송을 통해서 처음으로 겨울연가가 방송된 후, 동일 채널을 통해서 2003년 12월 15일부터 26일에 걸쳐서 두 번째로 재방송되었고, 2004년 4월에는 세 번째, 동년 연말에는 완전판이 방영되는 등 2003년에서 2004년에 걸쳐 2년간에 집중적으로 방송된 것이다. NHK에서 동일 내용을 4번이나 방송한 것은

---

*　　이 글은 『재외한인연구』 제25호(2011. 10)에 실린 것으로 주제와 일부 내용을 수정했다.

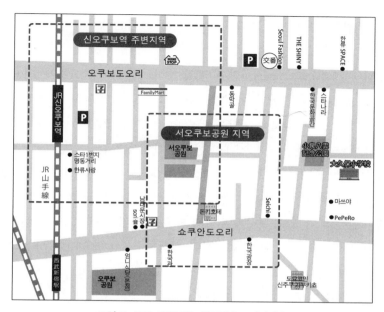

그림 1 도쿄 신주쿠구 신오쿠보 코리아타운
자료: http://www.shinokubo-navi.com/img/top/print_map.pdf.

일본의 방송사상 이례적인 것으로, 그 배경에는 시청률의 수치만이 아니라 편지가 쇄도하는 등 시청자들의 민감한 반응에 응답한 결과이다(黃盛彬, 徐勝, 庵逧由香編, 2007: 252-253).

　일본에서 겨울연가가 방영된 이래 10년이 가까워오는 지금도 한류 붐의 열기는 그 내용과 대상을 달리하면서 식을 줄을 모른다. 그 한 예가 일본의 국회도서관의 목록정보에서 '한류'라는 검색어를 입력하면 2007년의 검색에는 100건 이상(黃盛彬, 徐勝, 庵逧由香編, 2007: 251)이었지만, 2011년 9월 1일 현재 검색결과는 379건에 달한다.[1] 단순히 생각해도 일본 국회도서관에 소장된 한류관련 자료가 4년만에 세 배를 넘었다는 결론이다. 아울러 일본의 한류에 대한 연구경향은 주로 한류를 한국대중문화의 소비과정으로 파악하거

---

1)　http://opac.ndl.go.jp(검색일: 2011-9-1).

나 혹은 일본사회에 미치는 효과(임팩트), 재일코리안에 대한 인식변화 등에 초점이 맞춰져 있다.

임영상(2010) 교수도 지적한 바와 같이 글로벌 지구촌 시대에 있어서 세계각국으로 흩어졌던 한민족이 '한류 콘텐츠'를 통해서 다시 만나고 있는데 이 과정에서 코리아타운의 역할은 더욱 더 커져가고 있다. 일본 제국주의의 한국의 대한 과거의 식민지 지배는 한·일 관계를 가깝고도 먼 나라로 위치시켜 왔지만, 2002년에 개최된 월드컵 공동개최와 한일국교 정상화 40주년을 기념해서 맺은 2005년도의 '한일 우정의 해'[2] 등은 양국 간 관계개선의 촉진제 역할을 하고 있다. 2000년도 이후의 한·일 간의 인적, 물적 교류가 더욱더 활발해지고 있는 현재, 한국문화 발신지로서의 코리아타운의 기능이 더욱 주목된다.

1980년대 이후에 이주한 뉴커머 코리안은 특히 도쿄, 오사카 등의 도시를 중심으로 활동하고 있다. 법무성이 공표하고 있는『재류외국인통계』(2011)에 의하면 일본의 수도권지역에서 외국인이 가장 많은 지역은 신주쿠구로 2010년 현재 3만 4,416명이다. 2위인 에도가와구(26,000명)와 비교해도 8,000명의 차이가 발생한다. 국적별로 보면 도쿄도 전체는 '중국'이 가장 많고 '한국/조선'[3]은 2위이지만 신주쿠구에 한정하면 '한국/조선'이 가장 많다. 2010년도 현재 신주쿠구의 국가별 인구는 한국/조선이 1만 3,506명으로 가장 많고, 중국 1만 2,048명, 미국 855명의 순이다. 성별로는 한국, 중국, 필리핀이 여성이 많은데 그 이유 중 하나는 인근지역인 가부키쵸에서 서비스 업종에 종사하는 자가 많기 때문이다.

신주쿠구에서도 뉴커머 코리안은 주로 오쿠보 지역[4]을 중심으로 밀집

---

2) 일본의 정식 명칭은 '일한 우정년 2005, 나아가자 미래로, 같이 세계로(日韓友情年2005- 進もう未来へ, 一緒に世界へ-)'이다.

3) 일본정부는 외국인 등록을 마친 정규 체류 한국인(올드커머, 뉴커머)을 '한국/조선인'이라고 표현한다.

4) 정확하게는 신주쿠 오쿠보 1쵸메와 2쵸메, 햐쿠닌쵸 1쵸메와 2쵸메, 쇼쿠안도오리의 국제도오리, 국제상점가를 가리키며 이 글에서는 '오쿠보'라고도 표현한다.

되어 있다. 오쿠보에 뉴커머 코리안이 본격적으로 모여들기 시작한 것은 90년대 이후로, 20여 년이 지난 지금까지 한국은 물론 일본에서조차 당 지역에 대한 연구가 적다. 오쿠보는 90년대 이후부터 일본에서 새롭게 형성된 '코리아타운'[5]으로 널리 알려져 있을 뿐만 아니라 실제적으로 관동지방에서 한국인이 가장 많이 모여서 상업시설을 이루고 있는 지역이다. 2000년도 이후 오쿠보는 한류상품은 물론 한국음식과 비디오, 미용실, 피부관리실 등 한국을 가장 가깝게 접할 수 있는 장소로 인식되면서 현재는 일본 전국에서 투어 목적의 관광버스가 모여들고 있다.[6]

이 글은 오쿠보에 뉴커머 코리안이 모여들게 된 역사, 지리적 배경을 살펴보는 것이다. 그리고 현재 일본에는 '(신)오쿠보 지역＝한류정보를 접할 수 있는 장소'라는 도식이 형성됨으로써 '코리아타운'으로 불리고 있는데, 이와 같은 과정에서 오쿠보의 코리아타운은 한류를 포함한 한국문화를 어떻게 발신하고 있는가. 마지막으로 한류 붐 이후의 오쿠보는 코리아타운만이 아니라 타 지역 출신 외국인이 모여듦으로써 '에스닉 타운'으로 자리 잡고 있는데 이에 코리아타운은 어떤 역할을 담당하고 있는가에 초점을 맞춘다.

2. 일본의 한국인 뉴커머의 추이

전후 일본의 외국인 유입정책은 기본적으로는 단순노동자를 공식적으로 받아들이지 않는 방침으로 그 기본은 현재도 변함이 없다. 일본의 산업계는 1960년대 중반부터 단순 노동력의 수요를 인정하고 있었지만 1967년에

---

5) 후술하듯이 오쿠보 지역에 코리아타운이라는 정식 명칭은 존재하지 않는다. 일본과 한국의 언론을 중심으로 '오쿠보 코리아타운' 혹은 '신오쿠보 코리아타운'이라고 불리면서 붙여진 명칭이다. 본 연구에서는 신주쿠구에서도 한인점포가 가장 많이 모여 있는 오쿠보 지역을 '코리아타운'으로 표현한다.

6) 예를 들어 요미우리 여행사의 '코리아타운－신오쿠보 산책과 하네다 공항 국제선 여객터미널', 포트래블사의 '1일 버스투어－도쿄 코리아타운' 등 다수이다.

실시된 '제1차 고용대책 기본계획'에서 정부는 외국인 노동자를 받아들이지 않는다는 방침을 결정했다. 그러나 1985년 플라자합의(Plaza Agreement)가 이루어진 후 엔고 현상이 계속되면서 일본기업은 동남아시아를 중심으로 해외진출을 추진하게 되었고 그 영향으로 산업의 공동화가 발생함으로써 외국인 정책도 변화하게 되었다(渡邊博顯, 2008).

1988년에 실시된 '제6차 고용대책기본계획'에서 일본정부는 외국인 노동자를 '전문기술직 노동자'와 '단순노동자'로 나누고, 1989년에 '출입국관리 및 난민 인정법' 제정을 통해서 전문직은 받아들이되 단순노동자는 배제하는 방침이 형성되었다. 반면 단순직에 대해서는 일계인[7] 2세와 3세의 노동력으로 충당하는 정책을 취했다.

1970년도 이후의 한국인의 도일 상황은 〈그림 2〉와 같다. 도일 한국인의 증가시기는 대략 3시기로 구분할 수 있다. 제1기는 1980년부터 1985년까지의 기간, 제2기는 1989년부터 1991년도까지의 기간, 제3기는 1996년부터 2010년까지의 기간이다. 2000년대 말 이후부터는 중국인의 유입이 눈에 띈다. 전후 항상 1위를 차지하고 있던 재일코리안은 2007년도부터 2위로 변했고 2위였던 중국이 역전해서 1위를 차지하게 되었다. 일본의 재일코리안이 감소하는 이유는 올드커머 재일코리안의 고령화와 일본국적 취득자의 증가, 뉴커머 미등록체류자의 감소를 들 수 있다.[8] 2010년 현재 뉴커머는 18만 명 정도이다.

일본의 외국인정책 중에서도 2000년대 이후 한국인의 유입증가에 영향을 끼친 것은 1999년 4월부터 시작된 한 · 일 간의 워킹홀리데이 비자 발행

---

[7] 외국에 이주해서 해당국의 국적 혹은 영주권을 취득한 일본인과 그 자손이다. 1990년에 시행된 입관법 개정을 통해서 페루와 브라질에서 취로를 위해서 일본에 역 이주한 사람은 2000년도 이후 35만 명 정도이다.

[8] 올드커머 재일코리안의 감소에 비해 뉴커머는 전체적으로 증가경향에 있었지만 2000년도 중반 이후 일본정부의 불법체류에 대한 단속으로 인해서 뉴커머도 감소하고 있다. 따라서 한국인 불법체류자는 1999년에 6만 2,577명으로 가장 많은 수를 기록한 이래 계속 감소해서 2010년 1월 1일 현재 1만 9,271명이다.

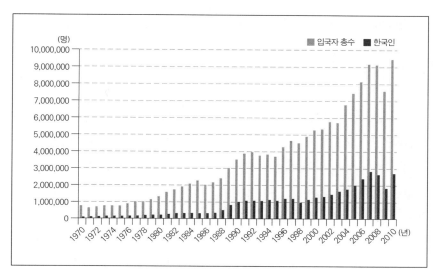

그림 2 도일 한국인(1970~2010)

자료: 日本法務省入國管理局, 『出入國管理統計年報』에 기초해서 작성한 것으로 입국자 수에는 재입국자가 포함됨.

과 2001년도에 발표한 일본정부의 'e-japan 전략'[9] 등이다. 이를 통해서 한국의 IT산업 등 전문인력이 대량으로 일본에 유입되었다. 특히 IT분야에서는 한국 정보통신 인력개발센터가 정보통신부의 지원을 받아 '일본취업IT교육지원사업'을 추진해왔다. 한편, 2006년 3월 1일부터 실시된 한·일 간의 관광비자의 면제는 결과적으로 2000년도 이후 도일한 뉴커머 코리안의 증가를 촉진시켰다(임승연, 2010: 31-36).

---

9) 일본형 IT사회의 실현을 목표로 하는 일본정부의 구상이다. 2000년 9월 21일에 모리(森喜朗) 내각총리 대신이 중/참의원의 제150회 국회의 본회의에서 「E-재팬의 구상(E-ジャパンの構想)」이라는 제목으로 소신을 표명한 연설을 통해서 시작되었다.

3. 오쿠보 지역 코리아타운의 형성 배경

1) 열린 공간으로서의 오쿠보

현재의 오쿠보의 지역적 사회적 기반은 에도시대(江戶時代)로 거슬러 올라간다. 당시 에도성(江戶城)의 서쪽 경계는 요츠야오키도[10]였는데, 오쿠보는 그 경계를 나와서 위치하는 첫 숙박지인 나이토신주쿠(內藤新宿)[11]에 인접해 있었다. 이와 같은 정치적 지리적 관계로 인해서 오쿠보[12]는 외부에서 전입해온 하급무사들의 거주지가 되었다. 당시 에도는 오다와라 호죠시(小田原北条氏)의 통치하에 있었는데 도쿠가와 이에야스(德川家康)가 입성(入城)한 후에는 오다와라의 잔당이 공격해 오는 것을 막기 위해서 부하인 나이토(內藤修理亮清成)에게 '철포백인조(鉄砲百人組)'를 조직해서 성의 경비를 담당하게 한 것이다 (東京都新宿区, 1967: 41-90; 稲葉佳子, 2008a; 2008b).

메이지시대의 오쿠보는 잇따른 철도의 개통과 역의 신설로 인해서 인구가 급격히 증가된다. 1889년에 신주쿠와 다치가와를 연결하는 철도가 개통되었고 1895년에는 신주쿠에서 이다(飯田)까지 연장되었다. 1896년에는 오쿠보역이 개설되었고 신오쿠보역이 개통된 것은 1914년이다(東京都新宿区, 1967: 91-160). 당시 오쿠보의 특징은 다른 지역과는 달리 외국인이 다수 거주했다는 점이다. 특히 현재의 햐쿠닌쵸 2쵸메 부근의 외인촌에는 독일인과 러시아출신 바이올리니스트, 첼리스트, 지휘자 등 초기 일본 악단에 공헌한 음악가가 거주하고 있었다.[13] 한편 日活(일본활동영화주식회사)[14]의 창설자인 우메야(梅屋

---

10) 오츠야오키도(四谷大木戸)로 현재의 요츠야 4쵸메 교차점이다.

11) 1698년에 신설된 숙박지로 차츰 여관과 찻집(茶屋) 등이 증가함으로써 사창가로 변모해갔다. 현재의 도쿄도 신주쿠구 신주구(東京都新宿区新宿) 1～3쵸메에 위치한다.

12) 현재의 오쿠보 1～3쵸메와 가부키쵸 1쵸메 지역이다.

13) 당시의 영향으로 현재도 오쿠보의 일부에 악기점이 남아 있다.

14) '日本活動写真株式会社'의 약자이다. 1912년에 설립해서 한때는 '東宝' 혹은 '東映'과 같은 일본을 대표하는 영화사와 어깨를 나란히 했지만 사업부진으로 인해서 문을 닫을 예정이다.

庄吉)의 자택에 중국의 손문(孫文)이 일시 거주했다는 일화도 전해오고 있다. 그 외 미국인 선교사와 영국, 독일, 스페인, 중국, 조선, 필리핀 사람들이 거주했다는 기록이 남아있다. 즉 오쿠보에는 에도시대의 하급무사를 비롯해서 메이지 이후 군인, 샐러리맨, 시인, 학자, 사회주의자, 종교인(기독교), 외국인 등이 이주해옴으로써 외국인에게는 살기 편한 지역이었다(東京都新宿区教育委員会, 1984: 390-480; 稲葉佳子, 2008a; 2008b).

오쿠보에 또 다른 이주자가 유입해온 것은 제2차 세계대전 이후(이하 '전후'라고 표현)였다. 도쿄는 전쟁으로 인해서 사상자 24만 명, 피해가옥 8만 5,000채, 피해자는 310만 명에 달했다. 오쿠보 또한 시가지의 90% 이상이 소실되는 등 전쟁으로 인한 피해가 컸다. 전후 오쿠보로 돌아온 사람은 주로 지주와 상인으로, 당시 대부분의 지주들이 땅을 분할 판매함으로써 신 이주민이 유입하게 되는 계기를 만들었다(東京都新宿区, 1967: 91-160). 현재의 오쿠보는 신주쿠역 동쪽에 위치하는 '가부키쵸(歌舞伎町)'의 영향을 받았다. 가부키쵸는 1945년 8월 당시 신주쿠구 기타쵸카이(北町会)의 회장이었던 스즈키(鈴木喜兵衛)를 중심으로 건설되었다. 1945년 8월 15일 일본천황의 전쟁패배를 듣고 다음날부터 스즈키는 민간주도의 부흥단체를 설치함으로써 영화관과 댄스홀 중심의 종합 오락관과 인근지역에 호텔가를 건설할 것을 제안했고, 그 계획은 10여 년에 걸쳐서 완성되었다. 2010년 3월 1일 현재 가부키쵸에는 2,114명[15]의 인구가 등록되어 있지만 당 지역에는 3,000개를 넘는 바와 캬바레, 다방, 호텔 등이 밀집해 있으며 저녁 인구는 50만 명을 넘는다(木村勝美, 1986).

가부키쵸의 유흥가로서의 발전은 일본 지방출신 여성들의 유입을 초래했다. 전전(戦前)까지 주택지였던 오쿠보 일대는 쇼쿠안도오리(職安どおり)를 경계로 유흥가와 호텔가로 변했다. 1955년경부터 쇼쿠안 도오리는 가부키쵸에서 일하는 일본 여성들이 인근지역에 주둔했던 병사를 상대로 매매춘을

---

15) 가부키쵸 1쵸메와 2쵸메의 주민기본대장에 기록된 수치.

하는 호텔가로 변모한 것이다.[16] 1956년경 이후부터 일본은 고도경제 성장을 달성했는데 오쿠보는 가부키쵸에서 일하는 남녀 종업원을 위해서 작은 목조 연립주택이 대거 건설됨으로써 베드타운으로 탈바꿈하게 된 것이다. 부동산 경기의 호조로 인해서 오쿠보 인구는 도쿄올림픽에서 70년대에 걸쳐서 절정을 이루었다(稻葉佳子, 2008b: 54-55).

2) 올드커머 코리안의 생활지로서의 오쿠보

도쿄올림픽 전까지 올드커머 코리안은 신주쿠역과 오쿠보, 신오쿠보역의 선로를 중심으로 부락을 형성해서 주로 폐품을 회수해서 생활해왔다. 특히 1950년에 재일코리안 신격호(辛格浩, 일본명은 重光武雄)가 세운 롯데 공장은 오쿠보에 올드커머 코리안이 모여드는 계기가 되었다.

한편, 가부키쵸의 유흥가 건설에 있어서 대만계 화교와 한국계 재일코리안이 가담해왔다. 가부키쵸의 토지소유자 50명과 빌딩 소유자 30명이 대만과 한국계인데, 여기에 귀화자나 가족 명의까지 합치면 많은 토지와 빌딩이 외국인 소유이다(木村勝美, 1986: 11-12). 특히 한국계는 햐쿠닌쵸에서 호텔을 경영하는 사람이 많다고 한다.

쇼쿠안 도오리에 노동자들을 위한 공공직업안정소(쇼쿠안)[17]가 생긴 것도 오쿠보에 올드커머 재일코리안이 모이는 계기가 되었다. 다카다노바바역(高田馬場) 인근지역에도 직업안정소 출장소가 있었기 때문에 근처에는 단순 노동자들이 묵는 저렴한 숙박지인 도야가이(ドヤ街)가 형성되었고 일자리를 찾아서 올드커머가 모여들게 되었다.

1957년 4월부터 시행된 일본의 매춘방지법은 가부키쵸 2쵸메, 햐쿠닌

---

16) http://homepage3.nifty.com/kuroodo/html/history.htm.
17) 공공직업 안정소를 줄여서 '직안'으로 표시하며 이를 일본어로 '쇼쿠안'이라고 발음하는 데서 이와 같은 표현이 사용되었다고 사료된다. 현재는 'ハローワーク新宿 歌舞伎町庁舎'으로 변경되었다.

쵸 1~2쵸메에 호텔가가 번성하게 된 계기가 되었다. 햐쿠닌쵸를 중심으로 한 오쿠보역 주위의 호텔은 70년대에 절정을 이루었지만 80년대 이후부터는 폐업하는 점포가 눈에 띄게 되었다. 그 자리에 외국인 여성들이 일을 찾아서 모여듦으로써 가부키쵸 여종업원의 다국적화 현상이 발생했다. 1979년에 실시한 해외여행 자유화 정책을 통해서 대만 여성들이 대량 유입되었고 80년대 이후부터는 한국인 여성이 증가하기 시작했다.

4. 코리아타운의 형성과 한류

1) 뉴커머 코리안의 유입

한국은 80년대 이후부터 관광목적의 여권발행이 완화되었을 뿐만 아니라 1989년부터 해외여행의 완전자유화가 실시됨으로써 한국인의 일본이주가 용이하게 되었다. 1970년대 이후 뉴커머 외국인으로서 일본에 먼저 온 사람들은 돈을 벌기 위해서 모여든 여성들이었다(伊藤るり, 1991). 이웃 아시아 지역에서 주로 흥행비자를 통해서 젊은 여성들이 입국했다. 한발 앞서 60~70년대에 도일한 한국인 여성도 있었는데 이들은 주로 일본에서 생활하고 있는 재일코리안과의 결혼 혹은 친척 방문 등을 통해서 입국했고, 그중 일부 여성은 서비스 업종에 취업하는 경우도 적지 않았다(柳蓮波, 2011).

한국인 여성들이 취로를 위해서 본격적으로 도일하게 된 것은 70년대 말 이후로 이 시기에 이주한 많은 여성들이 경제적 빈곤에서 탈출하기 위해서 흥행비자 혹은 취학비자를 통해 일본에 와서 서비스업종에 취업했다. 당시 가부키쵸 한인클럽은 약 500곳 정도로 재일코리안 경영자가 많았다. 취학비자를 통해서 입국한 일부 여성들은 낮에는 일본어학교에 다니면서 밤에는 클럽에서 일하는 경우가 많았다. 이를 증명하듯이 쇼쿠안도오리에 한국

표 1 신주쿠구의 외국인 등록자수의 추이

구 분	1988	1990	1995	2000	2005	2010
신주쿠 전체	14,301	16,703	19277	24,102	29,617	34,416
한국/조선	5,763 40.3	7,079 42.4	8,205 42.6	9,441 39.2	12,608 42.6	13,506 39.2
중국	5,520 38.6	6,312 37.8	6,320 32.8	7,641 31.7	9,389 31.7	12,048 35.0
필리핀	430 3.0	545 3.3	659 3.4	830 3.4	775 2.6	785 2.3
미국	658 4.6	618 3.7	648 3.4	738 3.1	758 2.6	855 2.5
기타	1,930 13.5	2,149 12.9	3,445 17.9	5,452 22.6	6,087 20.6	7,222 21.0

자료: 新宿區 『新宿區外國人登錄國籍別調査票』(1988~2005), 日本法務省 『登錄外國人統計』(2010)에 의해 작성.

교회, 식당, 미용실, 민족의상 점포가 등장하기 시작한 것은 80년대 이후로, 이들 점포 대부분이 서비스 업종에서 일는 여성들을 대상으로 영업했다(朴賢珠, 2002: 109-115).

신주쿠구의 외국인 등록자수의 추이를 보면 1988년에는 40.3%였던 것이 도중의 감소시기도 있었지만 전체적으로는 2005년도까지 점점 증가했음을 알 수 있다. 중국인은 2010년 현재, 2005년도에 비해서 3.3% 증가했지만 80년대 이후 감소하다가 다시 증가했다. 그 외 '기타'가 꾸준히 증가하고 있어 앞으로 신주쿠구 외국인의 다국적화는 더욱더 진행되리라 예상된다(〈표 1〉 참조).

오쿠보에 한정해서 외국인의 추이를 보면 외국인의 비율이 가장 높은 지역은 오쿠보 1쵸메이다. 1990년도에 비해서 2007년도는 오쿠보 1쵸메가 44.8%로 거의 반수에 가까운 주민이 외국인임을 알 수 있다. 오쿠보 2쵸메, 햐쿠닌쵸 1~2쵸도 상당수 증가해서 각각 31%를 차지하고 있다(〈표 2〉 참조).

표 2 오쿠보의 외국인 추이

(단위: 명, %)

구 분	1990				2000				2007			
	총인구	일본인	외국인	비율	총인구	일본인	외국인	비율	총인구	일본인	외국인	비율
오쿠보 1쵸메	4,199	3,434	76	18.2	3,957	2,606	1,351	34.1	4,655	2,570	2,085	44.8
오쿠보 2쵸메	7,255	6,336	919	12.7	6,936	5,342	1,594	23.0	7,842	5,404	2,438	31.1
하쿠닌쵸 1쵸메	3,518	3,039	479	13.6	3,519	2,652	867	24.6	4,115	2,827	1,288	31.3
하쿠닌쵸 2쵸메	3,889	3,521	368	9.5	3,717	2,918	799	21.5	4,445	3,065	1,380	31.0
	18,861	16,330	2,531	13.4	18,129	13,518	4,611	25.4	21,057	13,866	7,191	34.2

자료: 稻葉, 2008:69 일본인 인구는 주민기본대장, 외국인 인구는 외국인 등록자수이며, 매년 1월 1일 현재의 수치이다.

2) 한인점포의 증가와 코리아타운의 형성

오쿠보 지역만을 한정하지는 않지만 일본 수도권 내 한인점포의 지역적 분포를 나타낸 것이 〈그림 3〉이다. 일본 수도권 내 한인점포는 신주쿠구에 가장 많고 우에노, 요코하마, 아카사카, 닛포리의 순으로 많다. 이를 통해서도 신주쿠구에 한인점포가 밀집되어 있음을 알 수 있다.

한편, 수도권 내 한인 상점의 업종의 나타낸 것이 〈그림 4〉이다. '클럽, 바'와 '식당' 등의 음식업이 가장 많고 '식료품점', '미용실', '패션/수리'의 순으로 이어진다. 이와 같은 경향은 오쿠보도 유사한 상황이라고 할 수 있다. 오쿠보의 한인업종은 식품제조, 소매업, 식품, 식료품 소매업, 기타 소매업, 음식업, 서비스업, 숙박업, 의료업, 부동산업, 통신업, 금융업, 종교관련 기관으로 분류할 수 있는데 그중에서도 음식업이 39%로 가장 많고 서비스업 20%, 기타 소매업 14%이다. 타국 출신자에 비해서 미용계통이 많은 것이 한인점포의 특징이며 교회를 중심으로 커뮤니티를 형성하고 있다(田嶋淳子, 1998; 林永彦, 2002; 稻葉佳子c, 2008).

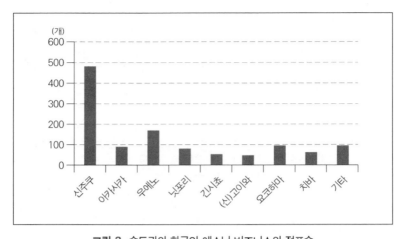

그림 3 수도권의 한국인 에스닉 비즈니스의 점포수

자료: 林(2002: 20)을 기초로 작성, 원자료는 『그루터기』 2001년 9월호.

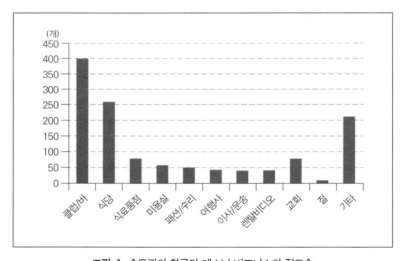

그림 4 수도권의 한국인 에스닉 비즈니스의 점포수

자료: 林(2002: 20)을 기초로 작성, 원자료는 『그루터기』 2001년 9월호.
조사대상 지역은 도쿄도와 근린지역인 가나가와현, 치바현, 사이다마현이다.

　　　오쿠보에는 2010년 현재 코리아타운만이 아니라 인접지역에 에스닉 타
운이 형성되어가고 있는데 그 배경은 다음과 같다. 먼저 가부키쵸와 오쿠보

에 올드커머가 소유한 토지와 빌딩이 많았다는 점이다. 앞에서도 언급한 바와 같이 가부키쵸와 오쿠보에 토지와 건물을 소유하고 있거나 혹은 장사를 하던 올드커머가 뉴커머를 직원으로 고용하거나 방을 대여[18)]해줌으로써 뉴커머가 쉽게 오쿠보에 정착할 수 있었다. 두 번째로 오쿠보에 일본어학교를 포함한 전문학교가 많다는 점이다. 그중에서도 역사가 오래된 것은 1951년에 설립한 일본전자전문학교로 80년대에 급성장함으로써 1989년에는 19호관까지 별관을 증축할 정도로 학생 수가 급증했다. 학생 정원 2,000명 가운데 80년대 말 이후의 유학생은 400명이었다. 한편, 일본어학교도 증가했는데 모 학교는 유학생의 증가로 캠퍼스를 다섯 개까지 증설할 정도였다고 한다. 세 번째는 90년경부터 오쿠보에 한국인 점포가 급증함으로써 업종의 전문화, 세분화가 발생했다. 한국계 점포는 80년대 중반부터 쇼쿠안도오리를 중심으로 생기기 시작했는데 90년대 중반 이후 급증함으로써 쇼쿠안도오리와 오쿠보도오리, 그리고 두 지역을 연결하는 골목골목에 점포가 들어섰다.[19)] 네 번째로 일본사회의 에스닉 푸드의 유행이다. 일본에서의 에스닉 푸드는 80년대 이후 한국과 중국요리는 물론 이탈리아, 인도요리 등 다국적 요리가 유행하게 되었다. 다섯 번째로 오쿠보가 현재와 같이 본격적인 에스닉 타운으로 정착하게 된 계기는 한류 붐의 영향이 크다는 점이다. 2002년 한일공동 월드컵개최와 2003년 이후의 한류 붐의 영향으로 인해서 한류상품을 판매하는 점포가 다수 등장했다.

　　마지막으로, 재일코리안 정치학자 강상중도 지적하고 있는 바와 같이, 아시아 출신자들의 유입을 통해서 오쿠보 지역은 다양한 문화와 언어의 접촉과 교류에 의한 크레올(creole)화가 진행되고 있다는 점이다(姜尚中, 2011: 108-

---

18) 1990년대에는 외국인에게 방을 대여하는 것을 꺼리는 일본인이 많아 사회문제가 되었다.

19) 이와 같이 한국인이 증가하게 된 측면에는 일본의 사회경제적 변화도 지적할 수 있다. 田嶋(1998)도 언급한 바와 같이, 일본 거품경제의 붕괴로 인한 부동산의 가격하락이 외국인의 부동산 구매를 촉진하게 된 것이다. 아울러 일본인 경영자의 고령화도 한 요인이 된다.

113). 오쿠보 지역에는 한국만이 아니라 중국, 타이, 인도, 필리핀, 말레이시아, 미얀마 등 다양한 언어 사용자가 모여 들고 있는데 일본체재의 장기화를 통해서 이들이 사용하는 언어도 일본어를 적절하게 도입하면서 변화해 가고 있다.

한인점포의 밀집지역을 일본의 미디어는 '코리아타운' 혹은 '신오쿠보 코리아타운'(〈그림 1〉 참조)이라고 보도함으로써 일본 전국에 알려지게 되었다. 2008년 현재 오쿠보는 야마노테선 신오쿠보역을 경계로 동쪽은 한국계 점포가, 서쪽은 중국, 조선족, 대만, 타이, 미얀마, 말레시아, 인도, 네팔, 터키, 스페인, 이탈리아 등 다국적 음식점이 모여 들어 에스닉 타운을 형성하고 있다 (稲葉佳子, 2008b; 川村千鶴子, 1998).

오쿠보에서 20여 년 가까이 생활하고 있는 S씨는 80년대 가부키쵸의 서비스 업종에서 일하는 한국인 여성을 대상으로 영업해 오던 한인점포는, 한류 붐으로 인해서 모국인에서 일본인 혹은 외국인으로 고객성격이 변화되었다고 한다. 아울러 한류 붐으로 인해서 '업종의 다양화', '기업의 그룹화', '전문성의 발휘', '창업에서 기업으로' 패러다임이 전환되었다. 80년대 이른 시기에 창업한 한인점포는 15년~20년간의 경영을 통한 일본인 고객의 획득을 통해서 경영이 안정화되었으며, 초기에는 단순했던 한인업종이 유통, 무역, 여행업, IT인재파견, 한류 상품점, 일본어학교, 부동산 임대업, 제조업 등으로 다양해지고 있다.

한인점포는 경영의 안정을 꾀함으로써 그룹화 경향을 띠고 있다. 예를 들어 'H슈퍼'는 초기에는 식료품의 판매가 중심이었으나 현재는 서점, 카페, 식당, 호텔 등의 업종으로 확장되고 있으며, 'Y회사'는 처음에는 여행사로 시작했으나 2000년도 이후 미용실, 식당, 휴대전화, 부동산 등으로 업종을 확장 시키고 있다. 또한 업종의 전문화 경향을 지적할 수 있는데, 예를 들어 95년에 창업한 모 막걸리 회사는 일본의 '막걸리 붐'에 편승해서 일본 독자적인 브랜드 상품을 개발했을 뿐만 아니라 막걸리가 주상품인 음식점을 개점해

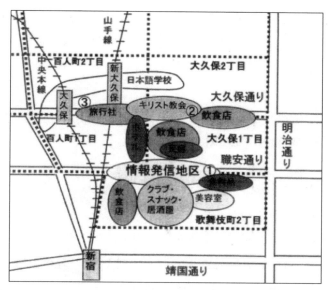

그림 5 오쿠보의 한인점포 분포(2000)

주: 1) 한인점포가 소속하는 상점회의 명칭(지도 속의 번호)은 다음과 같다. ① 신주쿠 맘모스도오리 상
 영회(新宿マンモス通り商榮會), ② 신오쿠보 상점가 진흥조합(新大久保商店街振興組合), ③ 신
 오쿠보 하쿠닌쵸 밝은 상점가 진흥조합(新大久保百人町明るい商店街振興組合)

 2) ホテル은 호텔, キリスト敎會는 기독교회, クラブ・スナック는 클럽/스나크(한국의 단란주점과
 유사)를 의미한다.

 3) …은 지역 경계임.

자료: 朴賢珠, 2002: 149.

그림 6 코리아타운 모습

자료: http://allabout.co.jp/gm/gc/380553/.

그림 7 한인점포가 들어서 있는 빌딩

도쿄도 내만 해도 여덟 개 점포로 증가했다. 즉 한인점포는 지금까지의 '스몰비지니스'라는 이미지에서 '기업'으로 성장했다고 할 수 있다(共住懇, 2010, 제2호: 1-2, 〈그림 5, 6, 7〉 참조).

5. 한국문화의 발신지로서의 오쿠보

한인기업의 안정화, 대규모화에 따라 비즈니스 활동과는 달리 한국인 점포로서 한국문화를 발신하는 곳도 증가하고 있다. 본 장에서는 오쿠보 코리아타운에 위치하는 한인점포가 어떻게 한국문화를 발신하고 있는가에 초점을 맞춘다. 역사가 얕을 뿐만 아니라 한국에 많이 알려져 있지 않은 관계로 오쿠보의 코리아타운은 아직까지 한국문화를 전면적으로 발신하고 있다고 할 수는 없다. 한인점포를 중심으로 성립된 이유 등으로 인해서 문화콘텐츠도 많지 않은 상황에서 본 연구에서는 필자의 조사[20]에 기초해서 상업(종교)시설의 비영업적인 활동에 초점을 맞추어 'H슈퍼'와 '한인교회', 'A한국어학원', 커뮤니티의 사례를 중심으로 살펴본다.

1) 한국의 식문화 전파를 위해서: H슈퍼의 사례

80년대에 유학생으로 도일한 후 학업을 마치고 개업한 'H슈퍼'는 '한국의 식문화를 일본에 전파한다'는 신념하에 1994년 쇼쿠안도오리에 개업한 이래 '팔리는 품목보다 팔지 않으면 안 되는 품목', 즉 '한국 그대로를 판다'는 신념으로 영업활동을 한 결과 일본 언론의 주목을 받았다. 현재는 한국 식문화의 정보발신지 역할을 하고 있다고 자부하는 'H슈퍼'는 하루 평균 2,500여

---

20) 박사논문의 집필을 위해서 2000년도부터 2005년도 사이에 실시한 조사이며, 2010년 이후 추가조사를 진행하고 있다.

명의 고객이 이용하고 있을 뿐 아니라 매일 약 200건의 통신 판매를 하고 있으며 주요 고객은 일본인이다. 그 외에도 음식점과 CD와 DVD, 서적, 한복 등을 판매하고 있다.

'H슈퍼'는 영업활동 외에도 한국의 식문화를 알리는 다양한 이벤트를 개최하고 있다. 인근지역에서 열리는 마츠리(지역축제)에 적극적으로 참가해서 본 회사에서 제조하는 식품을 판매하고 있다. 또한 한국요리에 관심이 있는 일본인을 모집해서 직원과 같이 만드는 행사도 벌려서 자사 홍보지에 게재하고 있다. 당 회사의 특징은 자사 빌딩의 일부를 재일코리안 단체에 대여함으로써 올드커머로서의 재일코리안이 담당해왔던 한국문화 발신장소를 제공하고 있다는 점이다. '고려박물관'이나 '문화센터 아리랑' 등이 그 대상이다. '고려박물관'은 2001년 12월에 세워진 NPO법인으로, 일본과 남북코리아 간의 교류와 문화를 이해하고 일본의 식민지 지배의 역사를 바로 알며 재일코리안의 공생사회 실현을 목표로 운영되고 있다. 당 박물관은 자료의 상설전시, 특별기획전시, 재일코리안 관련 연속강좌, 문화강좌, 강연회, 출장강의, 한글강좌를 개최함으로써 남북코리아와 재일코리안의 역사와 문화를 발신하고 있다(http://www.40net.jp/~kourai/). 한편, '문화센터 아리랑'도 역사, 문화강좌, 재일코리안 출신자들의 작품발표 및 공연 등 한국인과 재일코리안 일본인의 교류의 장으로서 활동하고 있다(http://bcarirang.web.fc2.com/arituu.html).

2) 한인교회의 역할

90년대 이후 종교비자로 도일하는 한국인이 증가함으로써 한글로 써진 한국교회의 간판이 도처에서 눈에 띄게 되었다. 재일본 한국인연합회도 언급하듯이 종교비자로 도일하는 대부분의 사람들이 기독교 관계자인데 교회의 수는 관동지역에만 해도 100개를 넘는다. 〈그림 8〉은 일본에 종교비자를 통한 입국자를 그래프로 나타낸 것이다. 비교대상으로서 미국을 선택한 이

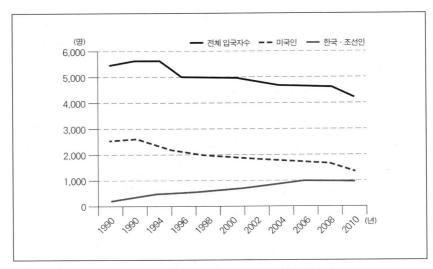

전체 입국자수 ---- 미국인 ····· 한국·조선인

1990 1990 1994 1996 1998 2000 2002 2004 2006 2008 2010 (년)

그림 8 종교비자로 입국하는 외국인 등록자수의 추이
자료: 入管協會, 『在留外國人統計』 각년판을 통해서 작성.

유는 일본에서 종교비자로 도일하는 외국인 중에서 미국이 가장 많고 2위는 한국/조선이다. 종교비자로 입국한 한국인은 1990년도 이후 꾸준히 증가하다가 2000년도 중반부터는 동일수준을 유지하고 있다. 반면에 미국은 1992년부터 2010년 현재까지 계속 감소하고 있다.

오쿠보 지역 특징의 하나는 다른 지역에 비해서 교회가 많다는 점이다. 이와 같은 경향은 일본인 교회도 마찬가지이다. 일본의 문부과학성과 종교에 관한 통계조사21)에 의하면 일본종교의 신자는 '신도(神道)'계가 약 1억 700만 명, '불교'계가 9,800만 명으로 두 종교의 인구는 2억에 달한다. 여기에 비하면 기독교는 300만 명으로 일본 총인구 1억 2,805만 6,025명의 2.3%에 해당한다.22) 세례 받은 신자에 한정하면 더욱더 명확하게 알 수 있는데 일본

---

21) 2007년도 '全国社寺教会等宗教団体·教師·信者数' 문부과학성의 교통계조사(2006. 12. 31 현재, 검색일: 2009-9-1).

22) 자진신고에 의해서 집계되고 있기 때문에 실제보다 많은 수치로 계산될 수 있다

전인구의 0.8%만이 세례 받은 신자임을 감안하면 일본의 기독교인은 한국의 19.8%(한국통계청, 2003년 현재)에 비교해도 훨씬 적다.

현재 오쿠보에는 '일본그리스도교 부인교풍회(矯風會)',[23] '웨스레안 호리네스교단 요도바시교회(淀橋敎会)',[24] '일본 호리네스교단 도쿄중앙교회',[25] '일본 복음루터 도쿄교회',[26] '가시와기교회(柏木敎会)' 등 비교적 일본에서도 규모가 큰 교회가 위치하고 있다. 그 이유 중의 하나는 메이지 중기에서 다이쇼기에 이르러 외국인이 다수 거주하고 있었기 때문이다. 일본인 목사가 운영하는 교회 중에서 외국인과 관련이 깊은 곳은 '일본그리스도교 부인교풍회'와 '웨스레안 호리네스교단 요도바시교회'이다. '부인교풍회'는 서비스 직종에 일하는 외국인 여성의 피난처(shelter) 역할을 하고 있다. 한편, 한국인 목사에 의해서 설립되고 운영되고 있는 교회는 '도쿄중앙교회'와 '요한 와세다 그리스도교회(ヨハン早稲田キリスト敎会)'이다. 공식적인 통계는 없지만 물론 위의 두 교회 이외에도 한국인 목사에 의해서 운영되는 교회가 많이 존재한다.

일본에서 한국문화의 발신지로서 빼놓을 수 없는 곳의 하나가 한인교회이다. 대부분의 한인교회는 예배참석과는 별도로 한국어강좌나 무용/노래교실, 요리교실 등을 개최하고 있다. 2000년도 이후 수차례에 걸쳐서 실시한 필자의 조사에 의하면 일본에 파견되는 대부분의 한인교회의 목적은 일본인

---

23) 1889년에 설립되었다. 설립 당초부터 공창폐지 운동을 전국적으로 전개하는 동시에 유곽을 탈출한 여성들을 보호하기 위해서 1849년에 자애관(慈愛館)을 설립했다. 일본의 공창제도 폐지 후에는 서비스산업에서 일하는 외국인 여성들을 위해서 활동했다(신주쿠구 지역여성사 편찬위원회 편, 1997: 213-218).

24) 1964년 당시 일본 최대급의 프로테스탄트 교회를 설립하고 1988년부터는 한국인부를 설치했다. 한국인부 예배는 한국에서 온 선교사가 예배를 인도했으며 신자수의 증가에 따라 인근지역(북신주쿠)에 독립했다. 현재 한국과 일본 내 34개소의 개척교회를 갖고 있다.

25) 도쿄중앙교회는 1985년 2월에 일본선교를 목표로 한국인 목사에 의해서 세워졌다. 처음에는 요츠야에서 시작했으나 동년 5월 쇼쿠안도오리에 이전했고 신자의 증가로 인해서 1996년 9월 오쿠보에 독자적인 건물을 세워서 이전했다. 동년 10월부터는 신학원과 대학원을 설립했고 2011년 1월 현재 일본 내 여섯 개 지역에 지방교회를 개척했다. 미국의 신학대학과 제휴를 맺어 학위취득도 가능하며 일본과 미국을 중심으로 세계선교의 목표를 갖고 있다.

26) 대정기에 이주한 독일인에 의해서 세워진 교회로 관동대지진의 피해로 인해서 오쿠보로 이전했다.

에 대한 선교이다. 도쿄 인근지역인 가나가와현에서 15년 이상 한인교회의 목사로 활동하고 있는 K씨는 "일본에는 잡신이 많기 때문에 한국인으로서 일본선교는 사명입니다. 물론 저도 한국에서 목회를 하다가 일본선교의 비전을 갖고 (일본에) 왔죠"라고 말한다.[27]

오쿠보에 위치하는 T교회는 한일친선 문화교류와 페스티벌을 교회행사로 개최하고 있다. 당 교회에서는 그 외에도 일주일에 한 번씩 한국어교실을, 한 달에 한 번씩 요리교실과 한국노래 교실을 주최하고 있다. 일본인에게 교회에 대한 거부감을 없애고 교회의 분위기에 익숙해질 수 있도록 예배와는 상관없이 교실을 운영하고 있는데 수적으로 많지는 않지만 수강생으로 다니다가 신자가 된 사람도 있다고 한다.

3) 한국어학원의 역할: A어학원의 사례

한국문화의 발신지로서의 한국어 학원에 주목할 필요가 있다. 그 이유는 다른 상업시설에 비해서 학원이 한국어 지도과정에서 한국문화의 전파에 힘을 기울이고 있다고 생각하기 때문이며, 당 학원의 경영자가 지역사회를 위해서 다양한 활동을 하고 있기 때문이다.

일본에서 한류 붐 이전까지 한국어를 전문으로 가르치는 학원은 그다지 볼 수 없었다. A어학원의 경영자는 일본에서 한국어 학원의 경영이 한류 붐 이전까지는 용이하지 않았다는 사정을 H어학원의 사례를 거론하면서 다음과 같이 설명한다. "일본인이 경영하는 학원은 경영부진으로 집을 두 채 날렸죠." 1975년에 개교한 이래 한국어를 전문적으로 가르쳐왔는데 한류 붐 이후에야 경영이 안정되었다고 한다. 그 외에도 오쿠보에 위치하는 한국어학원은 대부분 한류 붐 이후에 생겨났다. 현재 7~8개의 학원이 존재하지만 A

---

27) 2005년 8월 면담기록.

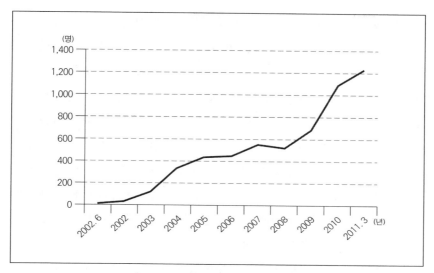

그림 9 A어학원의 수강생 수의 추이
자료: 경영자의 내부자료에 기초해서 작성

어학원이 가장 먼저 생겼을 뿐 아니라 현재까지 규모도 가장 크다.

A어학원은 2002년 6월에 개원한 이래 2011년도 현재 9년째 운영하고 있다. 2006년도부터는 경영 확장을 통해서 신바시에 한 개의 분원을 개설한 것을 시작으로, 2010년도 현재 한 개의 분원과 한 개의 기존학원 경영권의 인수, 2011년도에 다시 한 개의 분원을 개설해서 현재 다섯 개의 분원를 개설하고 있다. 〈그림 9〉는 A어학원 수강생의 전체 추이를 나타낸 것이다. 2000년도 중반과 말기에 정체기가 있었으나 전체적으로 꾸준히 증가하다가 2010년 이후에 급증하고 있다.

주목하고 싶은 것은 수강생의 증가 추이가 한류 붐 이후의 변화와 거의 일치한다는 점이다. 일본에서 2003~2004년에 NHK 겨울연가의 방송으로 한류 붐이 고조되다가 2000년도 중반에 일시적으로 정체된 후 2000년도 말부터 'KARA' 혹은 '소녀시대'의 등장으로 인해서 다시 고조되는데, A어학원의 수강생의 증가 추이와 유사하다. 경영자에 의하면 90%가 여성이고 남성은 10% 정도라고 하는데 한류 팬 역시 대부분이 여성인 점도 동일하다.

A어학원의 한류 붐으로 인한 학생 수의 증가는 2004년 10월 22일에 방영된 '三宅裕司のドシロウト'[28]에 소개되었다. 프로그램의 초청을 받아 경영자와 교사가 출연했는데 '한류 붐으로 인해서 급성장한 기업의 하나'로서 A어학원을 소개하고 있다. A어학원의 설립배경을 경영자 L씨는 다음과 같이 말한다. L씨는 1996년에 30세의 나이로 도일했다. 일본의 유명 사립대 대학원을 졸업한 그는 '재일본한국인연합회(이하, 한인회)'[29]에서 개최한 한국어 강좌의 자원봉사자로 맡게 되었는데 예상보다 좋은 반응을 얻은 점에 힌트를 얻어 한국어 학원을 설립했다. '한국을 알리기 위해서는 한국어를 보급하는 것이 우선'이라고 생각했기 때문이다. 처음에는 한국어 외에 중국어, 영어, 일본어를 가르쳤는데 초기에 두 명이었던 한국어 수강생은 한류 붐의 영향으로 꾸준히 증가해 2005년도부터 한국어만을 지도하고 있다.

당 학원은 경영이 안정됨에 따라 2006년부터 매년 '한국어 발표회'를 개최하고 있다. 학생들의 한국어 공부의 성과확인과 학습의욕의 자극이다. 최우수자에게는 일주일 간 한국유학을 체험하게 하고 우수자에게는 항공권을 수여한다. 매년 25명 정도가 참가하고 있으며 한국유학 체험을 목표로 공부하는 수강생도 증가하고 있다.

필자가 A어학원을 방문했을 때 마침 수업의 일환으로 수강생 50명[30]을 대상으로 실시한 '내가 좋아하는 한류스타'라는 제목의 설문조사 집계 결과가 제시되어 있었다.[31] 조사 집계와 분석표를 학생이 한글로 작성했는데 능

---

28) '三宅 裕司(미야케 유지)'는 일본의 남성배우 이름. 프로그램의 제목은 '미야케 유지의 왕초보'라는 의미이다.

29) 본 단체는 일본에 체류하고 있는 뉴커머 코리안의 권익과 보호를 위해서 2001년 5월 20일에 발족되었다. http://www.haninhe.com/About/Info1.asp.

30) 조사대상자의 나이는 60대 2명, 50대 3명, 40대 21명, 30대 18명, 20대 6명이며 모두 여성이다.

31) 가장 좋아하는 연예인은 동방신기와 빅뱅이 각각 8명으로 1위이며 장근석, 박시후, 비, 소지섭, 2PM 등으로 이어졌다.

숙한 한국어 솜씨를 엿볼 수 있었다. A어학원의 수업은 단순히 한국어 학습을 넘어서 한류문화를 소비하고 분석하고 실천하는 장소로서의 역할을 담당한다.

어학수업은 한국어를 가르치는 교사와 배우는 학생으로 이루어지는데 이와 같은 환경은 학원 내에서뿐만 아니라 밖에서도 친밀권을 형성할 수 있는 계기를 만들고 있다. 필자의 면접조사에 응한 A어학원의 수강생인 유리 씨(가명, 42세, 단기대학졸)는 겨울연가를 본 후에 한국드라마에 빠져 한류 팬이 되었다. 남편도 그녀의 영향을 받아 한국을 좋아하게 되었고 남편과 같이 한국영화나 드라마를 보는 것이 취미이다. 그녀의 주위에는 남편 외에 이모도 열성적인 한류 팬으로 같이 자주 한국여행을 즐기고 있다. 여행에는 가끔 시부모도 동행한다는 그녀는 친척이 같이 여행을 하는 것은 그다지 흔한 일이 아니라며 일본에서 웃어른인 이모와 시부모를 모시고 한국여행을 가는 것은 "한류라는 중간매개체가 있기 때문에 가능한 일"이라고 설명한다.

한국요리를 좋아하는 그녀는 지금은 만두, 삼계탕, 잡채, 떡볶이, 동그랑땡, 김치 등을 만들 수 있다. 사교적인 학원의 담임선생이 자신의 집에 학원 수강생들을 초대해서 자주 요리를 만들었기 때문이다. 한국요리를 좋아하는 것은 같은 반의 수강생인 미와 씨(가명, 48세, 단기대학졸)도 마찬가지이다. 그녀도 겨울연가를 본 후에 한류 팬이 되었고 드라마를 통해서 한국어에도 관심을 갖게 되어 6년째 공부하고 있다. 그녀의 가족은 그녀가 한류 팬임을 달가워하지 않아서 집에서는 그다지 한국 관련 화제를 꺼내지 않는다. 고등학생인 딸은 모친의 영향으로 동방신기를 좋아하지만 대학생인 아들은 엄마와 여동생이 한류 팬이라는 점에 대해서 반감을 갖고 있다. 이와 같은 관계를 완화시켜 주는 것은 한국요리이다. 드라마나 음악 관련은 싫어하지만 한국음식은 좋아하기 때문에 자주 한국음식을 식탁에 올리고 있다. 그녀가 한국어를 배우는 이유는 단지 언어습득만이 아니라 한국요리를 배울 수 있고 또 한국인 선생님과의 교제를 통해서 한국문화를 접하고, 생활 속에서 즐거움을 느낄 수 있기 때문이기도 하다.

4) 지역축제 참가를 통한 한국문화의 발신

오쿠보의 한인상점은 '신오쿠보 상점가'와 '맘모스도오리 상영회(商栄会)', '신주쿠 햐쿠닌쵸 밝은 상점가 진흥조합' 등 세 개이다(〈그림 5〉 참조). 뉴커머 코리안의 상업시설의 증가와 더불어 일본의 지역사회(상점가조합)도 한국인을 의식하고 점차 인정하는 방향으로 교류가 진행되고 있다. 일본인의 외국인에 대한 이해부족으로 인해서 처음에는 한국인의 갑작스러운 증가를 당혹스러워 하기도 했으나 쇠퇴해가고 있던 상점가가 한인점포의 증가로 인해서 활기를 되찾고 고객들의 발길이 이어지게 되었기 때문이다.

일본인 측에서는 외국인 점포와의 중간역할을 하는 모임으로서 '거주간(居住懇)'[32]이라는 단체도 생겼다. 현 단체는 일본인과 외국인의 상호이해를 위해서 모임을 주최하고 오쿠보 지역의 변화과정을 장기적으로 조사/연구하고 있다. 거주간은 월례회 모임을 통해서 '한인회' 간부와 회의를 갖기도 했는데 이 모임을 통해서 일본인 상인들이 "(오쿠보)의 코리아타운화는 지역을 활성화시키고 현재 발생하고 있는 여러가지 사회문제에 대해서 공헌하리라 예상된다. 오쿠보의 지명도를 높임으로써 경제적인 효과를 초래하고 있지만… (생략) … 한편으로는 불안감도 느끼고 있다. 이 지역이 한국인의 거리가 되는 것은 아닌가라는 불안감이 있다"고 전했다.[33]

한인상점 측에서는 대표단체인 '한인회'를 중심으로 활동하고 있다. 그중의 하나가 일본인 지역 상점회가 주최하는 축제(마츠리)에 참가하는 것이다. 대표적인 것은 '거주간'이 개최하는 '오쿠보 아시아 축제'와 지역 상점회가 주최하는 '오쿠보 마츠리'에 매년 참가하는 것이다. '오쿠보 마츠리'를 통해서

---

32) 정식 명칭은 '외국인과 같이 생활하는 신주쿠구 지역만들기 간담회'로 1994년에 설립되었다.
33) http://www.gakugei-pub.jp(검색일: 2011-8-31).

2009년과 2010년에는 사물놀이를 공연했고, 2011년은 도쿄한국학교 학부모로 구성된 '합창부'가 대신 참가해서 한국과 일본 가요를 합창했다.[34] 2012년 10월 8일에는 한국음식 부스를 열어 부침개, 떡볶이, 잡채, 생막걸리를 판매하여 수익금을 일본 동북지역 부흥자금으로 전액 기증했다.

그림 10 한일 축제 한마당·일한 교류오마츠리(日韓交流おまつり) 공동 마스코트
자료: 각주 35) 홈페이지.

한편, 최근 한인회가 뉴커머 코리안을 대표해서 전면적으로 참가하는 활동이 있다. 한국과 일본이 하나가 되어 양국 시민들의 힘으로 개최되는 최대규모의 한·일 문화교류 행사인 '한일 축제 한마당[35]·일한 교류 오마츠리(日韓交流おまつり)' 참가이다. '한일 축제 한마당'은 한국 측 주최로 2012년 현재 8회째 행사가 10월 3일에 개최되었으며, '일한 교류 오마츠리'는 일본측 주최로 현재 네 번째 행사가 9월 29일부터 10월 2일까지 4일간에 걸쳐서 개최되었다.[36] 특이한 것은 지금까지의 3회에 걸친 행사가 일본 도쿄의 대표적인 문화 도심을 자처하는 '롯본기 힐(六本木ヒルズ)'[37]에서 개최되었으나 2012년은 뉴커머 코리안이 밀집된 신주쿠구에서 열렸다는 것이다. 신주쿠구의 협조로 이루어진 주 행사장은 신주쿠 문화센터, 부대 행사장은 오쿠보 공원, 기타 관련 행사는 한국문화원 및 도쿄도 내 각지에서 개최되었다. 특히 올해는 '동일본 대지진

---

34) 동일 각 축제 담당자에 대한 전화 면담. http://www.haninhe.com/About/Info1.asp(검색일: 2011-8-31).

35) 한국 측 행사의 개요는 한일축제한마당 홈페이지를 참고하기 바람. http://www.omatsuri.kr/korean/about/int1.asp(검색일: 2012-10-1).

36) http://www.omatsuri.kr/jpn/about/int4.asp(검색일: 2012-10-1).

37) 한국의 중앙일보는 이 지역을 '한국의 이태원과 신사동 그리고 압구정동을 섞어 놓은 듯한 곳'이라고 소개하고 있다. 단순한 주거단지가 아니라 문화, 엔터테인먼트, 비즈니스, 주거 등을 모두 해결할 수 있는 복합단지로 2003년 말 이후 재개발되었다. http://article.joinsmsn.com/news/article/article.asp?total_id=3706395(검색일: 2012-10-1).

복원기원'을 테마로 개최되어 뜻 깊은 행사가 되었다.

본 마츠리에서 한인회가 중심적으로 활동한 것은 오쿠보 공원에서 열린 행사로, K-POP 커버댄스 2012 대회, 한국전통문화 퍼포먼스, 한류스타동상 전시회, 김장대회, 한국 농수산식품전 등 한국의 다양한 문화체험이다. 한인회는 '참가형 한인회'와 '공생형 한인회'라는 목표하에 '소속 지역과 단체만이 아니라 일본지역사회를 위해서 어떤 일이라도 솔선해서 〈같이 살아가는〉 한인회가 되겠다'고 참가 취지를 밝히고 있다.[38] 한인회의 간부에 의하면 한일축제한마당에 멤버가 전원 참가함으로써 일본 지역사회와의 공존을 꾀한다고 한다.[39]

6. 맺음말

일본에서의 한류 붐은 2002년도 한일월드컵 공동주최와 2003년부터 수차례에 걸쳐서 방영된 겨울연가가 직접적인 계기가 되었다. 10여 년이 지나려고 하는 지금도 한류는 붐으로 그치지 않고 한류문화로 자리 잡고 있는데, 코리아타운은 발신지로서의 그 역할을 담당하고 있다. 도쿄의 코리아타운은 뉴커머가 집중되어 있는 오쿠보를 중심으로 정착되고 있는데, 그 배경은 에도시대부터 외지인 혹은 외국인에게 열린 공간으로서의 오쿠보라는 지역적인 특성이 있었다. 오쿠보는 올드커머로서의 재일코리안의 생활지였는데, 이와 같은 특성은 80년대의 빠른 시기에 이주한 뉴커머 코리안의 오쿠보 지역에의 정착화에 영향을 끼쳤다. 한편, 90년도 이후에 이주한 한국인은 노후화되는 일본인 중심의 상업지역인 오쿠보에 활성화를 불러일으켜 코리아타

---

38) http://www.omatsuri.kr/jpn/about/int4.asp(검색일: 2012-10-1).

39) 2012년 10월 15일 면담기록.

운과 에스닉타운으로 성장하는 직접적인 영향을 끼쳤다. 즉 뉴커머를 중심으로 형성된 코리아타운은 오쿠보 지역의 활성화를 일으켰으며 이를 계기로 다른 지역 출신 외국인이 모여듦으로써 수도권에서 유일한 에스닉 타운으로 발전하게 되었다. 최근 들어 일본 지역사회는 양국 시민에 의해서 이루어지는 최대 규모의 문화교류 행사를 오쿠보에서 개최하는 등 도쿄 코리아타운에 대한 기대는 점점 더 커져 가고 있다. 양국의 기대가 주목되고 있는 가운데 한국문화를 정기적으로 발신할 수 있는 문화적 상징의 구축화가 제기되며, 이에 도쿄 코리아타운이 어떤 역할을 담당할 수 있는지에 대한 구체적 제언이 요구된다.

향후 과제는 10여 년 전부터 일기 시작한 한류 콘텐츠가 일본에서 어떠한 방향으로 진전되며 한류 붐으로 인한 일본인사회가 어떻게 변화하는가이다. 일본인은 예전에 비해서 외국에 대한 관심이 줄어들고 있으며 어학학습 또한 감소하고 있다. 이와 같은 상황은 영어 학습에 대해서도 마찬가지이다. 아직 수적으로 다수라고는 할 수 없지만, 한류는 일본인의 한국어 학습에 대한 의욕을 증가시키고 있으며 일본인의 한국방문 증가를 초래하는데 그 수가 2000년도 중반에는 일단 감소하다가 후반부터 다시 증가하고 있다.[40] 한국어 학습의욕의 증가와 한류 팬의 실천과 소비, 한국에 대한 관심의 고조는 도한(渡韓)이라는 국경을 넘은 문화실천자로 재배치된다. 아파듀라이(A. Appadurai, 1996)가 지적한 바와 글로벌시대에 있어서 새롭게 편성된 공간체제가 글로벌 기업과 국가, 디아스포라, 가족, 개인과 같은 다양한 행위체에 의해서 중층적으로 표출되듯이 한류라는 글로벌 문화를 통한 한국에의 국제이동은 향후 한·일 관계, 나아가서는 국제질서의 변화에 어떤 영향을 끼칠 것인가라는 것까지 범위를 넓혀서 주목하고 싶다.

---

40) 한국을 방문한 일본인은 2000년도에는 247만 2,054명이었지만 2010년도는 55만 명이 증가한 302만 3,009명으로 중국을 방문한 373만 1,100명(2010) 다음의 2위이다. ツーリズム·マーケティング研究所, 『日本人出国者数の統計』. http://www.tourism.jp/ statistics/outbound.php.

참고문헌

姜尙中. 2011.『トーキョー・ストレンジャー:異邦人の視座』. 集英社.

共住懇(外國人とともに住む新宿區街づくり懇談會). 2001.『おいしい"まち"ガイド』第4版.

_____. 2010.『OKUBO』2号.

東京都新宿區. 1967.『新宿區史』. 東京新宿區役所.

東京都新宿區教育委員會. 1984.『地図で見る新宿區の移り変わり〈淀橋・大久保編〉』.

李承珉. 2008.「韓國人ニューカマーの定住化と課題」. 川村千鶴子編.『「移民國家日本」と多文化共生論: 多文化都市・新宿の深層』. 明石書店.

木村 勝美. 1986.『新宿歌舞伎町物語』. 潮出版社.

新宿區地域女性史編纂委員會. 1997.『新宿 女たちの十字路: 區民が綴る地域女性史』. ドメス出版.

伊藤るり. 1992.「〈ジャパゆきさん〉現象再考」. 梶田孝道他編.『外國人勞働者論: 現狀から理論へ』. 弘文堂.

田嶋淳子. 1998.『世界都市・東京のアジア系移住者』. 學文社.

川村千鶴子. 1998.『多民族共生の街・新宿の底力』. 明石書店.

_____. 2008.『「移民國家日本」と多文化共生論: 多文化都市・新宿の深層』. 明石書店.

土佐昌樹. 2005.「〈韓流〉はアジアの地平に向かって流れる」. 土佐昌樹・青柳寬編.『越境するポピュラー文化と「想像のアジア」』. めこん.

八田靖史・佐野良一. 2009.『新大久保コリアンタウンガイド: 電車で行けるソウル！韓食と韓流のすべて』. 晩聲社.

奧田道大・田嶋淳子編. 1993.『新宿のアジア系外國人』. めこん.

_____. 1998.『新宿のアジア系外國人: 社會學的實態報告』. めこん.

河明生. 2003.『マイノリティの起業家精神: 在日韓人事例研究』. アートン.

稻葉佳子. 2008a.「共に生きる街・新宿大久保地區の歴史的変遷」. 川村千鶴子編.『「移民國家日本」と多文化共生論: 多文化都市・新宿の深層』. 明石書店.

_____. 2008b.「受け継がれていく新住民の町の遺伝子」. 川村千鶴子編.『「移民國家日本」と多文化共生論: 多文化都市・新宿の深層』. 明石書店.

_____. 2008c.『オオクボ 都市の力: 多文化空間のダイナミズム』. 學芸出版社.

黃盛彬・徐勝・庵逧由香編. 2007.『「韓流」のうち外: 韓國文化力と東アジアの融合反応』. 御茶の水書房.

ソンウォンソク. 2004.『地域社會における多文化共生まちづくりへの挑戰』.

Arjun Appadurai. 1996. *Modernity At Large: Cultural Dimensions of Globalization*. Minneapolis: University of Minnesota Press.

고정자・손미경. 2010.「한국문화 발신지로서의 오사카 이쿠노쿠 코리아타운」.『글로벌문화콘텐츠』제5호.

이승민. 2011.「다문화 공생지역 신주쿠: 현황과 과제」.『한일 다문화도시 세미나 발표논문집』. 일한다문화공생 도시세미나.

임승연. 2010.「재일한인타운의 사회-공간적 재구성과 정체성의 정치: 오사카 이쿠노쿠를 사례로」. 이화여자대학교 석사학위논문.

임영상. 2010.「타슈켄트의 신코리아타운〈시온고〉고려인마을과 한국문화」.『글로벌문화콘텐츠』제5호.

共住懇(外國人とともに住む新宿區街づくり懇談會). 2000. 「世界の食が人の輪をつなぐ: 共住懇＜おいしい"まち"ガイド＞からのメッセージ」.

菊池俊一. 2003. 「e-Japan戰略によるe-Learningの普及について」.

渡邊博顯. 2008. 「外國人勞働者の活用」.

柳蓮淑. 2011. 「韓國女性の國際移住に關する要因分析: 1980年代以降における就勞目的での來日事例から」. お茶の水女子大學ジェンダー研究センター. 『ジェンダー研究』第14号.

林永彦. 2002. 『日本での韓國移民によるエスニック・ビジネスの展開: 1980年代以降を中心に』(富士ゼロックス小林節太郎記念基金2002年度研究助成論文報告書).

朴賢珠. 2002. 『韓國人ニューカマー・コミュニティの形成と展開: 東京都新宿區を事例として』. 立正大學大學院文學部研究科 地理學專攻 博士學位論文.

재일본한국인연합회: http://www.haninhe.com/About/Info1.asp

참 고

1. 오쿠보 코리아타운까지의 교통편

하네다 공항(羽田空港)에서 도쿄모노레일(東京モノレール)을 타고 하마마츠쵸(浜松町)하차. JR야마노테센(山手線外回り・品川・澁谷方面)을 타고 신오쿠보역(新大久保) 하차.

2. 재일본 한국인 연합회

신오쿠보역에서 1분

주소: Tokyo sinjuku-ku Hyakunincyo 2-11-24 someya glow Bd. 701

전화: (03) 6908-6590/6591, 팩스: (03) 6908-6592

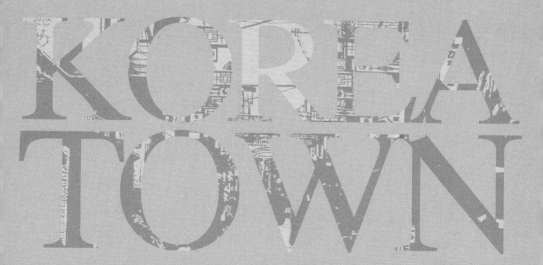

KOREA TOWN

Part 3

중국의 코리아타운

심양 코리아타운 '서탑'과 한국문화*

신춘호(한국외국어대학교 강사)

1. 머리말

심양 서탑(西塔)은 연변조선족자치주의 연길, 용정 못지않게 조선족이 밀집되어 살며 발전해온 대표적인 조선족집거지이다. 그러나 현재 서탑에는 중국 심양시민과 북한주민, 그리고 한국교민들이 함께 어우러져 생활하는 한민족 공동체의 공간이자 상업지구로 중국에서의 최대의 '코리아타운(Korea-town)'이기도 하다. 최근 중국 각지에는 한국기업인, 유학생, 교민들이 대거 진출하면서 많은 코리아타운들이 형성되고 있다. 심양 서탑을 비롯하여 북경의 왕징, 대련, 청도, 상하이, 장춘 등 각지마다 코리아타운들이 형성되고 있으며, 이들 코리아타운은 '중국 속의 한국'으로서 한국문화, 한류(韓流)[1] 전파의 매개체 역할을 하고 있다. 이들 코리아타운은 한국문화가 보편적으로 통용되고 있는 '제2의 한국'이라는 공간적 특징이 있다. 물론 한민족의 정서를 유지하고 있는 코리아타운이지만 전통적으로 조선족들의 생활터전인 조

---

* 이 글은 『재외한인연구』(제24호, 재외한인학회, 2011)에 실린 것으로 일부 수정 · 보완했다.
1) 한류(韓流)는 중국, 타이완, 홍콩 더 나아가 싱가포르, 말레이시아 등 중국 문화권 전반에서 불고 있는 한국 대중문화의 유행을 일컫는다. 최근까지 지속되고 있는 잇단 대중문화의 진출로 단순한 현상이 아니라 하나의 문화적 흐름이라는 평가 아래 붙여진 이름이다. 즉, 한국의 음악이나 TV 드라마, 영화 등을 통해 소개되는 연예인과 한국 대중문화를 동경하고 추종하면서 배우려고 하는 '문화현상'이라고 일컬어진다.

선족집거지와는 또 다른 의미가 있다.

서탑은 중국에서 가장 먼저 형성된 코리아타운으로서 LA 코리아타운이 미국에서 한국의 이미지를 심어준 것 못지않게 중국에서 대(對)한국 이미지 형성에 기여를 해온 곳이기도 하다. 중국에서 코리아타운의 모범으로서 서탑의 현황, 발전과정, 그리고 서탑의 한국문화 형성과 한류소비 행태 등은 '한류의 확산'을 외치는 이 시점에서 시사하는 바가 크다. 그런 측면에서 필자는 심양의 코리아타운 서탑과 서탑을 중심으로 한국문화 전파의 장이 되고 있는 '심양한국주간'에 관심을 갖는다.

연구의 주요 분석대상은 2002년부터 2012년까지 개최된 '심양한국주간'이다. 심양한국주간은 경제투자유치라는 1차적 목적 외에 한국과 한국문화를 소개하는 행사들이 다수 포함되어 있다는 점에서 몇몇의 프로그램에 대한 구체적인 고찰이 필요하다. 왜냐하면 이들 한국문화 행사는 심양 또는 동북지역 동포사회와 한인사회의 자긍심으로 나타날 수 있고 나아가 중국사회에 '한류' 확산의 기제로 작용할 가능성이 높기 때문이다.

연구방법으로는 문헌연구 외에 행사에 주도적으로 참여했던 관계자들의 증언을 청취하는 등 구술사 연구방식을 활용하였다. 아쉬운 점은 현지 관계기관(단체)에서 심양한국주간에 대한 보고서와 같은 백서의 발간이 없는 등 사후관리에 대한 문제점들이 많다는 점이었다. 때문에 본 연구에서는 한중 언론보도 자료와 중국 측에서 발간된 자료(金赫·曉君, 2010)를 참고하였다. 아울러 문헌연구의 한계를 극복하기 위하여 연구자는 심양 현지를 직접 방문하여 행사관계자들의 증언을 채록하고 서탑 현지의 분위기를 직접 감지함으로써 연구에 많은 참고가 되었다는 점을 미리 밝힌다.

현재 코리아타운 서탑은 새로운 문화도시로의 변화를 모색 중이다.[2] '심양한국주간' 역시 변화의 기로에 있다. 이 글은 코리아타운으로서 심양 서

---

2) 서탑가두(박매화 서기)에서 기획한 심양 서탑조선족문화주제가(文化主題街) 개조 프로젝트로 다음의 기사를 참고할 수 있다. 『요녕신문』. 2012-8-4. 「심양 서탑가 문화브랜드 옷 갈아입는다」.

탑의 위상과 의미를 되새겨보고, 나아가 서탑 코리아타운이 내포하고 있는 '한류적 요소'들을 심양한국주간과 문화행사를 통하여 살펴볼 것이다. 이를 통해 심양한국주간의 지속발전이 가능한 지점들을 찾아보고자 한다.

2. 심양의 인문지리와 코리아타운 형성

심양은 요녕성의 성도이자 북경, 천진, 상해, 광주에 이은 중국 5대 도시이다. 역사적으로 심양의 옛 이름은 봉천(奉天)이며, 만주어로는 무크덴(Mukden)이라고 한다. 청의 개국으로 수도를 1625년 요양에서 심양으로 옮기고 1634년 성경(盛京)이라 개칭하였으며, 1644년에 베이징을 수도로 정한 뒤에는 이곳을 배도(陪都)로 삼았다. 19세기 말에 러시아와 일본의 동북 침략이 시작되자 심양은 침략의 목표가 되고, 1931년 봉천(심양) 일본 관동군이 진출하여 만주점령의 교두보로 삼았던 대륙 침탈의 관문 도시였다. 일제강점기 시대에도 한민족의 역사와 깊은 관련을 맺어온 심양은 한인들이 집거해 살아온 곳으로, 연변조선족자치주를 제외한 동북3성 내에서 최대의 한인집거지로 중국 내 대표적인 '코리아타운'이 형성된 곳이다.

1) 심양의 인문지리적 환경

(1) 인문지리적 환경

항일전쟁에 승리하고 중국공산당 정부가 들어선 후에 다시 이름을 되찾은 심양은 정치, 문화적으로 동북아 지역에서 중요한 역할을 담당하고 있다. 지리적으로 동쪽은 한반도, 서쪽은 중원대륙으로 나가며, 서울과 북경을 연결하는 중간지점에 위치한다. 위로는 길림, 장춘, 하얼빈, 러시아, 몽골, 아래로는 요양, 대련을 향하는 교통의 요충지이다. 오늘날 심양은 중국 동북3성

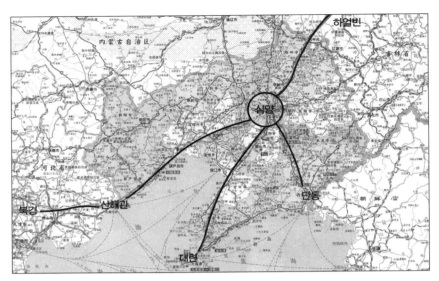

그림 1 동북지역(심양) 지도

지역의 경제, 문화, 과학기술, 상업무역, 금융의 중심이며, 최대의 중공업 도시이자 전기, 기계, 금속, 군사공업 도시이다.

(2) 유민(流民)의 역사가 흐르는 공간

동북아시아의 너른 대지는 한민족 시원(始原)의 땅이다. 특히 중국 동북지역은 고조선, 고구려, 발해의 역사로 이어지는 한민족 고토로서의 이미지가 강렬한 역사의 공간이다. 심양이 자리 잡고 있는 만주지역은 역사 이래로 고구려의 유민들이 발해의 신민으로, 발해의 유민들은 다시 이 공간 속에서 면면히 살아남아 오늘날 현대 중국의 일원으로 살아가고 있다. 그런가 하면, 동북지역의 심장이랄 수 있는 요녕성 심양은 병자호란의 결과로 조선의 60만 피로인(被虜人)[3]이 대륙으로 끌려가야 했던 민족수난의 현장이요(주돈식,

---

3) 피로인(被虜人)의 사전적인 의미는 '적에게 사로잡힌 사람'이며, 당시 병자호란의 결과 조선인들이 청의 포로로 잡혀간 이들을 말한다.

2007: 18, 76-77), 일제강점기 수많은 백성들과 뜻있는 독립운동가·지사들이 풍요로운 삶과 조국의 광복을 꿈꾸며 천리를 마다않고 달려가 무장투쟁을 전개한 공간이 바로 만주 벌판이다. 이들은 만주의 척박한 땅을 일구며 피폐한 삶을 개척하였고, 조국광복의 그날을 위해 목숨을 초개같이 던졌다. 이들의 후손들이 지금도 심양을 비롯한 동북지역 전역에서 한민족의 자긍심을 가슴에 품고 중국의 국민이 되어 살아가고 있는 것이다. 그런가하면, 지금 현재도 압록강을 건너는 탈북자들이 만주 벌판의 동북3성으로 스며드니 이곳은 아직도 끝나지 않은 한민족의 유랑처요, 현대판 유민의 공간이기도 하다. 심양 서탑은 바로 그 중심에 있다.

2) 심양 코리아타운과 서탑 형성

한국인들의 해외진출이 급격히 늘어나면서 주재원과 가족, 유학생 등 한인교민들이 모여 사는 집단 거주지들이 점차 늘어나고 있는 추세이다. 한인들이 많이 사는 미국에서 가장 규모가 큰 곳이 LA 코리아타운인데 반해, 중국에서 가장 오래된 코리아타운은 심양 서탑이라고 할 수 있다. 중국의 대도시마다 코리아타운이 형성되고 있고 북경 왕징의 경우 심양 서탑보다 한국인의 숫자가 많지만,[4] 서탑 만큼 오랜 역사를 갖고 있지 않다는 점에서 심양서탑은 중국 내 최고, 최대의 코리아타운으로 불리고 있다.

심양시에는 규모의 크고 작음은 있지만, 다양한 조선족집거지가 형성되어있다. 주로 심양시내 여섯 개 구에 밀집되어 있으며, 세 개의 조선족향이 있다. 조선족 밀집지역을 구체적으로 살펴보면 시내 중심의 서탑가(西塔街)지역과 만융촌, 소가툰구(蘇家屯區), 남쪽의 명염가(明廉街) 지역, 서북외곽의 대흥

---

4) 정신철(중국 사회과학원 민족인류연구소 연구원)의 논문 「베이징 왕징(望京) 지역 한국인과 한족 주민의 관계」에 따르면, 북경 왕징 지역의 전체 인구는 약 22만여 명이며, 한국인은 베이징에 거주하는 한국인 10만 명의 60~70%가 왕징에 거주하고 있다.

표 1 중국 각 도시별 코리아타운 현황[5]

도 시	지 역	비 고
심양	서탑(西塔), 혼남신구(渾南新區)	요녕성
북경	왕징신청(望京新城), 우다커우(五道口)	북경시
상해	민항취 룽바이(龍白)	상해시
청도	청양취(城陽區), 스난취(市南區)	산동성
심천	타오위안쥐(桃源居)	광동성
하얼빈	샹팡취(香坊區)	흑룡강성
장춘	계림로와 목단가	길림성

향 등에도 많이 거주하고 있으며 그 외 요녕성 각 지역에 집단으로 거주한다. 심양시 조선족 인구는 조선족 동포들의 한국행과 같은 해외이주, 그리고 타 도시로의 전출을 거치면서 많은 인구가 심양을 떠나 2009년의 경우 약 8만 3,700여 명으로 조사되고 있다. 탈심양의 영향이 지속적으로 진행되고 있는 것으로 볼 때 약 8만 명 미만일 것으로 추정된다.

심양시에 거주하는 한국교민은 현재 3만 5,000여 명이며, 1만 5,000명 정도가 서탑 인근에 거주하고 나머지 2만여 명은 철서구, 소가툰구, 만융촌 인근의 훈남신구 등에 거주한다. 심양시에서 대표적인 조선족집거지로 파악되는 만융촌과 소가툰은 조선족이 많이 거주하고 있는 특징이 있고, 서탑과 혼남신구는 조선족과 한인교민들이 혼재하는 특징이 있다. 이들 주요 구역에 대해 살펴보면 다음과 같다.

(1) 만융촌(滿融村) 조선족집거지

1934년에 조성된 만융촌은 심양시 혼하변의 남쪽에 위치하고 있는 조선족집거지역으로 〈그림 2〉의 B지역에 해당 된다. 만융촌의 인구는 약 1만

---

5) 중국 내 코리아타운은 현재 중국 각 도시별로 현지에 진출한 한국교민들의 집단거주지역을 지칭하는 것이며, 전통적인 조선족 집거지는 코리아타운으로 구분하지 않았다.

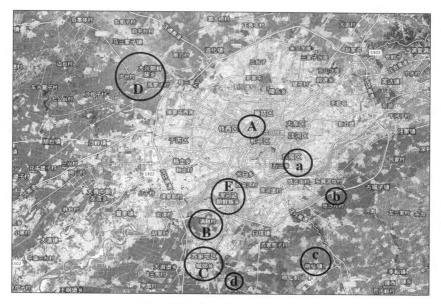

그림 2 심양일대 조선족 집거지 분포 현황
A: 서탑지구, B: 만융촌, C: 소가툰, D: 대흥조선족향, E: 혼하조선족향
a: 남탑조선족촌, b: 고려촌, c: 도선고려정자촌, d: 고력촌(고려촌)

명이며, 거주형태는 아파트 단지형이며, 마을에는 조선족 소학교가 있고, 인근에 심양 조선족 제4중학교가 있다. 또한 조선족 병원 시설이 갖춰져 있는 등 의료 환경도 조성되어 있다. 인근의 훈남신구와 인접하여 신흥개발구로 성장 중이며 '만융경제개발구'로 부르기도 한다. 현재 만융촌은 민족경제 발전 계획을 토대로 진행되고 있는 개발구이다 보니 현재 공단 조성의 주요 대상은 한국기업이며, 한국공단구역이 핵심이라고 할 수 있다.

2002년에 '심양한국주간' 첫 회가 개최될 때 행사의 주요 내용 중 하나가 〈중한만융민족예술절〉이었다. 조선족이 많이 거주하는 만융촌에서 개최됨으로써 행사를 위해 심양을 찾은 많은 한국관계자와 관광객이 만융촌을 방문하기도 하였다. 특히 조선족 민속 전통문화를 고수해온 만융촌 주민과 심양 조선족사회의 공연은 한국에서 참여한 한국단체의 공연들과 어우러지면서 한민족 민속전통문화에 대한 향수를 공유하는 자리가 되었다. 만용촌은 현재 국가급 하이테크 산업개발구인 심양시 훈남신구(渾南新区)와 인접하고 있다. 〈그림 2〉의 E지역에 해당된다. 이곳 역시 한국기업들이 진출하면서 주재원 등 교민과 동포들이 함께 어우러져 살고 있는 신흥 코리아타운이라고 할 수 있다.

(2) 소가툰(蘇家屯)과 연맹촌(화원신촌) 조선족집거지

〈그림 2〉의 C지역에 위치한 소가툰 조선족 집거지는 과거 사하보진 일대의 주민들을 대거 이주시켜 형성된 신흥 조선족 집거지이다. 〈그림 2〉의 d지역은 사하보진의 고력촌(高力村)과 한성촌(漢城村) 일대이다. 이 지역은 지하 광산 개발로 인해 지반 붕괴의 위험이 있어 주민들을 소가툰으로 집단 이주를 시킨 조선족 촌인데, 이곳은 주로 논농사가 이루어지고 있으며 과거 병자호란시기 심양에서 볼모생활을 하던 소현세자와 강빈 일행이 직접 농사를 지어 먹던 '심양·무순 지역 5곳 농장경작지'의 한 장소로 추정되고 있는 곳이기도 하다(이남종 외, 2008: 『심양일기』. 1641-12-12).

소가툰 남쪽의 화원신촌(C지역에 포함)은 본래 연맹촌으로 불리는 곳이다. 만용촌은 대부분 평안도 출신들이 개척한 곳이라면 화원신촌은 경상도 출신의 이주민들이 개척한 곳이다. 박진관(2007)의 조사에 따르면, "요녕성의 동포들은 대부분 평안도 출신이 많지만 화원신촌은 이주 초기 경상도 이주민들이 개척해 지금까지 후손들도 경상도 사투리를 그대로 사용하고 있다. 동북3성의 다른 어느 동포집중촌보다 생활수준이 높고 단결이 잘 돼 모범적인 동포촌으로 이름이 나 있다"고 한다(박진관 2007: 383).

(3) 중국 최대의 코리아타운, 서탑

심양은 예로부터 봉황이 깃든 살기 좋은 곳으로 사람들이 봉황이 떠나지 못하도록 시내 동서남북에 탑을 세우고 네 귀를 든든히 못박아 놓았다고 하는 곳이다. '서탑'은 서쪽에 있는 탑이 위치한 곳이다.

서탑가(西塔街)는 직선 약 1km의 거리로 좌우에 조선족과 한국교민들이 거주하는 주거지역들이 밀집되어 있다. 일반적으로 서탑, 서탑가는 '한인지역'이자 '조선족 거리'라는 의미로 인식되고 있는데, 이들 조선족과 교민들이 운영하는 상가, 사무실들이 밀집된 활발한 경제활동지역, 상업지역, 소비중심지역이다. 다음 김금용의 시(詩) 한 편에서 서탑의 이미지가 그대로 묻어난다.

심양 서탑 거리[6]

김금용

서탑엘 간다
요녕성 심양시 서쪽 거리 서탑엘 간다
7,80년대식 카바레에
역전 식당식 간판이 요란한 서탑엘 간다
고구려 땅이었다가
독립군 활동이 뜨겁던 봉천(奉川)이었다가
고국은 한국이나 조국은 중국이라는
조선족 거리에 북한사람과 탈북자까지
뒤섞인 한국 교민의 거리
서탑엘 간다
한국의 역사가 백제원, 신라성, 고려원, 이조가든으로 나붙은 거리
북한의 모란각, 평양관, 동묘향관이 나란히 선 거리
신사임당 떡집, 가야원 떡집, 남원추어탕집, 전주집도 모자라
서울 가마솥, 수원갈비, 황해 노래방, 부산사우나가 다 모인 거리
모국어 하나면 다 통하면서도

---

6) 『심양서탑거리』는 김금용 시인(1997년 현대시학 등단/중국 청도 거주)의 「고구려의 바람 4」 연작시로 2010년 『창작 21』에 발표되었다. 중국북경중앙민족대학 졸업 후 중국에서 창작하면서 중국의 한족 시인들의 시를 번역하여, 「나의 시에게」, 「문화대혁명이 낳은 중국 현대시」 등 번역시집을 출판하는 등 중국시단에서도 활동 중이다.

중국인인 척, 한국인인 척, 조선족인 척,

북한인은 모른 척 아닌 척

어깨를 스치다가도 된장국 한 그릇에 맘을 여는 거리

제각기 다른 나라 이름을 멍에로 달고

패인 웅덩이마다 질척이는 회한이 봄비로 고이는 거리

중국 안의 한국어가 단동 너머 압록강 너머

신의주 너머 3·8선 너머

고구려 바람에 이끌려 뒤엉키는

한민족의 거리,

서탑엘 간다

〈그림 3〉은 서탑지구의 모습과 주요상가, 공공기관 등을 표시(번호)한 그림이다. 다음 〈그림 4, 6, 8, 9〉의 사진들에 해당 번호를 붙였음으로 참고하면 된다. 조선인들의 심양 서탑 이주에 관해서는 몇 가지 설들이 전하는데, 대체적으로 1897년 대한제국 말기 유인석 장군 휘하의 의병군이 서간도에서 해체된 이후 20세기 초부터 심양(당시 봉천)으로 조선인들의 이주가 시작되면서 서탑 주변에 모여들었다는 설과 일제강점기에 서간도의 독립운동을 지원하기 위해 심양역 인근의 서탑 지역에 국밥집이 하나 둘씩 생겨나면서부터 조선인들의 상권이 형성되었다고 말하기도 한다. 일설에는 중국동포 김학수 씨가 개발하면서 본격적으로 발전하기 시작했다는 말도 전한다(차한필, 2006: 159).

한중수교를 계기로 한국교민들의 진입이 본격화 되면서 서탑은 활기를 띠었고, 서탑 거리는 기존의 조선족문화와 중국문화 속에 한국문화가 스며들게 되었다. 한국관광객이 동북지역, 특히 심양을 경유할 때 반드시 들리는 곳으로, 동북3성(요녕성, 길림성, 흑룡강성)으로 유입되는 한국상품의 대부분이 심양 서탑을 거쳐 유통되고 있다. 현재 서탑 상업지구는 심양의 중심상가지역으로 인식되고 있으며 특산품, 식당, 미용실, 사우나, 민박, 호텔 등 약 1,000여 개 이상의 업소가 밀집되어 있다. 〈그림 4〉는 현재 서탑에 위치한 조선족

그림 3 심양 서탑의 주요지점 위치 표시

① 심양한국인(상)회

① 한국인문화원

② 문화원도서관

③ 조선족문화예술관

④ 서탑가도판사처

④ 서탑파출소(공안)

⑥ 조선족6중학교

⑥ 제6중학교 옛터

⑦ 조선족중심소학교

⑮ 조선문서점

그림 4 심양 서탑의 공공교육 · 문화시설
주: ○ 안의 번호는 〈그림 3〉의 지점.

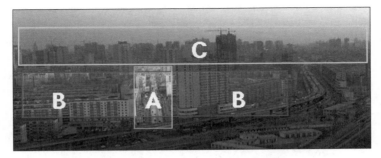

그림 5 심양 시내와 서탑 전경

및 한인(교민)사회의 주요 단체, 학교, 문화예술기관들의 현황이다.

다음 〈그림 5〉는 심양시내에서 서탑이 위치한 지역의 모습이다.[7] A지역으로 길게 뻗은 도로가 '서탑가'이고, 양 옆의 B구역이 상가와 한인(교민)과 조선족동포들이 거주하고 있는 생활 집거지이다. 그런데 현재 고층건물이 즐비하게 들어선 심양의 중심지역인 C구역과 달리 B구역의 서탑은 낙후된 모습이다. 최근 서탑 지역도 개발 논의가 진행 중이다.

3. 코리아타운 서탑의 발전과 한국문화

한중수교 이후 중국에 진출한 한국인들의 이주 유형은 대부분이 사업목적의 진출이 많았다. 이들은 정주 목적의 이주가 아닌 탓에 현지사회에 뿌리내리기가 어려웠을 것으로 보인다. 한국인들의 초기 중국 진출 단계에서 현지화의 어려움과 중국 내의 각종 현실 때문에 100명 중 90명은 사업에 실패하고 돌아온다는 얘기가 나올 정도였다고 한다. 대부분 초기 사업자들의 공

---

7) 『온바오』. 2010-1-8. 「김병묵 칼럼: 코리아타운 1호, '서탑' 이대로 망할 건가?」. http://www.onbao. com. 사진의 구역별 구분은 서탑 지역 설명을 위해 필자가 재구성했다.

통적인 실패원인에는 현지 언어(중국어)불통, 법적인 절차와 중국문화에 대한 이해 부족 등이 가장 중요한 문제점으로 제시되었다. 이러한 점에서 심양이 중국 진출의 안전성을 찾기 위한 탐색의 공간, 대륙진출의 거점 공간으로 주목받게 되었을 것으로 생각된다. 심양은 사업실패의 가장 큰 문제점 중 하나인 언어의 불통문제를 해결하기에 가장 적합한 곳이기 때문이다. 도시 내에 바로 말이 통하고 문화적 동질성을 확인할 수 있는 조선족집거지가 있었던 것이다. 때문에 심양은 초기 중국 진출을 시도한 한국인들에게 있어 사업의 가능성을 엿보거나 준비하기 위한 인큐베이터의 역할을 해줄 수 있는 도시였다고 할 것이다. 또한 이로 인해 심양은 한국문화를 수용하고 발신하는 허브 역할을 수행해왔다.

1) 중국 진출의 교두보, 심양

심양은 거점도시로서의 역할을 하기에 적절한 조건들을 갖추고 있기는 하지만, 준비되지 않은 이들에게는 역시 실패와 좌절을 주는 곳이었을 것이다. 1997년부터 시작된 IMF의 여파로 준비되지 않은 상태에서 진출한 한국인 중 대략 100명 중 90명은 사업에 실패하고, 한국으로 되돌아오지도 못하는 상황들이 만들어지기도 해서 한때 심양 서탑은 한국의 사업실패자들이 은신하던 지역으로 인식되기도 했다. 이러한 부정적인 인식을 타파하고 국내 기업들이 심양을 중국 진출의 교두보로 잘 활용하기 위해서는 심양에서 좀 더 공격적인 투자를 할 필요가 있다. 인큐베이터나 베이스캠프는 목적지로 향하는 중간 과정일 뿐이기 때문이다. 정서적으로 안정감이 있는 서탑에만 머물러 있을 일이 아니라 시내중심의 상권에서 적극적인 경쟁력을 갖추어야 할 필요가 있다. 과거 서탑이 심양시 경제의 중심지라는 인식이 있었으나 현재는 경제중심 권역이 〈그림 5〉의 C 지역으로 이동하는 추세이다.

최근 중국 정부의 적극적인 개발 지원과 북·중간 경제협력이 강화되면서 새로운 성장거점으로 떠오른 동북지역에 한국의 대기업들이 적극적으로 진출함으로써 중국 동북지역에 한국 바람이 다시 일고 있기도 하다. 2009년 동북지역진흥정책인 '장길도(장춘-길림-도문) 개방 선도구'와 '요녕 연해경제벨트' 개발 계획이 확정되면서 중국동남부 연안이나 서부지역에 집중됐던 투자가 중국의 새로운 경제성장 거점으로 부상한 동북지역으로 확대되고 있다.

압록강 연안의 단동은 북한과 중국 간 교역량의 70%를 차지하는 중국의 대북 무역거점이자 최근 압록강 섬인 위화도와 황금평을 국제자유무역지구로 개발하려는 움직임을 보이면서 주목받고 있다. 이에 맞춰 한국 대기업들의 중국 동북지방 진출 역시 활발해지고 있다. 이러한 중국동북지역과 심양에 한국기업의 진출규모가 확대되고 있는 점은 2002년부터 개최되어온 '심양한국주간'을 통한 경제통상교역의 결과와도 무관하지 않을 것이다.

2) 서탑의 발전과 위기

심양 코리아타운 서탑의 도시 전체적인 분위기는 밤이면 유흥가의 느낌이 강하다. 일본 오사카 코리아타운(이쿠노)이 '생활촌'의 성격이 강한 반면, 유흥향락업소들이 밀집되어 불야성을 이루는 심양 서탑은 한국의 이미지를 손상시키는 우려를 낳고 있기도 하다(정정숙, 2005).

이러한 외형적인 분위기 외에도 최근 서탑의 한인 경제가 크게 위축되고 있어 존립이 어려워지고 있다는 위기의식 역시 높아지고 있다(『코리안데일리뉴스』. 2010-1-25). 특히 '2008 베이징올림픽'을 준비하면서 중국정부는 테러 방지를 위해서 비자 발급을 엄격히 제한하였고, 2009년엔 '신종플루'가 확산되는 악재가 있다 보니 심양을 오가는 인적교류는 물론 물적 교류까지 어려움을 겪었다. 더군다나 세계적인 금융위기까지 닥쳤고, 심양의 서탑을 비롯한 중국 한인경제가 한중 수교 이후 최악의 위기를 맞기도 했다.[8]

⑨ 연수사 백탑 　　　 ⑩ 동관교회 　　　 ⑩ 서탑교회 　　　 ⑪ 고구려빈관

⑫ 한성빈관 　　　 ⑬ 야거란호텔 　　　 ⑭ 백제원호텔 　　　 ⑮ 한식당 백제원

⑯ 한식당 경회루 　　　 ⑰ 한식당 신라성

그림 6 심양 서탑의 종교 · 호텔 · 음식점
주: ○ 안의 번호는 〈그림 3〉의 지점.

(1) 서탑의 위기 극복노력

심양 서탑은 한중수교 이후 빈번한 인적교류 과정에서 재중 한국인이 늘어나고, 한국에서 일하고 돌아온 조선족동포들의 투자, 그리고 2000년 초부터 불어 닥친 한국가요, 한국드라마 특히 '대장금 열풍' 등 한류의 바람에 힘입어 최고의 번성기를 누리는 '코리아타운'으로 성장한 바 있다. 그러나 최근 몇 년 사이에 서탑의 상가들은 무분별한 투자와 국내외 경제적 환경의 급변으로 쇠락의 길을 걷고 있다. 무엇보다도 서탑가 상권의 80%가량이 요식,

---

8) 료녕대학 부근의 신화서점 문 앞에 "가정교사"란 간판을 든 김모라는 조선족 여대생에 따르면, 예전에는 부모들이 한국에서 보내주는 생활비로 먹고 쓰는 것 외에도 수업료를 내고 영어강습반에 다닐 수 있었는데 요즘은 부모들이 주는 생활비가 줄어들어 영어수업료를 낼 수 없는 형편이어서 수업료를 벌기 위해 가정교사로 나섰다고 말했다. (중략) 서탑 부근의 호텔과 식당들의 장사도 한국인들의 주머니에 돈이 적어짐에 따라 불경기에 처했다. 『료녕조선문보』, 2008-11-28, 「심양서탑 조선족상가 한국경제 불황에 된서리」.

그림 7 심양 서탑가의 야경

유흥업종으로, 여기에 퇴폐성 문화까지 자리 잡으면서 이러한 향락문화에 대한 자정이 요구되기도 하는 등 조선족사회(코리아타운) 내의 문제들도 대두되고 있는 상황이라고 할 수 있다. 결국 이러한 향락문화들은 한국인의 전통적인 정신가치에 반하는 문화로 인식되어 조선족 동포사회의 위기요인으로 등장하기도 하였다.

「코리아타운 1호 '서탑', 이대로 망할 건가?」[9]라는 문구는 중국전문 온라인매체의 칼럼 제목이다. 다소 자극적인 헤드라인이기는 하지만 오늘날 서탑의 제 문제를 제기하고 있는 적절한 표현이라고 본다. "서탑이 망해야 조선족사회가 산다"는 자조의 말이 나오는 것도 이러한 퇴폐, 향락 풍조에서 벗어나기를 바라는 조선족사회의 전통적인 정신가치와도 맞닿아 있다. 근래 몇 년 사이 이러한 서탑 상권의 침체가 조선족사회 전 분야에 부정적인 영향을 끼치면서 활로의 모색을 요구받아왔다. 그러던 차에 심양 조선족사회와 한인(교민)사회가 심양 서탑을 조선족 발전의 상징으로 다시 세우려는 활동들

---

9) 『온바오』. 2010-1-8. 「김병묵 칼럼: 코리아타운 1호, '서탑' 이대로 망할건가?」. http://www.onbao.com.

을 전개하고 있는 점은 매우 다행스러운 일이다. 최근 심양 한국교민들과 서탑거주 조선족 동포사회는 심양한인(상)회를 중심으로 서탑을 청결한 거주상업공간으로 정화하기 위한 노력의 일환으로 '신서탑운동본부'를 발족하여 '신서탑운동(新西塔運動)'[10]을 전개하고 있다.[11] 2007년 5월 19일 신서탑운동본부 발족을 시작으로 아침 8시부터 1시간씩 5일간 거리 정화운동을 실시하였다. 이들의 서탑 정화운동은 향후에도 서탑과 한국교민들의 위상을 높이는 다양한 활동을 전개한다는 계획을 갖고 있다.[12]

(2) 서탑 재개발을 위한 '서탑 개발 프로젝트'

서탑지역의 재건을 위한 재개발 사업이 추진되면서 서탑 구성원들의 관심이 매우 높아지고 있다. 현재 서탑 일대에서 영업 중인 한국식당들이 약 60여 개에 이르는데, 이들이 공존할 수 있는 방안들의 모색이 필요하리라고 본다. 이와 관련하여 서탑에서 전통한식요리점 '백제원'을 경영하는 여태근 대표는 "서탑에서 사업을 하는 한국사업체나 조선족상인들이 공멸하지 않고 성공할 수 있는 길은 서탑이 갖는 지역적, 주거 환경적 특색을 살려 '한국인 전용 복합 상가'를 운영함으로써 한국 업체들의 결집이 필요하고, 전문화시켜야 승산이 있을 것이다"라는 견해를 피력한다. 이미 도심을 중심으로 중국시장이 매우 커지고 있고, 한국상품에 대한 호의적인 태도가 늘 지속될 수는 없기에 이에 대한 대비를 하지 않으면 어려움에 봉착할 것이라는 점을 염두에 두는 말로 보인다.

---

10) 신시타운동의 주요내용은 시탑 거리 정화운동, 지속적인 청소 정화운동, 청소년 선도, 방범활동, 방역 활동, 불량간판 교체, 한국 가짜상품 퇴출운동, 독거노인 쉼터 개설, 문화사업 전개 등이다.

11) 『온바오』. http://onbao.com/news.php?mode=view&num=15031.

12) 신서탑운동은 '돈만 벌면 돌아갈 타지인'이라는 한국인에 대한 인식을 바꿀 필요가 있다는 판단에서 시작하였고, 중국인들을 감동시키지 않고서는 지역에 뿌리내릴 수 없기 때문이다. 공동체의식을 갖고 생활 터전인 서탑을 아름답게 가꾸는 것이 '신서탑운동'의 목표다. (중략) 신서탑운동이 본궤도에 오르면 조선족기업가협회 등 조선족 단체와 선양 시정부까지 함께하는 범시민운동으로 확대한다는 방침이다. 『동아일보』. 2007-4-25. 「심양서탑 정화에 한국인들 나서」.

서탑 재개발프로젝트와 관련하여 『료녕조선문보』의 기사에 따르면, 심양시 화평구는 2008년 심양한국주간에 〈심양 서탑 지역 개조개발 설명회와 프로젝트 조인식〉을 개최하였는데, 화평구는 서탑의 미래 발전공간을 제시하면서 서탑을 화평구 개발건설의 중점지역으로 설정하고, "조선민족 특색이 짙은 찬음오락, 휴식쇼핑, 관광유람을 일체화한 비즈니스구와 한국인집거지로 건설한다"고 밝히기도 하였다(『료녕조선문보』. 2008-5-23). 그러나 '서탑 재개발프로젝트'가 진행됨에 따라 서탑이 갖고 있는 기존의 한민족 집거지로서의 오밀조밀하고 한민족적 특색, 한국인 특유의 정감들이 여전히 유지될 수 있을 것인지에 대한 우려도 동시에 나오고 있기도 하다. 서탑의 정체성을 유지할 수 있을 것인가에 대한 고민인 것이다. 현재 서탑에는 우리말과 우리글을 사용하는 서탑조선족 소학교가 있고, 바로 길 하나를 사이로 심양조선족 제6중학교가 자리하고 있는데, 이들 조선족학교는 심양에 살고 있는 약 8만 조선족(서탑 약 4만) 동포사회의 자존심이하고 할 수 있다. 서탑 개발과정에서 이들 조선족학교와 조선족문화들이 고스란히 유지되고 드러날 수 있도록 하는 일도 중요할 것이다.

　　현재 서탑에는 민족적 뿌리를 함께하는 조선족뿐만 아니라 한국교민과 북한교민들이 함께 살아가고 있다. 이들을 한데 묶어내는 방안들 역시 시급히 강구해야 하는데, 이는 민족문화, 민족교육, 민족경제를 통해 지켜 나아가야 할 한민족 정체성의 정립과 관계된 문제이기 때문이다. 이러한 상황에서 눈여겨볼 만한 사업이 있다. 현재 서탑가 대로변을 개조하여 '문화의 거리로 조성하기 위해 '서탑 가두판사처'를 중심으로 〈서탑 조선족문화주제가 개조 프로젝트〉가 진행 중이다(임영상, 2012: 37). 그러나 이 프로젝트는 '중국 동북지역 소수민족으로서 조선족 문화거리'[13] 조성에 방점을 두고 있다. 앞서

---

13) 서탑 대로 양측을 개조하여 '조선민족문화'와 '서탑문화'를 사진과 글로 표현하는 '문화의 거리'로 만들려는 계획이다. 서탑을 기반으로 한 '상업역량'과 민족문화를 기반으로 한 '문화역량'을 결합한 새로운 '서탑문화'를 조성하는 목표를 갖고 있는데, 정치적인 목적(소수민족정책)의 개발이라는 인상을 받는다.

말한 '서탑 재개발 프로젝트'를 계승하고 있는지, 아니면 별도의 프로젝트로 개발될 것인지에 대해서는 향후 진행과정에서 좀 더 확인해볼 필요가 있다. 한민족으로서의 조선족문화, 한국문화가 투영될지, 아니면 중국적 특색의 중국조선족문화가 투영될 지에 따라 향후 서탑의 존재감과 정체성이 좌우될 수 있기 때문이다.

3) 서탑의 한국문화와 한류 요소

1990년대 이후 아시아 각국에서 불어온 한류는 이제 특정 지역의 국지적인 현상이 아니라 사회, 문화적으로 환경이 전혀 다른 아시아 전역에서 시작해, 아랍과 CIS, 중남미에 이르기까지 전 세계적으로 관찰되고 있다. 한류는 '한국 대중문화 및 순수예술과 이와 직접적으로 관련된 상품에 대한 해외에서의 인기 및 선호 현상'이라고 정의되며, 방송에서 시작된 한류는 이제 대중문화를 넘어 한국어, 음식, 패션 등 한국문화 전반으로 확산되고 있다. 코리아타운은 ███한 한류 확산의 가장 선두에 서 있는 공간적 특성을 갖고 있다. 심양 서탑은 연길, 북경 왕징 등과 함께 중국 내 한류, 즉 한국문화 확산의 가장 선도적인 공간으로 인식되고 있다.

(1) 서탑의 한국문화 경향

심양 서탑은 조선족 동포들의 유입과 독립지사들의 활동, 한국 기독교 교회사의 태동이 이루어졌던 역사적 공간이기도 하다. 1992년 한중수교 전까지는 주로 조선족동포사회에 전승된 우리문화와 풍속들을 기반으로 한류의 기반이 형성되고 있었다면, 한중수교 이후 한국교민(주재원, 가족)과 상공인들의 심양 진출이 본격화되면서 본격적인 한국문화가 중국 심양, 그리고 서탑 일대로 유입되기 시작했다고 하겠다.

현재 서탑에서 한국문화가 전파되고 있는 생활문화의 사례 중에는 '빨

ⓗ 한백상장　　　　⑨ 중한여행상업광장　　　⑳ 서탑 유흥거리　　　　ⓥ 한국상품성

ⓥ 한국명품성　　　㉘ 도문로 개시장　　　㉘ 도문로 풍물시장　　　㉘ 조선백화점

㉙ 한성구물시장　　　㉗ LG전자 서탑점

그림 8　심양 서탑 지구의 한국문화 · 한류 소비 공간
주: ○ 안의 번호는 〈그림 3〉의 지점.

리빨리 문화'의 전파가 가장 특징적이다.[14] 예로부터 중국은 '만만디'의 나라로 인식되어 왔던 탓에 한국인의 '빨리빨리 문화'가 서탑의 생활문화 속에 급속히 정착되어가고 있다. 그리고 서탑에 대형 유흥주점과 오락시설들이 생겨나면서 한국의 룸살롱 문화가 이곳 상권에도 빠르게 전파되었다. 이는 서탑 경제의 활성화에 도움이 되는 측면이 없지는 않지만, 이로 인하여 향락 풍조가 만연되고 서탑의 이미지를 격하시키는 요인으로 작용되기도 하였다.

　서탑에는 한국 의류, 화장품 등 패션산업을 필두로 한 한국문화에 대한 소비가 한류 확산을 이끌어가는 측면이 있다. 한국의 동대문시장의 패션상

---

14)　한국국학진흥원은 '2012에 주목할 만한 한국문화유전자'로 10가지 유전자 —— 역동, 끈기, 예의, 해학, 맛(곰삭음), 흥(신명), 어울림, 정(나눔), 자연스러움, 공동체(우리) —— 를 선정하고 학계의 토론을 진행한 바 있다. '역동'과 비슷한 개념인 '빨리빨리'가 한국의 빠른 경제발전과 문화적 성과를 이루는 데 역할을 했다. 강병호, 2012. 「빨리빨리의 미학, 현대한국을 일군 유전자」. 2012 한국문화유전자포럼.

품들이 많이 소비되고 있다. 그러나 최근 그 영향력이 많이 떨어지는 경향도 보인다. 이는 중국의 패션산업 역량이 커져 가고 있는 점에서 일차적인 원인을 찾을 수 있다. '심양한국주간'이나 교역을 통한 한국상품의 유입으로 한국문화상품들에 대한 소비와 향유가 확산되어왔는데, 중국제품의 품질 향상과 경쟁력 강화로 인하여 점차 한국제품이 설자리를 잃어갈 수도 있다는 인식이 생겨나고 있다. 재고 처리용 시장으로 접근하던 시대는 지났다는 의미이다. 심양한국주간 행사에서도 이러한 문제점이 드러나고 있다.

(2) 조선족의 전통문화 계승과 조류(朝流＝조선족류)

　　재한 조선족칼럼니스트 김정룡은 중국 조선족이 한민족의 전통문화와 선조들의 얼을 잘 보존해 올 수 있었던 이유로 다음 세 가지를 말하고 있다. 첫째가 조선족들의 고국에 대한 향수와 귀소본능이고, 둘째는 다른 소수민족과는 다른 풍류의 '멋'을 알고 이를 잘 지켜왔다는 것이며, 셋째는 중국정부의 소수민족 정책의 보호가 있었기 때문이라고 한다. 중국의 소수민족의 하나로 살아온 조선족은 어떤 소수민족보다도 고유의 언어와 문화 등을 유지해 왔다. 무엇보다도 조선족 1세대와 2세대들은 지난했던 정착과정과 중국화 과정에도 불구하고 민족문화의 전통과 문화적 에너지를 축적하는데 꾸준히 힘써 왔다. 이런 연유로 지금도 조선족들이 많이 거주하고 있는 연변과 심양을 중심으로 전통문화에 대한 가치가 매우 높아지고 있다. 특히 심양의 경우는 조선족 전통문화를 기업차원에서 후원하고 이를 계승하자는 현상이 나타나고 있는데 바로 조선족기업가들이 전통문화를 적극 후원하고 있는 '심양현상'(瀋陽現象)이 그것이다.[15] 일종의 기업 메세나(Mecenat) 운동이라고 할

---

15) '심양현상'이란 심양의 조선족기업인이 문화인, 교육자들과 손잡고 경제, 문화, 교육을 공동으로 추진하는 현상을 말한다. 성공한 기업인들의 사회적 책임감과 민족교육, 문화에 대한 강렬한 관심에서 비롯되는 뚜렷한 사회현상이라고 말할 수 있는데, 민족전통을 계승발전시키고, 동포사회의 문화생활을 풍부히 하고, 심양동포사회의 단합을 도모하는데 힘을 모으자는 뜻을 갖고 시작되었다. '심양현상'의 의의는 단순히 기업인들이 기타 민간단체나 개인에게 재정후원을 준다는 데 그치지 않고 심양지역 조선족사회 각

수 있다.[16] 심양현상은 기업가들의 민족문화에 대한 관심과 사회적 책임을 다하기 위해 시작되었지만, 심양은 물론 중국 내 각 조선족 집거지역 전반에 영향을 미치고 있고, 이는 조선족 전통문화의 발전과 활발한 유지에도 긍정적인 영향을 끼치고 있다. 이러한 흐름은 중국 내 한류열풍과 연계하여 조선족 전통문화가 중국 내에서 많은 관심의 대상이 되면서 '한류'에 이은 '조류 또는 조선족류'(朝流, 朝鮮族類) 현상으로 확산되고 있다. 예를 들자면 최근 상하이엑스포를 기점으로 중국 안에서 조선족과 그 문화에 대한 시각이 많이 달라지고 있는데, 상하이엑스포에서 선보인 연변예술단의 농악, 전통춤, 아리랑 공연 등 조선족 전통문화예술 행사가 18차례나 개최되는 등 많은 관심을 받았다.[17] 심양의 경우도 심양시조선족문화예술관의 주도로 치러지는 〈조선족민속문화제〉 등을 통한 조선민족 전통문화 계승노력이 지속적으로 이루어지고 있고, 하나의 흐름이 형성되고 있기도 하다. 이와 같은 조류의 확산은 연변, 심양 등 전통적인 조선족집거지, 즉 장소 중심에서 점차 대중매체와 같은 전파 방식의 다양화를 통해 확산되고 있는 추세이다.

(3) 또 하나의 조류(朝流), 북한류(北韓流)

중국 내 북한 열풍, 다시 말해 '조류현상'[18]은 오래전부터 있어 왔다.

계가 화합과 공생, 공동발전을 전제로 서로 뭉치고 단결하여 조화로운 사회를 만들어가는 사회실천운동이다. 심양현상의 중심에 서 있는 인물은 현재 심양시조선족협의회 길경갑 회장이다.

16) 조선족 기업가들은 우리말 · 우리글 살리기, 문학작품집 출간 지원, 문학상 제정, 백일장 주최, 조선족 문학단체인 '료동문학' 후원사업 등을 전개하였다. 『뉴스타운』. 2010-7-8. 「중국대륙에 '朝流' 열기 "얼쑤!"」. http://www.newstown.co.kr/newsbuilder/service/article/mess_main.asp?P_Index =88493.

17) 2010년 상하이엑스포 기간에 개최된 '조선족예술주간'에 선보인 조선족 전통예술 공연활동이 큰 반향을 일으키면서 상하이 시민들의 조선족 전통춤 따라 배우기 열풍이 일기도 하였다. 특히 상하이엑스포에서의 공연활동 내용들이 언론매체들을 통하여 공개됨으로써 중국 전역에서 조선족 노래, 춤, 한복, 대중가요가 많은 인기를 얻고 있다.

18) 조선족문화를 표현하는 조류(朝流)가 있기는 하나 여기서는 북한을 조선(朝鮮)이라고 부른다는 뜻에서 '조류'를 말한다. 한국의 '한류'에 대한 대응으로서 '북한류'를 '조류'로 사용하기도 한다. 북한음식, 북한 문화예술의 흐름들을 통칭하여 '조류'라고 한다.

⑱ 평양관　　　⑲ 아리랑(예식궁)　　　⑳ 모란각　　　㉑ 평양 무지개

㉒ 심평각　　　㉓ 동명관　　　㉔ 新동명관　　　㉕ 안산관

그림 9 심양 서탑의 북한식당
주: ○ 안의 번호는 〈그림 3〉의 지점.

1970년대만 해도 북한과 중국은 정치 · 군사 · 경제 · 문화적인 '혈맹관계'를 앞세워 '교류'가 빈번하였다. 당시 1970년대까지 중국에 수입된 북한 영화는 100여 편에 달했을 정도이다. 그러나 1980년대 들어 중국이 개혁 · 개방 노선을 걸으며 경제성장에 대한 관심이 높아지고 이어서 1992년 8월, 한국과 정식 수교관계를 맺으면서 '조류'의 흐름도 바뀌게 된다.

1997년 한국드라마 〈사랑이 뭐길래〉 등과 한국대중가요가 중국에서 인기를 얻으면서 '한류(韓流)'에 대한 관심이 시작되었고, 2005년 무렵 드라마 〈대장금〉의 중국 열풍은 '한류'의 확산을 부추겼다. 중국에서의 한류 확산 과정에 주로 한국의 드라마나 대중가요 가수들의 현란한 무대공연이 대륙을 사로잡았다면, 북한은 예술단원들의 전통적인 장고, 가야금, 춤, 서커스 등으로 중국인들의 마음을 사로잡았다. 한류의 영향 때문에 조류가 부각되지는 않지만, 중국 내, 특히 심양 서탑에서 한류와 조류가 공존하는 현상들을 엿볼 수 있다는 점은 특이할 만하다.

현재 심양에는 약 10여 개의 북한식당이 지속적으로 영업을 하고 있다. 대부분의 식당은 한인들이 밀집되어 있는 서탑에 집중되어 있으며, 평양식

음식들을 주요 메뉴로 구성하여 '조선요리'라는 이름으로 선보이고 있다.

북한 식당은 음식 외에 복무원들이 직접 노래하고 춤추고 연주하는 가무공연을 상시 열어 손님들의 흥미를 돋우기도 한다.[19] 주로 북한 노래와 전통 민요 등이 불리고 있으나, 남북 정상회담 이후 남북관계가 호전되면서 그 영향이 심양에도 고스란히 미치게 되었는데, 대표적인 사례가 북한식당에서 한국노래를 자주 접할 수 있게 된 점이다. 특히 '아침이슬'과 같은 민중가요는 물론 '만남', '돌아와요 부산항에'와 같은 대중들의 사랑을 많이 받고 있는 노래도 널리 불리고 있다.

심양에서 여행사를 운영하는 정욱송에 따르면, "중국인에게 있어 '서탑은 곧 한국이다'라는 인식이 팽배해져 있을 정도로 서탑은 외국(한국)의 이미지를 갖고 있다고 한다. 반면, 한국관광객에게는 우리사회에서 쉽게 접하기 어려운 북한주민과 북한문화에 대한 접촉의 공간이라는 점에서 흥미를 끌고 있고, 이런 점들 때문에 심양을 경유하는 관광객들이 한번쯤은 반드시 들러보는 공간이다"라고 한다. 서탑의 관광적 요소는 그다지 많지 않지만, 한국관광객에게 있어 북한 식당은 흥미로움을 자극하기에 충분한 공간임에 틀림없다.

그러나 심양 서탑의 한인사회나 조선족 동포사회가 한국의 경제상황에 따라 부침이 있어 왔던 것처럼, 서탑의 북한 식당 역시 남북관계의 진전 속도에 많은 영향을 받는 것으로 보인다. 지난 제1차 정상회담, 제2차 정상회담[20]을 거치면서 조성되어 온 남북관계의 해빙무드는 최근 조성되고 있는 남북관계의 경색국면과 연평도 사태 등으로 더욱 경색화되고 있다. 이러한

---

19) 복무원은 대부분 장철구평양상업대 봉사학과나 평양요리학원에서 전문교육을 받은 재원으로 이들은 평양의 각 음식점에서 일하다가 선발되어 외국에 나와 약 2~3년을 주기로 근무한다. 출신 성분이 좋고 미모가 출중한 20대 여성들이 주로 복무원으로 근무한다. 『조선일보』. 2010-12-14. 「〈만물상〉 외화벌이 옥류관」.

20) 노무현 전 대통령과 김정일 국방위원장 간의 남북정상회담이 2007년 10월 2일~10월 4일까지 평양에서 개최되었다.

상황에서 서탑의 북한 식당을 찾는 관광객들의 발길이 뜸해지고 있다.[21]

　중국이 개혁 · 개방의 길을 걸으면서 과거 이데올로기 중심의 냉전국면도 사라지고 이념보다는 국가와 기업의 이익이 최우선 가치가 된 상황에서 중국 사람들의 정서가 북한보다 한국에 더 가깝게 느껴지게 된 것도 사실이다. 중국인들에게 1970년대의 '조류'가 2000년대의 '한류'로 바뀐 것은 이런 변화를 보여주는 상징적인 모습이다. 그러고 보면, 심양 코리아타운 서탑은 현재 '한류', '조선족류', '북한류'라고 하는, '뿌리는 같지만 형식은 다른' 한민족의 문화가 공존하고 있는 공간이라고 하겠다.

(4) 신한류의 재점화와 심양한국주간

　심양 서탑은 중국 내에서 연길, 북경 왕징과 더불어 가장 빠르게 한국문화가 유입되는 곳으로 인식되고 있다. 심양에서 개최되고 있는 대표적인 한국문화 행사인 '심양한국주간'은 2012년 11회 대회를 맞을 만큼 이미 '한류, 한국문화' 바람의 대표 격이 되어 왔다. 이 행사는 한국적 문화와 예술, 공연, 음식, 경제활동을 수반하는 부대행사들을 진행함으로써 심양 코리아타운 서탑을 중심으로 동북지역, 나아가 중국사회에 '新한류' 바람을 일으키는데 일조를 하였다. 심양한국주간을 필두로 중국 각 지역에서는 '한국주간' 행사들이 지속적으로 개최되고 있다. 현재 심양에 이어 하얼빈, 장춘, 제남, 청도, 성도, 중경, 대련 등에서 '한국주간', '한국관광주간', '한국문화주간'의 형태로 확산 중이다.

---

21) 남북관계가 정치적으로 고착관계에 있는 와중에 한국정부가 대외공관을 통해 해외교민과 관광객들의 '북한식당 방문 자제'를 권고하는 방침을 세웠다가 여론의 질타를 받은 바 있다.

4. 문화한류, '심양한국주간'

심양한국주간은 경제적인 목적에서 시작했지만 한국문화의 확산에도 큰 기여를 했다. 심양한국주간의 개최와 경과 전반을 살펴보기로 한다. 이를 위해 행사의 진행과정에 적극적으로 참여해온 관계자의 구술증언 채록 자료를 참고하였다.

1) '심양한국주간' 개최 과정

(1) '심양한국주간' 개최 배경

심양한국주간이 개최되게 된 배경과 취지를 살펴보면 먼저 심양한국주간 행사는 중국 측에서 투자유치 목적으로 먼저 제의를 하고 한국 측이 이를 적극적으로 활용하는 모양새를 취한 행사였다.

> 심양한국주간은 심양시 인민정부가 동북진흥전략의 중점기지로 성장하고 있는 심양의 경제발전을 도모하기 위해 한국기업들의 심양경제의 투자유치 목적의 교역행사를 개최하게 된 것이 심양한국주간의 시작이라고 할 수 있다.
> −주중 심양한국총영사관 신영근 총영사

심양한국주간 행사가 갖는 의미에 대해 서탑에서 십 수 년 간 한식당을 운영해온 봉용택 전(前) 심양한국인(상)회 부회장(경회루 대표)은 "비록 심양한국주간이 중국정부(심양시)에서 만든 행사지만 우리교민과 기업체들이 한번쯤 한자리에 같이 모일 수 있어 그 자체가 의미 있다고 생각한다"라고 말한 바 있다. 이는 심양한국주간 행사를 통해 서탑과 심양, 나아가 동북지역에서 활동하는 우리 교민과 조선족 동포사회가 한민족이라는 이름으로 한데 모일 수 있는 계기를 만들어주었다는 것을 의미한다 하겠다.

(2) '심양한국주간' 개최 현황 및 경과

심양한국주간은 크게 세 가지 측면에서 행사가 개최되었다. 첫째 상품 전람회, 둘째 투자설명회, 세 번째는 문화행사였다. 상품 전람회 등 교역활동을 통한 한국상품의 홍보는 내용물에 대한 단점들이 노출되면서 어려움을 겪기도 하였다. 특히 부대행사로 진행되는 먹거리(한국음식) 행사는 중국 현지인들의 입맛을 사로잡지 못하는 모양새를 갖게 되었다.

> 문화행사로 부스를 설치해서 먹거리 행사를 했는데, 우리는 부스를 채울 것이 없었다. 음식 같이 한국문화를 알릴 수 있는 음식은 하나도 못나갔다. 왜냐하면 바로 옆에 중국부스가 있는데, 발 디딜 틈이 없는 중국부스만큼 음식이 팔리겠나. 그건 중국 오원짜리음식, 오뎅 같은 이런 것이나 팔린다. '한식'과 같은 비싼 거는 못 나간다. 길거리에서 비싼 걸 누가 사겠는가. 그래서 먹거리 행사는 사실 그저 득도 못 보고 우리문화도 못 알렸다.
> ─봉용택, 전 심양한국인(상)회 수석부회장, 경회루 대표 구술인터뷰 내용 中

이러한 한국음식문화와 상품교역활동과는 달리 민간 민속공연예술 활동을 통한 한국문화의 소개는 꾸준히 많은 관심을 받고 진행되었다. 특히 심양과 자매결연 도시인 성남시 문화예술단의 활동은 매우 활발하였다. 행사가 회를 거듭하면서 심양한국주간 기간에 한국의 많은 문화예술 공연단체,

그림 10 2012년 제11회 심양한국주간 개막식과 문화행사
자료: 『흑룡강신문』. http://hljxinwen.dbw.cn/system/2012/10/09/000571907.shtml.

표 2 심양한국주간(韓國週) 개최 현황

개최시기		회차	대회명칭	개최장소	비 고
2002	7월 6~9일	제1회	심양한국주간	서탑가, 만융촌	한중수교10주년
2003	7월 19~25일	제2회	심양한국주간	서탑가	
2004	5월 19~25일	제3회	심양한국주간	서탑가/기판산관광구	
2005	5월 15~21일	제4회	심양한국주간	서탑가	
2006	7월 16~22일	제5회	심양한국주간	서탑가	
2007	5월 20~26일	제6회	심양한국주간	서탑가	국가급 격상
2008	5월 17~23일	제7회	심양한국주간	료녕공업전람관 실내행사 중심	베이징올림픽, 대지진
2009	9월 13~18일	제8회	심양한국주간	심양 과학궁	KBS 전국노래자랑
2010	7월 5~9일	제9회	심양한국주간 중국글로벌 한상대회	심양올림픽스타디움	KBS 열린음악회
2011	7월 13-18일	제10회	심양한국주간	서탑조선족소학교	
2012	8월 24~28일	제11회	심양한국주간	서탑특별무대	한중수교20주년

관계기관들이 심양을 찾았다.

심양한국주간 행사는 초기 성급(요녕성)행사에서 2007년 국가급 행사로 위상과 규모가 격상되면서 변화를 가져왔다. 〈그림 11〉의 A(서탑)에서 진행하던 행사들이 심양 시내의 B(심양과학궁), C(올림픽축구경기장)등으로 분산 개최되었고, 행사의 규모나 성격, 지원부분에서 변화가 있었다. 무엇보다도 심양한국주간의 초기에 성황을 이루었던 서탑 중심의 소규모 단위 이벤트나 노변에서 행해지던 프로그램들이 많이 사라지게 되었다. 이는 그동안 8~9회 차를 진행하는 과정에서 도시발전과 교통 문제들이 많이 늘어난 탓이기도 했다. 성급행사에서 국가급 행사로 격상되면서 규모가 확대되었지만, 상대적으로 교민들이나 조선족 사회가 화합 할 수 있는 장이 하나둘 사라지는 문제들도 발생하였다. 특히 2008년 베이징올림픽이 개최되면서 심양한국주간은 중국 정부의 옥외활동(군중집회) 불허 방침에 따라 실내행사 위주로 진행되었다.[22]

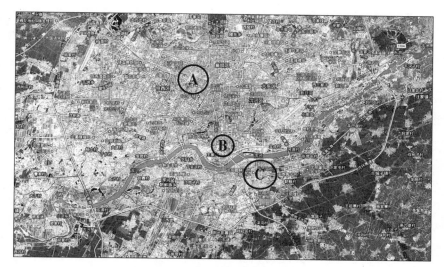

그림 11 심양한국주간 행사 장소
A: 서탑지구, B : 심양과학궁, C : 심양올림픽축구경기장

2) 심양한국주간의 한국문화행사

(1) 심양한국주간과 서탑

2002년부터 진행된 초창기 한국주간 행사는 대부분 서탑 지역을 중심으로 진행되어왔기 때문에 서탑의 지역경제 활성화에 많은 기여를 하였다. '심양한국주간' 행사는 서탑의 발전에 직접적인 영향을 끼친 긍정적 측면이 있었다. 주최 측인 심양시 인민정부의 지원도 적지 않았다.

심양시 정부 당국의 적극적인 지원이 있었다. 많이 지원했다. 긴 도로를 다 막아주고, 부스를 다 설치해주고, 전기를 끌어주고, 소매치기, 싸움군 등을 공안들이

---

22) KBS 〈전국노래자랑〉 선양 편도 애초 한국주간 행사기간 선양의 한 대학 운동장을 빌려 녹화가 추진됐다가 선양시 정부에서 최근 '대중성 집회를 엄격히 통제하라는 중앙정부의 방침과 공안당국의 의견을 종합적으로 고려한 결과 올림픽 전 개최는 적절치 않다'고 통보해옴에 따라 올림픽 이후로 연기됐다. http://news.chosun.com/site/data/html_dir/2008/04/21/2008042101049.html.

다 처리해줬다. 치안유지를 위해 많은 도움을 주었다. 특히 서탑에서 행사가 치러지던 초기에는 지원이 매우 많았다.

-봉용택, 전 심양한국인(상)회 수석부회장, 경회루 대표 구술인터뷰 내용 中

심양한국주간은 회 차를 거듭하면서 점차 민족적 일체감을 조성해주었던 소규모 행사들은 줄어들고 대형 이벤트성 행사들이 개최되기 시작했다. 특히 제8회 '심양한국주간'(2009)의 주요 행사이면서 대표적인 한류행사인 KBS 〈전국노래자랑〉과 제9회 '심양한국주간' 및 '중국글로벌한상대회'(2010)의 주요행사인 KBS 〈열린음악회〉는 서탑이 아닌 심양 올림픽경기장(〈그림 11〉의 C)에서 열렸다. 조선족사회와 한인들의 거점인 서탑(〈그림 11〉의 A)을 벗어나게 됨으로써 한민족의 생활터전에서 펼쳐지는 '장날'과 같은 축제의 형태는 찾아보기 어려웠다. 이는 현실적으로 서탑에서 대형이벤트를 개최할 수 있는 장소가 없었을 뿐만 아니라 베이징올림픽을 앞두고 옥외 군중집회를 불허한 탓에 실내행사로 바뀌게 된 사정이 있고, 실내행사를 대규모로 치를 수밖에 없었던 것이다.

(2) 대표적인 한국문화 행사: KBS 〈전국노래자랑〉과 KBS 〈열린음악회〉

심양한국주간 행사가 수년간 진행되면서 한류 열풍의 분위기를 가장 잘 보여준 행사는 2009년 제8회 행사의 주요 행사였던 KBS 〈전국노래자랑〉이라고 할 수 있다. 추석특집으로 추진된 KBS 〈전국노래자랑〉은 중국지역에서 처음 열린 상징성이 있기도 하거니와 그동안 한류의 열풍을 뜨겁게 달구었던 중국 땅에 한류 전파의 첨병인 대중가수, 아이돌 가수들이 대거 출연함으로써 중국 동북지역의 조선족사회에 지대한 관심을 갖게 하였다.

심양시 서탑에 위치한 '조선족 제1중학교 체육관'에서 사흘간 진행된 예선에는 심양 및 동북지역뿐만 아니라 상해, 북경, 청도 등 타 지역에서 참여한 전체 1,500팀 참가자가 있었고, 그중 중국인 팀이 약 620여 팀이 참여했을 정도로 관심이 높았다. 이렇게 관심이 높았던 이유는 전국노래자랑에 한국의 아이돌가수, 걸 그룹과 같은 한국문화의 아이콘들이 대거 참여한 이유도 있었을 것이라 생각한다. 행사에는 슈퍼주니어M, SS501, 다비치, 코요테 등이 참여하였고, 동북3성의 조선족 동포들에게 친숙한 설운도, 최유나, 김용임, 현철과 같은 기성 트로트가수들도 참여하여 현지의 많은 호응을 얻었다.

심양한국주간 축하공연의 의미를 담은 KBS 〈전국노래자랑〉은 해외의 재외동포들과 교민들의 화합의 장을 만들려는 노력으로 보인다. 더구나 조선족 출연자들은 한국으로 이주한 가족들의 사연들을 영상편지로 소개함으로써 현재 동북지역 조선족사회의 가정이 해체되고 있는 현실을 드러내 보이기도 하였다. 사회자인 송해 선생은 조선족 출연자들의 사연과 애환을 편안하고 진술하게 전달함으로써 분위기를 맞춰주었다. 특히 일부출연자의 경우 조선족사회의 가족이 해체되는 아픔을 시로 만들어 곡을 붙인 노래를 소개하여 시청자의 가슴을 울리는 장면도 있었다. 서탑 조선족소학교의 조사에 따르면, 학생들의 60%가 부모가 중국에 없다. 모두 한국으로 또는 일본, 미국, 러시아로 나갔다. 이런 세태를 연변의 조선족 작사가(미상)가 지은 노래가 있다. 소개하면 다음과 같다.

모두 다 갔다

무명씨

아내도 갔다. 남편도 갔다. 모두 다갔다.
한국에 갔다. 일본에 갔다. 미국에 갔다.
아 로씨아로 갔다.
잘살아 보겠다고 모두 다갔다.
눈물로 헤어져서 모두 다갔다.
산다는 게 뭐이길래 산산이 부숴져
그리움에 (뒤척이며) 살아야 하나
오붓하게 모여 살날 언제면 올까
손꼽아 기다려 본다네.

그림 12 〈열린음악회〉 홍보포스터

제9회 심양한국주간은 세계한상들의 비즈니스교류행사인 '중국글로벌한상대회'와 동시 개최되었다. KBS 〈열린음악회〉는 '중국글로벌한상대회'를 기념하는 문화축제프로그램으로 선정되었는데, 공연을 위해 한국의 대표적인 대중가수들이 참여하고 아이돌과 걸 그룹이 가세함으로써 전국노래자랑에 이은 또 한 번의 한류열풍을 불게 한 원동력이 되었다. 이번 공연 역시 심양 올림픽스타디움에서 펼쳐졌다. 프로그램에는 한국의 대표적인 가수들 외에 조선족예술단이 출연하여 한민족문화교류의 장을 연출하기도 하였다.

한류, 한국문화의 확산은 아이돌, 걸 그룹들의 영향이 매우 크다. 이미 일본에서는 K-POP의 영향이 거세고 일본에서의 한류가 재점화되고 있는 상황이다. 현재 진행 중인 TV방송사의 가요오디션프로그램[23]에서 많은 시선을 받고 있는 연변조선족 출신의 '백청강' 역시 한류 붐을 업고 등장한 사례라고 볼 수 있다. 연길의 밤무대에서 노래를 부르던 백청강도 연변에서 열차로 청도까지 와서 방송사의 오디션 예심에 참가하였다. 중국 오디션에 합격한 후 서울에서 최종 결선무대에 오르기까지 약 7개월간의 여정 끝에 최종라운드에서 우승을 차지함으로써 '코리안 드림'을 이루었다.[24] 이러한 이면에

---

23) M-net 〈슈퍼스타 K〉, MBC 〈위대한 탄생〉 등이 대표적이며, 본방의 성공에 힘입어 후속 프로그램도 제작 중이다.

24) "··· 어릴 때부터 한국노래 들으며 자랐고, 한국에서 가수 하고 싶어서 여기까지 온 거다", 『헤럴드경제』.

는 그의 노래실력의 출중함과 더불어 아버지가 한국에서 일을 한다는 사연과 아버지에 대한 그리움이라는 개인사 스토리가 시청자들의 공감을 불러일으키면서 신드롬을 만들었던 것으로 보인다. 무엇보다도 한국문화의 영향을 강하게 받아온 연변지역에서 생활해온 그에게 한국방송사가 실시하는 가요 오디션 프로그램은 그에게 많은 영향을 끼쳤을 것으로 미루어 짐작할 수 있다. 중국 내 한류확산과 한국문화의 전파에 이러한 TV 가요 프로그램의 영향력이 매우 큰 것은 주지의 사실이다. KBS 〈열린음악회〉는 그런 측면에서 한국문화 확산에 많은 영향을 끼치는 요소로 작용했다고 하겠다.

KBS 〈전국노래자랑〉 외에도 한국문화 관련 행사들이 열렸다. 특히 한식요리축제, 예술 공연 등 한국문화의 정수를 느낄 수 있는 문화예술 공연들이 펼쳐졌는데, 이러한 한국문화를 소개하는 공연들은 서탑의 교민사회와 조선족 동포들의 문화적 일체감을 느끼게 했을 것으로 생각된다. 그러나 전반적으로 행사의 규모나 내용들이 점차 바뀌면서 심양한국주간 초기의 적극적인 분위기와는 다소 다른 모습으로 전개되어가기도 하였다. 전국노래자랑과 같이 한국의 연예인이 출연하는 대규모 문화행사들에 대한 관심은 높았으나, 서탑 일대에서 펼쳐지는 소소한 이벤트성 프로그램에 참여하는 수준은 미약했던 것으로 보인다.

(3) 대표적인 한국문화 행사: '한식세계화축제'

필자가 중국에 다녀오는 기회마다 자주 접할 수 있는 광경 중의 하나가 대장금 간판과 한복을 차려입은 장금의 사진이다. 중국 전역에서 한국드라마 '대장금' 열풍이 불었던 영향 때문이다. 대장금은 동아시아를 비롯한 세계 총 62개국에 수출되어 많은 경제적 수익은 올렸고, 한국에 대한 이미지를 각인시키는데 많은 효과를 가져다 준 대표적인 한류콘텐츠이다(고정민, 2009). 중

2011-5-29. 「'위탄' 우승 직후 백청강 소감 첫마디는…」. http://biz.heraldm.com.

그림 13 한식세계화축제에 출품된 한식요리
자료: 백제원의 중국 한식세계화 이야기(http://cafe.daum.net/nihaokoreanfood).

국에서는 대장금의 영향으로 한국음식에서부터 화장품, 음반, DVD에 이르기까지 관련 한국상품의 품귀현상이 일어나기도 하는 등 대장금 브랜드에 대한 등록신청이 급증했다고 한다. 대장금은 한국음식 외에도 한국상품에 대한 선호 현상으로 이어지는 등 중국인의 생활에 많은 영향을 끼쳤다(곽수경 2006). 특히 대장금의 극을 끌어가는 소재가 음식이었던 관계로 '한식'에 대한 관심이 매우 높았던 것으로 보인다.

'한식세계화'는 '한(韓)스타일'[25]의 주요 사업 중 하나로 전통음식인 한

---

25) 한(韓)스타일이란 우리문화의 원류로서 대표성과 상징성을 띠며, 생활화, 산업화, 세계화가 가능한 한글, 한식, 한복, 한지, 한옥, 한국음악(국악) 등의 전통문화를 브랜드화하여 고용 및 부가가치를 창출하고 국가브랜드를 고양시키는 목적으로 2005년부터 추진 중인 사업이다. 한스타일 홈페이지(http://www.han-style.com).

식 조리법의 표준화와 국제행사를 계기로 한식 홍보 강화의 목적을 가지고 추진되는 사업이다. 이러한 한식세계화 전략에 따라 심양한국주간의 부대행사로 '한식세계화축제'가 진행되었다.

> 한식세계화축제의 행사 내용은 한식역사홍보관, 한식기업관 설치운영, 우리 김치 만들기 강좌, 내사랑 김치경연대회 등으로 구성되었다. 특히 '우리 김치 만들기 강좌'가 단연 인기가 있었는데, 아마도 만든 김치를 직접 가져갈 수 있다는 것에 매우 흥취가 있는 듯 했다. 그러나 아쉬운 점도 많다. 심양과학궁전시장이 서탑과 거리가 멀어서 접근성이 떨어졌다. 서탑 거주민(조선족동포, 한인교민)들의 참여가 없었던 게 참으로 아쉽다. 불경기 탓에 비용과 인력 면에서 어려워했고, 한식세계화에 대한 인식이 부족한 것 같다.
> - 여태근 전 한식세계화축제 진행위원장, 심양 백제원 대표 구술인터뷰 내용 中

그러나 행사 추진과정에서 서탑의 요식업체가 전체적으로 참여하지 못하고 특정 업체를 중심으로 진행되었는데, 이는 주요행사들이 서탑이 아닌 심양시 내의 과학궁전시장으로 분산 개최되면서 서탑을 중심으로 사업을 해온 당사자들의 적극적인 참여가 불가능하게 되었고, 업계의 한식세계화에 대한 인식 역시 부족했던 결과였다. 이러한 점들은 심양한국주간의 성공적인 개최를 위해서는 향후 개선되어야 할 문제로 남았다.

(4) 경제한류, '중국글로벌한상대회'의 경우

최근 (재)한국문화산업교류재단이 한류산업의 핫이슈를 조사한 결과 (2010, 한류포럼)에 따르면 한국 전자제품, 특히 냉장고, TV, 스마트폰 등이 동남아를 중심으로 매우 각광받고 있다는 연구결과가 나온 적이 있다. 한국 가수들과 한국드라마, 배우들에 열광하던 한류의 흐름이 산업방면으로 확산-연계되어 한국의 경제상품들을 소비하는 형태로 변화의 조짐을 보인다는 것이다. 그런 점에서 본다면 '중국글로벌한상대회'는 이러한 '경제한류'의 흐름을 잘 보여주는 행사의 하나라고 할 수 있다.[26]

중국한상대회를 통해 적어도 5,000만 달러의 양국 간 기업 성과와 더불어 앞으로 적어도 1억 달러 이상의 경제적 파급효과를 얻을 것이다.

– 권유현 심양한국상회 회장

'중국글로벌한상대회'는 경제교역 외에도 한국문화를 소개하는 관련 행사들이 열렸다.[27] 상품전시회, 월드옥타포럼, 세계경제지도자대회, 기업가교류회 등 비즈니스 전문행사 외에도 한식세계화축제, KBS 〈열린음악회〉, 한국영화상영회, 한중미술작가교류전, 태권도대회, 한국유학박람회, 한상골프대회 등 다양한 한국문화소개 행사와 부대행사를 진행해 호평을 받았다.

이번 대회가 현지인들에게 우수한 한국문화를 전파하는 기회가 됐다. 현지 교민들의 자부심을 고취하고, 200만 중국동포를 한민족 경제공동체에 끌어들이는 계기…. (후략)

– 신영근 주중 심양총영사관

이미 KBS 〈전국노래자랑〉을 통해 한국문화에 대한 이해와 관심이 매우 높아진 상태에서 또다시 특히 KBS 〈열린음악회〉가 주요 행사로 개최됨으로써 심양 한인사회와 동북지역 조선족사회, 나아가 중국에 한류, 한국문화에 대한 관심을 확대하게 된 계기가 되었다. 아울러 심양 코리아타운의 한인사회 자체의 위상도 매우 높이는 기회가 되기도 하였다. 그야말로 한국문화, 한류 전파에 일조하였다.

---

26) 〈2010 중국글로벌한상대회〉는 중국한국상회, 주심양총영사관, 심양시인민정부가 주최한 행사로 개최지인 심양의 심양한국인(상)회가 주관하여 2010년 7월 5일부터 8일까지 진행하였다. '전 세계 한상과 중국의 만남'이라는 주제로 한 이 행사는 한·중 양국의 민관동포단체가 공동 협력하여 진행한 행사로 동포사회는 물론 중국사회에 많은 관심을 갖게 하였다.

27) '중국글로벌한상대회'가 열린 심양은 과거 조선조에도 한중무역의 현장으로 역사적 사연을 간직한 곳인데, 이곳에서 전 세계에서 활약하는 한상(韓商)들의 회합이 이루어졌다는 점은 상기할 만하다.

(5) 다시 서탑으로!

심양한국주간의 개최 장소에 대한 문제점들이 제기되는 가운데 2011년 10회 심양한국주간을 추진하는 관계기관에서는 서탑을 적극 활용하려는 움직임을 보였다. 이미 주최기관의 한 축인 심양한국총영사관은 서탑과 심양한국주간의 연계를 모색하고 있고, 실행기관인 심양한국인(상)회 역시 심양한국주간의 행사 규모를 서탑에 수용가능한 행사로 치러나가려는 계획들을 밝히고 있다. 다시 서탑을 우리문화의 중심으로 만들려는 계획이다.

> 2002년부터 개최되기 시작한 한국주간행사가 해가 갈수록 발전을 거듭해나가고 있다. 지난 3년 동안 안전과 교통체증 문제 등으로 서탑 부근에서 문화행사가 열리지 못했는데, 올해는 교민사회의 여망에 따라 서탑 지역에서 노래자랑 등 다양한 문화행사 행사가 개최될 수 있도록 심양시인민정부와 교섭을 강화해나가고자 한다.
>
> — 『World Korean』. 2011-4. 「조백상 주중 심양한국총영사 인터뷰」

> 심양한국주간, 올해는 서탑서 열 것입니다. 3년째 서탑을 떠나 있다가 다시 돌아오는 거지요, 아직 심양시인민정부의 정식 허가는 나지 않았어요. 하지만 제6중학교가 있는 운동장에서 행사를 개최하겠다고 신청 했어요.
>
> — 『World Korean』. 2011-4-5. 「성순태 심양한국인상회 회장 인터뷰」

심양한국주간이 성공하기 위해서는 많은 사람들이 참여해야 하지만, 무엇보다도 행사의 주인 격인 코리아타운 구성원들의 적극적인 호응이 뒤따라야 한다는 점에서 주요 행사장의 서탑 복귀는 당연해 보인다. 서탑에서 심양한국주간 행사가 진행될 때는 중국의 다른 민족들도 서탑을 찾아와 음식도 먹고 물건도 사는 등 서탑 코리아타운 경제에 도움이 되었었다. 그러다가 몇 년 동안 서탑이 아닌 공간에서 행사가 치러지다 보니 정체성을 상실한 행사가 되어간다는 위기감을 느낀 코리아타운 구성원들의 자기반성이 시작된 것으로 보인다.

서탑을 살려야 한인들이 삽니다. 서탑은 한국인, 조선족 동포, 북한사람, 조교, 화교 등 우리말을 하는 다양한 사람들이 어울려서 사는 '한민족 화합의 장'이자 '우리문화의 근거지'입니다.

- 『월드코리안신문』, 2010-7-20. 「홍순대 서탑 오미정 대표 인터뷰」

현재 '심양한국주간' 행사는 존립의 위기에 처해 있다. 심양한국주간 개최의 목적인 교역투자의 성과에 대한 중국정부(심양시)의 입장은 차치하고라도 주최자의 한 축인 심양한국총영사관과 심양한국인(상)회의 경우 서탑의 활용, 구성원의 참여도, 행사내용의 질적 향상에 대한 변화요구에 직면해 있기 때문이다. 이는 심양한국주간의 지속가능성 여부와도 관계가 깊을 수밖에 없다. 12회 행사를 진행해온 연륜만큼이나 새로운 심양한국주간을 위한 변화가 필요한 시점이기 때문이다.

5. 맺음말: 한류의 지속발전을 위한 과제

심양한국주간 행사가 매년 개최되면서 문제점들이 점차 노출되기 시작했다. 심양한국주간을 통해 중국 측이 궁극적으로 기대했던 경제투자유치에 대한 기대감이 낮아지고 있고, 이는 곧 성과가 나지 않은 행사에 대한 지원이 미흡해지거나 행사 자체가 개최되지 못할 경우도 발생할 것이기 때문이다. 그동안 심양한국주간을 통해 개최된 상품교역활동과 한식세계화축제, 문화공연 행사들은 모두 투자유치를 위한 부대행사로 진행되어 왔다. 한국주간이 몇 차례의 개최장소 변동을 거치면서 행사의 참여도, 규모, 내용이 예전만 못하다는 지적들이 대두되면서 한국주간 행사의 지속성에도 영향을 미칠 수 있다는 인식이 나타나고 있다. 그렇다면 과연 심양한국주간이 지속될 수 있는 방안은 없는 것일까.

그러면 어떻게 한국주간이라는 행사를 끌고 나갈 것인가를 생각해야 하는데, 이제는 한 한인기업인 개인이 판단해야 할 일이 아니고, 영사관, 결국 국가적 차원에서 이 일을 어떻게 지원해줘야 할 것인가에 대해까지 생각할 시점에 왔다. (중략) 명맥을 유지하기 위해서는 그들이 원하는 것이 무엇인지 고민하고 맞춰야 한다. 즉 양국이 상생하는 기획이 있는, 기획까지 보장되어 지원하지 않으면 지금 당장은 없어지지는 않겠지만 퇴색되거나 없어질 가능성이 많다. 만약 우리가 단독적으로 진행한다면 그것은 문화사업 행사를 위주로 한 한국주간으로 만들어 나가야 한다고 생각한다. 그러려면 여기 한인들과 한국(정부)이 함께 만들어서 가야 한다. (중략) 서탑을 문화의 거리로 만들어야 한다. 어느 한 시간대를 걸으면 다양한 볼거리를 제공하는 거리로 만들어 사람들을(관광객들을) 끌어들여야 한다. 지금이 변화를 주어야 할 때라고 본다.

- 봉용택, 전 심양한국인(상)회 부회장, 경회루 대표 구술인터뷰 내용 中

위기는 곧 기회로 작용하기도 한다. 현지인들은 한국주간의 지속성에 대해 좀 더 능동적인 인식전환이 필요한 시점이라고 보았을 때 지금이 적기라고 한다. 물론 대다수 현지인들이 다 같은 생각일 것이라고 말하긴 그렇지만 대체적인 분위기는 '변해야 한다'에 방점이 찍혀 있다. 심양한국주간 초창기의 경제적 투자유치 목적에서 이제는 문화예술교류 목적의 한국주간 행사로 전환하는 것도 필요하다고 보고 있다는 점이다. 문제는 중국사회와 함께 하면서도 한국적인 특징이 드러나는 한국주간으로 거듭나야 된다는 것이다. 투자유치의 문제는 또 다른 범위에서 논의되어야 할 숙제이다. 문화교류 중심의 한국주간은 심양의 한인사회나 조선족 동포사회가 민족적 자긍으로 하나 되어 미래를 도모함으로써 새로운 코리아타운 서탑의 이미지를 만들어나가는 기제가 될 수 있다. 이는 중국 내 한민족의 구심점이 되고 있는 코리아타운의 모범으로 서탑이 우뚝 서게 되는 일일 뿐만 아니라 동북지역, 나아가 한중문화·경제발전의 긍정적인 기제로 작용하게 될 것이라고 생각한다.

서탑의 코리아타운에 심양시조선족문화예술관[28]과 같은 문화예술단

---

28) 요녕성 여덟 개 시에 정부 산하 조선족문화예술관이 있고, 심양시에 10개 조선족민간예술단체가 있다.

체가 있고, 심양에서 개최되는 〈조선족민속절〉과 같은 한민족 문화예술행사가 꾸준히 개최되어왔다. 이러한 바탕 위에 심양한국주간은 한국문화 소개의 기회로 활용되어왔다. 이제 민족문화의 전통이 면면히 계승되어 온 조선족 민속예술과 한류로 대표되는 새로운 한국문화가 전통적인 중국문화의 공간 안에서 전파되고 공유될 수 있도록 적극적인 참여와 지원을 필요로 하는 상황이 도래했다고 생각한다. 한·중 양국이 모두 공유할 수 있는 문화콘텐츠로의 발전도 가능할 것이라고 생각된다(임영상, 2011: 357-358). 이를 위해서는 심양의 조선족사회를 거점으로 활동 중인 조선족 민족문화예술 제 단체들과의 협력도 적극적으로 모색해야 할 필요가 있다(문종선, 2007: 25-27).

앞서 밝혔듯이 코리아타운 서탑이 위치한 심양시 화평구는 최근 '서탑가두판사처'가 기획하고 있는 '서탑 조선족문화주제가 개조 프로젝트'를 진행 중이다. 심양한국주간이 서탑의 문화적 역량과 결합하는 행사로 발전될 가능성이 있다면 '서탑 문화주제거리' 조성 프로젝트 역시 참고할 만하다고 생각된다.

심양 서탑 현지의 관계자들과의 구술면담 과정에서 공통적으로 느낀 점은 심양한국주간의 활성화가 곧 한국상품과 한국문화를 알리는 장이 될 수 있으며, 활성화를 위해서는 그동안의 공과(功過)를 검토해서 새로운 형식과 내용을 담보하는 심양한국주간 프로그램이 나와야 한다는 의견이었다. 이를 위해 한국 내 관계기관의 적극적인 관심이 필요하고, 특히 서탑의 발전을 위해서는 서탑을 관광특구로 지정하는 것이 시급하다는 현지의 현안들을 청취할 수 있었다. 심양은 동북3성의 고구려, 발해 유적과 백두산 관광지를 찾는 관광객들이 거쳐 가는 관광산업의 요충지이다. 심양과 서탑의 문화관광적 요소를 발굴하여 관광객의 발길을 멈추게 하는 전략들을 개발해야 한다.

이 글은 심양 서탑의 형성과정과 현황, 대표적인 한류 프로그램이랄 수

그중 심양시조선족문화예술관은 1949년에 가장 먼저 설립된 단체로 국가 2급 문화관, 요녕성 1급 문화예술관이다. 한국의 각시도 문화예술단체와의 교류도 활발하다.

있는 '심양한국주간'과 관련 문화행사들을 중심으로 한류 또는 한국문화 전파와 소비의 현황들을 살펴보았다. 그동안 '심양한국주간'에 대한 백서나 결과보고서들이 발간된 사례가 없어 심양한국주간의 전반적인 내용을 언론 보도자료와 보고서, 참가자의 경험담을 참고해야 하는 연구의 한계가 있었다. 중국글로벌한상대회는 일회성 이벤트였다손 치더라도, 그동안 10여 년 이상 유지되어 온 심양한국주간이 경제교류 목적의 행사를 벗어나 이제는 문화교류에 비중을 두는 행사로 거듭나야 한다는 현지의 분위기는 향후 지속적 발전방안을 마련해나가는데 참고가 될 만하다.

한류의 확산과정에서 가장 선도적인 위치를 차지하고 있는 '코리아타운'은 재외한인 생활 집거지의 의미를 뛰어넘어 한국문화를 받아들이고 전파, 소개하는 '한국문화의 허브'로서의 기능까지 수행하는 복합적 공간임을 알 수 있었다. 심양 코리아타운 서탑에서 개최되는 심양한국주간이 지속적인 발전을 통하여 한민족의 문화가 중국사회에 전파되고, 나아가 조선족동포사회와 교민사회의 자긍심을 일깨우는 매개체로 거듭난다면 이는 궁극적으로 한국의 국가이미지 상승의 주역이 될 수도 있을 것이라 생각된다. 심양한국주간 행사의 침체분위기를 떨쳐 버릴 수 있는 '변화'가 있어야 지속발전이 가능할 것이라는 서탑 교민사회의 전반적인 분위기는 현재 발전과 정체의 기로에 서 있는 심양 코리아타운 서탑의 현주소이기도 하다.

金赫 · 曉君. 2010. 『中國沈陽韓國周回顧与展望』. 遼寧敎育出版社.

문종선. 2007. 「우리 민족 문화예술발전에 대한 단상」. 『예술세계』.

박진관. 2007. 『新간도견문록』. 예문서원.

이광규. 2002. 『격동기의 중국 조선족』. 백산서당.

이남종 외. 2008. 『譯註 昭顯沈陽日記』 1-4. 서울대학교 규장각 · 민속원.

주돈식. 2007. 『조선인 60만 노예가 되다』. 학고재.

차한필. 2006. 『중국 속에 일떠서는 한민족』. 예문서원.

황유복. 2002. 『중국조선족 사회와 문화의 재조명』. 요녕민족출판사.

고정민. 2009. 「드라마 대장금의 경제적 효과에 대한 연구」. 『문화산업연구』 제5권 제1호.

곽수경. 2006. 「중국에서의 〈대장금〉현상의 배경과 시사점」. 한국외국어대학교 외국학종합연구센터 중
    국연구소. 『중국연구』 제37권.

박광성. 2010. 「초국적인 인구이동과 중국조선족의 글로벌 네트워크」. 재외한인학회. 『재외한인연구』 제
    21호.

윤인진. 2010. 「재외한인연구의 동향과 과제」. 재외한인학회. 『재외한인연구』 제21호.

임영상. 2011. 「한국문화의 허브로서 재외한인사회」. 한국외대 역사문화연구소. 『역사문화연구』 제40집.

_____. 2012. 「조선족학교와 조선족문화관」. 『조선족사회의 교육과 문화예술』(연변조선족자치주 창립
    60주년 기념 학술회의 자료집, 주최: 재외한인학회, 주관: 연변대 조선족교육연구소, 후원: 경기문
    화재단).

(재)한국문화산업교류재단. 2010. 「2010 한류 핫이슈 10 조사결과」. 『2010 한류포럼』(자료집).

정정숙. 2005. 「중국선양 제4차 한국주 행사참관 출장보고서」. 동북아시대위원회.

『온바오』, 『코리안데일리뉴스』, 『동아일보』, 『료녕조선문보』, 『뉴스타운』, 『서울신문』, 『연합뉴스』,
『인터넷요녕신문』

駐沈陽韓國總領事館: http://chn-shenyang.mofat.go.kr

沈陽韓國人(商)會: http://www.sykorean.net

청도의 코리아타운과 한국문화*

위 군(한국외국어대학교 글로벌문화콘텐츠학과 박사수료)

1. 머리말

교통과 통신의 발달로 지구화(globalization) 현상이 진전되면서 모국을 떠나 유학이나 취업, 결혼으로 다른 나라로 이주하거나 혹은 본격적인 국제비지니스를 위한 투자활동을 하는 사람들이 날로 늘어나고 있다. 이로 인해 지도상의 국경선의 의미도 흐릿해지고 있다. 이와 같은 인구이동에 따라 나타난 다문화사회, 외래문화와 현지문화의 융합 등의 현상은 이미 많은 국가에서 주목을 받고 있는데 중국도 마찬가지이다. 중국과 이웃 나라인 한국과의 인구이동은 다른 나라보다 많고 유난히 주목을 받고 있다. 2009년의 통계에 따르면, 중국에서 한국인이 가장 많이 거주하고 있는 도시는 북경(北京), 상해(上海), 그리고 청도(靑島)이다(王峰, 2009: 2).

북경은 중국의 수도이자 정치 핵심지역이고 상해는 경제중심지역이다. 청도는 지금 부성급(副省級)[1] 도시이지만 40여 년 전에는 단지 청도맥주와 바닷가 관광으로 유명한 작은 관광지역이였으며 한국과는 거의 아무 관계가

---

* 이 글은 『글로벌문화콘텐츠』 제7호(2012. 6)에 실린 것으로 주제와 내용 일부를 수정했다.

1) 중국의 지역행정단위이며 성과 시의 중간 위치를 처하는 행정단위이다. 현재 중국에서는 총 15개의 부성급 시가 있는데 이 중에서 계획자치시는 대련(大連), 청도(靑島), 닝보(寧波), 샤먼(廈門), 선전(深圳) 등 다섯 개가 있다.

없었던 도시였다. 그러나 한국기업이 청도에 진출한 때부터 청도의 경제발전은 한국과 밀접한 관계를 맺게 되었다. 가까운 거리, 편리한 교통, 유사한 문화, 그리고 비슷한 주거환경 등의 원인으로 청도시는 중국에서 한국사람이 가장 많이 살고 있는 도시로 중국에서 한국문화를 쉽게 접할 수 있는 곳이 되었다.

청도와 한국의 인연은 1989년부터 시작되었다. 당시 중국의 저렴한 노동력과 물가로 경제이익을 추구하기 위해 노동집약형 한국기업이 청도에 세워진 것이 그 시작이다. 청도시에 처음 진출한 한국기업이 청도시 북쪽에 위치한 청양구에 설립되었다. 비슷한 시기에 진출한 한국기업들도 대부분 청양구에 공장과 회사를 세웠다. 이 무렵 청도에 진출한 한국기업들은 청도 시정부보다는 청양구에서 더 많은 혜택과 지원을 얻었다. 그러나 1992년의 한중 수교와 2004년의 한류열풍 등을 계기로 청도시는 한국과의 교류와 한국기업에 대한 지원 및 유치를 도시발전의 중요한 전략으로 세웠다. 이를 바탕으로 청도에 진출한 한국기업수가 점차 많아지면서 한국어에 능통한 인력이 날로 필요해졌다. 또한 한국인의 중국 진출과 불가분의 관계가 있는 동북3성의 조선족들도 청도로 이주하기 시작했다. 초기에 청도에 이주한 조선족들은 대부분 가족과 함께 이주해 남편은 회사에 다니고 부인은 공장근처에서 한국식당을 차렸다. 한국기업의 진출과 중국 국내 조선족의 이주에 의해 한국문화의 유입이 시작되었는데, 이는 청도 코리아타운의 형성 및 발전에 있어서 매우 중요한 전제조건이다.

청도 코리아타운의 형성 과정은 시기 및 영향력, 그리고 현지 주민과 시정부의 관심도에 따라 크게 ① 초기 저렴한 노동력과 물가를 바탕으로 한 기업 진출 탐색단계, ② 한중 수교 및 한류 열풍으로 중국정부가 한국기업에 대한 중점적인 유치 및 한국문화의 유입단계, ③ 시 전 지역에서의 한국문화 수용 및 한국문화의 현지화 단계 등 3단계로 나눌 수 있다.

한류의 발전에 따라 한국문화의 영향력이 세계에서도 날로 강해지고 있고 한국 학계에서도 각국의 코리아타운에 관한 연구가 시작되었다.[2] 그러나 청도 코리아타운과 같이 한 지역에서 한국문화와 현지문화를 자연스럽게 융합해서 특색 있는 지역문화로 변화된 사례는 많지 않을 것이다. 청도 출신의 한국 유학생으로 필자가 청도 코리아타운에 대해서 주목하고 하는 것도 이러한 이유 때문이다.

필자는 먼저 한국인과 조선족이 청도로 진출하고 이주하는 과정 및 동기를 알아보고자 한다. 그리고 이를 바탕으로 청도 코리아타운의 형성과정 및 현황에 대해서 살펴보고 한국문화가 청도 코리아타운을 통해 현지문화로 변화된 이유 및 과정을 분석해내는 것이 이 글의 주목적이다. 특히 한국음식문화와 한국주거문화에 대해서 중점적으로 살펴보고자 한다.

청도 코리아타운의 형성과정은 한국기업의 진출, 그리고 한국인 및 조선족이 청도로 이주하는 과정과 매우 유사하기 때문에 청도의 한국기업, 그리고 경제에 관한 논문을 참조하여 선행연구 검토를 하였다. 또한 청도 시정부의 통계자료와 신문기사의 내용을 참고해서 현지에서 한국문화를 표현할 수 있는 사례를 통해 청도 코리아타운의 현황을 소개하였다.

추가적으로 현지인 180명을 대상으로 설문조사를 실시하였다. 기간은 2010년 12월부터 2011년 2월 20일까지이며 주로 청도 현지인들의 모임[3]을 통해 설문조사를 실시했다. 더불어 2011년 1월 10일 오전 9시부터 11시까지 청도 『재경일보』 등조붕(滕兆鵬) 부 총편집장과 인터뷰를 가졌다. 그리고 2011년 1월 19일 오전 9시30분부터 11시30분까지 청도시 공안국 대외처 전임 정(丁)부처장과도 인터뷰를 실시했다.

이 글의 제2장에서는 청도 코리아타운의 설립과 전개에 대해서 언급할 것이다. 우선 청도 코리아타운이라는 명칭의 근원을 청도시 시청의 공식자

---

2) 본서의 논문들이 그 사례라 하겠다.

3) 주로 『재경일보』의 여러 차례의 모임과 개인적인 모임들을 통해 거주지역, 그리고 나이를 선택해서 청도 현지인 남녀 각 90명, 총 180명에게 설문을 실시했다.

료와 신문기사의 내용을 주 참고자료로 삼고 청도 코리아타운 명칭의 변천에 따라 전체적인 형성과정 및 원인에 대해서 살펴볼 것이다.

제3장에서는 청도 코리아타운의 한국문화 현상에 대해서 분석할 것인데, 청도시 대중의 생활 속의 한국문화현상에 대한 연구는 현지 사례의 소개 및 분석을 통해 이루어졌다. 아울러 설문조사를 통해 청도 코리아타운이 현지인에게 미치는 영향에 대해서도 검토할 것이다.

제4장 결론에서는 청도 코리아타운의 발전과 전망에 대해서 언급하고 앞으로 청도 코리아타운이 가져야할 중요한 의미에 대해서 생각할 것이다.

2. 청도 코리아타운의 형성과 전개

1) 청도 코리아타운의 정의

청도 코리아타운의 형성과정을 보기 전에 먼저 청도 코리아타운의 정의에 대해서 살펴보도록 한다. '코리아타운(Koreatown)' 또는 한인타운은 한국 이외의 국가에 있는 한국인 밀집 지역 또는 한국인 상업지구를 뜻하는 말이다.[4] 그런데 차이나타운을 중국어로는 '중국성'이라고 부르듯이 청도에서는 '코리아타운'을 '한국성'이라고 부른다. 청도에는 한국사람이 많이 살고 있지만 서로 자신의 경제력, 직장, 그리고 청도에서 거주하는 목적에 따라 여러 곳에 분산되어 살고 있다. 그래서 청도 코리아타운을 분석하려면 우선 청도시의 전체적인 행정구역 개황을 알아야 한다.

청도에서 한국인이 모여 살고 있는 곳에 대한 명칭은 규모와 특징에 따라 다르다. 규모 순으로는 '한국성', '한국인 구', '한국촌', '한국인 단지', '한국

---

4) 위키백과: http://ko.wikipedia.org/wik(검색일: 2011-11-10).

표 1 청도 한국인 커뮤니티의 특징 및 명칭 유래

구 분	소재위치	특 징	유 래
한국성	청양구 (城陽區)	한국인이 처음으로 청도에 진출한 지역이자 현지인도 인정하는 한국인 밀집지역	한국인이 청도에 진출한 첫 지역으로 현재 청도에서 가장 유명한 한국인 지역. 한국기업과 회사도 많고, 조선족도 가장 많이 살고 있는 지역
한국인 구	교주시 (膠州市)	산업단지 중심으로 형성된 경제 중심형 한국인 밀집지역	청도 물가가 올라간 후에 청양 일부의 한국기업의 이전과 그 이후 진출한 대규모 생산을 중심으로 하는 기업들이 교주시로 진출한 후 한국기업을 중심으로 구성된 산업단지로 조성되어 한국인이 모여 사는 지역
한국촌	지목시 (卽墨市)	수공공장과 의류공장으로 형성된 도매 중심형 한국인 밀집지역	지목시는 산동성 내에서도 의류가공업으로 유명한 지역. 한국수출을 시작한 후에 한국 의류 가공공장과 수공업 공장은 이 지역에 집중적으로 설립되었고 기타지역, 그리고 한국 수입자들을 위한 도매지역
한국인 단지	시남구 (市南區) 노산구 (崳山區)	80% 이상 한국인이 살고 있는 아파트나 주택단지	한국경제기구와 대형 기업이 들어올 수 있는 공장 주변보다는 한국인의 주거는 청도 시내인 시남구로 이전. 한국인이 시남구로 대거 이전하기 시작한 후에 부동산 가격은 물론이고 한국인을 위한 아파트 단지가 생긴 후 시남구 경제중심지역에 한국인이 모여 사는 아파트단지
한국인 거리	시남구 (市南區) 청양구 (城陽區)	한국음식 거리	한국인 아파트 단지가 생긴 후 음식문화도 청양구와 시남구 두 곳에서 구성된 상황이 발생. 청양지역은 여전히 한국의 문화로 가득 찬 지역으로서 많은 음식 거리들이 있는데 시남구에는 한국인이 많이 살고 있는 아파트 단지 주변에서 한국음식거리가 형성

인 거리' 등 다섯 개의 명칭으로 배열할 수 있다. 이 다섯 개 지역의 특징, 명칭유래 등은 〈표 1〉과 같이 정리할 수 있다. 그리고 각 지역의 명칭에 대해서는 청도시 『재경일보』 등조붕(滕兆鵬) 부 총편집장은 아래와 같이 설명했다.

> 청양구 한국성이 생긴 후에 각 지역에서 한국인이 밀집한 지역의 이름을 짓기 시작했다. 하지만 똑같은 이름으로 할 수 없기 때문에 상황에 따라서 각 구정부, 혹은 현급시 시정부가 나름대로 정한 것이다.[5]

〈표 1〉의 특징과 유래에서 설명한 바와 같이, '한국인 구'와 '한국촌'은 청도시에 속하지 않으며, 또한 문화보다 경제적인 역할을 더 많이 하는 특성을 가지고 있다. 반면에 시남구와 노산구의 '한국인 단지'와 '한국인 거리'는 비교적 면적은 작지만 오히려 한국문화의 전파에 있어서 더 큰 역할을 하고 있다. 그 이유는 바로 다른 세 구역보다는 이 두 지역이 현지인의 생활과 더욱 가깝기 때문이다. 물론 규모가 가장 큰 코리아타운은 공식적으로 '한국성'이지만 필자는 실제적으로 한국문화를 현지문화와 잘 융합하는 역할을 하는 코리아타운을 '한국인 단지'와 '한국인 거리'라고 생각하고 있다.

2) 청도 코리아타운의 형성과정

머리말에서 잠시 언급했듯이, 청도 코리아타운은 청도의 경제발전에 많은 영향을 미쳤으며 형성과정 역시 청도 경제발전과 밀접한 관계를 갖고 있다. 이러한 청도 코리아타운의 형성과정은 아래와 같이 세 가지 단계로 나눌 수 있다.

첫 번째는 탐색단계로 1989년부터 1992년까지이다. 이 단계는 한중수교 이전이고 한국 중소기업이 중국의 저렴한 원자재와 노동력 때문에 청도에 진출을 시작하거나 모색하는 단계이다. 1989년 8월 12일, 스피커 제품과 부품을 생산하는 한국 전자회사인 탑톤[6]이 청도 청양구에서 공장을 설립했다. 이것이 한국회사가 청도에 진출한 첫 사례이다. 이후 1992년 수교 이전까지 청도에 진출한 한국기업은 총 71개였는데, 이 중에서 약 65개는 청양구에서 자리를 잡았다. 이 시기에 청도에 진출한 한국기업들의 투자액은 평균적으로 300만 달러 미만이고 업종은 주로 의류, 구두, 가방 제조 등 노동집약

---

5) 청도 『재경일보』 부총편집장 등조붕(滕兆鵬) 씨 인터뷰, 2011년 1월 10일.

6) 托普頓电器有限公司는 TV, 노트북, 자동차, 게임기에서 사용하는 스피커를 생산하여 제공하는 업체로 1989년 8월 12일 청도시 청양구에서 설립되었다. 등록자본금은 340만 달러이다.

형 업종들이다.[7]

　　당시 청도에는 네 개 구가 있었는데 청양구는 외곽 지역에 위치하고 있는 비교적 가난한 지역이다. 다른 구에 비해서 땅값과 물가도 저렴했기 때문에 한국기업이 경제중심지역인 시남구를 택하지 않고 청양구로 진출하게 된 것이다. 그러나 초기에 생활에 많은 불편함이 있었다. 또한 사업 및 공장운영을 하기 위해서는 한국어와 중국어 통역이 필요했다. 당시 상황에 따라 산동대학(山東大學) 한국어과에서 졸업한 학생이나 청도에 있는 해군에서 제대하는 조선족을 많이 채용하였다. 한국인의 민족성과 집단성의 성질에 따라 그 후에 진출한 한국기업들도 대부분이 청양구를 택했다. 이를 바탕으로 한국인 밀집지역의 초기 형태가 만들어졌는데, 이 단계는 한국인과 현지인의 교류가 많이 이루어지지 못 했던 시기라고 할 수 있다.

　　두 번째는 1992년부터 2004년까지의 단계이다. 이 단계는 한국인의 진출 목적과 청도시 정부의 입장에 따라 다시 두 시기로 나눌 수 있다. 먼저 1992년부터 2002년까지로 단순한 투자유치와 무역, 경제 교류 시기이다. 한국기업들의 대량 진출로 청양구 구정부와 청도시 모두 한국기업에 대한 투자유치의 중요성을 느끼게 되었다. 특히 청양구 구청에서는 1992년 수교 이후부터 청도시에서 가장 적극적으로 한국기업에 대한 투자유치를 전개하여 이를 구 발전전략 중의 1순위로 정했다(靑島市城陽區區政府, 1995년 경제발전계획보고서, 1995: 53). 수교 전 한국기업의 진출로 청양구의 경제발전이 눈으로 확인될 수 있었기 때문이다. 때문에 1992년부터 2002년까지는 청도시의 모든 구, 그리고 현급시가 한국에서 투자유치설명회와 상담을 가장 많이 한 시기였고 회사의 업종, 규모 등을 따지지 않고 어떤 전략도 세우지 않고 투자유치를 통해 청도시의 경제발전을 시키려고 했다.

　　1992년 1월 4일, 청도시 정부가 '청도한국상회'의 설립을 전적으로 지원

---

7)　靑島市城陽區區政府 홈페이지: http://www.chengyang.gov.cn/(검색일: 2011-11-5).

한 것은 한국기업을 유치한 가장 중요한 성과이다. 설립 초기에는 '중국산동 성투자기업협회'의 이름으로 창립하여 1995년 2월 18일에 '청도한국기업가 협회'로 개명했다. 그리고 1996년 5월 17일에 '청도한국투자기업협회'로 개 명한 다음 1997년 5월 7일에 현재의 '중국청도한국상회'의 이름으로 개명했 다(朴英姬, 2003).

한국기업의 대량 진출로 인해 한국어에 능통한 인력의 필요도 급속도로 증가하였다. 초기부터 청도에서 일하게 된 군대를 제대한 조선족, 혹은 한국 기업을 따라 온 조선족들은 우선 자신의 친척, 주변 친구들을 청도에 진출한 회사에 추천했다. 또한 주변의 사람들을 불러온 후에 직장을 찾아주기도 했 다. 왜냐하면 당시 한국기업에서 받을 수 있는 월급은 연변조선족자치주에 서 받는 월급보다 훨씬 높았기 때문이다. 조선족의 이주에 있어서 청도『재 경일보』등조붕(滕兆鵬) 부 총편집장은 아래와 같은 의견을 제시했다.

> 많은 조선족들이 청도에 찾아온 것은 언론의 역할도 중요했다. 왜냐하면 그때 청 도를 한국기업과 한국사람이 가장 많이 살고 있는 지역으로 선정했기 때문이다.[8]

이때 온 조선족들은 단지 한국회사에서 일하는 것만이 아니었다. 가족 단위로 온 조선족들은 한국기업이 모인 곳에서 한(韓)식당을 운영하기 시작 하면서, 이전가지 고급한식당만 있던 상황은 차츰 변하기 시작했다. 조선족 들이 운영하는 한식당은 규모가 작고 일반사람들도 접할 수 있는 식당이었 다. 하지만 당시에는 현지인이 한국음식을 찾아다니는 경우는 오직 한류 마 니아나 한국에서 돌아온 중국 유학생들뿐이었다. 때문에 당시 조선족들이 운영하는 한식당의 대상은 지역의 한국인과 조선족, 그리고 한국기업에서 일하는 노동자들이었다. 이 시기에는 현지인과 이주한국인, 그리고 조선족 간의 교류는 아직은 주로 경제활동을 중심으로 이루어졌다. 한편, 일반 대중

---

8) 청도『재경일보』부총편집장 등조붕(滕兆鵬) 씨 인터뷰, 2011년 1월 10일.

들은 한국의 K-POP, 드라마 등 문화상품을 통해 간접적으로 한국과 접근하기 시작하였다.

다음은 2002년부터 2004년까지이며 이 시기는 인식의 변환단계이다. 20세기 말에 시작한 한류열풍은 이 시기에 청도에서 가장 번성했다. 이때 청도시 안에는 더 이상 공업단지로 개발할 빈 땅이 많이 남지 않았기 때문에 노동집약형 공업단지는 주변의 현급시로 이전되어 청도시에서는 기술을 위주로 테크놀로지단지에 중점을 두었다. 또한 청도시 정부에서도 단일한 경제교류보다 전면적인 교류를 요구했다.

또한 물가의 인상으로 청양구에 있는 일부의 한국공장도 지묵시(即墨市), 교주시(膠州市) 등 노동력이 더 싼 주변 지역으로 이전되었다. 하지만 10여 년 동안 형성된 생활환경이 그대로 남아있기 때문에 청양구에서 살고 공장만 옮기는 경우가 많았다. 그리고 이미 한국인에게 적합한 환경을 만들어냈기 때문에 이 시기에 청도에 이전한 한국인과 조선족의 대부분이 사업 및 직장과 관계없이 집은 청양구에서 마련하게 되었다.

그리고 2002년에 '한국성'이란 한국복식을 파는 쇼핑센터가 청양구에서 문을 열었다. 이로써 '한국성'이란 단어가 처음으로 청도에서 사용되기 시작했다. 또한 중국의 싼 물가로 '금리화생존'[9] 방식으로 살고자 하는 한국인들로 인해 청도가 한국인의 관심을 많이 끌게 되었다. 이를 잘 보여주고 있는 것으로 중국의 경제학자 사국충(謝國忠)이 분석한 한국인의 청도 이전에 대한 설명이다.

150m^{2}의 아파트가 상하이의 가격은 350만RMB이고, 청도의 가격은 180만RMB이고, 서울의 가격은 900만RMB이다. 서울의 집을 팔고 남은 돈으로 투자하거나 장사를 하면 청도에서 여유로운 생활을 할 수 있다. … 집을 파는 사례가 많지는

---

9) 套利化生存(금리화생존)은 인건비가 높은 지역에서 한동안 돈을 벌고 소비수준이 낮은 지역에 가서 사는 방식을 말한다.

않다. 하지만 서울과 청도의 물가 차이 때문에 서울에서 돈을 벌고 청도에서 생활하는 한국인이 더 많다.[10]

한국인의 청도거주 선호현상으로 청도의 경제는 비약적으로 발전했다. 이에 대해서 전 청도 공안국(公安局) 대외처 정강(丁强)부처장은 아래와 같이 말을 했다.

> 청도시 경제발전에 있어서 무시할 수 없는 큰 영향을 미치는 것은 한국기업들이다. 그리고 오늘날의 한국성(청도코리아타운)은 경제뿐만 아니라 현지인에게 한국문화를 접할 수 있는 기회와 한국인과의 교류기회를 줄 수 있는 지역이다. 또한 청도시의 또 하나의 관광콘텐츠로 볼 수도 있다.[11]

두 번째 시기는 청도시 정부가 한국과의 교류에서 단일한 상업적인 투자유치 유형에서 전면적인 교류로 전환하는 중요한 시기였다. 그리고 한류로 인해 일반인에게 한국문화가 전달되어 초기에는 무시했던 주변의 한국문화를 다시 평가하고 접하기 시작한 시기였다. 젊은 세대가 한국 옷을 좋아하고 구입함으로써 한국 옷은 하나의 유행이 되었다. 그리고 더 많은 조선족들이 동북지역에서 청도로 이주하고 일반인도 접할 수 있는 한식당을 만들었으며 한국의 음식문화가 현지인에게 알려지기 시작한 시기이기도 하다.

세 번째는 2004년부터 현재까지이다. 2004년은 청도 코리아타운의 형성에 있어서 하나의 전환점이라고 볼 수 있다. 이 해부터 청도와 한국 간의 교류가 전환점을 맞이하였다. 그 계기는 바로 2004년에 청도에서 처음으로 개최한 '한국주간' 행사이다. 이 행사는 2004년 7월 3일부터 7월 9일까지 개최되었고 "청도-한국인이 투자창업과 주거생활에 가장 적합한 도시, 한국-청도시의 가장 밀접한 문화교류와 경제적 합작 파트너(青岛-最适合韩国人投资创

---

10) 『財經日報(재경일보)』. 2004-5-1. 「謝國忠訪談—聚集青島的韓國人」.

11) 정강(丁强) 청도시 전임 공안국 대외처 처장 인터뷰, 2011-1-19.

業和居住生活的城市; 韩国-青岛市最密切的文化交流和经济合作伙伴)"가 그 주제였다. 여기서 이전과 다른 가장 큰 차이점은 두 가지였다. 하나는 청도와 한국의 교류에 있어서 일방적인 행사가 아닌 쌍방향 교류 행사였으며, 또 하나는 제목에서부터 경제와 문화교류를 같이 언급한 점이었다.

그리고 2004년 7월 10일, 청도『반도도시보』(半島都市報)는 한국주간 행사에 대해서 「청도는 전력으로 '한국성'을 조성할 것이다」라는 제목으로 보도를 했는데, 이 기사에서 처음으로 '한국성'의 개념을 공식화시켰다. 아래는 기사내용이다.

청도에 한국 친구들이 이렇게 많이 모이고 '한국성'을 잘 만들 수 있다는 자신감의 근원은 아래 같은 몇 가지의 이유가 있다. 우선 한국식 의료서비스업을 제공하고 있는 것이다. 의료서비스의 제공은 한국 친구의 우려를 해결하는 것이다. 또한 청도에서 한국투자기업협회, 한국인학교, 한국인 단지, 또한 한국어 신문까지 만들어냈다. 이 모든 것은 '한국성'을 만들기 위한 준비다.[12]

그리고 청도 한국주간 행사 개최의 목적에 대해서 『청도조보』(青島早報)는 당시 청도시 우충(于沖) 부시장과 인터뷰를 했는데, 아래는 우충 부시장의 대답이다.

한국은 청도의 첫 번째 수입국이자 세 번째 수출시장이다. 또한 청도에서 가장 많이 투자하는 국가 중의 하나이다. 몇 년 동안 청도와 한국의 합작은 지나치게 투자유치에 대해서 중점을 두었고 조급한 성공과 눈앞의 이익만을 추구하는 경향이 강했다. 올해부터는 해마다 '청도한국주간행사'를 개최할 예정이다. 이러한 행사를 통해 이 상황을 바꿀 것이다. 청도와 한국은 무역, 기술, 문화, 스포츠, 그리고 교육 등 여러 방면의 영역에서 교류해야한다.[13]

---

12) 『半島都市報(반도도시보)』. 2004-7-10. 「青島全力打造'韓國城'」.
13) 『青島早報(청도조보)』. 2004-6-19. 「于沖副市長訪談—韓國周活動的前前後後」.

같은 해에 한국의 정부기구인 '한국과학기술연구원'이 청도시 정부와 합작하여 청도에서 '한중생산기술협력센터'[14]를 설립했다. 이것은 영사관 외에 청도시에서 처음으로 한국정부기구가 입주한 셈이다. 이후 이 기구는 한국기업에게 기술지원뿐만 아니라 중국기업에게도 기술 지원을 해주었다.

　　2004년 청도에서 살고 있는 한국인 인구는 8만 명 정도가 되었으며, 조선족 인구도 5만 명 정도에 이르렀다.[15] 이러한 많은 인구들은 청양구 외에 청도시의 경제중심지역인 시남구에서 모이기 시작했다. 청양구에서는 이미 한국인의 생활에 맞게끔 시설과 환경을 만들었지만 주거환경이나 경관이 시남구가 훨씬 좋은 곳이기 때문이었다. 이에 따라 청도에 새로 이주해온 조선족 대부분이 시남구에서 자리를 잡고 취직하거나 한식당을 운영하기 시작했다. 특히 이 시기에 개설한 '명인광장(名人廣場)'이란 아파트단지는 한국인을 주 대상으로 설정해서 건설했기 때문에 입주자의 80% 이상은 한국인이다. 뿐만 아니라 '천태성(天泰城)'이라는 아파트단지도 마찬가지이다. 이런 한국인을 위한 아파트단지와 일반 아파트단지의 가장 큰 차이점은 난방시설이다. 한국인을 위한 아파트 단지에는 모두 보일러를 설계하여 시공한 단지이다. 이 단계에서 한국의 문화가 전면적으로 청도에 들어와서 일반시민들과 직접적인 접촉을 하게 되었다.

　　이러한 세 가지 단계를 걸쳐 오늘날 청도 현지인에게 이미 일상생활처럼 느끼는 한국문화의 유형이 형성되었다. 경제발전의 계기로 시작했지만 한류의 영향을 받아 한국문화가 빠르게 청도 현지인의 문화대문을 열게 만든 것이다. 이제는 한글로 된 간판, 한국식당, 한국복식을 청도 곳곳에서 볼 수 있다는 것으로 한국문화가 이미 청도에서 뿌리를 내린 것으로 알 수가 있을 것이다.

---

14)　청도시와 한국생산기술연구원 공동으로 창립한 국제기구이다. 주소: 청도시 동해서로 17번지 해신빌딩 1203실(靑島市東海西路17号海信大厦1203室), 전화: 0532-83896803.

15)　『半島都市報(반도도시보)』. 2005-1-6. 「靑島已經成為中國韓國人最集中的城市之一」.

3. 청도 코리아타운의 한국문화현상

1) 청도 코리아타운이 현지인에게 미치는 영향

청도 코리아타운의 형성 및 발전 과정은 현지인의 수용과도 밀접한 관계를 가지고 있다고 본다. 만약 그 지역의 한국 이주자만을 의지하는 상황이라면 코리아타운을 유지하기는 힘들다. 여기서 현지인의 코리아타운 인식이 중요한데, 우리는 현지인 대상의 설문조사를 통해 살펴보고자 한다.

청도 현지인을 대상으로 한 설문조사는 주로 현지 한족들의 한국문화에 대한 인지도, 관심도, 그리고 선호도 등에 대해서 연구하려고 하는 목적으로 실시한 것이다. 이 결과를 바탕으로 현재 청도의 50대 이하의 현지인들의 한국문화에 대한 수용 정도를 검토했다. 설문결과를 통해 현재 한국문화가 현지인에 대한 영향력을 분석하여 현지인이 가장 많이 접하는 한국문화를 선정하여 앞으로 한국문화와 청도 현지문화의 융합에 있어서 기반적인 데이터를 수집하려고 한다.

설문의 대상자는 모두 청도 언론사인 『재경일보』의 등조붕(滕兆鵬) 부편집장의 도움을 받아 2010년 12월부터 2011년 2월 20일까지 여러 차례의 개인적인 모임 혹은 행사를 통해 실시했다. 또한 설문의 대중성을 유지하기 위해 한족인 현지인 남녀 각 90명씩으로 조사를 실시했는데, 이 중에서 한국문화를 가장 많이 접할 수 있는 청양구 지역과 시남구와 노산구 지역 등 두 지역으로 나누어 대상을 각 60명으로 정했으며 다른 지역은 합해서 60명으로 정했다. 이 중에서 40대 이하 140명을 택했는데 주로 한국문화를 접할 수 있는 연령층을 대상으로 생각하여 결정한 것이기 때문에 한 측면으로 보았을 때에는 고령층에 대한 조사가 부족한 것이 하나의 한계점이다. 그리고 크게는 10개의 객관식 문항으로 설문항목을 구성했는데 1번부터 5번은 인구통계학적 특성을 묻는 항목인 성별, 나이, 거주 지역, 직업, 그리고 월수입 등의 문항이다. 6번은 '청도 대중생활 속에서 나타나는 한국문화 요소가 무엇이라고 생각합니까?'라는 질문으로 다수 문항으로 결정했다. 그리고 7번부터 9번까지는 한국 옷이나 음식의 구매방식, 난방시설의 이용여부, 한국음식에 대한 태도 등에 대해서 질문했다. 10번 문항에서는 11가지의 구체적인 질문으로 나누어 '없음에서 자주'까지의 다섯 단계로 구분하여 문항을 제시했다.

여러 차례의 설문을 실시하는 과정 중에서 우선 주변의 지인 및 개인적인 모임들을 통해서 시작한 후에 『재경일보』관계자를 통해 공식적인 회사 모임이나 현지인들의 카페 모임 등에 참석하여 설문을 실시했다. 마지막으로 지인들을 통한 조사가 부족한 지역이나 연령층에 대한 설문을 실시했다. 공식적인 모임들을 선택할 경우에는 우선 소개를 받은 모임들을 위주로 한 다음에 한국문화, 혹은 한국어를 공부하는 모임을 중심으로 설문을 실시했다. 응답자의 기본상황과 대표 문항의 설문에 대한 결과는 〈표 2〉와 같이 정리할 수 있다.

그리고 10번 문항에 대한 응답결과는 〈표 3〉과 같이 정리할 수 있다. 〈표 3〉을 통해서 알 수 있듯이 한국성에 한 번도 가지 않은 비율은 5% 정도, 한국음식을 좋아하지 않는 사람의 비율은 1.1% 정도, 한국인 거리에 간 적이 없는 비율은 2.8% 정도 된다. 특히 한국식당을 이용한 적이 없는 사람이 없다는 것은 주목이 된다. 위에서 의, 식, 주거 등 세 가지의 문화현상에 대한 분석내용에 대한 결과들을 아래 3장에서 많이 활용할 것이다.

실제적으로 조선족과 중국 기타 도시의 이주자가 아닌 청도 현지인의 입장에서 보면 한국문화의 유입은 청도시의 또 하나의 새로운 도시문화발전의 계기라고 생각한다. 독일이 청도에 남긴 문화를 활용하여 청도시가 하나의 아름다운 관광지역을 만들었고 시간이 지나면서 이 지역들은 이미 청도시 문화의 일부가 되었는데, 현재의 코리아타운도 현지문화와 융합하는 과정중이지만 앞으로 청도시 문화의 일부가 되지 않을까 생각한다.

표 2 현지인 응답자 일반적 특성

항 목	구 분	빈도(N)	비율(%)	누적비율(%)
성별	남	90	50.0	50.0
	여	90	50.0	100.0
나이	20대 이하	40	22.2	22.2
	20대	50	27.7	50.0
	30대	50	27.7	72.2
	40대 이상	40	22.2	100.0
거주 지역	시난구, 노산구	60	33.3	33.3
	사방구, 이창구	30	16.7	50.0
	청양구	60	33.3	83.3
	기타지역	30	16.7	100.0
직업	기업주, 공무원	38	21.1	21.1
	회사원	47	26.1	47.2
	학생	63	35.1	82.3
	기타	32	17.7	100.0
월수입	2,000원 미만	72	40.0	40.0
	2,000~5,000원	56	31.1	71.1
	5,000원~1만 원	38	21.1	92.2
	1만 원 이상	14	7.8	100.0
한국성 방문 횟수	전혀	9	5.0	5.0
	가끔	28	15.6	20.6
	보통	74	41.1	61.7
	많음	11	6.1	67.8
	자주	58	32.2	100.0
한국인과의 교류	전혀	39	21.7	21.7
	가끔	7	3.9	25.6
	보통	75	41.6	67.2
	많음	5	2.8	70.0
	자주	54	30.0	100.0
한국식당 이용	전혀	0	0	0
	가끔	43	23.9	23.9
	보통	69	38.4	62.3
	많음	35	19.4	81.7
	자주	33	18.3	100.0
한국음식 선호도	전혀	2	1.1	1.1
	가끔	24	13.3	14.4
	보통	64	35.6	50.0
	많음	38	21.1	71.1
	자주	52	28.9	100.0
한국인거리 방문 횟수	전혀	5	2.8	2.8
	가끔	13	7.2	10.0
	보통	47	26.1	36.1
	많음	41	22.8	58.9
	자주	74	41.1	100.0

표 3 설문조사 10번 문항에 대한 응답 결과

구 분	전혀 ①	②	보통 ③	④	자주 ⑤
청도에서 한국인과 자주 교류하십니까?	39	7	75	5	54
주변에 한국인, 혹은 조선족 친구가 많습니까?	42	0	86	2	50
청양구 한국성에 자주 갑니까?	9	28	74	11	58
시남구 한국인 거리를 자주 갑니까?	5	13	47	41	74
한국음식을 좋아합니까?	2	24	64	38	52
한국식당을 자주 이용하십니까?	0	43	69	35	33
현재 청도의 한국식당들이 잘 운영하고 있다고 생각합니까?	13	31	57	38	41
한국영화나 드라마를 즐겨 보십니까?	1	20	36	68	55
한국 옷을 좋아합니까?	0	15	82	27	56
가지고 있는 옷을 포함한 물건 중에서 한국 것이 많습니까?	1	18	87	32	37
주변 친구들은 보일러를 사용하는 집은 많습니까?	65	0	43	24	48

2) 청도 코리아타운의 한국문화현상

청도 코리아타운의 형성과정을 통해 청도는 경제발전만을 추진하는 것뿐만 아니라 이 시기에 청도에 한국문화도 수용했다. 한국문화가 청도에서 잘 융합할 수 있는 이유를 다섯 가지로 정리할 수 있는데, 이 원인들은 또한 융합과정에 따라 중요성이 계속 변하고 있다고 본다.

첫째, 청도에 있는 한국인과 조선족의 수요이다. 낯선 이국에 가면 우선적으로 적응이 안 되는 것이 생활습관이다. 그러나 많은 동포들이 같은 지역에 모이게 되면 하나의 자신들만의 지역문화를 창조할 수 있다. 한국인이 처음으로 청도에 갔을 즈음에 한국과 관련된 것은 거의 없었지만 시간이 지나면서 한국인뿐만 아니라 중국의 조선족도 청도에 모여들면서 한 뜻으로 힘을 합쳐 코리아타운을 만들게 된 것이다.

둘째, 청도시 정부의 도시발전계획이다. 청도시의 경제발전에 있어서 한국기업들은 중요한 역할을 해왔다. 발전 초기와 중기에는 이러한 영향이 특히 분명했다. 그래서 청도 시청은 한국기업을 유치하기 위해 한국인이 잘 살 수 있는 환경시설을 지원하기 시작한 것이다. 이로 인해 한국병원, 한국 아이들이 다닐 수 있는 한국유치원과 학교, 한국치과, 심지어 한국인교회도 따로 설립하는 것을 인정해주었다. 청도의 한국인교회에 대해서 청도시 전임 공안국 대외처 정강부처장은 다음과 같은 의견을 제시했다.

> 한국인교회는 단지 한국인만이 다닐 수 있는 교회이다. 이것은 우리가 정하는 것이 아니라 한국인이 스스로 정한 규칙이다.[16]

셋째, 한(韓)민족의 한 지역에 구속되지 않고 흩어지면서 모여 사는 특성 때문이다. 만약 청도에 있는 한국인과 조선족이 청양구에만 살고 있다면 한국문화와 현지문화의 융합이 오늘날처럼 쉽지 않을 것이다. 그러나 청도의 한국인은 청양구에서 한국성을 만들었지만 시남구에서도 한국인 단지, 한국인 거리를 만들었다. 구성원의 계층이 조금씩 다르지만 같은 한국문화를 공유하고 있는 동포이기 때문에 전 청도시에서 한국문화의 분위기를 창조한 것이다.

넷째, 조선족의 대량 이주 때문이다. 조선족은 청도 현지인과 민족이 다르지만 같은 나라 사람으로 인식한다. 또한 한국인보다는 더욱 빨리 현지인과 친분을 얻을 수 있다는 점이다. 이렇게 많은 조선족들을 통해 한국문화가 광범위하게 뿌리를 내릴 수 있는 원인 중의 하나가 되었다. 그리고 이주하는 조선족 인구문제에 대해서 청도시 전임 공안국 대외처 정강부처장은 아래와 같이 대답했다.

> 청도에 있는 조선족 인구는 통계로 처리할 수가 없다. 왜냐하면 호적을 청도로

---

16) 정강(丁强) 청도시 전임 공안국 대외처 처장 인터뷰, 2011년 1월 19일.

이전하지 않으면 통계를 할 수 없기 때문이다. 하지만 대략적으로 한국인과 조선족 인구수의 비율은 2009년의 상황을 고려할 때 1 : 4로 계산하면 큰 오차가 나지 않을 것이라고 생각한다.[17]

다섯째, 한류 때문이다. 영화나 음반시장보다는 드라마 시장이 한국문화의 전파에 있어서 더 큰 역할을 해왔다. 청도 방송국에서 한류 관련 많은 한국드라마를 방송했다. 이는 한류 팬들이 한국문화에 대해서 체험해보고 싶은 욕망이 생긴 가장 큰 원인이 되었다. 그래서 청도의 현지인들이 먼저 주변에 있는 한국인의 생활요소를 찾아다니기 시작한 것이다. 한국인과 조선족을 통해 알아보는 한국문화와 현지인이 직접 느끼고 전달하는 한국문화의 전파경로가 또 다르다.

이러한 다섯 가지의 조건으로 한국문화가 오늘날처럼 청도 현지인의 일상생활 속에서 정착되어 청도 지역문화의 일원이 되었다. 여기서 인간의 가장 기본적인 생활요소인 의(衣), 식(食), 주거(住居) 등 세 가지의 내용을 통해서 청도 대중생활 속의 한국문화현상을 살펴보자.

(1) 의(衣)

한국 옷의 유행은 코리아타운의 영향보다 한류의 영향을 더 많이 받은 것이다. 이 현상은 청도뿐만 아니라 중국의 많은 대도시마다 한류스타의 패션을 따라가는 젊은이를 볼 수 있다. 청도도 예외가 아니다. 그러나 다른 지역과 다른 것은 청도가 중국 내의 한국 옷과 액세서리의 도매 중심지역이라는 점이다. 청양구의 '한국성', '한국액세서리성', 시남구의 '한국정화복장성', '동대문복장거리' 등 전문적으로 한국 옷을 파는 센터와 가계들을 곳곳에서 볼 수 있다. 청도 현지인 180명을 대상으로 시행한 설문 결과를 보면 한국 옷을 싫어하는 사람이 없고 보통 좋아하는 사람이 82명(45.6%), 그리고 매우 좋

---

17) 정강(丁强) 청도시 전임 공안국 대외처 처장 인터뷰, 2011년 1월 19일.

아하는 사람은 56명(31.1%)이 있다. 그리고 이 중에서 한국브랜드의 옷 혹은 액세서리를 가진 사람은 87명(48.3%)의 결과가 나왔다.

(2) 식(食)

설문조사의 결과에 따라 청도 대중생활 속에서 나타나는 한국요소의 1위가 한국음식이다. 중국에서는 음식은 배를 채우는 것보다는 지역문화의 구성요소이다. 청도는 산동성에 속하고 있지만 음식문화에 있어서는 산동성 지역의 음식문화 특징을 많이 갖고 있지는 않다. 대신에 해물 요리로 유명하고 다문화의 음식문화로 유명하다. 하지만 코리아타운의 형성으로 한국음식이 현지인, 특히 중국 국내 타 지역사람들에게 이미 청도지역에서 하나의 특색음식이 되었다.

'청도시의 한국식당은 한국의 맛을 제대로 만든다'는 소문이 날 정도로 청도의 한국식당들이 유명하다. 이 식당들 중에서는 고급식당도 있고 일반시민들이 먹을 수 있는 한식당도 많다. 청도에서 한국음식의 유행은 한류의 영향도 있지만 주로 청도 코리아타운의 확대와 조선족이 운영하는 한식당들 때문이다. 청도 현지인 180명 대상의 설문조사 결과에 따르면 한국음식을 좋아하는 사람은 154명(85.6%), 자주 가는 사람은 68명(37.8%) 정도가 된다. 그리고 청도에 거주하는 107명의 조선족에게 설문을 한 결과에서는 한국식당을 이용하는 사람은 92명(86%) 정도가 된다.

청도에서의 한국음식 문화의 전개과정은 청도 코리아타운의 형성과정과 밀접한 관계를 갖고 있다. ① 코리아타운에서만 한국음식을 먹을 수 있는 단계, ② 한국인 집거지역을 중심으로 형성된 한국음식 거리 단계, 그리고 ③ 한국음식이 청도 음식 중의 중요한 요소가 된 단계 등 세 단계를 걸쳐서 오늘날과 같은 청도의 특색을 가진 한국음식 거리, 한국식당 거리 등이 형성되고 발전해온 것이다.

(3) 주거(住居)

처음에 청도에 있는 한국인과 조선족만을 위해서 개발한 아파트들이 이제 현지인에게도 분양이 잘된다. 그 이유는 바로 한국식의 보일러이다. 한국 드라마와 한국인 친구를 통해서 알게 된 보일러식의 난방설비를 직접 시공해본 후, 현지인들은 청도의 기존 난방설비보다 한국식 보일러가 훨씬 효과가 좋았음을 인식한 것이다. 뿐만 아니라 경제적으로도 더 저렴하기 때문에 이제 현지인들이 많이 선택하는 중요한 난방방법 중의 하나가 되었다. 시남구에서 '명인광장'이란 한국인을 위한 아파트가 개발된 후, 청양구에서도 바로 '천태성'이란 아파트 단지가 개발되었다. 이 단지들은 한국인을 위해서 보일러 시설을 설치했다.

위에서 언급했듯이 한국문화가 이미 청도시민의 대중생활 속에 깊숙이 들어왔다. 현지인은 이미 한국문화를 지역문화의 일보로 느끼게 된 것이다. 180명 설문조사를 한 중국현지인 중에서 한국성에 한 번도 가지 않았던 사람은 단 다섯 명에 불과했으며, 한국사람과 교류를 자주하는 사람이 54명(30%)이라는 조사결과를 통해서도 이 점을 알 수가 있는 것이다.

4. 맺음말

청도에서 한국문화의 정착을 보면 코리아타운이 매우 큰 역할을 수행했음을 알 수 있다. 이러한 청도 코리아타운의 특징과 한국문화 파급의 의미에 대해서는 다음과 같이 정리할 수 있다.

첫째, 청도 코리아타운은 다른 지역과는 다른 독특한 다수 지역 코리아타운의 개념이다. 청양구의 한국성은 인증받은 코리아타운이지만 시남구와 노산구의 한국인 단지와 한국인 거리는 한국성보다 현지인과의 교류에 있어서 더욱 중요한 역할을 하고 있다. 때문에 청도 코리아타운은 한 지역으로 정하는 것보다는 한국인 밀집지역이면서 한국문화를 가진 구역이란 곳의 통합적인 명칭으로 생각해야 할 것이다.

둘째, 청도 코리아타운이 도시의 경제발전에 있어서 추진역할을 한 점이다. 다른 지역의 코리아타운은 한국인이 외국에서 한 지역에 모여서 사는 지역을 말하는 것이다. 따라서 해당 지역의 경제발전에 영향을 미칠 수 있지만, 청도의 코리아타운은 전체 청도시 차원의 발전에 원동력을 제공한 점에서 청도 코리아타운은 독특한 효과를 발휘했다.

셋째, 청도 코리아타운은 한국문화와 현지문화의 융합 역할을 하는 전형적인 모델이다. 다른 나라/지역의 코리아타운은 그 나라/지역에서 현지의 문화와 융합하기보다는 색다른 하나의 지역문화를 만들어 내고 있다. 물론 이러한 코리아타운은 관광산업에 있어서 더욱 장점을 갖고 있다. 하지만 청도 코리타운은 한국문화가 이미 현지문화와 융합한 내용도 있고 융합하고 있는 것들도 많다. 이러한 과정은 진정한 다문화시대의 의미라고 생각한다.

한국문화가 청도에서 정착하는 과정을 통해서도 알 수 있듯이 한국인과 조선족이 모여 살고 있는 지역의 중요성을 느낄 수 있다. 조선족의 존재는 또한 중국과 다른 나라의 가장 큰 차이점이라고 볼 수 있다. 만약 코리아타운에 한국인만 있으면 한국문화가 이렇게 쉽게 정착할 수 없었을 것이다. 지금까지 중국에서 한국인이 많은 곳이면 조선족도 많이 모일 것이라고 생각할 수 있다. 그 이유는 경제적인 추구이지만 결과는 문화의 전파에 있어서도 많은 영향을 미쳤다. 조선족은 중국의 소수민족이면서 한국인과 매우 유사한 생활방식을 갖고 있다. 조선족들이 초반에는 한국인보다 현지인과의 소통에서 언어장애가 없기 때문에 편하게 현지인과 교류할 수 있다. 이를 통해서 조선족의 생활방식과 진정한 한국인의 문화까지 현지인과 교류하게 될 것이다. 그리고 코리아타운이 존재하는 자체가 또한 현지인에게 먼저 한국문화를 체험할 수 있는 공간을 제공해주는 역할을 하고 있으며, 현지인으로 하여금 갑자기 한국문화를 수용하는 것이 아니라 점차 적응을 하면서 수용하게 만든 것이다. 그리고 체험 과정 중에서 현지인들도 스스로 판단해서 그 지역의 정서에 맞는 문화만을 수용하게 되어 이러한 선정된 문화들이 역시 기타 현지인이나 주변 도시까지 수용하기가 쉬운 문화가 될 것이다.

청도 코리아타운의 발전과정 중에서 비판적인 기사도 물론 있었다. 특히 최근 2, 3년 동안은 청도와 한국 간의 교류가 권태기를 맞이한 양상이다. 청도가 급속도로 발전함에 따라 이제 한국과 더 높은 차원의 교류를 원하는 데에 원인이 있고, 또한 중국 물가의 상승 문제와 과거의 많은 교류 가운데 실패한 사례들로 인한 위기인식을 가진 한국인의 수가 많아진 것도 그 이유 중의 하나이다. 그러나 이러한 변화가 청도 코리아타운이 한국문화의 정착에 기여했던 중요한 역할이 중단되었다는 것은 아니라는 점이다.

다문화란 단어는 더 이상 생소한 어휘가 아니다. 오늘날 같은 글로벌시대에는 나라 간의 문화 교류와 융합을 통해서 문화의 발전을 추진한다. 이러한 과정 중에서 한 지역에서 외래문화의 정착은 중요한 과정이며 그 지역의 외래인구 집거지역은 외래문화의 정착에 대해서 매우 큰 추진 역할을 수행할 수 있다. 이 글에서는 한국문화의 중국 내에서의 파급에 대해서 모색했고 청도 코리아타운을 사례로 했는데, 선행 연구의 부족으로 내용은 부족한 점이 많다. 하지만 청도 코리아타운이 한국문화의 청도에서의 정착에 있어서 미쳤던 영향은 역사 그 자체가 되었다. 앞으로 더 많은 중국 내 현지문화와 외래문화의 융합의 사례에 대한 연구를 통해 오늘날과 같은 다문화 시대에 각 나라 간 문화의 수용 및 문화의 정착에 대한 모델과 방법을 모색하고자 하는 것은 앞으로의 연구 과제라고 생각한다.

課題組. 2008. 『外資與城市發展: 韓企在靑島中心經濟城市發展中的作用』. 山東省社科院.

唐志軍. 2004. 「韓資角色」. 『招商週刊』.

朴英姬. 2003. 「靑島韓國商會的文化活動及作用」. 『當代韓國』.

朴哲. 2010. 『中國朝鮮族移民史』. 延邊大學.

孫凱麗. 2005. 『靑島産業結構結構演進與産業優化升級問題研究』. 中國科技大學.

王峰. 2009. 「經濟全球化背景下的旅居靑島韓國人的文化研究」. 靑島大學.

심상억. 2003. 「中國의 投資環境에 관한 硏究: 청도(靑島)市 投資環境을 中心으로」. 부산외국어대학.

『財經日報(재경일보)』, 『靑島早報(청도조보)』, 『半島都市報(반도도시보)』

청도시정부정보 공식사이트: http://www.qingdao.gov.cn

청도시통계정보 사이트: http://www.stats-qd.gov.cn

청도시 종합사이트: http://www.qingdao163.com

청도시 청양구 구청 공식사이트: http://www.chengyang.gov.cn

청도시 시남구 구청 공식사이트: http://www.qdsn.gov.cn

청도시 반도도시신문사 공식사이트: http://www.bandao.cn

명 칭	주 소	연락처
주청도한국영사관	청도시 노산구 홍콩동로 101번지 (靑島市嶗山區香港東路101号)	0532-88976001
한중생산기술협력센터	청도시 동해서로 17번지 해신빌딩 1203실 (靑島市東海西路17号海信大厦1203室)	0532-83896803
청도벽산조선족학교	청도시 이창구 천수로 (靑島市李滄區天水路)	0532-87665366
청도 이창구 조선족초등학교	청도시 이창구 구수로 225번지 (靑島市李滄區九水路２２５号)	0532-87631618
청도한인상회		회장: 장종윤(張鐘允)

북경의 코리아타운과 한국음악 현황*

박은옥(호서대학교 교양교직학부 조교수)
독고현(한국외국어대학교 영문학과 및 대학원 글로벌문화콘텐츠학과 강사)

1. 머리말

한국과 중국은 지리적인 조건과 문화적인 유대관계로 인해 예로부터 많은 교류가 있었다. 그러나 20세기에 들어서부터 두 나라의 정치적 이념과 남북한의 복잡한 관계 때문에 1990년대 초까지는 공식적인 접촉이 거의 없었다. 이러한 상황을 바꾼 것이 바로 1992년의 한중수교이며, 이때부터 한국과 중국은 정치, 문화, 사회, 경제 등 많은 분야에서 활발한 교류가 이루어지기 시작했다. 한중수교가 수립된 1992년에 양국을 오가는 사람들은 약 13만 명에 불과하였으나, 수교 20주년의 지금에는 양국의 인적교류가 이미 600만 명을 훨씬 넘어서고 있다. 다시 말하면, 한중 수교 20년밖에 안 되는 이 짧은 기간 동안 두 나라의 관계는 매우 급속하게 성장하면서 교류의 범위 역시 매우 넓어졌다고 할 수 있다. 이러한 분위기 속에서 중국인들은 한국에 대해 더욱 관심을 가지게 되었고 한국의 문화, 특히 대중문화에 대한 관심도 점점 높아지고 있다.

중국 내의 한국 대중문화에 대한 소개는 1993년에 한국드라마 〈질투〉

---

*   이 글은 『재외한인연구』 제23호(2011. 2)에 실린 것으로 일부 내용을 보완했다.

가 CCTV에 방영된 것과 동시에 시작되었다. 하지만 이 드라마는 당시 중국 전역에서 유행하던 일본드라마와 별 차이를 보이지 않았다는 이유로 실패의 길을 걸어갈 수밖에 없었다.[1] 이 때문에 한국의 문화를 중국에서 소개하려는 첫 걸음은 예상과 달리 많이 벗어나는 상황에 처하게 되었다. 지상파방송과 대조적으로 라디오방송에서의 한국음악 소개는 비교적 순조롭게 출발하였다. 1996년에 중국 국제라디오방송국에서 처음으로 한국음악을 소개하였고, 1997년부터 한국의 공연기획사인 (주)미디어 플러스의 제작으로 '서울음악실(漢城音樂廳)'이라는 이름으로 매주 3회의 정기방송을 하면서 한국대중음악을 소개하기 시작하였다(전오경, 2004: 22). 이를 계기로 1998년 5월부터 HOT의 앨범 〈행복〉이 중국에 출시되었고 예상치 못한 큰 호응을 얻게 되자 클론, 베이비복스, 안재욱, NRG, 박미경, 유승준, 김현정 등 대중가수의 약 50종이 넘는 음반들이 한 달 사이에 중국의 음반시장에 쏟아져 나왔다. 이러한 상황이 이어지면서 한국의 음악과 문화에 대한 관심은 급속도로 높아지게 되었다.

이처럼 한국의 대중음악에 대한 관심이 높아질 즈음에 중국의 최대 방송 채널인 CCTV1에서 최민수, 하희라, 이순재 등 주연의 드라마 〈사랑이 뭐길래(愛情是什么)〉가 중국에서 많은 인기를 얻었다. 그리고 2000년 2월에 한국의 인기 그룹 HOT가 북경의 공인실내체육관에서 공연을 하기도 했는데, 이후 HOT의 노래는 중국의 음악잡지인 『당대가단(當代歌壇)』에서 5개월 동안 지속적으로 1위를 차지하는 기록까지 세웠다. 중국의 언론계는 이러한 과정에서 '한류'라는 용어를 공식적으로 자주 사용하기 시작하였다.[2] 한국의 음

---

1) 1980년대 초 일본드라마가 본격적으로 중국에 진출하였고, 〈姿三四郎〉, 〈血疑〉, 〈阿信〉 등 드라마가 크게 인기를 얻으면서 일본드라마의 1차적 열풍을 일으켰다. 그리고 1990년대에 들어서면서 〈東京愛情故事〉, 〈第101次求婚〉, 〈同一屋檐下〉 등으로 일본드라마의 두 번째 열풍을 형성하였다. 이때의 일본드라마는 많은 청춘스타를 배출하면서 중국의 젊은 층에 인기를 얻었다. 이러한 상황에서 한국의 드라마인 〈질투〉가 방영되었고, 젊은 남녀의 사랑과 생활을 주제로 하는 점과 청춘스타를 주역으로 하는 점에서 일본드라마와 비슷한 인상을 주었으며, 한국이라는 나라에 대한 생소함 등이 당시의 일본드라마보다 호응을 얻지 못하게 된 이유라 할 수 있다.

악과 드라마가 중국 전역에서 흥행하는 결과는 중국에서 한류의 열풍이 불기 시작하는 기폭제가 되었다.

한류의 열기가 중국에서 갈수록 뜨거워지는 동시에 한국에서도 '한풍(漢風)'[3]이 불기 시작하였다. 그리하여 중국으로 유학을 가거나 관광하는 사람 역시 급속하게 증가하였다. 2012년 현재 유학과 사업 등 여러 가지 이유로 중국에 체류하고 있는 한국인이 이미 100만 명을 넘었다. 1만 명 이상의 한국인이 거주하는 도시가 14곳에 달하고 있으며, 북경에서의 한국인만 해도 20만 명에 다다른다. 코리아타운에서는 많은 한국인들이 모여 살고 있을 뿐만 아니라 한국의 많은 새로운 것들이 이곳을 통해서 전파되어 중국의 다른 지역으로 펴져나가기도 한다.

양국의 문화는 서로의 공통점을 가지고 있기는 하나 나름대로의 큰 차이가 존재하는데, 한국문화가 중국에서 흥행할 수 있는 이유는 과연 무엇인가? 중국 전역으로 한국의 문화가 이렇게 빠르게 펴져나갈 수 있었던 원동력은 무엇인가? 유구한 역사문화를 자랑하는 중국에서 이러한 현상이 일어날 수 있었다는 사실이 많은 궁금증을 자아낸다. 더구나 중국에서는 외국인에 대한 여러 가지 정책의 규제로 인하여 어느 한 나라의 외국인들이 특정지역에 집단으로 거주하는 것을 부정적으로 생각하고 있는데도 불구하고 중국의 여러 도시에 형성된 코리아타운에 대하여 어떻게 해석해야 하는가?

---

2) 사실 '한류'라는 용어는 중국에서 이미 사용되고 있었으나 중국 언론이 이를 본격적으로 사용하기 시작한 것은 이 무렵부터라 할 수 있다. 한류의 발생과 어원에 관한 사항들은 이미 여러 연구나 보고서에서 논의되었으며, 이에 관한 상세한 정보는 김병욱의 『미래 스펙트럼 '한류' 분해』(김스정보전략연구소, 2004)와 강철근의 『한류 이야기』(도서출판 이채, 2006), 그리고 엔터테인먼트 아시아네트워크의 연구보고서 「글로벌음악시장 지형도작성 및 한국음악의 해외진출 활성화 방안연구」(한국콘텐츠진흥원, 2007) 등 자료를 참조할 수 있다. 「글로벌음악시장 지형도작성 및 한국음악의 해외진출 활성화 방안연구」에서는 한류의 발생과 어원에 대해 다음과 같이 설명하고 있다. "중국 내 진출한 한국 대중음악과 관련하여 한류(韓流)라는 신조어는 1999년 당시 '서울음악실'을 통해 베이징, 상하이, 중경 등 중국 10개 주요 도시지역의 약 5억 중국 청취자를 대상으로 전파를 타게 되었고, 같은 해 가을 한류(韓流) 타이틀을 가진 한국 음반이 이들 전역에 배포되었다. 그리고 같은 해 11월 19일 북경청년보(北京靑年報)가 가장 먼저 한류(韓流)라는 단어를 사용했다고 한다." 「글로벌음악시장 지형도작성 및 한국음악의 해외진출 활성화 방안연구」, 30쪽.

3) 한풍(漢風)과 더불어 '한조(漢潮)', '화류(華流)' 등의 표현이 다양하게 사용되고 있다.

이러한 문제들을 해결하려면 방대한 규모의 복합적인 연구가 필요하겠지만, 여기에서는 하나의 모델을 중심으로 문제에 접근하는 방식을 취하려 한다. 그리하여 이 글은 그 대상을 북경 지역으로 한정하고, 대중음악을 필두로 하여 한국음악[4]을 중심으로 중국 내 한국문화의 존재양상과 전파형식에 대한 조사를 시도하려 한다. 이러한 목적을 달성하기 위해 먼저 북경의 코리아타운을 살펴본 후, 북경과 코리아타운에서의 한국음악이 어떤 양상으로 존재하고 전파되고 있는지를 살펴볼 것이다.

연구조사의 과정에 있어서, 한류의 역사가 그리 길지 않아 통합적인 이론서가 다소 부족한 관계로 대부분의 자료는 최근 몇 년 동안 발표된 석·박사논문과 학술지에 게재된 논문들을 주로 참고하였다. 그리고 신문 등 언론매체에 게재된 기사들 역시 매우 중요한 자료라고 할 수 있고, 이 외에 다양한 온라인 콘텐츠도 일부 편파적 시각의 내용이 있기는 하지만 이 역시 중요한 자료로 활용하였다. 무엇보다도 제1저자의 오랜 현지 생활과 그로 인한 생생한 경험과 자료들, 그리고 현지에서 중국인 연구자들과 공동작업을 통해 축적한 여러 요소들을 최대한 활용하여 보다 정확한 정보를 제공함으로써 향후의 연구에 작으나마 도움이 되고자 한다.

2. 북경의 코리아타운

1) 우다코와 왕징

북경의 코리아타운은 유학생들이 많이 거주하고 있는 우다코(五道口)와 주재원 및 무역업자들이 모여 사는 왕징(望京)을 들 수 있다. 초기의 한국인들

---

4) 여기에서의 한국음악은 중국에 소개된 한국음악 전반을 말한다.

은 거의 우다코에만 거주하였는데, 이유는 인근에 많은 대학교가 있었기 때문이다. 특히 이곳은 한국유학생들이 선호하는 북경어언문화대학, 청화대학교, 북경대학교 등이 있어 유학생들이 거주하기가 매우 적당한 곳이라고 할 수 있다. 초기에 중국으로 진출한 한국사람들은 대부분 유학생과 무역업자였는데, 무역업자들은 장기간 거주하기보다는 한국과 중국 사이를 단기적으로 왕래하는 경우가 더

그림 1 북경 코리아타운의 모습

많았다.[5] 이 때문에 중국에서 장기적으로 머물러야할 한국사람은 주로 유학생들이었고, 우다코는 이들에게 여러 가지 편리한 조건을 갖추고 있어 특히 선호하게 되었던 것이다. 하지만 우다코는 오래된 아파트 지역인데도 불구하고 집값이 비교적 비싼 편인데다가, 1997년에 '한국인 여학생 절도사건'[6]과 '조선족 여성 피해사건'[7] 등 일련의 불미스런 사건들이 터지면서 우다코 지역의 코리아타운을 강제로 철거하는 상황까지 벌어지게 되었다.

이 무렵 왕징 지역은 새로 지은 아파트들이 대거 입주를 기다리던 때라, 주로 가족 단위의 형태로 거주하는 주재원과 무역업자들이 이곳으로 이사하

---

5) 한국과 중국은 1992년에야 비로소 정식으로 수교하여, 오랜 기간의 교류단절과 서로 다른 정치체제로 인해 중국시장에 대한 이해가 매우 부족하였다. 때문에 초기에는 중국에 와서 무역하는 사람들이 중국시장에 대한 불확실성과 중국 정치체제의 안정성에 대해 확신을 갖지 못한 채 항상 불안한 심리를 가지고 있었다고 할 수 있다. 그리하여 한국에서 무역을 하면서 중국에도 진출하려는 양상이 많이 나타나게 되어, 중국에 장기체류하기보다는 한국과 중국을 단기적으로 왕래하는 사람들이 많았다.

6) 당시 북경어언대학교에 다니던 한국 여학생이 같은 방 한국인 친구와의 갈등으로 인하여 지갑을 훔쳐 숨긴 일이 있었는데, 후에 돌려주기는 했으나 지갑을 잃어버린 학생이 이미 신고한 상태여서 중국의 법률에 의거하여 지갑을 숨긴 여학생이 3년형을 선고받았던 사건이다. 예동근. 2009. 「글로벌시대 중국의 체제 전환 과정하의 종족 공동체의 형성」. 고려대학교 박사학위논문. 53쪽 참조.

7) 천진의 한국인 호텔사장이 조선족 여성을 강간하고 살해한 사건이다(예동근, 53쪽 참조).

기 시작하였다. 우다코에 비해 왕징의 주거환경과 편의시설은 월등히 양호하였기 때문에, 왕징은 점차 한국인들이 모여 사는 중심구역으로 발전하게 된다. 하지만 왕징은 유학생들이 다니는 학교로부터 거리가 비교적 멀고, 경제적인 부담도 상대적으로 크며,[8] 도로의 교통 상황도 그다지 좋지 않았다. 또한, 우다코에는 한국의 하숙집과 비슷한 숙소가 많이 있는 반면에 왕징은 원룸 혹은 아파트가 대부분이어서, 일반 유학생들은 젊은 분위기의 우다코에 그대로 남는 현상으로 나타났다. 그리하여 북경에 있는 코리아타운은 주로 유학생들이 모여 사는 우다코와 경제적으로 여유가 있는 가족 단위의 직장인들이 모여 사는 왕징으로 이루어져 있다고 할 수 있다. 현재 왕징에 거주하는 한국인들의 수는 우다코보다 훨씬 더 많고, 장기적으로 중국에서 체류하는 양상으로 나타나고 있다. 그리하여 일반 중국인에게 북경의 코리아타운이라 하면 바로 왕징이 먼저 떠오를 만큼 왕징의 위상이 점점 더 높아지고 있는 상황이다.

2) 코리아타운 왕징

(1) 역사 속의 왕징

'왕징(望京)'이란 이름은 '북경을 바라본다'는 의미를 포함하고 있으며, 그 유래에 대한 설은 여러 가지가 있다. 왕징이 지역이름으로 처음 나타난 것은 『요사(遼史)』에서 발견할 수 있으며, 이 기록을 통하여 당시의 왕징은 요(遼)나라[9]의 수도인 중경(中京)[10]과 배도(陪都)인 유주(幽州)[11] 사이에 위치하고 있는

---

8) 제1저자의 현지조사에 의하면 왕징의 원룸과 아파트는 거의 월세의 형태로 이루어져 있는데, 가격은 한 달에 중국 돈 3,000~7,000원 정도였고, 한국 돈으로 환산하면 50만 원에서 130만 원 정도에 해당된다. 최근 중국의 주거정책에 따라 외국인도 집을 구입할 수 있으나 그 가격 역시 서울과 별 차이가 없으므로 외국인에게는 매우 큰 부담이라 할 수 있다.

9) 요나라(遼, 907~1125)는 중국 북쪽 지역에서 세운 나라이며, 이는 북송(960~1127)시대와 거의 비슷한 시기에 존재하였다.

10) 현재의 내몽고자치구 守城에 위치하고 있다.

그림 2 왕징 지도

자료: 왕징 홈페이지(望京网), www.wangjing.cn.

매우 중요한 지역이라 할 수 있다. 그리고 왕징에 망경관(望京館)을 설치하면서 왕래하는 임금과 신하들을 위해 숙소를 제공하기도 하였다(『遼史』卷39). 하지만 망경관은 최초의 이름이 아닌 손후관(孫侯館)의 이름을 사용하였다가 나중에 망경관의 이름으로 바뀌게 되었던 것이다(『遼史拾遺』卷13). 『요사(遼史)』의 기록에서 보면 왕징은 거의 천 년의 역사를 가지고 있다는 것을 확인할 수 있다.

명나라 때에는 왕징이 군사적인 문제로 다시 사람들의 관심을 받게 되었다. 당시에 북쪽지역에 있는 오이라트족(Oirat, 瓦剌部)이 자주 침범하였기 때문에 정통(正統) 14년(1449)에 영종(英宗)이 50만 군대를 이끌고 오이라트족을 토벌하려고 하였지만 오히려 완패를 당해 영종도 오이라트족의 포로가 되어 버렸다. 이리하여 영종의 남동생이 즉위하게 되었는데, 그가 바로 경제(景帝)였다. 경제가 즉위하자마자 수도의 안전을 도모하기 위해 군대를 정돈하고

---

11) 현재의 북경임.

식량을 비축하며 성벽도 견고하게 쌓는 조치를 취했다. 마침 이때에 장군 우겸(于謙)은 북경성의 근처에서 오이라트족을 대파하여 큰 승리를 얻었다. 오이라트족의 침략을 방위하기 위해 우겸은 북경성의 사방에 돈대를 만들어 적의 움직임을 미리 감지할 수 있도록 상소하였다. 이 건의가 바로 허락되어 북경성의 사방에서 돈대를 만들기로 결정하고 바로 그 해에 '망경촌돈대(望京村墩臺)'를 만들었으며, 이 돈대의 위치가 바로 망경촌(望京村)에 있었다.

왕징의 유래에 관한 또 다른 설은 바로 청나라의 건륭(乾隆) 때에 생긴 것이다. 당시에 건륭이 여름을 나기 위해 피서산장(避暑山莊)에 가는 도중에 한 마을에 쉬게 되었는데, 이 마을에서 차를 마시는 동안 건륭이 사방을 둘러보면서 마침 북경성의 모습도 눈에 들어오게 되었다. 건륭이 기쁜 마음을 감추지 못하고 바로 이 마을을 왕징으로 명명하였다고 한다. 비록 건륭의 왕징설이 사료에서 발견되지는 않았으나, 이에 대한 왕징 토박이들의 믿음은 사료의 유무를 떠나 매우 확고하다.

위의 여러 가지 자료를 통해서 왕징은 예부터 북경에 있어서 매우 중요한 지리적인 위치에 있고, 코리아타운이 이 지역에 만들어진 것 역시 전략적인 발전에서 기인하였다 할 수 있다.

(2) 코리아타운으로서의 왕징

1990년대까지만 해도 왕징 지역은 개발되지 않은 시골로 대부분의 땅이 밭이었다. 1992년에 북경시의 조양구(朝陽區)는 망경개발구관리위원회(望京開發區管理委員會)를 설립하여 왕징 지역을 거주하기 편하고, 상업, 금융, 과학기술산업을 포함한 종합적인 단지로 만들 것을 계획하였다. 10여 년의 노력 끝에 현재의 왕징은 이미 24만 인구[12]의 대규모 주거단지로 발전하였다. 또한 왕징은 북경지역 중 지멘스, 모토로라, 파나소닉, 삼성, LG, BMW, 벤츠

---

12) 이 인구는 단기간 동안 왕징에 거주하는 인원을 제외하고 장기간 거주하는 주민만 계산한 것이다. 이 통계숫자는 2010년 9월 17일의 『京華時報』 기사를 참조한 것이다.

등 세계적으로 유명한 회사들이 가장 많이 들어와 있는 지역이며, 월마트, 이토요카도, 화련 등 대형 마트가 입점해 있을 뿐만 아니라 북경중의약대학교, 중앙미술학원 등 대학교와 진경륜(陳經倫)중학교[13], 제94중학교, 북경사범대학교 부속중학교 등 북경시의 유명한 중·고등학교들이 모두 이 지역에 위치하고 있다. 이 때문에 왕징은 이미 금융, 문화, 그리고 교육의 중심지로 발전하였다 해도 과언이 아닌 것 같다. 다시 말해서, 왕징은 직장, 주거, 그리고 교육 등 모든 면에서 매우 편한 지역으로 평가받고 있다. 이러한 이유로 한국사람들이 왕징 지역에 모이게 된 것이 아닌가 생각된다. 더구나 왕징은 북경의 동북지역에 자리를 잡고 있어 북경국제공항과의 거리 또한 자동차로 30~40분밖에 되지 않아 한국을 자주 오가는 사람들에게는 비교적 편리한 조건이라 할 수 있다.

한국인들은 1990년대 중반에 왕징으로 이주하기 시작하였으며, 특히 왕징신성이 완공되고 나서 200여 한국인 가정이 왕징에 이주하게 되었다. 그러나 한국인이 대거 왕징에 모이기 시작한 시기는 2000년대 들어서부터였다. 그 이유는 아마 2002년까지만 해도 외국인은 북경에서 마음대로 거주할 수 없었고, 중국정부가 규정한 영사관 일대 지역과 외국인 전문거주지역에서만 거주해야 했기 때문이다. 그러나 2002년 이후 중국 정부의 외국인 거주지역에 대한 규제가 폐지되면서 외국인들은 비로소 자기가 선호하는 지역에서 거주할 수 있게 되었다.

한국인이 왕징에 거주하고 나서부터 한국인을 위한 서비스 업종과 각종 편의시설들이 생겨났다. 예를 들어, 한국음식점, 한국옷가게, 태권도장, 한국인을 위한 부동산 소개소와 여행사, 한국어로 된 잡지와 한국인을 위한 국제전화 서비스 등이 바로 그것이다. 특히 왕징에서는 한국어로 된 간판들을 곳곳에서 볼 수 있고, 한국어에 능통한 조선족 종업원이나 가정부도 한국인

---

13) 여기서의 중학교는 중·고등학교를 모두 포함하고 있다.

의 수요에 따라 왕징지역으로 많이 유입되었다. 이러한 생활환경과 지역분위기는 중국어가 서툴고 한국 생활을 그리워하는 한국인에게 매우 편리하고도 적합한 환경을 제공하였다. 이러한 조건들 때문에 북경의 한국인들은 왕징에 많이 모이게 되고, 이에 따라 코리아타운도 점점 제 모습을 갖추게 되었다(吳建設·王全淳, 2004). 게다가 한국국제학교와 한국식 유치원이 생겨서, 한국식 교육방법을 이용하면서 중국어도 더불어 배우는 일거양득의 교육효과로 많은 한국 가정이 속속 왕징으로 몰려들어 왔다. 지금 왕징의 한국인은 거의 7만 명에 육박하고 있고, 세 가구 중에 한 가구는 한국인 가정일 정도로 왕징에서 차지하는 인구 구성비는 다른 어느 지역보다도 높다고 할 수 있다.[14]

앞의 여러 가지 상황을 고려하였을 때 지금의 왕징은 이미 코리아타운의 모습을 갖추게 되었다고 할 수 있다. 중국 사람들에게 코리아타운이라 하면 바로 왕징을 떠올릴 만큼 그 위상은 점점 높아지고 있다. 그러나 왕징이 비록 코리아타운으로서의 명성을 얻게 되었지만 과연 코리아타운으로서의 기능과 역할을 제대로 갖추고 있는지, 한류의 지속적인 발전에 있어서 선두적인 역할을 담당할 수 있는지의 문제가 대두된다. 그러므로 다음 항에서는 왕징이 코리아타운으로서 그 역할의 한계성을 살펴볼 것이며, 이러한 작업을 통해서 향후 코리아타운의 발전에 좋은 조언이 될 수 있을 뿐만 아니라 한류가 중국에서 지속적으로 발전할 수 있도록 선두적인 역할도 담당할 수 있게 도움을 주고자 한다.

(3) 코리아타운으로서 왕징 역할의 한계성

현재의 왕징은 여러 가지 측면에서 이미 코리아타운으로 인정을 받고 있지만, 아직까지는 그 역할과 기능을 제대로 발휘하지 못하고 있는 한계성

---

14) 제1저자는 2006년부터 여러 차례에 걸쳐 왕징에서 직접 조사를 하였는데, 매번의 느낌은 거의 모두 같았다. 바로 여기가 한국인지 중국인지 구분할 수 없을 정도로 한국화되어 있었고, 한국어로 말하는 사람을 곳곳에서 발견할 수 있었다. 뿐만 아니라 각 아파트단지의 상가에도 한국식당이 여러 개가 입점해 있을 만큼 한국문화가 이 지역에서 완전히 자리를 잡고 있다는 느낌을 받았다.

을 가지고 있다. 왕징은 한국사람들이 가장 많이 모여 살고 있는 지역이고 한국과 관련된 시설도 많이 갖추고 있고 한국과 비슷한 분위기를 풍기고 있다. 그럼에도 불구하고 코리아타운으로서의 특색은 아직 제대로 갖추지 못하고 있다. 왕징은 세계 도처에 있는 차이나타운과 달리, 모국의 특징이 잘 드러나는 명절이나 축제를 통하여 한국이라는 나라를 외국 사람에게 소개하거나 가장 한국적인 특징을 부각시키면서 한국의 위상을 향상시키고 외국에 살고 있는 자국민의 후손에게 자기 나라를 이해하고 사랑하며 애국심을 불러일으킬 수 있는 장으로 발전시키지 못하고 있다. 비록 왕징이 한국에서 살고 있는 것처럼 편리하고 많은 한국인들이 서로 교류할 수 있는 장소이긴 하나, 코리아타운으로서의 특징을 잘 표현할 수 있는 축제나 행사가 전혀 없다는 것이 매우 아쉬울 따름이다. 중국 내 북경한인회는 여러 가지 자선사업과 홍보사업을 하고 있기는 하지만, 왕징을 중심으로 이루어지는 대표적 사업은 아직 없는 실정이다. 왕징에 거주하고 있는 한국인들도 코리아타운으로서의 왕징 발전에 대해서 아직 구체적인 논의조차 진입하지 못한 듯하다.

왕징이 코리아타운으로서의 역할을 제대로 수행하지 못하는 이유 중 하나는 중국 정부의 입장 때문이기도 하다. 왕징에 거주하는 외국인 중 80%가 한국사람이고, 이들이 왕징 전체 주민의 30%에 이른다는 점을 감안하면 코리아타운이라는 지역명칭을 부여하는 것이 타당하다고 할 수 있다. 하지만 지금 왕징에는 50개 이상의 나라에서 온 다양한 외국인들이 거주하고 있고, 국제화 단지를 조성하고자 하는 왕징지역의 행정관리자들은 어느 한 나라에 그 중심을 두기가 어렵다는 입장을 취하고 있다.

이러한 여건 아래서 왕징이 진정한 코리아타운으로서의 역할을 담당하고 그 특색을 갖추기 위해서는 다음의 몇 가지 측면에서 노력을 기울이지 않으면 안 된다고 생각한다. 첫째, 한국과 중국은 모두 유교사상의 깊은 영향을 받은 동아시아의 나라로 서로 비슷한 점을 많이 가지고 있다. 하지만, 한국 특유의 문화, 예를 들어 축제, 음식, 의상, 예술 등 분야의 독특한 특성을 최대한 살리면서 중국과 다른 특징을 부각시켜야 한다. 둘째, 이러한 특징의 강조와 실현은 단기간 혹은 어느 한 차례의 노력으로 이루어질 수 있는 것이 아니라, 오랜 기간 동안 꾸준한 노력을 기울이며 특징을 하나하나 풍습처럼 유행시켜야 한다. 셋째, 위의 두 가지를 이루기 위해서는 반드시 하나의 고정적인 단체를 선정하여 꾸준히 행사를 주관하도록 해야 비로소 실현 가능할 것이다. 넷째, 코리아타운의 특색을 살리려는 취지가 아무리 좋다 하더라도 경제적인 도움이 뒤따르지 못하면 절대 실현될 수 없다. 이 때문에 한인회[15]와 북경한국문화원[16]의 역할 역시 매우 중요하다고 할 수 있고, 인원과 재원을 모두 구비한 두 기구가 든든한 버팀목이 되어 주어야 한다. 이외에도 여러 가지의 조건이 추가로 더 필요하기는 하나, 일단 위의 네 가지 조건만 구비하더라도 왕징이 진정한 코리아타운의 역할을 담당할 수 있을 것이고, 한국인이 살기 편한 지역만이 아니라 중국 내에서 한국과 한국문화를 알리는 데 주도적인 역할을 하는 지역으로 부각될 것이다.

만약 왕징이 코리아타운으로서의 역할을 재대로 수행할 수 있다면, 왕징은 한류의 지속적인 발전에 있어서 매우 중요한 여건을 만들어 줄 수 있을 것이다. 코리아타운은 바로 한국문화의 발신지로 이곳을 통해 더 많은 한국문화가 중국인에게 직간접적으로 아주 가깝게 소개될 수 있을 것이다. 한국문화의 확산, 곧 한류를 오래 동안 유지하려면 코리아타운의 존재 역시 매우 중요한 요인이라 할 것이다.

---

15) 북경의 한국인 모임 카페로 다음을 참고할 수 있다. 중국베이징한인모임(cafe.daum.net/beijingforyou), 북경한마음산악회(cafe.daum.net/bjmountains).

16) 주화중국문화원(駐華韓國文化院) 주소: 朝阳区光华路光华西里1号, 전화: (010) 65016566, 홈페이지: http://china.korean-culture.org.

3. 북경 코리아타운에서의 한국음악

앞장에서는 북경의 왕징에 대해서 설명하였으며, 코리아타운으로서의 명성은 있지만 그에 따른 여러 가지 문제점도 있다는 것을 함께 살펴보았다. 이러한 문제점들을 보완하고 진정한 코리아타운으로서 기능을 발휘해야만 한류를 전파하는 선두적인 역할도 더불어 담당할 수 있을 것이다. 그렇다면 지금 북경에서의 한류는 과연 어떻게 되고 있는가? 한류를 지속적으로 유지하려면 먼저 한류의 상황을 정확하게 파악해야 한다고 생각한다. 이러한 목적을 달성하기 위해 북경과 코리아타운의 한국음악에 대해서 살펴보려고 한다. 그 이유는 한류의 분야가 워낙 많고, 이들을 모두 기술하려면 매우 방대한 작업이라 할 수 있는데다가 두 연구자 모두 음악과 관련된 분야에 종사하고 있는 관계로 한국의 음악을 중심으로 한류를 살펴보기로 하였다. 게다가 음악은 한류 중에서 매우 중요한 분야로 음악을 살펴봄으로서 한류의 상황 또한 어느 정도 파악할 수 있기 때문이라 생각한다.

1) 북경의 한류와 한국음악

1992년 한중수교 이후부터 양국의 음악문화 교류가 매우 활발하게 진행되고 있으며, 라디오, 신문, 예능, 회화, 서예 등 다양한 분야에 종사하는 사람들이 중국을 빈번하게 왕래하기 시작하면서 한국과 중국의 음악교류도 이에 따라 빠르게 진행되고 있다. 초기부터 한·중 문화교류는 대부분 수도인 북경을 중심으로 이루어져 왔는데, 수교 이듬해인 1993년에 한국의 현대무용단이 중국에서 공연한 곳이 바로 북경이었고, 국립예술단의 대형음악회 역시 북경에서 열렸다. 또한 한중가요제는 한국의 KBS 방송국과 중국의 CCTV 방송국이 공동주최하는 국제음악회이며, 이는 해마다 한국과 중국을 번갈아 오가며 행사를 진행하고 있다. 제1회 한중가요제가 바로 북경에서 열렸으며, 올해로 벌써 12회에 이르고 있다. 뿐만 아니라 한국의 많은 가수들의 콘서트 공연 장소 역시 대개가 북경이었다. 다시 말해서 북경은 한국음악을 소개하는 전초기지로서 가장 중요한 곳이라 할 수 있다.

중국에서 한국음악에 대한 소개는 주로 대중음악, 서양음악, 그리고 한국의 전통음악 등으로 이루어지고 있는데, 이들 중에서 대중음악이 가장 큰 비중을 차지하고 있다. 한국 대중음악은 주로 콘서트, 라디오 방송, 그리고 음반과 인터넷을 통해 널리 전파되어 왔다. 한국 가수가 북경에서 가진 최초의 대규모 '단독' 콘서트는 1999년 11월에 클론이 공인체육관(工人體育館)에서 행한 콘서트이며, 얼마 뒤에 HOT도 같은 장소에서 콘서트를 열었다. 최근까지 한국 가수들이 주관한 북경에서의 주요 콘서트를 정리하면 〈표 1〉과 같다.[17)

〈표 1〉의 자료를 통해서 한국 가수들의 중국 콘서트는 수교 직후에 바로 시작된 것이 아니라 대부분 2000년 이후에 비로소 활발하게 진행되었다는 것을 확인할 수 있다. 이 부분에 대해서는 수교 당시 중국정부에 의한 문화정책의 제약과 외국인이 중국에서 공연할 때 거치는 복잡한 허가 절차 때문인 것으로 생각할 수도 있으나(전오경, 2004: 38-47), 실상은 1990년대 후반기에 접어들어 HOT나 젝스키스, 신화 등 한국형 아이돌스타 그룹들이 국내에서 인기몰이를 시작했고 그 여세로 중화권으로 대거 진출했기 때문이다.[18) 아무튼 이처럼 콘서트를 통해서 한국 가수들의 중국 내 인지도가 급속히 상승하고 중국의 대중문화계에 새로운 바람을 불어넣어 한국의 대중음악이 중국의 일반인들에게까지 친숙하게 다가가는 결과를 얻게 되었다.

중국에서 열린 콘서트를 통해 한국음악을 소개하는 것 외에 라디오 방

---

17) 표의 일부 내용(2001년까지)은 전오경의 석사논문(26쪽)을 참조하였고, 나머지 내용은 중국의 여러 인터넷 사이트의 내용들을 정리한 것이다.

18) 수교 이후 중국정부가 한국 가수들의 공연에 특별한 제제나 절차상의 문제를 제기한 적은 거의 없었다. 2000년 10월로 예정된 한국가수들의 공연이 기획사 문제로 무단 취소된 것에 대한 조치로 한동안 공연 허가가 나지 않았던 적이 있었으나, 이는 한국 기획사 측의 물상식한 처사가 원인이었던 것이다. 양국을 비교할 때 오히려 중국인들의 한국 공연이 비자 문제를 비롯해 더욱 절차가 까다로운 편이라 할 수 있다.

표 1 한국 가수들의 북경 콘서트

연 도	행사명	주요 출연 한국 가수	장 소
1999. 11	클론 콘서트	클론	북경 공인체육관
2000. 2	HOT 콘서트	HOT	북경 공인체육관
2000. 7	NRG, 안재욱 콘서트	NRG, 안재욱	북경 수도체육관
2000. 8	안재욱 북경 단독 콘서트	안재욱	북경 공인체육관
2001. 4	한중 슈퍼 콘서트	베이비복스, 코리아나, 안재욱, 유승준	북경 중화세기단
2001. 5	안재욱, NRG 북경 조인트 콘서트	안재욱, NRG	북경 수도체육관
2001. 9	한중수교 9주년 한국 슈퍼 콘서트	베이비복스, PLT, A4, 코바나	북경 공인체육관
2004. 10	장나라 애심자선만회	장나라	북경영화학원대회장
2007. 5	"좋은 남자(好男人)" 20년 기념 개인연창회	장호철	북경전람관 극장
2008. 6	동방신기 연창회	동방신기	풍대체육중심
2008. 10	비 개인연창회	정지훈(비)	북경공인체육관
2009. 7	동방신기 연창회	동방신기	북경공인체육관
2010. 1	슈퍼주니어 연창회	슈퍼주니어	북경오과송체육관
2010. 5	장우혁 개인연창회	장우혁	북경오과송체육관
2010. 7	안칠현 개인연창회	안칠현(강타)	북경오과송농구관

송을 통해서 한국음악을 소개하는 방법도 자주 사용되었다. 1999년 5월부터 시작한 북경교통방송의 〈한강지야(漢江之夜)〉와 2001년 9월부터 중앙인민라디오방송국에서 방송한 〈영청한국(聆聽韓國)〉[19]이 바로 그것이다. 그리고 콘서트를 통해 한국음악을 소개하는 방법은 비록 폭발적인 효과를 얻을 수가 있는 장점을 가지고 있지만 오랫동안 지속되지 못하는 단점도 가지고 있다. 이와 달리, 라디오 방송은 정해진 시간에 한국음악을 꾸준히 방송할 수 있고,

---

19) 〈聆聽韓國〉은 중국중앙인민라디오방송국과 우전소프트가 계약을 맺으면서 매주 주말의 11:00~12:00에 한국음악, 한국의 문화풍습, 그리고 간단한 한국어를 소개하는 프로그램이다.

한국음악을 방송하는 북경교통방송과 중앙인민라디오방송국은 중국 사람들이 즐겨 듣는 두 가지의 채널이어서 라디오 방송의 홍보효과 역시 매우 크다고 할 수 있다. 더구나 외국 방송국에서 한국음악을 일정한 시간에 정기적으로 방송하는 것은 매우 이례적이고, 이는 중국인들의 한국음악 선호도를 확인할 수 있는 단서가 된다.

한국음악을 소개하는 세 번째 경로는 바로 음반과 인터넷이며, 한국음악을 담은 음반은 중국의 여러 지역에서 쉽게 발견된다. 많은 음반가게에서는 별도로 한국음반 코너를 만들어 고객들이 쉽게 찾을 수 있도록 도와준다. 여기에 담은 음악에는 한국 가수들이 직접 부른 것도 있고, 중국 가수가 한국음악을 중국어로 번역해서 부른 것도 있다. 그리고 음반의 종류도 매우 다양하여 카세트테이프, CD, VCD, DVD 등의 여러 형태가 있다. 또한 인터넷에서는 이들 음악의 음원을 즉시 다운받을 수도 있다. 이는 바꾸어 말하면 한국음악을 찾으려면 언제 어디에서나 쉽게 구할 수 있다는 것이다. 이 방식은 한국음악을 소개하는 데에 많은 도움이 되기도 하지만 불법복제와 유통으로 인해 한국의 문화산업에 커다란 피해를 주고 있다는 것도 사실이다. 특히 불법 음반은 정품 음반의 절반도 안 되는 가격으로 구입이 가능하고, 심지어 대형매장에서도 불법 음반을 판매하고 있는 점으로 미루어 매우 심각한 수준에 이르고 있다는 것을 알 수 있다.

중국에 소개되는 한국음악 가운데 대중음악의 비중이 현재로서 가장 높다고 할 수 있지만, 처음에 중국에 소개된 한국음악은 대중음악이 아닌 서양 고전음악이었다. 또한 한국과 중국의 음악분야에는 서양음악이 차지하는 비중이 모두 자국의 전통음악보다 크다고 할 수 있다. 한국의 국립관현악단이 중국을 방문하여 여러 차례 공연한 적이 있고, 양국의 교향악단은 수교 이후 함께 공연한 경우도 많았다. 특히 서양음악은 중국의 일반인들도 거부감 없이 접할 수 있는 음악이라서 서양음악의 공연이 비록 대중음악의 영향보다 크지 못하지만 역시 많은 비중을 차지하고 있다고 할 수 있다.

북경에서 한국음악이 수용되는 과정을 살펴보면, 대중음악과 서양음악이 절대적인 비중을 차지하고 있으며, 한국의 전통음악에 대한 소개는 매우 미약한 것으로 생각된다. 2000년 무렵까지만 해도 중국 사람들에게 한국의 전통음악은 북한음악과 같은 것으로 여겨졌으며, 사실 한국의 전통음악에 대해서는 관심조차 없었다. 이러한 상황은 한국 대중음악의 소개와 드라마로 인해 다소 바뀌게 되었으며, 한국의 전통음악도 대중문화의 열풍에 따라 조금씩 중국인들에게 알려지기 시작하였다. 하지만 한국의 전통음악은 같은 동아시아의 음악임에도 오랜 단절로 인해 중국인들에게 생소한 음악으로 여겨질 수 있고, 실제로 한국 전통음악의 복잡한 리듬체계에 대해서는 전혀 감을 잡지 못하는 모습을 보이기도 했다. 수교 이후 지금까지 한국 전통음악 중 판소리, 사물놀이, 그리고 퓨전국악 등의 분야를 중국인들에게 꾸준히 소개하였으나, 이는 중국 음악시장의 요구와 수요 때문이라기보다는 민족주의를 염두에 둔 한국문화계의 노력과 후원의 결과라 할 수 있다.

　　주지하듯이 한국문화원은 한국의 우수한 문화를 외국인들에게 소개하는 것을 목적으로 설립된 기관으로 전통음악을 소개하는 데에도 많은 노력을 기울이고 있다. 북경의 한국문화원에서는 한국어, 한국요리, 태권도 등의 학습반을 개설하는 동시에 한국음악을 공부하는 강좌도 개설하였다. 비록 한국전통음악을 소개하는 음악반은 정기적으로 공부하는 것이 아니고 대개 특강의 형식으로 운영되고 있지만, 이 역시 한국전통음악을 전파하는 하나의 창구라고 할 수 있다. 또한 한국문화원이 주최하거나 후원하는 한국전통음악의 공연이 최근에도 많이 있었는데, 2008년 국가대극원에서의 한국국립국악원 공연, 2009년 한국 국악실내음악회의 공연, 2010년 문화원개원 3주년 기념 국악연주회와 한중수교 18주년 기념 '한국 그 음악과 소리의 어울림' 공연 등이 모두 한국문화원의 도움으로 이루어진 것이다.[20]

---

20) 문화원과 관련된 자료는 북경 주한중국문화원의 권재은 씨에게서 도움을 받았다.

2) 북경 코리아타운에서의 한국음악[21]

코리아타운에서는 한국과 중국의 문화가 공존하는 지역이며, 이러한 현상은 곳곳에서 발견할 수 있다. 가장 현저한 차이를 살펴보면 중국의 일반 아파트단지에서는 낮에 취학 전의 어린이와 노인들만 보이는 반면에 코리아타운에서는 여느 한국 아파트단지처럼 젊은 엄마와 아이들을 많이 볼 수 있어 훨씬 더 생기 있고 활력이 느껴진다. 또한 아파트 상가에는 한국처럼 많은 음식점과 학원이 가득 차있으며, 이는 중국인들이 거주하는 아파트단지 상가와는 현저한 차이를 보이고 있는 점이다. 〈그림 3〉에서 보는 것과 같이 아파트 상가에서의 학원 간판은 두 가지의 언어로 사용되는 경우가 대부분이었으나, 재미있는 것은 같은 학원의 간판에서는 두 가지의 언어가 서로 다른 내용으로 표기되어 있다는 점이다. 한국어로는 '키크기 교실'로 되어 있는 반면에 '무용, 성악, 요가'로 된 중국어가 보인다. 다시 말해 한국과 중국 거주민의 입맛에 맞추어 서로 다르게 광고하고 있다는 것이다. 이러한 간판은 코리아타운에서만 볼 수 있는 재미있는 현상이며, 두 나라의 문화가 서로 다르다는 것 또한 엿볼 수 있다. 한국 사람들은 큰 키를 선호하기에 이에 맞추어 '키 크기 교실'로 광고하고 있는 반면에 여가 활동으로 요가와 무용을 좋아하는 중국 사람들을 위해 서로 다르게 광고하고 있다.

비록 코리아타운에서는 한국과

그림 3 두 가지 언어로 된 학원 간판
자료: xinhuanet.

---

21) 북경 코리아타운의 음악자료는 주한중국문화원의 홈페이지와 문화원에서 직접 얻은 자료, 그리고 북경의 왕징에 거주하며 음악학원을 운영하는 성미숙 원장(한국인)과의 인터뷰를 통해서 얻은 것이다.

중국 거주민들의 여러 가지의 문제로 발생하는 민원도 있으나, 두 나라 사람들이 같은 생활공간에서 서로 어울리면서 공존하는 양상도 나타나고 있다. 예를 들어 중국의 최대 명절인 춘절에는 한국과 중국의 거주민들이 한데 모여 경축하는 행사에서 각기 자기 나라의 전통무용을 선보이면서 화합의 분위기를 연출하기도 한다.

북경 코리아타운의 한국음악은 한국 내의 음악 양상과 거의 같다고 보아도 무방하다. 비록 중국 국내에 위치하고 있지만, 다양한 경로를 통해 한국의 음악을 곧바로 코리아타운에서 접할 수 있다. 이는 코리아타운의 많은 커피숍을 통해서도 쉽게 입증된다. 이 지역의 많은 커피숍에서는 한국의 커피숍과 다른 점이 있는데, 바로 한국의 커피숍에서 보지 못한 최신의 만화책, 영화 DVD 등을 책꽂이에 꽉 차게 진열하고 있으며, 이 중에서 한국의 최신음악도 들어있다. 즉, 커피숍은 단지 커피를 마시고 친구를 만나는 장소만이 아니라 한국의 최신 문화를 접하는 장소이기도 한 것이다. 커피숍은 단지 하나의 매우 작은 예에 불과하지만 이러한 것을 통해 한국의 문화가 얼마나 빠르게 코리아타운으로 전파되고 있는지를 알게 해주는 대목이다. 또한 몇 년 전까지만 해도 음악을 전공하는 한국 유학생들은 중국에서 오랫동안 거주하지 않고 한국과 중국을 오가며 공연하는 경우가 많았는데, 지금은 전문적인 상당수의 한국 공연팀이 상주하고 있는 상황이다. 비교적 유명한 연주 팀으로 SENZA, 울림, 천명(天命) 등이 있다.

'SENZA'는 클래식 앙상블 연주단으로 한국에서 연주하다 중국으로 온 전문연주가와 유럽에서 공부한 유학파로 구성되어 있다. 공연할 때 주로 연주하는 음악은 일반인들도 편안히 들을 수 있는 친숙한 클래식음악이나 영화음악, 한국드라마 주제곡 등 다양한 음악 장르를 모두 포함하고 있어, 한국인과 중국인은 물론 서양인 모두에게 클래식 음악을 가까이서 즐길 수 있는 기회를 제공해주고 있다. 특히 왕징에 있는 798갤러리에 연주 초청을 받아 중국인 사이에서 지속적인 관심과 사랑을 받고 있는 연주단이기도 하다. 지

그림 4 통기타 동아리 '울림'의 공연

난 2010년 10월에는 대지진으로 인해 많은 피해를 입은 사천지역에 병원을 세우는 데 도움을 주기 위해 기부음악회를 열기도 하였다.

　한국 유학생들로 구성된 공연팀의 코리아타운에서의 음악활동 역시 매우 활발하다고 할 수 있다. 음악전공자가 아닌 일반 대학생들로 구성된 연주팀은 동아리에 불과하다는 생각이 일반적인데, 한국 유학생들로 구성된 공연팀은 한국 국내의 동아리와 매우 다른 양상을 나타내고 있다. 다시 말하면 중국에 있는 한국 유학생들로 구성된 연주팀은 학교에서만 공연하지 않고, 더 많은 공연을 학교 밖 즉, 코리아타운을 중심으로 활동하는 경우가 더 많다. 이러한 이유로 한국 유학생의 연주팀은 학교보다 외부에 더 많이 알려져 있고, 코리아타운에서 한국음악의 보급과 전파에 있어서 많은 공헌을 하고 있다.

　한국 유학생들로 구성된 통기타음악 동아리 '울림'은 매 학기마다 연합공연과 정기공연 등 최소한 두 차례의 공연을 하는데, 2010년에도 이미 6회의 공연을 가진 바 있다. 울림은 중국의 대학생들에게도 매우 인기가 높은 연주 팀이며, 공연을 통해 중국의 대학생들이 한국 대학생의 문화와 취향을 공유하는 기회를 갖는다. 그러나 유학생들로 구성되어 있는 까닭에 울림의 구성원이 자주 바뀌는 문제도 있다. 또한 음악전공자가 아닌 아마추어로 구성됨에 따라 구성원의 선발과 보충도 쉽지 않은 상황이다. 유학생들로 구성된 울림 외에 나름의 음악세계와 팬 층을 확보한 코리아타운 음악 팀으로는 밴드 'Bremen'과 'MDSOUND'가 있고, 이 외에 록음악을 연주하는 팀들도 꽤 있다.

앞에서 소개한 연주단체들은 모두 대중음악과 서양음악을 위주로 활동하는 데 반해, '천명'은 한국의 전통음악을 연주하는 사물놀이 동아리이다. 2002년에 청화대학교에서 설립되어 올해로 8주년을 맞이하는 동아리이며, 음악을 연주하는 단체 중에서 비교적 장수한 팀이다. 뿐만 아니라 중국에 있는 많은 한국 연주단체와 동아리보다 훨씬 더 활발한 연주활동을 펼치고 있으며, 해마다 최소 10회 이상의 공연을 하고 있다. 이러한 공연들은 대부분 한국문화제, 문화교류행사, 자선공연과 홍보행사의 형식으로 연출되어 있고, 한국전통음악을 연주하는 동시에 나름대로의 의미도 부각시키려고 하고 있다. 다시 말해서, 사물놀이라는 한국의 공연음악을 통해 한국의 전통음악을 중국인들에게 알리면서 한중 문화교류의 추진에도 많은 힘을 기울이고 있다. 이것은 '한국 전통가락에 담긴 멋과 얼을 살려 한국사람들에게는 우리의 멋과 흥을 돋아 주고 중국 사람들에게는 한국의 문화를 알릴 수 있는 계기를 마련한다'는 천명의 설립취지와 목적에도 부합한다고 할 수 있다.

코리아타운의 음악활동은 이처럼 열정적인 연주단체와 동아리에

그림 5 '천명'의 신입단원 모집광고

의해 활발히 진행되고 있으나, 다른 분야의 단체와 동아리보다 저변 구조가 취약한 편이다. 북경유학생 모임카페인 '북유모'[22]의 경우를 예로 들자면, 여기에는 축구, 야구, 농구, 테니스, 탁구, 골프, 바둑, 사진, 자동차 등 많은 동호회가 있는 반면에 음악과 관련한 동호회는 아직 찾아볼 수가 없고 간혹 있다고 하더라도 인원이 매우 적은 상황이다. 이 부분에 대해서는 아마 두 가지의 측면에서 그 이유를 찾아볼 수가 있을 것이다. 하나는 북경에서 음악을 전공하는 유학생이 비교적 소수이고, 나머지 유학생들 중에는 악기를 다룰 수 있거나 열정적으로 음악활동을 하겠다는 사람이 많지 않기 때문이다. 다른 하나는 설사 음악단체 혹은 동아리에 가입했더라도 머지않아 한국으로 돌아가야 한다는 것과 여타 개인 사정 등의 이유로 팀에서 탈퇴하는 경우가 자주 발생한다는 것이다. 이로 인해 신입단원을 자주 충원해야 하는 상황이 발생하게 되며, 공연을 하기 위해 많은 연습시간이 필요한 작업이어서 연주 인원의 잦은 교체 역시 많은 지장을 받을 수밖에 없다.

코리아타운에서의 한국음악 공연은 소수이기는 하나 그나마 전문음악 연주자와 유학생을 위주로 이루지고 있는 반면에, 음악활동에 대한 직장인의 참여도는 상대적으로 낮다고 할 수 있다. 직장인은 전체 한국인 중 꽤 많은 비중을 차지하고 있는데도 불구하고 직장인의 음악활동은 거의 찾아보기가 어렵다. 비록 한국에서처럼 노래방이 도처에 있어 이들의 음악적 욕구를 어느 정도 해소시켜 줄 수 있지만, 직장인의 창조적인 음악활동은 제대로 활성화되지 못하고 있다.

그런 가운데 매우 희망적인 소식은 2010년 1월 북경 코리아타운에 거주하는 7~15세의 한국 어린이 55명으로 구성된 합창단이 창단되어, 5개월의 훈련 끝에 아시아 아동예술제에 참석하여 한국과 중국 노래를 선보이면서 많은 호평을 얻은 것이다. 어린이합창단의 공연은 단지 어린이들이 음악활

---

22) 북경 유학생 모임(북유모) 카페. http://cafe.daum.net/studentinbejing.

그림 6 한국 어린이 합창단

동에 참여하는 것에 그치는 것이 아니라, 어린이의 합창을 통해 중국 내 한국음악 발전의 희망을 발견할 수 있고, 미래에 이들을 통해서 한중 문화교류의 장이 폭넓게 펼쳐지리라는 확신을 가지게 된다.

4. 맺음말

지금까지 북경의 코리아타운과 한국음악의 현황에 대해서 조사를 하였는데, 이를 통해 한중수교가 20년이 채 안 된 짧은 시간이었지만 두 나라의 교류가 매우 광범위하게 이루어졌다는 사실을 알게 되었다. 이는 북경에서 코리아타운이 형성되는 과정과 한국음악이 중국에서 급속하게 전파되는 상황을 통해서도 확인할 수 있었다. 하지만 북경의 왕징 지역은 비록 주거환경과 인구구성 등의 측면에서 이미 코리아타운의 명성을 얻게 되었으나, 코리아타운으로서의 역할은 아직 제대로 수행하지 못하고 있다는 점이 매우 아쉽다. 코리아타운의 역할을 제대로 담당하려면 한국의 특색을 나타낼 수 있는 축제와 행사가 지속적으로 거행되어야 하고, 이러한 축제와 행사의 주최, 후원하는 고정적인 단체와 기관도 있어야 한다. 다시 말해서, 코리아타운은 단지 한국사람이 살기 편한 지역으로 국한되는 것이 아니라, 한국을 대변할 수 있는 하나의 창구로서 한국의 문화를 알리는 가교 역할을 담당해야 한다고 생각한다.

또한 중국 내 한국음악의 현황에 대한 조사 역시 북경지역을 중심으로 이루어졌다. 한국음악이 중국에 소개되는 양상은 크게 대중음악, 서양음악, 전통음악으로 나눌 수 있는데, 그중 대중음악과 서양음악이 절대적인 비중을 차지하고 있고, 전통음악에 대한 소개는 중국 사람의 수요에 의해서 이루어지는 것이 아니라 한국의 노력을 통해서 얻는 결과라고 할 수 있다. 또한 한국의 음악이 중국에 소개된 것이 2000년 이후에 와서야 비로소 급속하게 활발해졌다는 것을 앞의 조사를 통해서 역시 알 수 있었다. 하지만 이러한 상황은 2005년 무렵부터 점차 그 발전 속도가 느려지는데, 이는 한국 내부의 경제적인 원인과 문화산업 발전의 둔화뿐만 아니라 중국의 여러 가지 상황 변화에도 기인한다. 예를 들면, 한국드라마와 음악의 천편일률적 유사성에 중국인들이 점점 흥미를 잃게 되고, 한국과 중국 사이의 일부 사회문제 때문에 한국을 싫어하는 감정도 생기게 된 것이다. 이러한 이유들 때문에 한국의 음악이 중국에서 어떻게 발전해나가야 하는지, 한국의 문화가 중국에서 어떤 방식으로 지속될 수 있을지, 더 나아가 한국의 문화가 다른 여러 나라에 어떤 방식으로 접근해야 하는지 등의 문제는 우리가 계속 고민해야 할 과제이다. 이런 가운데 북경의 코리아타운에서 펼쳐지는 작지만 활발한 음악활동들이 이 과제를 해결하는 훌륭한 접근 방식이 될 수도 있으리라 기대한다.

참고문헌

강철근. 2006. 『한류 이야기』. 도서출판 이채.

김병욱. 2004. 『미래 스펙트럼 '한류' 분해』. 킴스정보전략연구소.

김설화. 2002. 「중국의 한류 현상과 그 수용에 관한 연구: 북경 청소년을 중심으로」. 서울대학교 석사학위논문.

엔터테인먼트아시아네트워크. 2007. 「글로벌음악시장 지형도작성 및 한국음악의 해외진출 활성화 방안 연구」. 한국콘텐츠진흥원.

예동근. 2009. 「글로벌시대 중국의 체제 전환 과정하의 종족 공동체의 형성」. 고려대학교 박사학위논문.

이은숙. 2002. 「중국에서의 한류 열풍 고찰」. 한국정신문화연구원 제1차 세계한국학대회자료집.

장용. 2003. 「중국에서 한류 현상과 한국드라마 수용에 관한 연구」. 연세대학교 석사학위논문.

전오경. 2004. 「한류 현상과 그 지속 가능성에 관한 연구: 중국에 진출한 대중음악을 중심으로」. 연세대학교 석사학위논문.

정진성. 2009. 「한류: 아시아의 문화적 다양성의 새로운 형태」. 『뷔히너와 현대문학』 33.

李銀淑. 「中國接受韓國影視劇的狀況」. 韓中人文學會第十一回國際學術大會論文集.

_____. 2002. 「考察中國的"韓流"熱潮」. 『韓國文化中的外國文化, 外國文化中的韓國文化』. 第一屆世界韓國學·朝鮮學·高麗學大會論文集III.

吳建設·王全淳. 2004. 「加强首都外國人聚居管理工作的思考與對策」. 『北京人民警察學院學報』 第3期.

諸海星. 2003. 「淺談韓流的淵源與漢潮現象之交流」. 『중국어문학』 42.

『遼史』 卷39: "宋王曾上契丹事曰, 出燕京北門, 至望京館."

『遼史拾遺』 卷13: "王沂公上契丹事曰, 出燕京北門, 遇古長城, 延芳淀四十里至孫侯館, 改爲望京館."

http://www.baidu.com

http://www.cei.gov.cn/

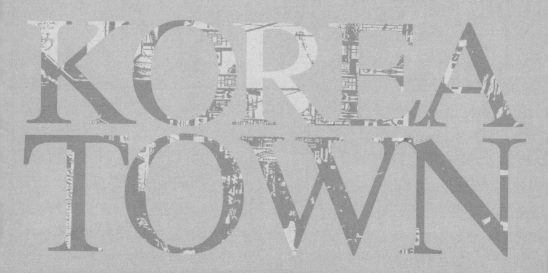

Part 4

영국, 브라질,
우즈베키스탄의
코리아타운

런던의 코리아타운: 형성, 구조, 문화

이진영 (인하대학교 정치외교학과 교수)

1. 머리말

영국 런던(London) 서남부의 킹스톤 지역(Royal Borough of Kingston upon Thames)에 위치한 뉴몰든(New Malden)에는 '유럽 내 유일한' 코리아타운이 존재하고 있다(『조선일보』. 2011-7-1). '런던판 코리아타운'(『조선일보』. 2007-2-2)이라고 불리는 이곳에는 약 1만 5,000명 정도의 재외동포가 거주하고 있다.[1] 2011년 현재 유럽(러시아 등 독립국가연합은 제외) 거주 한국의 재외동포는 12만 2,787명이다. 영국은 그중 38%인 4만 6,829명이 거주하고 있어, 유럽 국가 중 재외동포가 가장 많이 거주하고 있는 국가이다.[2] 영국 거주 재외동포 4만 6,829명 중, 1만 5,000명이 뉴몰든에 거주(『템즈』. 2009-5-31)한다고 하니, 전체 영국 거주자 중 1/3 이상이 코리아타운에 거주하는 셈이다.

하지만 코리아타운 거주 재외동포의 인구는 추정치일 뿐이다. 최근 영국의 한 매체는 '영국 거주 소수민족들의 이주와 생활에서 한국인은 특이한 그

---

[1] 해외에 거주하는 한민족은 '재외동포'로 규정되고, 국적에 근거하여 한국 국적의 '재외국민'과 외국 국적의 '외국적 동포'로 구분된다. 726만 명에 이르는 재외동포 중, 외국적 동포는 447만에 이른다. 이들 재외동포에 대한 한국의 정책은 '재외동포정책'으로 제도화하여 집행되고 있다. 자세한 사항은 이진영. 「재외동포정책」. 정기선 엮음. 『한국 이민정책의 이해』. 2011. 277-321쪽을 참조하라.

[2] http://www.korean.net/portal/PortalView.do(검색일: 2011-10-21).

룹으로, 2만 3,000명의 '성인 인구' 중 8,000명 정도가 뉴몰든에 거주하여, 유럽에서 가장 큰 한국인 거주지'라고 하였다(『Observer』. 2011-4-10). 영국의 인구센서스에 기초하여, 한국인의 성씨(surname)를 기초로 데이터분석 업체에 의뢰한 결과라는 것이다(『경향신문』. 2011-4-10). 반면에 공영방송인 BBC는 약 2만 명의 한인이 거주하고 있다고 보도하였다(『BBC News』. 2011-1-23). 약 10년 전 한 영국 신문의 보도에 의하면, 2만 5,000명의 한인 중 8,000명이 코리아타운에 거주한다고도 하였다(『Guardian』. 2002-6-25). 이를 종합하면, 지난 10년간 대략 8,000명에서 2만 명까지의 재외동포 인구가 코리아타운에 거주하고 있는 셈이다.

그러나 이런 추정치는 두 가지 점에서 맹점을 지니고 있다. 코리아타운의 구성원과 지도(map)적 범위에 따라 달라질 수 있기 때문이다. 2000년대 이후 코리아타운에는 1,000명에서 1,500명 정도로 추정되는 중국동포(조선족)와 850명 정도로 추정되는 북한인(탈북자)[3]들의 대부분이 구성원으로 거주하고 있다. 이들은 한국 출신의 재외동포가 아니다. 즉 중국과 북한 국적 출신이지만, 민족적으로는 한민족 혹은 한인의 일원이다. 이들을 한인으로 포괄하면 코리아타운의 인구는 변화한다. 또한 코리아타운의 범위를 어떻게 설정하는가에 따라 한인의 인구가 달라진다. 뉴몰든만 할 것인가 아니면, 킹스턴 지역 전체(borough)로 할 것인가, 그렇지 않으면 사실상 한인 생활권인 런던 서남부의 서리(Surrey) 및 미들섹스(Middlesex) 지역을 포함하는가에 따라 그 수가 변할 수 있기 때문이다. 만약 뉴몰든이 위치한 킹스톤 지역만 포함하면, '킹스톤 지역(borough) 전체 인구의 12%가 한국인으로 지역 내 가장 큰 소수민족 집단'이라는 통계의 유의미성은 커진다. 특히 대표적인 한인의 축제인 코

---

3) 이들의 인구 역시 추정치일 뿐이다. 자료에 따라 큰 차이를 보이고 있기 때문이다. 김현미(2008: 42)는 2006년 기준 남한 이주자가 2~3만 명, 조선족 이주자가 1,500~2,000명, 탈북난민이 100명 정도라고 하였다. 그러나 다른 자료에는, 탈북 북한인이 2008년 기준으로 130명에서 850명 혹은 965명까지 제각각의 추정치를 보이고 있다. http://londonkoreanlinks.net/2008/08/03/north- koreans-in-britain/(검색일: 2011-10-21); http://www.freekorea.us/2010/02/28/23-countries-have-accepted-north-korean-refugees(검색일: 2011-11-3).

리안 페스티벌을 행정적으로 킹스톤시와 협의 하에 추진하므로, 코리아타운의 범위로 적당하다 할 수 있다. 반면, 통학(한인학교), 종교 활동(교회, 성당, 사찰 등), 쇼핑 및 여가 등, 한인들의 경제 및 문화 생활권을 중심으로 얘기한다면, 코리아타운은 그 범위를 더욱 확장하여야 한다. 뉴몰든은 한인들의 경제활동이 중심적으로 이루어지는 지역이자, 한인학교나 종교기관 등 교육 및 문화의 중심지(center)이다. 그러나 킹스톤 주변의 서리 및 미들섹스 거주 한인들은 한인의 중심지인 뉴몰든 지역에 와서 음식, 쇼핑, 교육, 종교, 혹은 기타 방법으로 그들의 한인 정체성을 소비 표출하고 있기 때문이다. 위의 여러 기준을 적용한다면, 작은 코리아타운과 큰 코리아타운이 있을 수 있다. '작은 코리아타운'은 뉴몰든을 중심으로 약 8,000명 정도의 한인이 거주하고 있는 지역이다. 반면 킹스톤을 포함한 주변지역까지 확대한 '큰 코리아타운'으로 본다면, 약 2만 명 이상의 한인들이 거주하고 있다고 보는 것이 합당할 것이다. 큰 코리아타운일 경우, 영국 거주 한인 중 약 절반 정도가 어떤 방식으로든 코리아타운과 그 주변에 거주하고 있다 할 것이다.

비록 그 규모는 미국 로스앤젤레스나 뉴욕에 미치지는 못하지만, 런던의 코리아타운은 유럽 내 유일한 코리아타운으로 해외 한인의 역사와 생활에서 중요한 곳이다. 그러나 유럽 유일의 코리아타운이고, 재외동포의 수가 가장 많음에도 불구하고 뉴몰든 코리아타운의 형성과정이나 현황에 대한 글은 지금까지 존재하지 않는다. 영국의 재외동포사회나 한인에 대한 연구도 초보적인 수준이기에 당연한 것일 수 있으나(이진영, 2011a; 김현미, 2008; 이진영, 2011b), 전 세계 코리아타운의 비교연구를 위해서라도 기본적인 연구는 시급히 요청되는 것이다.

그러므로 이 글은 영국 런던 뉴몰든을 중심으로 한 코리아타운에 대한 시론적 글이다. 제한된 연구자료와 한인회의 간행물 및 언론보도, 그리고 현지에서의 면담을 기초로[4] 코리아타운의 형성 과정과 구조 그리고 그곳의 문화를 분석하여 영국 코리아타운의 특색을 알아보고자 하는 것이다. 그 결과

추후 세계의 다른 지역에 위치한 코리아타운과 비교할 수 있는 기초적 자료를 제공하는 데 그 목적을 두고 있다. 이를 위하여 제2장에서는 영국의 한인사회 형성에 대하여 간략하게 고찰한 후, 뉴몰든 코리아타운의 변화과정에 대해 기술한다. 즉 어떻게 뉴몰든 지역에 코리아타운이 형성되었고, 어떤 변화과정을 거쳐 발전과 변환되었는지를 분석한다. 제3장에서는 코리아타운의 내부로 들어가, 경제사회적 구조를 알아보고, 코리아타운의 단체들을 중심으로 한 한인들의 소통구조에 대해 분석한다. 특히 정체성 형성에서 중요한 문화 부문에서 매년 열리고 있는 코리안 페스티벌의 지역사회 내에서의 역할에 대해 고찰한다. 이를 통하여 사회경제적, 문화적, 혹은 국적 등으로 분열된 영국 한인사회가 어떻게 정체성을 유지 발전시키면서 영국 지역사회와 교류하는지를 제시할 것이다. 마지막으로 결론을 포함한 제4장에서는 최근 영국 코리아타운의 변화를 한류와 연관시켜 분석해보고 발전방안을 제시해본다.

2. 영국 한인사회 형성과 뉴몰든 코리아타운

1) 영국 한인사회 형성과 뉴몰든

영국으로의 한인이주는 언제부터 이루어졌을까? 1882년 4월 양국은 수교하였고, 1901년 민영돈이 상주공사로 최초로 파견되었다. 그러나 구한말부터 일제 강점기까지 영국으로 이주한 사람들은 지금의 영국 한인들과 연관이 없다. 현재 영국 한인사회와 관련되어 이주가 시작된 것은 1949년 1월 18일 영국과 한국이 국교를 맺은 다음부터이다. 초대 주영공사 윤치창이

---

4)   제한된 자료 수집과 현지조사는 2011년 5월 한 달간 이루어졌다.

1949년 12월 31일 임명되어 왔고, 영국은 한국 전쟁에 참전 16개국 중의 하나로 중요한 역할을 하면서 한인들의 영국 이주가 있었을 것으로 추측된다. 1957년 공사관이 대사관으로 승격되면서 인적 교류가 증가하였고, 한인들의 이주가 시작되었다. 대사관원, 유학생, 혹은 영국인과 혼인한 국제결혼여성 등이 당시 주를 이루었다. 그러나 한인의 영국이주가 체계적으로 이루어진 것은 70년대 초반으로 한국의 산업화 정책으로 인한 해외 교류가 증가하면서부터이다. 특히 1974년 발생한 1차 석유파동을 극복하고자 중동건설 진출이 추진되면서, 영국이 자금과 인원 파견의 중심이 되었다. 그 결과 다수의 상사주재원들이 파견되면서 영국 한인사회 형성의 기초가 마련된 것이다. 중동건설 붐은 80년대 중반까지 지속되었고, 영국 내 한인도 그에 맞추어 서서히 증가하였다. 특히 1988년 서울 올림픽이 개최되고, 1989년부터 해외여행 자유화가 시작되면서 영국으로의 이주는 급속히 증가하기 시작한다.[5] 그리고 이 시기부터 한인들은 뉴몰든을 중심으로 코리아타운을 형성하면서 살게 된다.

　　뉴몰든은 런던 서남부의 킹스톤 지역에 위치한 한 동네이다. 런던과 잉글랜드의 남서쪽을 잇는 3번국도(A3)에 위치하고 있으며, 외곽순환 고속도로(M25)의 안쪽에 위치하여 대런던(Greater London)과 런던을 연결하는 교통의 요충지이다. 현재 기차가 7분 30초마다 런던 워털루(Waterloo)역으로 출발하는, 기본적으로 통근자들의 동네이다. 원래 로마인들의 주거지였던 이곳이 현재의 모습을 갖춘 것은 약 120년 전인 1890년대 빅토리아(Victoria) 시대부터이다. 특히 1930년대에 폭발적인 인구의 증가로 런던 교외의 한 부도심지역이 되었고, 그 결과 1936년에는 행정적으로 한 지역으로 승급되었다. 그러나 1966년 인근 킹스턴이 부도심의 역할을 대신하면서 지역의 지위를 상실하고, 킹스턴 지역의 일부로 격하되어 현재에 이르고 있다(『Guardian』. 2002-6-25).

---

5) 영국 한인사회의 형성에 대해서는 이진영. 2011a. 「영국 한인사회의 형성과 변화: 해외여행 자유화 (1989) 이전을 중심으로」, 『재외한인연구』 제25호를 참조.

2) 코리아타운의 형성

　　그렇다면 한인들은 왜 뉴몰든이라는 지역을 중심으로 살게 된 것일까? 그리고 언제부터 살았고, 어떤 변화를 거쳐 현재의 코리아타운을 이루고 있는 것일까? 뉴몰든에 한국인들이 몰리고, 코리아타운이 형성된 이유는 명확하지 않다(『*Guardian*』. 2005-1-21). 크게 세 가지 이유가 제시되고 있으나 모두 하나의 가설에 불과한 실정이다. 첫 번째는 윔블던(Wimbledon)에 위치한 대사관저의 영향이다. 대사관저가 1970년대 윔블던으로 옮겨올 때 한인들이 따라오면서　인근인　뉴몰든에　거주하기　시작하였다는　주장이다(『*Observer*』. 2011-4-10). 하지만 이는 왜 한국 상점들이 뉴몰든 중심가를 택했는지 등을 설명하지 못한다. 두 번째는 한국학교의 영향이다. 체싱턴(Chessington)에 한국학교가 위치하면서 교육을 중시하는 한인들이 그 주변으로 몰려와서 거주했다는 주장이다. 특히, 학교에서 멀지 않고 녹지가 많고 교통이 편리한 뉴몰든 지역이 선호되었다는 것이다(『*Guardian*』. 2002-6-25). 마지막은 가족을 동반하기 시작한 상사주재원들 및 부인들의 편의 때문이라는 주장이다. 상사주재원 부인들이 영어를 배울 수 있는 성인교육기관(Adult School)이 당시 뉴몰든에 위치하였고, 이들은 수업을 끝내고 장을 보거나 식사를 해결하고 사교생활을 할 곳이 필요하였는데, 이 필요성에 의해 한인 상점들이 등장했다는 주장이다(D와의 인터뷰). 그러나 이 주장은 코리아타운의 기본이 되는 상점의 형성이유는 언급하였으나, 왜 뉴몰든이 거주 중심이 되는 이유를 지적하지는 못하였다.

　　재영 한인들의 인터뷰 결과와 위의 세 가지 견해를 종합하면 다음과 같은 추론이 가능해진다. 템즈(Thames) 강 이남의 지역 중 서쪽부터 동쪽으로 퍼트니(Putney), 윔블던, 완즈워스(Wandsworth) 등이 70년대 중반에서 80년대 중반까지 초기 한인 이민자들이 살던 곳이다. 대사관저가 윔블던에 있고, 80년대 당시 가장 많은 주재원을 파견한 종합상사인 현대의 독신자 숙소가 퍼트니

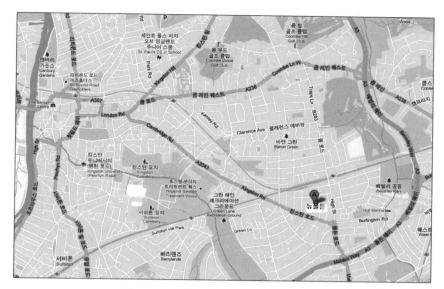

그림 1 뉴몰든을 중심으로 형성된 영국의 코리아타운

에 있고, 이들 지역과 가까운 곳 중 임대료가 저렴한 지역이 완즈워스와 콜리
어스우드(Collier's Wood) 지역이었다. 그 결과 이 세 곳을 중심으로 한인들이 살
게 되었다(이진영, 2011a:161). 반면 80년대 중반 이후 가족동반 주재원의 급증은
완즈워스나 콜리어스우드보다는 주거 환경이 좋고, 시내와의 교통도 편리하
며, 한국학교와도 가까운 지역을 찾게 되었다. 당시 상대적으로 임대료가 저
렴한 뉴몰든 인근 지역을 중심으로 상사주재원들이 주거지를 찾게 되면서,
현재 런던 코리아타운 형성의 기초가 마련된 것이다. 윔블던에 가까운 레인
즈파크(Raynes Park)를 지나 뉴몰든과 킹스톤으로 이어지는 철도 인근 및 킹스
톤 길(Kingston Road)을 따르는 버스 노선 인근이 교민들보다는 좀 더 여유있는
주재원들의 주거지가 되었다. 구매력을 가진 상사주재원의 증가는 '뉴몰든
중심가(High Street)'에 한국 상점이 발전되게 하였고, 이것이 코리아타운으로
발전된 것이다. 1989년 '뉴몰든 중심가'에 최초의 한인 상점(선물점)을 개설한
D에 의하면, 당시 '뉴몰든 중심가'는 말할 것도 없고, 주변 길(off-road)인 킹스

톤 길에도 서울식품과 일본상점(JS Market)을 제외하면 한인 관련 상점이 없었다고 한다. 부동산업을 하고, 1984년 킹스톤 길에 집을 구매해 살게 된 KC에 의하면, 당시 주변에 한인이 거주하고 있지 않았다고 한다. 즉 뉴몰든을 중심으로 주변 지역이 한인들의 거주지가 된 것은 1980년대 중반 이후부터이며, '뉴몰든 중심가'를 중심으로 한인 상점 등 한인 시설이 밀집한 코리아타운으로 발전되기 시작한 것은 1990년대 초반부터라는 것을 알 수 있다. 결론적으로 뉴몰든 코리아타운은 90년대 초반부터 형성 발전된 비교적 최근의 한인 집거지라는 것이다.

3) 코리아타운의 발전과 변화

그렇다면 현재 20개의 식당과 여덟 개의 슈퍼마켓 등을 보유하며, 21%의 한인비즈니스가 몰려있는 뉴몰든 코리아타운은 어떻게 급격히 성장하였는가? 20여 년의 기간 동안 어떤 변화를 겪으면서 코리아타운으로서의 특색을 보여 왔는가? 코리아타운은 ① 급격한 팽창기(1989~1997), ② 시련기(1997~2002), ③ 재형성기(2002~2007), ④ 정체기(2007~2011) 등 크게 네 시기를 거치면서 변화하였다.

(1) 급격한 팽창기(1989~1997)

코리아타운의 급격한 팽창은 영국과 한국의 이민정책의 변화에 따른 결과이다. 먼저 한국의 이민정책을 보면 1989년부터 1월 1일부터 시행된 '해외여행자유화' 제도를 들 수 있다. 1989년 이전에 한국 국민이 해외로 나갈 경우에는 여권발급부터 여러 제약이 있었다. 그 결과 해외여행은 물론 이주나 이민은 제한을 받았다. 1987년 해외로의 출국자가 75만 명 정도였는데, 올림픽이 열려 일부 자유화 조치를 실시했던 1988년에는 140만 명으로 급증하였다. 하지만 1989년 전면 자유화조치 이후 출국자는 196만 명으로, 1987년 이후 2년 만에 150% 이상의 급격한 증가를 가져온 것이다(이진영, 2011a: 144) 당시 신문들이 해외여행지를 특집으로 소개할 정도였고(『조선일보』. 1989-2-22), '정부의 결단과 국제수지의 흑자, 이에 따른 소득의 향상'이 해외여행 자유화 조치를 이끈 이유라고 분석하였다(『조선일보』. 1989-1-14). 한국의 이민정책만 한국인의 영국 입국을 이끈 것은 아니다. 영국의 이민법도 1989년에 완화되었다(『Guardian』. 2005-1-21). 특히 베를린장벽의 붕괴와 냉전의 해체는 난민의 증가를 가져왔고, 영국의 이민정책은 여기에 일부 부응하였다. 그 결과 한국인의 영국으로의 출국도 급속히 증가하였다. 〈표 1〉을 보면 한국인의 영국으로의 출국이 해외여행 자유화 이전인 1988년에는 6,500명이었지만, 1989년부터 매년 세 배, 네 배 등 급격하게 증가하는 것을 알 수 있다. 특히 10년도 안된 1996년에 8만 6,000명에 이르러, 8년 만에 13배 증가하였음을 알 수 있다. 말 그대로 '폭발적 증가'를 이룬 것이다.

그러나 무엇보다도 한국인의 영국 거주를 가능하게 했던 요소는 상사주재원과 유학생의 급격한 증가였다. 중동건설 붐을 이룬 한국 건설회사들의 본부가 런던에 위치하였고, 그 결과 많은 상사주재원이 파견되었다. 특히 이들 주재원들은 주로 과장급 정도로 40대가 주류를 이루었고 그들의 가족동반 입국이 가능해지면서 영국의 한인사회가 급격하게 팽창되는데 기여하였다. 한인사회에서 보습학원을 1994년 최초로 운영하기 시작한 KH에 의하면, 대사관원이나 일부 상사주재원들 자녀를 대상으로 방문 그룹지도 위주로 해오던 보습과외교육이 수요의 증가로 학원을 설립할 정도로 갑자기 한

표 1 영국으로의 연도별 국민 출국자(a)와 유학생(b) 현황

	1988	1989	1990	1991	1992	1993	1994	1995	1996
a	6,590	14,595	19,229	24,033	24,622	30,429	n.a.	62,528	85,943
b	n.a.	631	810	1,006	n.a.	n.a.	n.a.	3,101	4,313

자료: 법무부편(2003)을 근거로 저자가 편집 작성함.

인 학생 인구가 증가했다고 한다.

일부 상사 및 은행만 진출하다가 다양한 규모의 은행, 건설, 증권, 기타 업종의 상사들이 영국으로 진출하면 주재원도 가파른 증가를 기록하였다. 90년대 초반 250개 한국 기업이 영국에 투자를 진행했다는 보도는 그 규모를 짐작하게 한다. 특히 영국 여왕까지 참석하여 웨일즈에서 진행된 한라그룹의 기공식은 한국 기업의 영국 러쉬(rush)를 잘 설명하고 있다. 한국기업에게 '영국은 투자천국'으로 4대 전자회사가 모두 투자를 진행하였다. 잉글랜드에 삼성과 LG, 웨일즈에 LG, 스코틀랜드에 현대가 그리고 북아일랜드에 대우가 대규모 투자를 진행하였고, 특히 LG는 6년간 26억 달러(2조 원) 규모의 투자를 시작하였다(『조선일보』. 1996-7-11). 주재원의 증가는 부동산, 식료품, 식당, 교육 기관, 선물점 등 영어와 현지 사정에 서툰 주재원과 가족들의 생활을 지원할 여러 업종을 탄생시켰고, 이것이 곧 코리아타운의 성립 근거가 되었다. 전술한 대로 1989년 D에 의해 뉴몰든 중심가에 M 선물점이 생긴 이래, 식당으로는 1991년 A 식당이 개업하면서 점차 코리아타운은 형성되기 시작하였다.

코리아타운이 '눈덩이처럼 점차 커지게(『Guardian』. 2005-1-21)' 된 다른 이유는 유학생 특히 어학연수 학생의 증가이다. 높은 등록금과 생활비, 까다로운 입학절차 등으로 유학생이 많지 않던 영국이 어학연수생들에게 매력적인 곳으로 변모하였기 때문이다. 주한 영국대사관에서 영어학교 설명회를 개최할 정도로(『조선일보』. 1995-3-3), 한국 유학생은 영국 대학과 영어산업에서 중요한 자원이었다.[6] 그 결과 〈표 1〉에서 보듯이 해외여행 자유화가 시작되는 1989년에 631명이었던 유학생이, 1991년에는 1,000명 이상, 1995년에는 3,000명 이상, 1996년에는 4,300명 이상 영국에 입국하였다. 이렇게 누적된 2,000명

---

6) 「영국의 뉴비즈니스: 어학코스 판매」라는 제목이 지적하듯, 당시 영어교육은 영국의 새로운 문화산업으로 등장하여, 연 10% 이상씩 성장하였다. 한국 등 비영어권 국가 학생들을 대상으로 심한 경쟁을 벌일 정도였다. 『조선일보』. 1994-1-24.

이상의 학생들이 아르바이트를 찾아, 혹은 싼 학원을 찾아 코리아타운 주변에 거주하게 되었고, 이들에게 방을 임대하는 한인들도 증가하였다.

즉 영국의 코리아타운은 상사주재원 및 유학생의 급격한 증가로 1990년대 초반 뉴몰든을 중심으로 형성되기 시작하였다. 이들은 정주를 목적으로 한 사람들이 아니었다. 영주권자 및 시민권자 등 소위 교민의 수는 여전히 적었고, 대다수는 이들 단기 체류자들이었다. KH에 의하면, 1996년까지 교민들은 송년모임을 제외하고는 정기적인 모임이 없을 정도로 친목회 수준이었으며, 대사관이 주최하는 모임에 간헐적으로 참여하였다 한다. 그 결과 교민이 아닌 다수의 상사주재원 중심의 한인회 및 한인사회가 성립되었고, 코리아타운의 주 소비층도 유학생을 포함한 이들 단기체류자들이 대다수를 이루게 되었다.

(2) 시련기(1997~2002)

그러나 급격하게 팽창하던 영국 한인사회와 코리아타운은 외부적인 영향으로 축소된다. 1997년 발생한 아시아경제위기는 한국의 경제는 물론 영국 한인사회의 기본적인 구조를 변화시켰다. 단기 체류자가 중심이고 상사 등 한국과 관련된 업종의 투자로 이루어진 영국 한인사회는 틀을 잡기도 전에 시련을 맞이한 것이다. 60% 이상의 한인들이 한국으로 돌아갔다(BBC News, 2011-1-23). 파운드화의 강세로 생활이 어려워진 주재원과 유학생은 철수하였다.[7] 특히 한국 관광객의 급감으로 코리아타운의 여행사, 식당 등은 물론 연관 부문마저도 연쇄 부도를 일으키고, 잠적하는 등 흡사 공황상태라 할 정도로 영향을 받았다. 영국의 언론은 '거품이 빠지면서 코리아타운은 가라앉고,' '한국의 무능한 경영으로 영국 실업자가 늘어나게 되었다'고 비판하였다(『조선일보』. 1997-12-12).

---

7) 1파운드가 1,007원에서 2,500원 이상으로 2.5배 올라, 임대료, 학비 등 모든 생활비가 급격하게 올랐다.

그러나 이 과정에서도 서서히 영국 한인사회는 회복되고 있었다. 그 이유는 한국 경제의 빠른 회복이 가장 큰 이유였지만, 아시아경제위기 때 명예퇴직을 한 과장급 이상의 젊은 층이 영국을 새롭게 그들의 생활 근거지로 삼았기 때문이다. 동아건설 등 영국에 진출했던 상사에서 근무하던 직원들이 노동비자를 신청하면서, 한인사회의 주요 일원으로 변모하게 된 것이다(OK와의 인터뷰). 또한 조기유학생들도 서서히 증가하기 시작하였다.[8] 그 결과 코리아타운의 경기는 회복되기 시작하였고, 한인들도 다시 증가하기 시작하였다.

(3) 코리아타운의 재형성기(2002~2007)

2000년대는 여러 면에서 이전과 다른 환경을 영국 한인사회에 제공하였다. 그 결과 코리아타운도 이전과는 다른 형태와 내용으로 재구성되게 된다. 한인회장을 역임한 박종은은 영국 한인사회가 잘못되기 시작한 시점을 2000년부터로 분석한다. 물론 한인회의 관점에서 보면, 한인회장 직선제로 분열과 대립 그리고 소송의 시대로 들어간 점에서 이 주장은 타당성이 있다. 하지만 한인회의 이런 모습이 나타나게 된 구조적인 배경에 주목할 필요가 있다. 그것은 2000년대에 들어서면서 영국 한인사회가 여러 면에서 근본적인 변화를 겪게 되고, 그 결과 구성원은 물론 그들의 네트워크 방식도 달라지면서 한인회 역시 역할 변화가 나타났기 때문이다.

구조적 변화를 만든 가장 중요한 요소는 정보통신 기술(IT)의 발전이다. 인터넷의 보급과 확산은 전 세계적으로 소통의 구조를 변화시켰고, 영국 한인사회도 예외가 아니었다. 중요한 변화는 모국인 한국과의 연결구조의 변화와 그 결과 한인들의 네트워크 및 소통 구조가 변화하였다는데 있다. 온라인 커뮤니티의 증가는 비록 거주는 영국에서 하지만, 가상적 현실(virtual reality)을 통한 한국과의 연결 고리는 오히려 확대되는 결과를 가져왔다. 오프

---

8) 초등생 조기유학으로 선호된 국가는 미국, 캐나다, 뉴질랜드, 중국 순이며, 영국은 2000년대 중반 이후 증가한다. 『코리안위클리』, 2002-11-14, 「초등생 조기유학 5년 새 두 배 증가」.

라인에서 이런 변화는 한인언론의 증가를 가져왔다. 모두 일곱 개의 소식지가 한인들의 매체로 등장하였다. 상업적 이익 때문이라고 하지만, 이는 한인의 다양해진 채널을 반영한다.

다른 중요한 변화는 한인들 중 이질적인 집단인 북한인과 조선족이 영국에 입국하면서 코리아타운에 새롭게 등장하였다는 점이다. 아래에 상술하지만, 이들의 영국 입국과 코리아타운에의 편입은 코리아타운의 민족적 지평을 넓히는 것이었다. 물론 영주 및 시민권자인 교민 2세들이 한인사회에 등장한 점도 중요한 요소이다. 이들 차세대 중 일부는 영국 주류사회에 취업하면서, 이전의 한인들과는 다른 방식으로 코리아타운과 연결을 맺었다. 즉 영국 사회와의 교류에서 중간적인 정체성이 나타난 것이다. 재영 한인사회가 영국을 벗어나 유럽의 한인사회로 향하게 된 것도 이 시기 부터이다. 유럽연합(EU)이 출범하면서, 런던은 동유럽 출신자를 중심으로 한 새로운 이민자들로 넘쳐나기 시작하였다. 더욱 가까워진 유럽과의 연결은 정보통신 기술의 발달로 유럽 거주 한인들과 재영 한인들을 연결하게 되었다. 그 결과 유럽 내 한인이라는 새로운 정체성도 형성되기 시작하였다. 즉 영국 코리아타운 한인들의 스펙트럼이 넓어진 것이 이 시기이다.

이런 변화가 코리아타운에 집약적으로 나타난 것이 2002년 월드컵이었다. 월드컵은 코리아타운이 영국 사회에 알려진 계기이자, 다양한 스펙트럼의 한인들이 한인으로 통합되면서 영국 사회에 거주하고 있다는 점을 보여주었다. 이런 변화의 중심에는 코리아타운이 있다. 월드컵 열기가 한창이던 스페인전 때, 모 대기업이 제공한 대형 스크린이 코리아타운의 한 쪽 외곽인 파운틴 팝(Fountain Pub)에 설치되었고, 700명 이상의 한인들이 거리응원에 나섰다(『Guardian』. 2002-6-25). 한인식당은 50% 할인까지 단행하는 등 축제의 열기는 고조되었다(『Guardian』. 2005-1-21). 하지만 한인들의 이 열기가 현지인들과 마찰을 빚은 것도 아니었다. 뉴몰든 중심가를 행진하면서 승리의 기쁨을 만끽하였지만 응원은 얌전하게 하였다. 특히 다음 날 아침, 거리의 담배꽁초까지 모두 치워 영국인들에게 깊은 인상을 주었다(『Observer』. 2011-4-10). 성숙된 현지사회와의 관계는 30여 년 한인들의 이민 역사에서 중요한 변화였다. 물론 이 변화는 한국 사회 자체의 성숙과 선진국 진입의 결과가 런던 코리아타운에 투영된 측면도 있다.

부유해진 한국과 한국인들은 초등학교나 중학교 자녀들을 단독으로 혹은 부모와 같이 영국으로 보내는 '조기유학' 붐을 만들었다. 2005년에 최고조에 이른 조기유학 붐으로, 영국 코리아타운에는 조기유학생 산업이 번창하였다. 기업화된 유학 알선 및 관리업체부터 개인적인 보호자(part-time guardian-ship)까지 한인들의 업종과 직업은 직간접적으로 이와 연결되었다. 특히 2006년 거주 목적의 해외 부동산 취득이 자유화되면서 코리아타운은 경제 구조 면에서도 새로운 변화가 발생하였다. 즉 코리아타운은 새롭게 재구성되었다.

물론 긍정적 측면만 있는 것은 아니었다. 한인 간 혹은 한인과 영국 사회 구성원 간에 여러 분쟁이 표면화되었다. 2004년 발생한 중국인 사망사건은 재영 한인사회의 새로운 다양성을 보여주는 상징적인 사건이었다. 삼성에 플라스틱을 납품하는 업체로 1996년 '한국출신'에 의해 '영국 현지'에 설립된 주식회사 우원은 '탈북자'로 위장하여 입국한 '조선족' 림성철에게 인력수급을 맡겼다. 림은 코리아타운 뉴몰든에 인력회사를 설립하고 위장된 신분증으로 밀입국한 불법체류 '중국인' 노동력을 고용하여 운영하였다. 하지만 단지 소개 알선에 머무르지 않고, 노동자 집단 숙소도 운영하면서 취업한 중국인들에게 돈을 갈취하고 있었다. 이 숙소 중 하나에 거주하던 중국인 장귀화가 고혈압으로 쓰러져 사망하게 되면서(『Guardian』. 2004-1-13), 림의 회사 운영방식이 표면화되었다. 이 사건은 영국의 사법체계(이민자 통제)는 물론 복지(의료보험) 및 노동(불법 노동) 체계를 뒤흔든 사건으로 큰 문제가 되었다. 그러나 코리아타운과 연관되어 중요한 점은 조선족, 북한인 등 다양해진 한인사회 구성원들과 함께, 영국인 및 중국인 등 영국 사회의 다른 부분과도 밀접한 연관을 맺고 있는 글로벌 시대 코리아타운의 모습이 나타난 것이다. 한인들 상호간은 물론 영국 사회와의 관계에서도 코리아타운은 글로벌 차원에서 재구성되기 시작한 것이다. 말 그대로 글로벌 빌리지, 뉴몰든 코리아타운이 된 것이다.

(4) 코리아타운의 정체기(2007~2011)

하지만 다시금 팽창하던 코리아타운은 또 다른 외부적인 시련을 맞이하면서 지금까지 이어지는 정체 상태에 빠지게 된다. 그것은 전 세계적 규모로 진행된 글로벌 경제위기와 함께 찾아온 영국과 한국의 경제 상황의 어려움이었다. 특히 영국 현지 경제사정이 더욱 어려워지면서, 영국의 이민법이 강화되고 그에 따라 한인들의 추가 유입이 정체되기 시작한 것이다. 영국의 이민법은 사실상 2001년 9ㆍ11테러 사건부터 강화의 조짐을 보였는데, 처음에는 망명신청자에 대한 통제 위주로 제도화되었다. 하지만 경제사정이 나빠지고 동유럽 출신 이민자들 및 불법 이민이 증가하자, 2006년 노동당과 보수당은 협력하여 새로운 이민, 망명, 국적법(Immigration, Asylum, and Nationality Act 2006)을 제정했고, 2007년에는 내무성(Home Office)에 국경 및 이민청(BIA: Border and Immigration Agency)을 개편하였으며, 마침내 2008년에는 범죄, 이민, 테러리즘만을 포괄적으로 전담하는 새로운 조직인 영국국경청(UK Borders Agency)을 출범시켰다(온대원, 249-250). 그 결과 영국의 이민정책은 이전과는 다른 통제가 강화된 정책으로 변한 것이다.

한국 경제의 어려움도 코리아타운을 정체시켰다. 조기유학생이 급격히 감소하였다. 기업의 명퇴자(명예퇴직자)들이 일부 영국 사회에 유입되었으나, 1990년대 후반처럼 코리아타운에 활력을 불어넣을 정도는 아니었다. 그렇다고 1990년대 후반처럼 코리아타운 내 기업들이 갑자기 도산하거나 무너지지도 않았다. 조기유학생의 감소와 함께 코리아타운의 경제를 뒷받침하는 주재원들의 소비가 서서히 약화되면서, 코리아타운 역시 경제적 침체기에 들어간 것이다. 이런 침체와 함께 현재 킹스톤 인구의 6%를 차지하는 스리랑카인들이 코리아타운 근처에 새롭게 정착하면서, 코리아타운을 서서히 잠식하고 있는 것도 한 특색이다(『*Observer*』. 2011-4-10).

3. 코리아타운의 사회 · 문화적 구조

그렇다면 지난 20여 년간 형성되고 변화해온 영국 코리아타운의 내부
적인 모습은 어떠할까? 어떠한 사회경제적 구조를 가지고 있으며, 한인 상호
간에 어떤 방식으로 소통하여 정체성을 유지하고 있는가? 분열적인 모습은
무엇이며, 한인으로서의 정체성을 높이는 방향으로 추진되는 축제 등 한인
들의 행사는 어떤 성격을 가지고 있는가? 비교적 짧은 역사이지만 영국 지역
사회에는 어느 정도로 뿌리를 내린 것인가? 이 장에서는 영국 코리아타운의
내부로 들어가서 사회문화적 구조를 분석하고, 이에 따라 코리아타운의 성
격을 고찰해볼 것이다.

1) 사회경제적 구조

코리아타운의 경제활동은 주로 거주 한인들을 고객으로 하는 서비스업
중심의 구조를 이루고 있다. 이들 업소들의 위치로 본 상업적 코리아타운의
범위는 2002년 월드컵 때 전광판이 설치된 선술집(Fountain Pub)이 위치한 교차
로(roundabout)를 축으로 하여 티(T)자 형태를 이루고 있다. 즉, 뉴몰든 기차역
등 '뉴몰든 중심가(New Malden High Street)'가 교차로까지 이어지고, 교차로(round-
about)에서 레인즈 파크 방향의 벌링턴 길(Burlington Road)과 킹스톤 방향의 킹
스톤 길(Kingston Road)로 이어지는 구조이다. 이 중 제일 먼저 한인 업소들이
밀집 위치한 곳은 뉴몰든 중심가이며, 이후 벌링턴길과 킹스턴길로 확장되
었다. 작은 규모의 사무실은 뉴몰든 중심가 한인 업소의 2~3층에 위치하기
도 하다.

그러나 경제활동 측면에서 볼 때, 코리아타운의 지도적 범위는 전술한 대로 더 넓다고 볼 수 있다. 왜냐하면 뉴몰든 인근 한인거주지를 중심으로 간헐적으로 업소들이 분포하고 있고, 이들 업소들은 다른 한인거주지와 거리 면에서 사실상 같은 생활권이기 때문이다. 그 지역적 범위를 뉴몰든을 중심으로 시계방향으로 얘기하면 워즈워스, 머튼(Merton), 모든(Morden), 우스터파크(Worcester Park), 서비튼(Surbiton), 킹스턴, 이셔(Esher), 햄튼(Hampton), 리치몬드(Richmond), 윔블던, 레인즈파크 등이 직접적인 생활권이며, 그 주변도 한 시간 내에 접근이 가능한 실정이다.

위의 기준을 적용하여 한인업소를 분류하면 〈표 2〉와 같다. 〈표 2〉에서 코리아타운은 킹스턴을 중심으로 한 큰 범위의 코리아타운이며, 기타 지역은 런던 시내와 영국의 다른 지방을 의미한다. 대표적인 동포 소식지인 『코리안위클리』(Korean Weekly)에 등재된 주요 업종을 재분류한 것인데, 이를 통해 코리아타운의 경제적 특색을 알 수 있다. 즉 코리아타운의 업소는 거주 및 실생활과 관련한 업종 위주로 분포된 것을 알 수 있다. 종교단체, 학원 및 알선업, 식당 및 슈퍼 등 요식업, 여행사, 하숙 및 민박, 렌터카 등 한인들의 주거와 관련된 업종들이 코리아타운에 중심적 위치를 차지하고 있다. 또한 세탁소, 컴퓨터 수리, DVD 대여업, 병원 및 약국, 미용 및 건강, 이삿짐, 부동산, 구인 구직, 자동차 수리업체 등 일상생활과 밀접한 업종도 주로 코리아타운에 분포한다.

반면 주요 기관 및 상사 그리고 영국과 관련된 업종은 시내 및 각 지방에 분포하고 있다. 정부 및 기관, 상사, 일부 식당, 슈퍼, 여행사, 법률 회계 컨설팅 등 고급 서비스업은 물론, 조기유학 등 알선업, 종교 기관 등은 런던 시내 및 지방에서의 한인들의 수요에 따라 분포하고 있는 것이다. 즉 영국과 관련되거나, 지방에 사는 한인들이 있는 경우, 혹은 업종 자체가 금융 등 고급서비스업과 연관된 경우는 런던 시내에 업소를 두고 있다. 흥미로운 점은 언론의 경우 동포언론은 모두 코리아타운에, 한국언론의 영국 특파원들은

표 2 한인업소의 주소지 및 분류

분류		전 체	코리아타운	기타 지역
정부 및 대기업	정부 및 기관	8	1	7
	상사	65	16	49
종교단체	교회, 성당, 사찰	66	38	28
교육	학원, 알선업	64	25	39
	학교	4	2	2
요식	식당	38	16	22
	슈퍼	18	12	6
	주점, 카페	2	1	1
여행	여행사	20	11	9
	호텔, 하숙, 민박	13	7	6
	렌터카, 미니캡	6	4	2
주거	세탁소, 청소	3	2	1
	컴퓨터, 전자	17	10	7
	DVD, 책	3	3	0
건강	병원, 약국	11	11	0
	미용, 건강	20	13	7
서비스	이삿짐	22	22	0
	법률 회계 보험	42	8	34
	스포츠 레저	2	2	0
	소개, 구인 구직	3	3	0
	부동산, 건축	29	24	5
	무역, 운송, 유통	18	11	7
	의류 패션 섬유	1	0	1
	행사 이벤트	3	2	1
	자동차, 카센터	5	5	0
언론 인쇄 광고	동포언론, 특파원	13	9	4

자료: 코리안위클리 업소록을 기초로 저자가 재분류. http://koweekly.co.uk/biz.php?mode=main(검색일: 2011-11-28).

시내에 사무실을 두고 있다는 것이다. 이는 코리아타운의 특색을 잘 보여주고 있는 것이다. 한인들이 집중 거주하고 있는 큰 범위의 코리아타운이 킹스톤 및 그 주변으로 있고, 여기에 거주하는 한인들의 영국 생활을 보조해주는 여러 업소들이 뉴몰든 중심가 및 그 주변의 작은 코리아타운에 집중 분포되어 있는 것이다. 아마도 시내에 사무실을 두고 있는 상사 및 공공기관의 근무자들도 주거지는 대부분 큰 범위의 코리아타운 주변일 것이며 시내로 통근하고 있을 것이다. 물론 각 지방에는 소규모의 업소들이 한인들을 위한 종교단체 등과 더불어 존재하고 있다. 즉 뉴몰든 코리아타운은 영국 거주 한인들의 중심지이자, 경제생활이 영위되는 한인업소들의 중심지인 것이다.

2) 한인들의 소통과 갈등

집거지라는 특성 및 공급과 소비라는 하나의 시장 구조에 놓여있는 코리아타운의 한인들이 어떤 방식으로 소통하고, 한인으로서의 정체성을 이루고 있는가 하는 점은 영국 내 코리아타운의 발전에 있어 매우 중요하다. 그렇다면 한인들은 어떠한 사회적인 연결망(social network)을 가지고 그들만의 사회적인 색깔(social fabric)을 내고 있을까? 여러 측면에서 한인들의 사회적인 색깔을 분류할 수 있겠지만, 법적 지위, 국적, 직업, 종교 및 정치적 지향이 중요한 분류 기준이 된다. 이에 기초하여 공식적 소통단체인 재영한인회와 한인언론 그리고 민족 내부 다양한 한인들의 소통 및 갈등관계를 분석해본다.

(1) 공식적 소통 단체: 재영한인총연합회(한인회)

법적 지위는 2000년대 이전에는 코리아타운의 계층 구조를 나타내는 가장 중요한 준거 틀이었다. 소위 교민과 한인의 구분이 그것인데, 교민이란 '영주권 및 시민권자로 장기거주를 목적으로 하는 자'이며, 한인이란 '정부 파견자 및 상사주재원 혹은 유학생 등의 일시적 거주자'를 의미한다. 이에 반해 한국 정부의 재외동포 개념은 재외국민과 외국적 동포로 구별되어, 영국 코리아타운에서는 교민과 한인 구분만큼 중요한 기준이 되지 못하였다.

영국의 한인 이주역사는 다른 지역과는 구별되는 특징을 가지고 있다. 그것은 이민국가가 아닌 영국에서, 한인사회를 이루게 된 것은 단기거주자들이지, 소위 교민이라 칭하는 장기거주자(사실상 이민자)들이 아니기 때문이다. 60년대 한인회의 성립은 물론 80년대까지 상사주재원을 중심으로 한 한인회가 운영되었고, 교민의 수는 매우 적었다. 특히 교민들의 열악한 환경과 상사주재원들의 여유 있는 환경이 대비되어, 교민들은 단기거주자들을 지원하는 역할을 주로 하였던 것이다. 물론 교민들도 독자적인 교민회를 만들었지만 그 세력은 미약하였다. 비록 1989년 기존 주재원 중심의 한인회와 교민회가 통합한인회로 출범하였지만, 내재적인 분리는 여전히 유지되고 있었다. 하지만 90년대 말 아시아 외환위기를 겪고, 교민사회에 새로운 한인들이 법적 지위를 얻어 교민 수가 증가하였고, 이는 2000년대에 들어 새로운 한인회로 이어지게 된다. 즉 회장 직선제가 도입된 것이다.

비록 한인회장을 역임한 박종은이 "2,000년부터 교민사회에 좋지 않은 사건이 생겼다"고 표현하였지만(『템즈』. 2007-8-24), 원로나 이사들에 의한 추대 형식이었던 한인회장 선출이 2002년 이후 직선제 및 공탁금제로 변모하기 시작한 것은 중요한 변화이다. 2003년부터 1년간 임기를 맡을 첫 직접투표인 2002년 회장 선거에서는 3인의 후보자가 출마하였다. 한인회 이사들의 직접투표로 총 37표 중 20표를 얻은 박영근 후보가 당선되었다(『코리안위클리』. 2002-11-7). 이후 2003년 선거부터는 직접선거의 범위를 확대하여 선거인단을 구성하여 선출하였고, 임기도 2년으로 확대하였다. 이후 한인회장 선거는 같은 방식으로 진행되는데, 선출된 한인회장과 임기는 〈표 3〉과 같다.

2004년 신년인사에서 당시 주영대사 이태식은 "지난 12월에 재영 한인 사회 30여 년의 역사 이래 최초로 범선거인단 구성을 통한 한인회장 선출 과정에서 전임 한인회장단과 한인회장 입후보자, 그리고 선거인단 등 관계자

표 3 직선제 이후의 한인회장 및 임기

구 분	1	2	3	4	5
박영근	신우승	석일수	조태현	서병일	박영근
2003	2004~2005	2006~2007	2008	2009~2010	2011~2012

자료: 영국 내 한인들의 소식지 보도를 근거로 저자가 작성함.

여러분들이 보여주신 모습은 민주주의를 실천하고 운영하는 성숙되고 양식 있는 재영 한인사회임을 입증한 사례라 생각한다"고 언급할 정도로(『코리안위클리』. 2004-1-13) 새로운 방식은 정착되는 듯 했다. 특히 2006년도 재영한인회장(제29대, 통합 11대)을 뽑는 2005년 선거에서 삼성물산 주재원 출신의 석일수 부회장이 단독출마하여 한인회 정관(제9조 1항)에 의해 단독 후보가 선거 없이 당선되었기 때문이다(『코리안위클리』. 2005-11-3).

그러나 곧 한인회는 갈등과 내분에 휩싸이게 되고, 이는 현재까지도 이어져 오고 있다. 부정선거 시비로 2008년 회장부터 한인회가 사실상 표류상태에 놓이는 것이다. 또한 그 갈등이 한인회 내부에서 해결되지 않고, 영국 법정으로 이어져 분열과 다툼은 증폭되었다. 그 결과 한인회장 사상 첫 재선거를 영국 법원의 결정에 따라 2008년 5월 31일 이전에 치러야 하는 결과로 이어졌다(『코리안위클리』 2008-4-3). 특히 문제가 장기화되면서 대사관이나 대사관저에서 정부 주관 혹은 한인회 주최로 가졌던 가장 큰 행사 중 하나인 광복절 행사마저 민주평통 영국협의회를 비롯한 여섯 개의 재영한인단체가 공동으로 주최할 정도였다(『코리안위클리』. 2008-8-16). 특히 소송과 관련비용이 한인회 공금에서 지불된 점(2만 5,000파운드)과 미지급된 변호사 비용(4만 5,000파운드)에 대해서도 소송을 당하여, 2010년 7월 23일에는 긴급임시총회가 개최되었다(『유로저널』. 2010-7-28). 특히 소송 당사자가 회장 및 회장대행인가 혹은 한인회인가를 놓고도 논란이 지속되었고, 한인들의 교육기금 문제마저 불거지면서 한인사회의 분열은 더욱 심화되었다. 비록 2010년 11월 27일 치러진 한인회장 선거에서 81% 가까운 참여율(전체 투표인단 743명 중 598명)이 나왔지만, 이마저 부정선거 논란에 휩싸이면서 그 시비는 현재까지 이어지고 있다(『코리안위클리』, 2010-12-1). 현재 한인회 관련 쟁점은 매우 복잡하고 분파적이어서 자세한 사항은 기술하기 어려우나, 재영한인회의 공식 홈페이지(http://www.krsuk.com/)에서도 소통과 소송의 폐해를 논할 정도로 심각한 상황이다.

그러나 한인사회의 구조적 변화로 보면 한인회의 이러한 분열은 어느 정도 예견된 것이다. 왜냐하면 2000년대 들어 코리아타운의 사회경제적 구조는 물론 구성원의 변화가 거대한 규모로 나타났고, 전술한 것처럼 다양화되었다. 이런 상황에서 교민을 중심으로 한 공식적 조직인 한인회는 이런 변화를 감내하고 다양한 한인사회 구성원을 받아들일 만큼 구조화되지 못한 것이다. 비록 2010년 7월 오랜 숙원이었던 한인회관이 개관하였지만, 내부적인 변화와 제도화는 이루지 못한 것이다.

(2) 소통을 위한 한인언론 소식지

공식적인 다른 소통 구조는 한인 소식지이다. 모두 일곱 개의 동포 언론(『주간정보』, 『코리안위클리』, 『템즈』, 『유로타임즈』, 『한인헤럴드』, 『유럽한인신문고』)이 코리아타운에서 발행되고 있는데, 그 성격과 발행시기 및 내용은 천차만별이다. 현재 가장 오래된 소식지는 『코리안위클리』(http://koweekly.co.uk/)이고, 『유로타임즈』는 영국을 넘어서 유럽 전역에서 발행되고 있다. 말 그대로 런던이나 영국의 코리아타운이 아닌 유럽 내 유일한 코리아타운의 면모를 보이는 것이라 할 수 있다. 그러나 한인소식지는 언론적 기능보다는 소식지의 성격과 함께 오히려 편파적이고 한 입장을 대변하는 분열의 요소로 작용하고 있다는 의견도 있다(『템즈』, 2009-5-31). 그 이유는 한인 업체의 광고에 의존하는 소식지들이 한인들의 소식보다는 상업적인 목적과 한국 내 언론 기사의 무편집 게재, 그리고 인신 공격적인 성격을 가지고 운영된다는 것이다.

한국과 영국의 한인사회에 파문과 충격을 주었던 소위 '50여 명 기러기 엄마 사기사건'이 대표적인 경우이다. 이 사건은 한국의 MBC가 2007년 4월 4일자 뉴스데스크와 4월 27일자 뉴스투데이를 통해 조기유학생을 영국에 보낸 50여 명 기러기 엄마들이 사기를 당했다는 보도를 한데서 시작되어 재영한인 김인수가 사기사건의 당사자로 추정 지목되었다. 이에 명예가 실추되고 개인파산에 이르렀다는 김인수가 2008년 MBC를 상대로 허위보도에 대한 소송을 제기하였고, 2008년 6월 1심 법원에서 MBC는 패소하고 원고에 대한 손해배상 및 '정정보도문'을 게재할 것을 명령받았다(『런던타임즈』, 2008-6-17). MBC는 불복하여 항소하였으나, 이것도 기각되었다. 문제는 한인소식지 중 하나인 『주간정보』가 MBC의 보도를 무비판적으로 인용 게재한 것이다. 그 결과 김인수가 영국 내 한인사회에서도 명예를 훼손당하였다고 주장하고 『주간정보』에 소송을 제기한 것이다. 인터넷의 발달로 한국 소식을 실시간 접한다는 이유도 있지만, 영국 내 코리아타운과 관련된 보도가 일곱 개나 되는 한인 소식지들에 많이 게재되지 않는 것은 소식지의 기능이 한계를 가지고 있음을 논증하는 것이다. 즉 소통을 위한 장이 되어야 할 언론의 기능이 코리아타운에서는 미약하다는 것을 의미한다.

(3) 민족 내부의 소통: 탈북자, 조선족과 코리아타운

코리아타운은 한국 출신자들만의 집거지가 더 이상 아니다. 북한과 중국 출신의 한민족들이 유입되면서 일부 미국, 일본 등의 재외동포와 함께 글로벌 코리안 커뮤니티를 형성하고 있는 곳이다. 그 결과 민주평통 영국협의 회장은 "한인사회가 연변동포들과 북한동포를 아우르는 성숙된 사회로 거듭나야 한다"고 주장할 정도로(『코리안위클리』, 2008-8-16), 코리아타운의 중요한 부분이 되었다. 그러나 이들에 대한 연구 역시 미약한 형편이다(이진영, 2011b). 이들은 난민으로 혹은 노동이주로 영국에 입국하여 정착한 사람들이다. 코리아타운과 관련하여 중요한 점은 이들이 코리아타운의 일부로, 혹은 그 주변에 거주하면서 코리아타운과 사회경제적으로 밀접한 관련을 맺고 있다는 점이다. 물론 코리안 페스티벌을 비롯한 행사에도 참여하고 있다.

상대적으로 수가 많은 조선족의 경우, 코리아타운의 한국인 사회와 상호 보완적인 관계를 유지하고 있다. 한국 출신이 운영하는 식당과 미장원, 슈퍼 등에서 조선족을 보는 것은 자연스러운 것이다. 또한 집안 가사도우미로도 조선족 아주머니들은 중요한 역할을 하고 있다. 사실상 한국의 조선족과 유사한 생활방식을 보이고 있다. 그러나 한국과 다른 점은 조선족 중 일부가 영국 국적을 취득하고, 현지인들을 대상으로 사업을 운영하는 사람들이 증가하고 있다는 점이다. 즉 아직까지는 코리아타운의 사회계층 구조에서 하부에 위치해 있고 한국 출신과 평등하지 못한 측면이 있지만, 점차 그 관계가 변화할 수 있다는 점이다.[9]

북한인들의 경우는 탈북자들이 주류를 이루고 있다. 이들은 '재영조선인협회'를 결성하고, 민주평통 등 한인단체들과 강연회를 개최하거나 코리안 페스티벌에 참여하는 등의 활동을 전개하고 있다(DBS방송국, 2010-7-20). 또한 영국뿐 아니라 유럽 내 탈북자를 네트워크화하는 '재유럽조선인총연합회'를 2010년 코리아타운에서 결성하였다. 영국 500명을 비롯, 유럽 각국에 거주하고 있는 북한인들은 총 700여 명으로 알려져 있다(DBS방송국, 2010-6-17). 일부는 코리아타운의 영국 현지인 난민단체(Refugee Action Kingston)의 보호하에 생활하면서 의료, 음식, 언어 등의 도움을 받기도 한다.[10] 하지만 대부분은 영국정부가 난민신분 체류자에게 주는 110만 원가량의 생활비를 지급받고, 한인업체에서 일하면서 생활하고 있다. 즉 사회경제적 측면에서 북한인들은 코리아타운의 일부로서 생활하고 있는 것이다.

소통의 측면에서 볼 때 한인사회의 공식적인 기구인 한인회나 한인소식지 등은 큰 기능을 행사하지 못하고 있다. 오히려 갈등과 분열의 기제로 작

---

9) 영국 내 조선족과 관련한 자세한 사항은 김현미(2008)와 이진영(2011b)를 참조하라.

10) http://www.refugeeactionkingston.org.uk./news-stories(검색일: 2011-11-3).

용하기도 하였다. 이는 21세기 들어 한인사회에 나타난 여러 변화를 이들 공식적인 기구들이 적극적으로 받아들여 구조화시키지 못하였기 때문이다. 한인사회 내부의 새로운 구성원인 탈북자나 조선족을 포용하는 통합적인 기제도 발전시키지 못하였다.

3) 지역사회와의 관계: 한인축제와 차세대

(1) 한인축제

코리아타운의 새로운 변화와 발전은 현지 지역사회와 같이 진행하는 축제와 차세대들의 노력으로 가능해질 수 있다. 왜냐하면 코리아타운의 한인축제는 영국 지역사회와의 교류와 네트워크를 강화함은 물론 한인들 상호간에 정체성을 유지하고 확인하는 주요한 장의 기능을 가지고 있기 때문이다. 현재 다양한 한인축제가 열리고 있는데, 그 기원은 30여 년 전으로 거슬러 올라간다. 개인적으로 한영문화원을 운영하던 김장진이 1986년 첫 한인축제를 거행한 것이다. 그러나 이후 축제를 조직하고 운영하는 주최와 행사 내용은 여러 차례 변화하였다. 대사관 주최의 8·15 광복절 기념에 맞추어 축제가 개최되기도 하였고, 2007년부터는 별도로 한인회에 의한 '코리안 페스티벌(Korean Festival)'이 개최되기 시작하였다. 또한 식당 및 레스토랑 등을 경영하는 요식업자들은 '한국음식축제(Korean Food Festival)'를 별도로 개최하기도 한다. 한류 열풍 등으로 단발성의 지역 및 문화 축제도 한국의 여러 정부 부서 및 단체들의 참여로 개최되었다.

그러나 역사나 규모면에서, 그리고 영국 지역 사회와의 관계에서 가장 중요한 축제는 '코리안 페스티벌'이다. 한인끼리의 축제에 불과한 것이 아니라 한국전 참전 용사를 초대하고 지역의 주요 영국 기관들도 참여하는 킹스톤 지역의 최대 규모의 축제로 변모했기 때문이다. 특히 참전용사가 사망한 경우 그 미망인이나 후손을 초청하여 한국에 대한 인연과 홍보를 강조하고

그림 2 코리안 페스티벌의 퍼레이드 모습

있다. 매년 프로그램의 변동이 있지만 기본적 프로그램은 태권도 시범, 사물놀이, 부채춤 등 한국전통문화의 소개와 한국음식을 맛볼 수 있는 코너이다. 여기에 지역사회와 관련된 프로그램이 추가되거나, 혹은 한국 프로그램이 확장되거나 하였다.

2003년 코리안 페스티벌에는 8,000여 명이 참여하였는데, 바둑대회를 개최한 점이 특이하였다. 지역사회와 연관하여 새롭게 재영중국인회에서 우슈시범과 사자춤을, 재영인도인회에서 인도의 전통춤을 선보였고, 영국 보컬밴드의 연주도 있었다. 킹스톤 시장과 한국전 참전용사 380여 명이 한국 정전 50주년을 한인들과 공동으로 기념하기도 하였다. 중요한 변화는 런던경찰청이 한인 경찰을 채용하고자 전용부스를 마련하고 상담하였다는 것이다(『코리안위클리』. 2003-8-21). 이날, 여섯 명 이상의 정식 경찰관 지원자 신청을 현장에서 접수하였는데, 이들 중에서 정식으로 한인경찰관이 임명되어 근무하기 시작하였다. 2004년도에는 세계평화축전을 홍보하는 대학생 문화메신저들과 하남시 민속무용단의 공연으로 한국에서 참여가 있었고, 태권도 승급심사가 행사장 안에서 벌어져 현지인들의 관심을 끌었다(『코리안위클리』.

2004-8-19). 2011년 코리안 축제는 영국 곳곳에서 발생한 폭동의 영향으로 참여 인원이 적지 않을까 우려했으나 한인보다 두 배 이상 많은 현지인의 참여 속에 마무리되었는데, 한국의 전통과 현대 그리고 현지 사회가 적절히 어울러지는 축제의 장이 되었다. 궁중 줄타기 전수자의 공연과 널뛰기, 투호, 제기차기, 윷놀이 등 전통놀이 체험, 합기도와 특공무술, 그리고 행사 후반에 펼쳐진 K-POP 경연대회까지 한국의 전통과 현대를 모두 보여주었다. 현지인의 백파이프 아리랑 연주, 한국 전통 악기와 바이올린, 건반이 어우러진 3인조 한인 여성 연주팀의 연주, 힙합 그룹 '김치 보이스' 등도 한인과 현지인이 만나는 코리안 페스티벌의 의미를 살린 공연이었다.

코리안 페스티벌과 함께 주목해야할 축제는 요식업협회 푸드페스티벌이다. 한국음식의 우수성을 현지인들에게 알리고, 당일 수익금은 킹스톤시에 기부함으로써 지역사회에 공헌하는 것을 목표로 하고 있기 때문이다. 2003년에 수익금 £750을 기부하였고(『코리안위클리』. 2003-10-30), 6회 페스티벌 때는 뉴몰든 지역축제인 'The Malden Fortnight'와 함께 하여, 뉴몰든 및 인근 현지인들에게 저렴한 가격에 판매해 한국음식문화를 알려 수요층까지 늘리려는 목적을 이루고자 하였다(『코리안위클리』. 2008-7-2).

다른 중요한 축제는 런던코리안 페스티벌이다. 영국사회에 '세계 속의 한국을 알리자'는 취지로 마련된 이 행사는 한국 영화 상영, 도자기 전시회, 코리안 데이 등 다양한 문화행사가 런던의 중요 전시 공연장 중심으로 이루어졌다(『코리안위클리』. 2006-5-25). 코리아타운 내의 한인들이 주최하는 것은 아니나, 지역사회와의 관계에 중요한 행사이다. 이외에도 단발성 축제가 여럿 진행되었다. 2007년 여름 트라팔가 광장에서 열린 'Korea Sparkling Summer Festival,' 2010년 열린 템즈문화축제에 참여하여 열린 한국문화예술축제(All Eyes on Korea) 등이 그것이다(『코리안위클리』. 2010-9-2). 한류의 영향으로 문화 한국의 이미지를 전파하기 위한 이런 행사에 코리아타운이 관여된 것은 당연하다. 여러 유형의 코리안 페스티벌은 참전용사와 한인 간의 소규모 모임에서 출발하였으나, 이제는 한인 상호 간의 정체성을 확인하는 계기가 됨은 물론, 한인과 지역사회의 교류의 장이자, 한국을 널리 알리는 한류의 장이기도 하다. 특히 상승하는 한국의 인지도에 맞추어 지역사회와의 관계는 점차 밀접해지고 코리아타운의 위치도 공고해지는 계기가 되고 있다.

(2) 한인 차세대

이민역사가 짧고, 장기시민권자들보다는 단기 체류 한인이 많은 관계로 한인 차세대의 수는 그리 많지 않다. 그 결과 1.5세 및 2세들의 변화와 정체성에 대한 연구자들의 관심은 상대적으로 많지 않은 상황이다. 코리아타운의 한국식당에서 부모의 직업을 이어가는 사람들도 있으나, 대부분은 코리아타운과 큰 연관 없이 생활한다. 진출한 한국 대기업에서 일하거나, 영국 경찰이 되거나, 혹은 각 방면의 영국 사회에서 활동을 하고 있다. 영국 국적자로 영국 축구팀을 응원하고, '한국인들과 편하게 어울리나, 영국이 집처럼 편안한(In Korea, I just fit in. In England, I feel at home)'(『Guardian』. 2007-4-7) 이들 차세대들이 코리아타운에 들어와 페스티벌을 조직하고, 적극적으로 한인의 권리를 위해 결속될 때 코리아타운의 생명력은 커질 것이다. 일부 차세대의 적극적 참여와 모국에의 관심 증진이 나타나고 있다.

그러나 차세대가 아직 미약하여 거주국에서의 정치참여도 활발하지는 않다. 인구 중 10% 이상을 한인이 차지하는 킹스턴 지역의 시의회에 한인들의 이익을 대변할 시의회 의원이 있어야 하는 것 아니냐는 의견이 대두하고 있다. 그 결과 2011년 5월 자유민주당 후보로 권석하가 킹스턴 시의원에 출마하였으나 낙선하였다. 영국언론은 그의 출마에 대해 한인들이 적극적이지 않았다고 보도하였다. 그러나 문제는 선거권과 함께 적극적인 참여가 요청된다는 것이다. 킹스턴 지역 선거인명부의 8만 명 중 한국계가 500명에 불과하다는 것은(『위클리조선』. 2010-5-24), 한인들 중 대다수가 합법적인 거주자인 영주권자나 시민권자가 아니라는 것을 의미한다. 더군다나 그 수가 많지 않지만, 차세대들을 중심으로 거주국의 정치참여도 적기 때문에 이런 현상이 나타난 것이다.

그러나 주목할 만한 사실도 있다. 코리아타운 인근의 영국학교에서 다문화교육의 일환으로 한국문화를 배우는 프로그램이 확대되고 있는 것이다. 이슬람권 문화와의 충돌로 갈등과 고민에 빠진 영국 사회가 한국문화 배우기 프로그램을 도입하는 것으로, 코리아타운 인근 공립학교를 중심으로 명문 사립학교까지 점차 확대되어가고 있다고 한다(『노컷뉴스』. 2007-2-20). 한국 미술에도 관심을 보여 매주 토요일에는 한국화 시간을 마련해 서예나 사군자를 배우고 있는데 신청 학생이 수십 명에 이르는 등, 코리아타운의 한인거주자들과 지역 학교와의 결합을 통한 새로운 네트워크를 만들어가고 있다. 이런 흐름은 차세대 한인들에게 자부심과 함께 한인으로서의 정체성을 공고화하는 계기가 될 것이다. 또한 지역사회 내에서의 역할 증대로도 이어질 것이다.

5. 한류(Korean Wave)와 코리아타운의 미래

런던의 코리아타운은 20여 년의 짧은 역사에도 불구하고 매우 역동적인 코리아타운의 모습을 보여왔다. 급격한 팽창과 외부 충격에 의한 축소와 다시 재생하여 새로운 모습으로 변화하는 생명력을 보인 것이다. 특히 2002년 월드컵 이후 코리아타운은 한국인만의 집거지가 아니라, 북한인과 조선족 등 한민족의 다른 일원도 포용하고, 유럽 다른 지역 한인들과도 교류하며, 현지인들과의 네트워크도 강화해왔다. 한국의 지속적 성장과 선진국에의 진입, 빠르게 발전하는 정보기술 등의 변화는 코리아타운 내 한인들의 삶을 독특한 '글로벌 이주 커뮤니티(global migration community)' 내의 다양한 모습으로 변화시킨 것이다. 영국에 거주하는 단기체류자 중심의 한인사회였던 코리아타운이, 이제는 영국과 한국을 넘나들며 생활하는 '글로컬 문화 공동체(glocal cultural community)'의 모습을 보이고 있는 것이다. 이런 변화는 기존의 한인회 중심의 조직이 감당하기에는 너무 다양해진 코리아타운의 모습이며, 영국 사회 속에 새로운 형태의 공동체를 만들고 있는 과정이라 할 수 있다.

2010년 이후 'K-POP 광풍(K-POP crazy)'이라고까지 표현할 정도로 달구어지고 있는 한국음악에 대한 영국 현지인들의 관심은 '한국의 가장 뜨거운 수출품이 런던에 왔다'는 기사에서 보듯이(『Evening Standard』. 2011-10-3) 코리아타운에는 새로운 외부적인 충격이다. 특히 2011년 11월 영국 최대 극장 체인인 오데온의 인터넷 예약 시스템이 5시간 마비되는 초유의 사태는(『코리안위클리』. 2011-11-2) 영국 내 K-POP 열기를 잘 보여준다. 또한 코리아타운 내 슈퍼체인인 테스코(Tesco)가 한국음식을 판매하기 시작한 것도 새로운 변화다. 빼빼로가 두 시간 만에 동나고, 현지인들이 '불고기가 최고'라는 기사는(『조선일보』. 2011-7-1) 지난 10여 년간 열렸던 코리안 페스티벌 등의 영향도 크지만 한류 자체의 영향도 무시할 수 없는 상황이다. 코리안 페스티벌에 젊은 층의 참여가 중심이 되고, 한인보다는 영국인 참여가 더 많아진 것은 이런 변화가 표출된 것이다.

하지만 한인사회는 여전히 분열적인 모습이다. 글로벌 경제위기와 심화되는 영국의 경제상황으로 코리아타운의 경제 상황도 어려워지고 있다. 유학생들의 출국으로 한인업체들이 아르바이트생 구하기도 힘든 상황이 이어지고 있고, 월세도 감당하기 어려울 정도로 구매력이 약화된 상황에서 부도업체가 증가하면서 상호불신을 심화시키고 있다. 이런 어려움 속에서 스리랑카인들은 점차 코리아타운을 잠식하고 있다.

유럽 유일의 코리아타운의 미래는 어떠할까? 지금의 어려움을 극복하고 어떤 새로운 형식을 또 만들어낼 것인가? 2012년 런던올림픽과 한류의 영국 내 확산은 코리아타운의 발전에 기폭제가 되리라 기대하였다. 그러나 선수촌의 위치가 코리아타운의 정반대인 런던 동북 외곽지대인 점, 교통통제와 살인적인 물가는 대규모 한국응원단이나 여행단이 코리아타운을 방문 거주하는 것을 제약하였다. 하지만 여전히 확산되고 있는 한류를 코리아타운이 활용하는가 하는 점이 새로운 성장의 기폭제가 될 수 있다. 한류를 일본 도쿄처럼 코리아타운이 산업의 한 축으로 소화할 때, 지역사회와 연관하여 더욱 확고한 뿌리를 내릴 수 있을 것이다.

참고문헌

강철수. 1991. 『재영한인회의 발자취를 더듬어』(미간행).

이광규. 1996. 『세계의 한민족: 유럽편(세계의 한민족총서 7)』. 통일원.

이진영. 2011c. 「재외동포정책」. 정기선 엮음, 『한국 이민정책의 이해』.

Lim, M. K. 2006. *Brief on the Korean Community in Royal Borough of Kingston upon Thames*. Report for London Borough Kingston.

김현미. 2008. 「중국조선족의 이주경험: 한인타운거주자의 사례를 중심으로」. 『한국문화인류학』 제41권 2호.

김혜련. 2005. 「영국거주 한인학생들의 문화인식에 대한 조사」. 『글로벌영어교육학회』 제10권 1호.

온대원. 2010. 「영국의 이민정책과 사회통합」. 『EU연구』 제26호.

유연숙. 2011. 「동경의 코리아타운과 한류: 오쿠보지역을 중심으로」. 『재외한인연구』 제25호.

이진영. 2011a. 「영국 한인사회의 형성과 변화: 해외여행 자유화(1989) 이전을 중심으로」. 『재외한인연구』 제25호.

_____. 2011b. 「영국 조선족: 이주, 정착 및 사회관계」. 『일본조선족학회국제학술대회발표논문집』.

정회라. 2007. 「자유방임 이민국에서 제로(Zero) 이민국으로: 영국 이민사 개관 및 연구동향」. 『서양사론』 제93호.

법무부 편. 2003. 『출입국관리 40년사』. 법무부.

『경향신문』, 『노컷 뉴스』. 『동아일보』, 『런던타임즈』, 『연합뉴스』, 『유로저널』. 『유로타임즈』, 『위클리조선』, 『자유아시아방송』, 『조선일보』, 『코리안위클리』, 『템즈』, 『한인헤럴드』, 『헤럴드경제』, 『DBS방송국』

『BBC News』. 2011-1-23. 「Doing business in London's Little Korean」.

『Evening Standard』. 2011-10-3.

『Financial Times』. 2009-1-17.

『Guardian』. 2002-6-25. 「With heart and soul in the Seoul of Surrey」.

『Guardian』. 2004-1-13. 「Tragic death that uncovered the shadowy world of Britain's hidden Chinese workers」.

『Guardian』. 2005-1-21. 「Every race, colour, nation and religion on earth-part two」.

『Guardian』. 2007-4-7. 「Korean」.

『Guardian』. 2011-7-5. 「Britain's changing ethnic map: how surburbia has been trans-formed」.

『Observer』. 2011-4-10.

http://www.rfa.org/korean/weekly_program/eu_defector/eudefector-04082011112234.html

eurostat: international migration and asylum, http://epp.eurostat.ec.europa.eu/portal/
   page/portal/population/publications/migration_asylum

http://cafe.naver.com/tjlc1004/14438

http://nkuk511.co.uk/

http://www.freekorea.us/2010/02/28/23-countries-have-accepted-north-korean-refug
   ees

http://www.korean.net/portal/PortalView.do

http://www.statistics.gov.uk/focuson/ethnicity/

Migration Information Source, http://www.migrationinformation.org/feature/display.
   cfm?ID=736

North Koreans in Britain, http://londonkoreanlinks.net/2008/08/03/north-koreans-in-
   britain/

브라질 상파울루 시의 코리아타운 '봉헤치로'*

최금좌(한국외국어대학교 글로벌캠퍼스 브라질지역학과 겸임교수)

1. 머리말: 20세기 말 '모범적 이민집단'으로 부상한
재브라질 한인사회

대한민국 최초의 공식이민은 1963년 2월 12일 브라질에 도착한 한국농업이민이다. 이민 역사 50년을 맞이하는 오늘날에도 재브라질 한인사회의 구성원 수는 언제나 5만 명 미만이다. 하지만 그들의 활발한 경제활동은 한국의 동대문시장과 같이 값싸고 질이 좋은 물건을 구할 수 있는 봉헤치로(Bom Retiro)를 중심으로 이루어져, 진작부터 브라질 의류업계로부터 인정받고 있다. 그리고 최근에는 세계에서 가장 많은 원단을 소비하는 시장 중의 하나로 직물업계와 패션업계로부터 주목받고 있다. 따라서 하루 유동인구 7만 명인 봉헤치로는 브라질 지방의 소매상인들, 파라과이나 볼리비아와 같은 남미국가들의 도매상인들, 중앙아메리카의 도미니카공화국, 북미 미국의 자바시장, 그리고 아프리카의 앙골라 도매상인들이 즐겨 찾는 명소가 되고 있다.

재브라질 한인 5만 명 중 98%가 라틴아메리카 최대 메트로폴리탄 상파울루에 집중되어 있으며, 그중 60%가 봉헤치로 구(區)와 브라스(Brás) 구(區)에서 여성의류의 생산과 판매에 관련된 일에 종사하고 있다(재브라질 상파울루 총영

---

* 이 글은 『재외한인연구』 제27호(2012. 6)에 실린 것으로 일부 내용을 수정했다.

사관 자료, 2011. 2). 그리고 이들 한인들의 생활터전은 상파울루 시내 중심부에서 약간 북쪽에 위치한 봉헤치로 구와 브라스 구이다. 봉헤치로는 오늘날 패션의 메카로 남미 최대의 의류관련 상업지역이고, 브라스 역시 콩코르디아 호수(Largo da Concórdia)와 오리엔치 거리(R. Oriente)에 의류 상가들이 집중되어 있는 상업지역이다.

브라질에서는 재브라질 한인들의 이러한 경제행위를 '물건을 정성들여 만들다'의 뜻을 가진 '제품(製品, confecção)'이라고 부르는데, 21세기 재브라질 한인사회는 브라질 여성의류 생산에 있어서 양적으로나 질적으로 큰 몫을 담당하며 브라질 의류산업의 선두주자가 되었을 뿐만 아니라[1] 최근에는 '전문화'와 '고급화'에도 성공하였다.

그런데 이러한 봉헤치로에는 한인들뿐만 아니라, 여러 인종 — 포르투갈인, 스페인인, 이태리인, 유대인, 아랍인, 그리스인, 러시아인, 리투아니아인, 폴란드인, 일본인, 볼리비아인, 아르메니아인 — 들이 '브라질식 조화'를 이루며 살고 있다. 이렇게 다양한 인종이 모여 살게 된 데에는 브라질의 이민정책 때문이다. 브라질 정부는 1888년 노예해방 이전부터 커피농장에서 일할 노동력을 정책적으로 유럽이민자들로 대체시켰다. 따라서 산투스(Santos) 항구에 도착한 새로운 이민자들을 보다 본격적으로, 그리고 효율적으로 상파울루 주(州) 소재 커피농장에 분배하기 위해 봉헤치로에 이민수용소를 마련했다. 그리고 산토스—상파울루 철도노선의 종점으로 1872년 루스 기차역(Estação de Luz)을 봉헤치로 입구에 준공했다. 루스역이 이민자들의 도시 상파울루로 들어오는 관문 역할을 하게 되면서 봉헤치로는 자연스럽게 1880년부터 본격적으로 개발되기 시작하였다.

---

1) 좀 더 구체적으로 살펴보면 재브라질 한인들은 봉헤치로 상권의 65%(2,000점포 중 1,300점포)와 브라스 상권의 33.3% 이상을 장악하며, 브라질 여성의류의 60%와 직물의 40%를 생산하고 있다(재브라질 상공회의소, 2004년 자료). 「따봉 브라질: 패션거리 봉헤치로 한인 성공기」, KBS 〈다큐멘터리 3일〉 2011년 1월 16일 방송(정승우 PD).

대도시 상파울루는 아열대 기후에 속하지만 해발 700m 위에 세워졌기 때문에, 겨울에 난방이 필요 없고 여름에 에어컨이 필요 없어서 사람이 살기에 아주 좋은 기후를 갖고 있다. 그런데 이 도시는 지형 — 높은 곳과 낮은 곳 그리고 중간지점 — 에 따라 달리 발전되었다. 즉 파울리스타(Paulista) 페카엠부(Pacaembú), 이지에노폴리스(Higienópolis), 페르디지스(Perdizes)와 같은 고지대는 기후와 토양이 좋아 고급주택지가 되었고, 봉혜치로(Bom Retiro), 브라스(Brás), 모카(Moóca), 이피랑가(Ipiranga) 같은 저지대는 장마철에 쉽게 범람되는 침수지역으로 저소득층의 주거지가 되었다. 그리고 이들 두 지역의 중간 지점에 위치한 산타 이피제니아(Santa Ifigênia)와 리베르다지(Liberdade)는 상류층 사람들의 사업터전으로 발전하였다.[2)]

저지대의 저소득층 주거지였던 봉혜치로에서 오늘날 활발한 경제활동을 하는 민족들은 주로 19세기 말과 20세기 초에 정착한 유럽인들(포르투갈인, 스페인인, 이태리인, 그리스인, 유대인들), 1960년대 한국인들, 1990년대 볼리비아인들, 그리고 2000년대 아르메니아인들이다. 그런데 2010년 1월 상파울루 시 정부는 재브라질 한인사회의 경제활동 및 주거지역인 봉혜치로를 '한인타운(Korea Town)'으로 지정하였다. 이것은 그동안 한인들이 브라질 사회에 적응하는 과정에서 경험했던 어려움에 대한 보상이자 동시에 재브라질 한인들의 근면함과 자신의 일에 대한 열정, 재브라질 한인사회의 경제적 중추 산업인 여성 의류업, 그리고 브라질 사회에서 한인들의 입지를 브라질 사회가 인정한 하나의 '커다란' 사건이었다.

브라질 사회가 처음으로 재브라질 한인사회를 인정한 것은, 2002년 한일월드컵을 성공적으로 개최한 이후였다. 2004년 브라질 신문기자 구스멍(Gusmão)의 기사는 한인들을 '네오 파울리스타노(neo-paulistanos, 신상파울루 시민들)'로 명명하며, 그들의 근면함을 칭송하였다.[3)] 그에게 비친 한인들은 '일이면

---

2) Secretária de Estado de Cultura(1991), "O Bom Retiro".

일, 공부면 공부, 교회면 교회에 무척 열심인 사람들로, 브라질 최고의 학부 졸업에 최고급 브랜드의 의상을 입고 또한 주말에는 골프를 즐기는' 민족이었다(*Veja São Paulo Especial*, 2004).

요컨대 봉혜치로의 '한인타운' 지정은, 봉혜치로를 라틴아메리카 최대의 메트로폴리탄 상파울루에서, 약 160만 명으로 집계되고 있는 재브라질 일본사회의 상징인 일본인촌 '리베르다지(Liberdade)'에 이어(IBGE 2010년 자료), 두 번째로 큰 동양인 지역으로 공공연하게 인정받은 것이었다. 이러한 시점에서 봉혜치로가 한인타운으로 지정되었다는 사실은, 브라질 사회내에서 재브라질 한인사회의 위치를 다시 한 번 가늠해볼 수 있는 기회를 제공하고 있다. 따라서 필자는 이 글에서 다음과 같은 주제를 중점적으로 검토해보고자 한다.

첫째, 1960년대 농업이민으로 브라질에 도착한 한국인들이 원래 유대인 지역이었던 봉혜치로에 어떻게 진출하게 되었는가. 둘째, 지난 30년 동안 한인들의 경제활동의 중심지였던 봉혜치로가 민정이후 실시된 일련의 경제적 조치들 — 1990년 브라질 시장개방과 1994년 헤알개혁(Plano Real) — 이후 주거지역을 겸하게 되면서 한인들의 일상생활과 경제활동에 미치는 영향력과 그 시너지 효과가 무엇이었는가. 셋째, 이미 닦아놓은 경제적 기반을 유지해나가려는 재브라질 한인사회의 새로운 전략이 어떻게 바뀌고 있는가. 넷째, '잃어버린 10년'이라고 명명된 브라질 경제침체기에 한국인들의 미국으로의 재이주와 1999년 초 브라질 경제위기로 촉발된 한국으로의 역이민이 오늘날 여성의류업을 중심으로 한 '봉혜치로-로스앤젤레스-서울'이라는 한인들의 초국가적 네트워크를 형성하고 있는데, 그것이 어떻게 작동하고 있는가. 다섯째, 그들의 한국과의 관계 혹은 그들의 한국문화 유지 노력과 자신들의 정체성을 어떻게 정의하고 있으며, 후세들의 한국어 교육에 어떠한

---

3) 원래 상파울루 시민들을 '파울리스타노(paulistano)'라고 부르는데, 앞에 'neo-'를 붙였다.

노력을 하는가. 이와 동시에 한–브라질 외교수립 50주년을 기념하는 의미에서 2009년에 시작된 브라질 케이블 TV의 한국방송을 통해 나타나기 시작한 한류가 재브라질 한인사회에 끼치는 변화들도 살펴보도록 할 것이다.

2. 도시 상파울루로의 이주와 여성의류업 '제품'의 선택

농업이민으로 시작한 한국인의 브라질 이민은 사실상 실패로 끝났다. 원래 초기 이민자들은 중등교육 이상을 받은 도시출신으로 대부분이 이북출신의 기독교인들이었다. 그런데 이들 이민당사자들은 물론 당시 이민 주무부처인 보사부조차도 브라질의 농업정책과 이민정책을 제대로 파악하지 못하고 임시 군사정부의 '인구감소' 정책의 일환으로 이민사업을 추진하였다. 따라서 실패는 당연한 귀결이었다.[4] 하지만 이들 초기 농업이민자들의 1960년대 중반에 도시 상파울루로의 이주는 오늘날 재브라질 한인사회의 '제품'을 중심으로 한 경제성장에 오히려 도움이 되었다.

한인들의 이농현상은 당시

그림 1 상파울루 시내 중심부인 SÉ광장과
가까이 위치한 브라스와 봉헤치로

---

4)   초기 농업이민의 송출과정에 대해서는 최금좌(2007b)를 참고할 것.

브라질의 산업화와 도시화 현상과 관계가 있다. 대도시 상파울루에서의 한인들의 초기 직업은 크게 두 가지로 나뉜다. 자본을 조금이라도 가지고 있던 사람들은 '일본인촌' 리베르다지 구에서 샤루타리아(Charutaria, 담배가게)나 폰투(Ponto, 사탕·껌·과자 등을 파는 구멍가게)를 하거나, 봉헤치로 구에서 과일 노점상이나 혹은 다른 도시에서 주유소 등을 경영하였다. 자본이 없었던 사람들은 자신들이 한국에서 준비해온 옷가지나 배가 홍콩이나 싱가포르 같은 항구에 정박할 때마다 장만했던 물건들 — 시계, 카메라, 여성용 액세서리, 직물 — 을 보따리 5~6개에 나누어 넣고 시외버스로 도시 상파울루 외곽의 소도시를 돌아다니면서 행상을 하였다.[5]

1) 1970년대 아클리마썽(Aclimação) 구(區)에 형성된 '한인촌'

1970년대 초반, 농촌으로부터 도시 상파울루에 이주한 한인들은 '일본인촌' 리베르다지(Liberdade) 구와 가까운 글리쎄리우(Glicerio)길과 콘지 데 싸르제다스(Conde de Sarzedas)길 사이에 '한인촌'을 형성하였다. 이곳은 비록 매춘과 범죄의 소굴이었으나 집세가 비교적 쌌고 시내 중심가 근처에 위치했을 뿐만 아니라 일본사회로부터 브라질 사회에 대한 정보를 얻을 수 있다는 이점이 있었다.[6]

따라서 초기 한인들은 선택의 여지없이 한인촌으로 모여들었다. 왜냐하면 그곳의 주위 환경보다는 한국의 문화와 풍습이 전혀 다른 브라질 문화와 풍습으로부터 '문화적 충격'을 감수하면서 한국인들이 형성해 놓은 생존 메커니즘 안에서 기술을 전수받기 위해, 그리고 친척의 유무와 자본의 유무

---

[5] 이는 서울에서 PX물품을 팔러 다니는 것과 같은 형식이다. 그것이 가능했던 것은 초기 이민자 중 상당수가 6·25 때 이북에서 남하한 서울 동대문시장 부산국제시장 등의 시장상인이었기 때문이다(현규환. 1976: 1027-1028).

[6] 그러나 이곳으로부터 현재 한인들의 경제활동과 삶의 터전이 된 봉헤치로 구(區)로의 진출은 약 20년 후에 나타나기 시작하였다.

를 떠나 동포들과의 공존을 추구하며 어김없이 한인촌을 찾아 자리를 잡았다. 포르투갈어에 대한 무지, 거기에서 오는 상호협력에 대한 기대, 그리고 같은 동포들과 함께 공존한다는 안도감 등은 한국인들을 그곳으로 모이게 한 주요 요인이었다.

당시 한인들의 주된 경제활동은 상파울루 외곽에 위치한 작은 마을의 집을 방문하며 물건을 파는 행상이었다. 하지만 팔 물건이 떨어지자 당시 유행하던 미상가(miçanga)라고 불리던 구슬 백을 만들어 팔기도 하고 나중에는 의류를 직접 생산하기 시작하였다. 그들이 '제품'을 선택한 이유는 큰 자본과 언어가 필요 없고, 또한 가족의 노동력만으로도 충분히 일을 해낼 수 있는 분야였기 때문이다. 행상을 하기 위해 우선 중고자동차를 구입했는데, 당시 한인촌의 아침 출근광경, 즉 독일 딱정벌레차 푸스카(Fusca)의 행렬은 볼만 했다고 한다(현규환, 1976).[7]

이렇게 한인촌은 브라질의 경제상황, 특히 의류업계 분야에서의 가능성에 대한 정보 수집을 위한 근본 터전이 되어 더 많은 사람들이 동포와의 접촉과 생계문제 해결을 위해 속속들이 몰려들었다. 1971년 브라질에 도착한 '가짜' 기술이민자들 중에는 한국의 남대문, 동대문 출신의 의류업 종사자들이 포함되어 있었다. 이들은 일정투자 자본을 갖고 브라질에 들어가 한인들의 '제품'을 더욱 발전시키게 된다.

2) 초기 재브라질 한인사회의 갈등요인: 불법체류자

초창기 한국 농업이민자들의 도시로의 이농현상으로 브라질 정부가 1968년 더 이상의 이민을 허용하지 않자, 문화사절단으로 들어온 14명과

---

7) 이때부터 교포사회의 남자들과 여자들의 역할이 바뀌게 된다. 왜냐하면 브라질 사람들이 남자들보다는 여자들에게 경계심을 덜 보였음으로 여자들이 가가호호를 돌며 물건을 파는 동안, 남자들은 차에서 아이들을 돌보았다.

1차 공식이민 때 함께 들어온 한·백 협회 11명의 제대군인들이 따로 추진하던 이민 사업에 이상이 생겼다. 따라서 이들을 믿고 이민을 준비하던 사람들은 브라질 정부의 이민금지 조치에도 굴하지 않고 볼리비아와 파라과이를 거쳐 불법으로 브라질로 들어갔다. 여기서 우리가 유의할 점은 이민사업을 추진하던 사람들은 대체적으로 군출신으로 재브라질 한국공관 관료들과 쉽게 친분을 쌓을 수 있었던 계층이었고, 이들의 사업에 동참하여 브라질로 이주했던 사람들은 대부분이 이북출신으로 남한에 적응하지 못하고 브라질에서 새로운 삶을 시작하려는 사람들이었다는 점이다. 하지만 나중에 불법이민으로 들어온 사람들이 당시 전체 교민수의 1/4에 해당하는 1,000명이 되면서, 그 갈등은 1969년도 한인회장 선거와 8·15 행사를 정점으로 표출되었다. 재브라질 한인사회는 이 사건을 일명 '신파와 구파의 싸움'으로 기록하고 있는데, 이 갈등은 브라질 정부가 1969년 법령 제944조 — 1945년 제정된 법령 7967조와 브라질인으로의 귀화법을 무효화시키면서 — 에 의해 한인 불법체류자들을 사면하면서 점차 약화되었다.

하지만 1970년대에도 계속되는 불법체류자들의 브라질로의 유입은 한국정부를 비롯하여 교포사회의 커다란 문제였다. 필자가 상파울루 대학 역사학과에서 발표한 석사논문의 제목을 「무지개를 넘어서」라고 붙인 까닭도 한인들의 무조건 한국 탈출과 특히 남미에서 삼엄한 경계를 뚫고 브라질로의 월경 과정을 미래를 위한 도전과 투자로 해석했기 때문이다. 이러한 한국인들의 불법이민은 당시 브라질과 국경을 맞대고 있는 이웃 남미국가들의 정치 및 경제적 환경에 기인한 불법이민 물결과 일치했기에 당시 브라질 군사 정부는 이들이 자신들의 정권을 전복시킬 수 있는 '불순세력'이라고 판단하고 경계하였다. 따라서 브라질 법무부는 연방경찰, 비밀경찰, 군대와의 합동으로 대대적인 '불법이민자 체포 작전'을 폈는데, 특히 국경이 맞닿아 있는 마토 그로소(Mato Grosso) 주(州), 고이아스(Goías) 주, 산타 카타리나(Canta Catarina) 주에서 더욱 강경하게 대처했다.

3) 한국정부의 5·4조치와 '십자 새마을 농장'

한국정부는 악화된 두 나라의 관계를 개선하고 한국인들의 불법이민에 대한 문제해결과 궁극적으로 라틴 아메리카 국가들에 만연되어 있는 한국인에 대한 부정적 이미지를 불식시키기 위해, 한편으로는 1977년 5월 4일 남미 국가로의 이민을 일방적으로 차단하면서 다른 한편으로는 불법체류자들을 구제할 방안을 모색하였다. 이를 오늘날 5·4 조치라고 명명하는데, 이 조치는 결과적으로 뜻하지 않은 이산가족을 양산해내었다.

한국정부의 불법체류자들에 대한 구제방안은 1960년대 한국정부가 미화 68만 달러를 투자하여 만든 아르헨티나의 라 마르케(La Marque) 농장이나 파라과이의 산 페드로(San Pedro) 농장의 경험을 되살린 것이었다(『동아일보』. 1976-10-27). 재브라질 한국대사관은 리우 데 자네이루에서 수도 브라질리아로 옮긴 후, 1976년 그곳에서 80km 떨어진 곳에 1,500알케르(헥타르)의 땅을 한국대사관 명의로 273만 달러에 구입했다. 당시 상파울루 시(市)를 중심으로 한 한국이민 사회 내에서는 이 불법이민자들을 보호하던 교회가 주축이 되어 오히려 한인들이 단결했는데, 이때 한인교회들의 역할은 한인교포사회의 수적 증가나 경제규모에 있어 확장의 계기가 되었다. 이에 한국대사관은 상파울루 시에서 한인 불법이민자들을 적극적으로 돕던 대한성결교회 이석호 목사를 앞세워 새로 구입한 땅에 '십자 새마을 농장'을 설립하였다. 총 366만 달러가 투자된 이 농장에 브라질 정부는 한인 불법체류자들이 이 농장에서 5년 동안 농사를 짓는다면 영주권을 발급해주기로 합의했다고 알려졌는데, 이미 상파울루 도시 생활을 경험한 불법이민자들의 입장에서는 자녀교육문제, 당장 먹고살 경제문제, 그리고 신변안전 문제를 들어 농장을 이탈하였다. 따라서 'Incra'라고 하는 브라질 농업협동조합은 이 토지에 대한 한국대사관의 소유권을 인정하지 않고, 결과적으로 한국정부로부터 기증받는 형식을 통해 토지를 몰수하였다(『코리아헤럴드』. 1983-6-18).

이렇게 한국정부의 불법체류자문제 해결노력과 자금은 어이없이 물거품이 되었지만 '십자 새마을 농장'과 관련되었던, 약 4,500명의 불법체류자들은 1980년 사면령으로 영주권을 획득하는 데 성공하였다.[8] 그들은 곧장 상파울루의 봉헤치로로 향했다.

3. 봉헤치로 한인상업지역 형성과 성장

초기 한인들이 유대인들의 업종이었던 의류산업에 관심을 갖고 봉헤치로에 진출했을 때만해도, 브라질 사회는 한인들을 곱지 않은 시선으로 바라보았다. 그 이유는 첫째, 농업이민으로 브라질에 들어온 한인들은 왜 농사는 짓지 않고 곧바로 도시인 상파울루에 정착하게 되었으며, 둘째, 파라과이나 볼리비아 혹은 아르헨티나를 거쳐 월경한 불법체류자들인 동족의 노동력을 제품의 제일 하위단계인 바느질 일로 착취하는 악덕 의류생산업자들이며, 셋째, 어느 정도 돈을 모으면 반드시 미국으로 재이주하는 성향이 있으며, 넷째, 뱀이나 개고기와 같은 이국적 음식을 즐기는 민족이라는 것이었다.

하지만 브라질 사회는 1986년 아시안게임과 1988년 서울올림픽을 계기로 한국에 대한 관심을 점차 갖게 되었고, 1990년 브라질의 시장개방정책을 계기로 지구의 정반대에 위치한 한국으로부터의 원단수입으로 재브라질 한인사회는 자신의 경제적 기반사업이었던 여성 의류업을 더욱 성장시키는 결과를 가져왔다. 더구나 시장개방으로 상륙한 한국제품 — 삼성과 LG의 PDP 및 LCD TV, 컴퓨터, 핸드폰, 냉장고, 세탁기를 비롯한 전자 및 전기 가전제품과 현대, 기아, 대우의 자동차 — 에 친숙해 있던 브라질 사회는, POSCO, SK, CJ, 동국제강과 같은 한국 대기업의 브라질에 대한 직접투자 증가와 함

---

8) 당시 재브라질 한인사회의 총인구는 1만 5,351명으로, 사면을 받은 인구가 1/3에 해당되었다.

께, 재브라질 한인사회를 따뜻한 시선으로 보기 시작하였다. 게다가 2002년 한일월드컵 위성중계 방송은 브라질 사회로 하여금 한국과 재브라질 한인사회의 인식을 바꾸어 놓는 데 기여하였다. 즉 본국의 역동적인 성장은 재브라질 한인사회를 브라질 사회가 배워야 할 '모범적인 이민 집단'으로 승격시킨 것이었다. 그리고 브라질 사회는 한국 본국과 재브라질 한인사회의 발전이 한국인들의 '교육열'에 있다는 결론을 내렸다.

1) '제품'의 형성과 성장: 시기별 특징

재브라질 한인 중 제품을 가장 먼저 시작한 사람은 만주출신의 김수산이다. 그는 1965년 자신이 가지고 있던 남성용 잠바와 여성용 블라우스를 뜯어 브라질인들의 취향에 따라 옷을 만들기 시작했다. 이것이 재브라질 한인사회의 제품의 시초이다. 그는 자신의 집 거실바닥에 몇 겹의 천을 펴서 본을 뜨고 큰 가위로 잘라 바느질을 하였다. 결과는 대성공이었다. 이에 많은 한인들이 그의 바느질 일을 시작하였는데, 그들의 이러한 경험은 나중에 자신들의 제품을 만드는 데 밑거름으로 작용하였다.

(1) 1960년대 중반: 봉헤치로 진출

원래 브라질의 여성의류 업계는 봉헤치로를 중심으로 하는 유대인 영역과 브라스를 중심으로 하는 아랍인들의 영역으로 나뉘었다. 하지만 1960년대 중반부터 한인들은 이 지역에 진출하기 시작하여 1970년대에는 생산과 유통 부문을 장악하기 시작하였다. 그것이 가능했던 가장 큰 이유는 한국이민자들에게는 한국에서 가져간 투자자본이 있었으며, 또한 자기들의 수준에서 가족 노동력을 바탕으로 가장 알맞은 분야를 찾아 선택한 것이 적중했기 때문이다.

(2) 1970년대: '양날의 칼'로 작용하는 불법체류자들

상파울루에서의 불법이민자들의 존재는 앞에서 살펴본 바와 같이 브라질 사회와 재브라질 한인사회에 커다란 짐이었다. 그러나 또 다른 측면에서는 팽창을 거듭하고 있던 한인사회의 노동집약적인 제품업에서 값싼 노동력을 의미했기 때문에 한인사회의 경제성장의 원천이었다. 즉 브라질 사람이 보기에 '노예'와 다름없던 값싼 동족의 노동력은 의류 제조업 부문에서 경쟁력을 갖출 수 있는 힘을 축적하게 하여 제품을 더욱 발전시키는 결과를 가져왔다. 따라서 불법이민자들의 존재는 초기 한인사회 내에서 갈등요소였지만, 역설적으로 제품을 둘러싼 경제적 협동과 단결의 요소로서 작용했다. 즉 '양날의 칼'로서 기능을 했다.

재브라질 한인사회는 지금까지 여러 번의 브라질정부의 불법체류자 사면 혜택을 받았다. 그중 1980년의 사면은 브라질 경기침체로 어느 정도 경제적으로 기반을 잡은 한국인들의 미국으로의 재이민 현상을 부추겼고, 1988년의 사면은 1990년대 중반까지 봉제업과 단추 찍는 일에 종사하던 한인들 대신 볼리비아 불법체류자들로 대체시키는 결과를 가져왔다. 이때부터 한국 제품업계와 볼리비아인들과의 갈등이 본격적으로 시작되는데(Veja, 1998-5-13), 타민족과의 갈등과 마찰은 과거 1970년대 한인들 사이의 마찰과는 비교되지 않게 오늘날에도 재브라질 한인사회의 심각한 문제가 되고 있다.

(3) 1980년대: 1.5세 흡수로 '제품'의 전성기

1980년대 여성 의류업이 본격적으로 발전하게 된 또 다른 원인으로는 브라질에서 정식으로 교육받은 대학 졸업자들이 자기들의 전공과는 관계없이 제품에 뛰어들었기 때문이다. 연 1,000%가 넘는 초인플레가 한창 기승을 부리던 시절에 여성의류업에서 얻을 수 있는 이익은 전문직에서 얻을 수 있는 것과 비교가 되지 않았다. 따라서 여성의류업이 한창이던 1980년 대 중반 전문직에 종사하던 많은 사람들이 결혼과 함께 양가의 도움을 받아 이 업종에 종사하게 된다. 브라질 사회와 언어에 능한 이들 교포사회 엘리트들의 업종전환은 그들의 교포사회로의 흡수를 의미했다. 따라서 초기 한인사회는 이러한 현상을 브라질사회로의 진출이나 교포사회의 다양화에 도움이 되지 않는다고 우려했지만, 결과적으로는 여성 의류업을 재브라질 한인사회의 사업으로 확장·발전시키는 계기가 되었다. 이때 일부 한인들의 대담한 행보 — 당시 저평가되었던 봉혜치로의 프로페쏘르 롬브로주 거리(Rua Professor Lombroso)로의 진출 — 는 오늘날 이 거리를 브라질 고급패션을 선도하는 중심지로 변모시켰다.

2) '제품'의 메커니즘

최근까지 후속부대로 들어오는 대부분의 한국인들이 브라질 땅에 발을 딛으면서 처음 시작하는 일은 '벤데'(원래 발음은 '벤데도르-vendedor'로 판매인이라는 뜻)라는 중개상인 역할이다. 이들은 의류 생산업자와 소매업자들 사이에서 물건을 대주고 '발리'(Vale)라고 하는 일종의 약속어음과 같은 것을 받아다 주며 브라질 상황은 물론 일의 메커니즘을 익히게 된다. 1년 정도 이 일을 하면서 약간의 자본을 축적하게 되면 그 다음 단계는 단추 기계나 재봉틀을 마련하여 봉제(縫製)공장을 차릴 수 있게 된다. 소규모 가내공업 형태로 브라질 사람들을 3~4명 고용하여 1~2년 일을 하면 더 많은 자본을 축적할 수 있게 되는데, 그 마지막 단계에서 한인들은 자신의 가게를 소유하게 된다. 한인들이 이렇게 한 가지 일에 몰두하지 않고 단계적으로 일을 옮겨가며 하는 까닭은 각 단계마다 취할 수 있는 경제적 이익이 다르기 때문이다. 한인교포사회 내에서 각 사람이 하는 일의 성격에 따라 그 사람의 이민 경력과 자본을 어느 정도 비례로 추측할 수 있게 되고, 그리고 이러한 현상은 자연스럽게 직업에 따른 편견을 만들어 내었다. 따라서 어떤 사람이 10년 동안 한 가지 일, 즉 단추 다는 일이나 바느질 일만 했다면, 그 사람은 무능력자로 생각되어졌다.

왜냐하면, 의류업계에서는 직업을 단계적으로 변화를 시키는 것이 정석(定石)이라고 생각되기 때문이다. 이러한 그들의 가치판단과 사고방식은 그들 사이의 직업적 귀천의식이 존재함을 반영하는 것이었다.

3) 브라질 시장개방이 '제품'에 끼친 영향

신자유주의 경제정책을 앞세운 콜로르(Collor)대통령의 1990년 6월 23일 시장개방은 한국기업들의 브라질 진출을 증가시켜,[9] 브라질 사회뿐만 아니라 재브라질 한인사회의 성격을 완전히 바꾸어 놓았다.[10]

이때 '개방의 시대'를 실감케 한 현상으로는 첫째, 주식회사 진로가 외식사업을 위해 파울리스타 거리에 오픈한 식당 'Restaurante Jin-Ro.'의 등장, 둘째, 봉헤치로에 한국과의 무역으로 수입한 물건을 파는 상점들 — '오뚜기' 혹은 '롯데'와 같은 대형 한국식품점, LG 가전 대리점, 한국 비디오점 — 의 등장, 셋째, 재브라질 한인사회에 자체 라디오 방송국 개국, 넷째, 한국과 로스앤젤레스를 거친 조직폭력배와 룸살롱의 동반출현 등을 꼽을 수 있다.[11]

그런데 브라질 시장의 개방은, 1990년 이전까지 원사(原絲)나 직물(織物) 제조 등의 원자재 생산이나 직물의 염색 분야에는 진출하지 못하고, 단지 의

---

9) 개방 이전까지 한국기업의 브라질 진출 수는 약 20개사 미만이었는데, 개방직후 2년 동안 많은 한국기업들이 진출하면서 그 수가 약 70개사로 증가하였다.

10) 참고로 1990년을 전후하여, 초창기 한인들의 수는 1/3로 줄어들었는데, 그것은 1/3이 사망하고, 또 다른 1/3이 북미로 재이주하였기 때문이다(『열대문화』 제7권, 1990).

11) 그동안 상파울루 시내에 존재하지 않았던 한국식 룸살롱이 한창 때는 일곱 개가 되었다. 여러 계파의 조직 폭력배들은 봉헤치로와 브라스의 한인상점들을 '자신의 구역'으로 나눠, 각 한인 상가에 월 500~1,000달러를 요구하였다. 따라서 그들끼리의 패싸움은 필연적으로, 1990년도 중반 살인사건으로 발전하기도 하였다. 그리고 2011년 2월 17일 폭로전문 인터넷사이트 위키리크스가 공개한 상파울루발 미국의 외교전문(2009. 10. 13 작성됨)은 해외로 인신매매되는 브라질 여성과 브라질로 인신매매되는 볼리비아 · 페루 · 파라과이 · 한국 여성의 실태를 다루고 있다. 사실 2010년 6월 미국 국무부 보고서 '인신매매실태(TIP)'도 한국의 여성 인신매매를 다룬 바 있는데, 동 보고서는 한국은 "여성의 (남성들에 대한) 강제노역이 여성과 소녀들에 대한 상업적 성(性)착취로 연결되어, 인신매매의 시발점인 동시에 경유지 및 최종 목적지가 되고 있다"고 지적하고 있다. 『브라질뉴스』. 2011-2-17. 16:35:55. http://www.bk1news.com/bbs/board.php?bo_table=02_1&wr_id=255&page=0.

류 봉제업과 유통업에 국한되어 있었던 한인들의 제품업계를 확대시키는 결과를 가져왔다.

(1) 한국과의 무역 증대

1990년 브라질의 시장개방을 계기로, 많은 한인남성들이 한국과의 무역업에 뛰어들었다. 이는 한국기업의 진출과 맞물려 일어났던 현상으로 한국과의 학연이나 지연이 있는 사람들에게 유리하게 작용하였다. 따라서 이 시기 재브라질 한인사회에 나타난 또 다른 현상은 제품업자들 중에 한국의 섬유를 브라질로 수입하기 위해 한국으로 역이민하는 사람들도 나타났다. 또한 반대로 상파울루주재 한국기업의 지사에 파견된 주재원들이 브라질에 정착하는 모습이 나타나기 시작하였다.

개방초기 한국인들이 수입한 품목은 주로 제품과 관련이 있는 원단과 제품에 들어가는 부속품들, 값싼 전자제품, 그리고 부드러운 천이나 털실 느낌의 천으로 만들어진 동물인형 등이었다. 따라서 이 시기 한인남성들은 브라질-한국 무역은 물론, 브라질-미국 무역, 그리고 더 나아가 브라질-중국 무역으로 확대 · 발전시켰다. 그런데 이들의 무역증가는 재브라질 한인사회의 제품업계를 몇 단계 확장시키는 결과를 가져왔다. 그리고 무역과 관계된 통관서비스업체의 수도 증가하게 되었다.

즉 개방시대 한인남성들은 그동안 여성중심의 제품업계에서 보조자의 역할을 뛰어넘어 제품을 더 큰 규모로 확대시키는 데 기여하였다. 이 과정에서 한인남성들은 그동안 제품의 특성상 미미했던 가장의 역할을 회복하여 남성으로서의 정체성도 회복하게 되었다.

(2) 업종의 다양화, 계층분화 그리고 지방으로의 이주

브라질정부의 시장개방 정책은 신자유주의 경제정책을 본격적으로 도입하는 계기가 되어 이민 30년의 역사를 가진 재브라질 한인사회의 직업 다양화와 계층분화를 가속화시켰다. 따라서 브라질로 새로 들어온 불법체류자들이나 경제적으로 안정되지 못한 사람들, 그리고 제품에 실패한 사람들은 봉혜치로에서 소자본으로 시작할 수 있는 다양한 업종으로 전환하거나 다른 주의 수도로 이주하였다.

이때 등장한 업종은 이전에는 재브라질 한인사회에서는 존재하지 않았던 밑반찬이나 김치를 만들어 파는 반찬가게, 한국식 빵을 만들어 파는 빵집을 겸한 미니 수퍼마켓, 정육점이나 생선회를 포장해서 파는 식품점(80), 식당(133), 떡집,[12] 전자제품 수리, 구두수선 점포, 미장원 및 이발소, 사진관, 노래방, PC방, 골프연습장(14) 등이 등장했다.[13] 그리고 이 시기에 등장한 '이비우나(Ibiuna) 골프장'은 오늘날 한인들의 주요 사교 및 스포츠의 중심지가 되고 있다.

(3) 한인 제품의 전문화와 고급화

재브라질 한인들의 거주지가 면적 $4km^2$의 봉혜치로로 이동하면서, 2010년 봉혜치로의 거주인구는 약 3만 명으로 증가하였다.[14] 재브라질 한인사회는 브라질 직물생산의 40%를 담당하고 있고 봉혜치로 상권의 65%(2,000가게 중 1,300가게)와 브라스 상권의 33.3%를 장악하고 있다. 브라질 이민 전문가이자 사회역사학자 오스왈두 투르지(Oswaldo Truzzi)는 "한국인들은 누구의 밑에서 고용되어 일하는 것은 생각지도 않고, 스스로가 중소기업의 주인이 되어, 브라질 사회에서 고용을 창출 ― 직접 고용 4만 명과 간접 고용 10만 명 ― 하고 있는데, 이것은 일본 이민과는 전혀 그 성격이 다르다"라고 정의하고

---

12) 파라과이를 통해 들어온 사람들이 한국식 떡집을 차렸다.

13) 2006년 한인닷컴 업소록을 참고.

14) 2010년 봉혜치로의 인구는 2만 8,591명으로 집계되었는데, 이는 2008년 대비 약간 상승한 수이다 (참고로 봉혜치로의 인구는 1950년대 4만 5,880명, 1960년대 5만 3,893명, 1970년대 4만 5,662명, 1980년대 4만 7,588명, 1991년 3만 6,136명, 1996년 2만 7,788명, 2000년 2만 6,598명, 2008년 2만 1,707명이었다. 브라스(Brás)는 면적 $3.5km^2$에 2010년 인구 2만 6,587명으로 집계되었다.) http://pt.wikipedia.org/wiki/Bom_Retiro

있다. 그런데 그의 이러한 주장은 2009년 외교통상부가 발표한 재브라질 한인들의 직업별 구성 — 자영업(76%), 학생(13%), 전문직(1%), 기타(10%) — 이 뒷받침하고 있다.

오늘날 한인들의 제품이 20년 전과 다른 점은 '전문화'와 '고급화'이다. 즉 1980년대 한인 10명 중 여덟 명이 제품을 하면서 박리다매로 좀 더 값싼 옷을 만들고자 했다면, 현재는 10명 중 여섯 명이 세계 최신 모델을 카피하여 고급 옷을 비싸게 공급하고 있다. 즉 고급화 전략에 따라 제품에 종사하는 일부 한인들은 1998년 브라질의 IMF 재정위기가 오기 직전까지 세계 패션의 흐름을 피부로 느끼고 자기들이 만들 물건의 샘플을 구하기 위해 1년에 1~4회 유럽의 프랑스와 이태리는 물론, 미국의 뉴욕과 로스앤젤레스 그리고 한국을 여행했다.[15] 그것이 가능했던 이유는 브라질이 남반부에 위치하고 있기 때문에 계절적으로 북반부보다 6개월의 시간 차이가 있기 때문이다.

(4) 봉헤치로: 미국의 자바시장을 능가하다

재브라질 한인들은 한국사람 특유의 부지런함과 감각으로 21세기에 들어 자신들의 생활터전인 봉헤치로를 세계 제1의 원단소비시장으로 만들었다. 이것은 미국 로스앤젤레스의 자바(Jobber)시장 규모를 초월한 것이다.[16]

원래 자바시장은 1980년대 브라질과 아르헨티나를 거쳐 미국으로 재이주한 한인들이 형성한 곳이다. 자바시장이 짧은 기간 동안 성장할 수 있었던 것은 흑인과 백인 모두를 만족시키는 '블랙 앤 화이트 마켓(Black and White Market)'을 성공적으로 형성해 냈기 때문이다. 브라질의 봉헤치로도 자바시장과 마찬가지로 다양한 계층으로부터 지속적인 수요창출과 또한 고급화 정책으로 소비자들을 만족시키고 있다. 20년 넘게 한국의 원단을 세계 시장에 판

---

15) 이것이 가능하지 않았던 사람들은 최소 한 달에 한 번 주말을 이용하여 리우 데 자네이루 백화점에라도 갔다 왔다.

16) 한국의 원단업체 Tex-Oasis 사장 김형선 씨 인터뷰, 2011년 2월.

매하는 회사 '텍스-오아시스(Tex-Oasis)'의 김형선 사장은, 봉혜치로 시장이 자바시장을 능가한 이유를 재브라질 한인사회의 꾸준한 젊은 피 수혈에서 찾고 있다.[17] 이는 재브라질 한인들의 제품업계에서의 '제2세 체제 확립'을 의미하는데, 여기에는 다음과 같은 재브라질 한인사회의 변화를 눈여겨 볼 필요가 있다.

첫째, 1990년대까지 재브라질 한인사회에서 제품에 종사하는 사람들은 주로 50대 전후의 이민 1세대들이었다. 브라질의 경제정책과 교육제도에 비관적이었던 그들의 최대 관심은 '2세 교육'이었다. 따라서 1980년대에는 어느 정도 경제력을 갖춘 한인들이 자녀들을 상파울루 시에 존재하는 미국 중·고등학교에 보내는 것이 보편화되었다. 대학 또한 자연스럽게 미국으로 보냈다. 따라서 당시 한인은 언제나 미국으로 재이주할 준비를 하고 있었다고 할 수 있다.

둘째, 1990년대 미국경제의 침체로 자바시장의 규모가 축소되었던 반면, 브라질은 시장의 개방정책과 1994년 헤알정책으로 봉혜치로 시장은 오히려 자금이 자본화되는 과정을 거쳤다. 후자인 1994년 헤알정책은 달러 : 헤알의 환율을 1 : 1로 유지하여 브라질의 화폐가치 상승을 유도하였다. 이를 계기로 재브라질 한인들은 더 이상 브라질의 화폐를 달러로 환전하여 해외로 송금하지 않고 브라질 은행과의 정상적인 거래를 확대하기 시작했다.

셋째, 1999년 1월 브라질 경제위기는 재브라질 한인사회의 빈부의 차를 더욱 벌여 계급분화 현상을 보였다. 그 결과 한편으로는 경제적으로 안정되지 못한 사람들이 미국으로 재이주했던 반면, 또 다른 한편으로는 어느 정도 경제적으로 안정된 사람들이 브라질에 뿌리를 내리기 시작했다. 후자의 경우에 해당하는 좋은 예가 그들의 부동산 투자 — 주택과 상가 매입 — 이다. 이러한 현상은 이미 미국으로 재이주했던 한인들을 다시 브라질로 불러들이

---

17) *ibid.*

는 결과를 초래했다.

4) 21세기 '제품'의 현황

(1) 도매와 소매 겸업 현상

2000년대 이후 한인 상가의 또 다른 특징은 도매와 소매의 겸업이다. 봉헤치로와 브라스에 위치한 한인상가의 약 80%가 소매로 전환하였다.[18] 따라서 이전에 도매와 소매를 연결해주던 '벤데'의 존재가 2004년부터 급감한 것에서도 알 수 있다.[19]

신자유주의 경제정책은 재브라질 한인사회 제품업자들 사이에 경쟁을 부추기고 있다. 그들의 수입은 출혈경쟁과 박리다매로 점차 줄어드는 추세에 있다. 따라서 제법 제품의 규모가 큰 한국 기업가들은 자신의 브랜드를 특화시켜 그동안 소매업자들에게 가던 이익을 자신이 직접 소매점을 운영하며 그 이익을 도매업과 소매업 양쪽에서 취하고 있다. 그런데 이러한 전략은 또 다른 한편으로, 자신의 상표를 브라질 전국에 알릴 수 있는 장점이 있다. 패션브랜드 콜린스(Collins)의 이원규 대표가 좋은 사례이다. "우리 회사는 2005년부터 2008년 8월까지, 즉 3년 반 동안 상파울루 시는 물론 상파울루 주에 소매 가게를 55개로 늘렸습니다."[20] 그리고 그는 브라질 전역에 120여 개의 소매점을 확장했는데, 그의 100호점 개점식이 KBS 〈글로벌 성공시대〉에서 2012년 1월 소개된 바 있다.[21]

---

18) 브라질 남부지방에서 주로 가죽 가공산업에 주력하던 아르메니아 출신의 이민자들이 이곳으로 진출하였다. 즉 민감하게 변하는 여성 의류의 유행은 물론 이에 어울리는 가죽 구두 및 핸드백 상점들이 들어서면서 이 지역은 상파울루 시민들에게 더욱 더 매력적인 시장으로 탈바꿈하였다.
19) 벤데를 하던 한인들은 룰라 정부가 재정적 지원을 아끼지 않는 척박한 북동부지역으로 이주하였거나, 아니면 제품과 관계된 일을 그만 두고, 수영장 청소관리나 식당 웨이터로 전락하였다.
20) 이원규 씨 인터뷰, 2008년 7월.
21) KBS 〈글로벌 성공시대〉, 2012년 1월 28일 방송.

그림 2 콜린스 지점의 세일 광고
본점을 봉헤치로 프로페소르 롬브로즈(R. Professor Lombroso) 거리에 둔
콜린스는 현재 브라질 전 지역에 110개 이상의 소매점을 운영 중이다.

(2) 1.5세와 2세 출신의 의상 디자이너 증가

최근에는 제품업계에 브라질 한인사회의 패션업계의 실력 있는 사람들이 증가하고 있다. 즉 과거 이민 1세대가 주먹구구식으로 제품을 했다면, 2세대들은 전문적으로 의상이나 디자인을 공부하면서 훨씬 더 체계적인 전문가로 성장하고 있는 것이다.

이민 초기 한국 부모들은 무조건 자녀들이 의사나 엔지니어와 같은 전문인으로 교육·성장시켰지만, 그들은 1980년대 브라질의 경제침체로 자의 반 타의 반으로 자신들의 전문 분야를 떠나 부모들이 종사하는 제품업에 흡수되었다. 그러나 오늘날 제품업계의 '젊은 피 수혈'은 과거와 달리 처음부터 제품업계 진출을 목표로 한다. 따라서 최근에는 산타 마르셀리나(Santa Marcelina)나 안넴비 모름비(Anhembi Morumbi)와 같은 대학교에서 디자인이나 의상을 전공하는 젊은 한인 학생들이 증가하는 추세이다. 그들은 대학재학 중 제품업계에 뛰어들어 중국까지도 자신의 영역을 확장하고 있다. 이것은 재브라질 한인사회에서 일어나는 커다란 변화라고 할 수 있다.

(3) 제품규모 확대: 다양한 분야의 한인 2세 전문인들 흡수

오늘날 제품의 규모가 커지면서 모든 분야에 전문성을 갖춘 인재들을 필요로 하고 있다. 전문성을 갖춘 인재들이란 제품업의 성격상 미술이나 의상디자인을 전공한 디자이너는 물론, 품질관리 및 마케팅에서도 변호사와 회계사를 필요로 하는데, 최근에는 한인 2세들이 그 자리를 채워가고 있다. 이에 대해 한 제품업자는 자녀들과 일하게 된 계기를 다음과 같이 설명한다.

오늘날 제품은 예전의 제품과는 그 성격이 완연히 다릅니다. 1970년대 중반 제가 처음 이민 왔을 때만 해도 말과 글 모르니까 아내와 함께 그저 열심히 옷만 만들었어요. 그러나 오늘날 옷을 만들기 위해서는 어떤 아이디어나 정보가 있어야 합니다. 만일 여러 분야에서 정보를 얻지 못하면 이 살벌한 제품업계에서 살아남을 수가 없습니다. 그런데 정보라고 하는 것이 옷을 만드는 데만 필요한 것이 아니라, 만들어진 옷을 판매하는 데도 필요합니다. 따라서 오늘날의 제품업은 어떤 개인보다는 조직이 시스템을 갖추어야만 일을 할 수 있습니다.

저는 진작부터 한인 1.5세 전문인들을 영입하여 제품생산과 유통을 해왔습니다. 그리고 지금은 장성한 자녀들도 영입하여 같이 일하고 있습니다. 제가 이런 결정을 한 데에는 무엇보다도 언어소통에 문제가 있기 때문입니다. 저는 브라질 직원들과 일하면서 항상 이들이 과연 내가 하는 이야기를 100% 이해하고 내가 원하는 대로 일을 처리하고 있는지 불안한 마음이 있습니다. 그것은 아마도 이 브라질 땅에 살고 있는 이민 1세대가 갖는 공통문제일 것입니다. 어쨌든 나의 경우, 자녀들과 일하게 되면서 특히 법대 출신의 아들과 함께 일하게 되면서, 심리적으로 많이 안정되었습니다. 그 이전에는 언제나 뭔가 부족한 느낌이랄까, 나중에 어떠한 손해가 발생하지 않을까 하는 불안감이 있었는데, 이제 신뢰할 수 있는 자녀들과 함께 일을 하게 되면서, 사업을 좀 더 폭넓고 크게, 그리고 빠르게 진행할 수 있게 되어 무척 만족하고 있습니다.[22]

---

22) 이원규 씨 인터뷰, 2008년 7월.

4. 한인타운 봉헤치로에서 한인들의 변화된 생활

　　라틴아메리카의 거대도시 상파울루는 서울의 2.5배(1,530km²) 면적에,[23] 거의 비슷한 인구(약 1,100만 명)를 갖고 있다. 거대도시 상파울루의 발전은 주로 19세기말부터 20세기 초기에 이루어진 브라질의 근대화와 밀접한 관계가 있다. 특히 봉헤치로의 발전은 루스공원(Jardim da Luz)을 따라 형성된 기차역 루스(Estação de Luz)역과 줄리오 프레스티스(Estação de Júlio Prestes)역이 들어서면서 시작되었다. 이 두 역사의 건축물은 브라질 근대화의 상징으로, 유럽건축의 영향을 절대적으로 받은 것들이다.[24]

1) 봉헤치로의 발전배경

　　봉헤치로는 19세기 초만 해도 타만두아티(Tamanduati) 강과 두개의 강 지류 — 안냥가바우(Anhangabaú)와 이토로로(Itororó) — 사이에 위치한 삼각주였다. 내륙과 연결되면서 개발되었는데, 이때(1828~1872) 새로 난 도로를 따라 들어선 것이 상파울루 시 상류층 사람들의 주말농장이었다. 저지대였던 봉헤치로가 '좋은 은둔처(Bom Retiro)'라는 지명을 갖게 된 것은 이와 같은 역사적 배경 때문이다.[25]

　　봉헤치로의 개발은 인근의 루스(Luz), 캄포스 엘리제오스(Campos Eliseos), 산타 이피제니아(Santa Ifigenia) 구(區)의 개발과 함께 이루어졌다. 특히 1872년 '루스역'이 준공됨에 따라, 봉헤치로에는 주택지, 상업지 그리고 소규모의 공장과 상점들이 들어서게 되었다. 그리고 나중에 주엉 테오도르(R. João Teodoro)

---

23) 서울은 면적 605km², 인구 1,032만 명이다.

24) 루스 역사의 원 건물은 원래 영국에서 만들어져 브라질에서 조립된 것이다. http://en.wikipedia.org/wiki/Bom_Retiro_(district_of_S%C3%A3o_Paulo).

25) Marques do Três Rios, Viuva Dubley Prestes, 그리고 Manfred Meyer 등.

그림 3 봉헤치로 입구에 세워진 BOM RETIRO 간판

도로가 브라스까지 연결되면서 봉헤치로의 상업 활동영역이 자연스럽게 확장되었다.[26]

(1) 공업단지였던 봉헤치로: 1960년대 의류업의 중심으로 전환

한인들의 화려한 상가를 조금만 벗어나도, 봉헤치로에는 과거에 형성된 낡은 공업단지와 주거지역이 존재한다. 이러한 공업단지는 과거 상파울루 시 도시확장계획의 일환으로 들어섰다.[27] 봉헤치로는 공업단지로서 가져야 할 필수조건 — 교통과 낮은 지대 — 을 갖추고 있었기 때문에 모자공장, 우산공장, 의류공장, 빵·음료 및 식품 제조공장, 안냐이아(Anhaia) 방직공장, 그리고 프로그레스(Progresso) 맥주공장과 베인하트(Beinhert) 맥주공장 등이 들어서게 되었다. 하지만 1960년대 이와 같은 산업은 사양길에 접어들고 대신 소

---

26) 브라스 개발로 비스콘지 데 파라나이바 거리(R. Visconde de Parnaíba) 1316번지에 '이민수용소'가 들어섰으나, 현재는 이민박물관(Memorial do Imigrante Museu da Imigração)으로 전환되어, 초기 이태리인들과 일본인들의 삶을 전시하고 있다(Secretária de Estado de Cultura 1991, "O Bom Retiro").

27) 그런데 1860년 커피 재배로 부를 축적한 기업가들이 봉헤치로에 가장 먼저 시작한 사업이 대규모의 벽돌공장 올리아리아 만프레지(Oliaria Manfred)였다. 그것은 당시 봉헤치로에는 벽돌을 만들 수 있는 재료 — 해마다 티에테(Tietê) 강이 넘치는 홍수 피해지역으로 강가에서 손쉽게 진흙 자갈 모래 — 와 값싼 노동자들을 쉽게 구할 수 있었기 때문이다.

상인을 중심으로 한 의류업, 패션산업, 직물산업, 편물산업이 대체·발전하기 시작하였다.[28]

(2) 봉헤치로에 남겨진 다양한 민족들의 흔적들

봉헤치로의 다양한 민족들은 특정 지역을 중심으로 정착하여 자신의 사업체를 성장시켰고 또한 동시에 자신들의 정체성을 드러내는 건축물을 갖고 있다. 이태리계 이민자들은 그라싸 거리(R. da Graça)에 천정이 높고 창고가 있는 주택들과 극장 '마르코니(Marconi) 극장'을 지었고, 그리스계 이민자들은 실바 핀투 거리(R. Silva Pinto)와 줄리오 콘세이썽 거리(R. Júlio Conceição)에 제과점, 식당, 바(Bar) 등을 운영하며 '그리스인 협회 아크로폴리(Acropole)'를 설립했으며, 스페인계 이민자들은 주제 파울리누 거리(R. José Paulino)와 실바 핀투 교차로에 '코린치아(Corintia) 스포츠클럽'을 건설했으며, 포르투갈계 이민자들은 그라싸 거리(R. da Graça)의 '포-브 드라마 예술협회'를 설립하였다.[29]

한인들은 주로 주제 파울리누(R. José Paulino), 아이모레(R. Aimore), 프로페소르 롬브로주(R. Professor Lombroso)거리에서 경제활동을 한다.[30] 그런데 한인회관과 같은 재브라질 한인사회의 주요기관들이 초기 한인촌과 가까운 아클리마썽 구(區)에 있기 때문에, 1990년대 초까지 봉헤치로에 눈에 띠는 건물이나 협회를 설립하지 않았다.[31]

그러나 개방 직후, 한인들의 중심지가 봉헤치로로 서서히 이동하면서

---

28) *ibid.*

29) *ibid.*

30) *Estado de S.Paulo*, 2008-8-27.

31) 재브라질 한인사회도 경제가 안정되어감에 따라 한인들만의 건물을 집단적으로 소유하려는 시도가 두 차례 있었다. 두 차례 모두 태권도협회 회장과 한인회장을 역임한 김상인이 추진하였다. 첫 번째 사업으로, 그는 1980년대 말 봉헤치로 입구의 낙후된 옛 건물을 재정비, '패션 센터 루스(Fashion Center Luz)'를 세웠다. 많은 사람들의 호응 속에 '한인들만의 상가'가 개관되었다. 그러나 나중에 소유권 이전에 관한 분쟁으로 건물의 경영권이 브라질인에게 넘어감으로 실패하였다. 그는 또 다시 2000년대 초반 투자자를 모아 브라스(Brás)에 또 다른 한인 상가 건설을 시도했으나 그의 자살로 아직도 공사가 중단된 상태로 남아있다.

그림 4 2004년 마타라주(R. Mataraso 20)거리에 세워진 천주교 브라질
한인 이민교회(Associação Brasileira Católicos Coreanos)

'오뚜기'와 '롯데'와 같은 새로운 대형식품점들이 들어섰고, 그동안 아클리마
썽에 위치했던 한인 생활과 밀접한 관계가 있는 학원·유치원·교회·절·
식당 등이 집중적으로 이전하기 시작하였다. 그리고 1998년에는 솔론(R. Solon
1018)거리에 한국─브라질 정식학교 '콜레지오 폴리로고스(Colégio Polilogos)'가
새로운 건축물에 개교를 하게 되었고, 2004년에는 마타라주(R. Mataraso 20)거
리에 천주교 브라질 한인 이민교회(Associação Brasileira Católicos Coreanos)가 이피
랑가 구(區) 아구스티뉴 고미스(R. Agostinho Gomes, 313)로부터 새롭게 성당을 건
축하여 옮겨왔다. 이뿐만 아니라, 한─브라질 무역의 증가는 브라질을 방문
하는 많은 한인 상인들을 숙박시키기 위한 대규모의 호텔들 — 프린스호텔
(권홍래)와 루스 플라자(송용섭 외 2인이 합작투자) — 과, 루스 공원 가까이 규모는
작지만 리모델링한 '뉴월드 호텔(김광운)'이 들어서게 하였다. 그리고 최근에
는 중국계 정치인 윌리암 우(William Woo)[32]의 한국인 장인 박주창이 HSCB 건
물을 신축하였다.

---

32) 윌리엄 우(William Woo)는 PSDB의 원내부총무와 재정분과 위원장을 역임한 동양계 브라질인이다.
   그는 중국인 아버지와 일본인 어머니 사이에서 태어났고, 아내는 한국인이다. 그런데 그는 자기의 정체
   성에 대해서는 철저하게 '나는 브라질 사람'이라고 정의한다고 한다.

2) 한인들의 일상생활

(1) 브라질 사회가 본 한인들의 '화려한' 일상

2004년 브라질의 시사잡지 *Veja*는 한인들의 생활모습은 다음과 같이 화려하게 묘사하고 있다.

USP에서 경제학을 전공한 성형모의 경우는 브라질에 귀화했다. 주말에는 골프를 치고 또한 고급 식당에서 식사를 한다. "골프는 나를 정신적으로나 육체적으로 균형 잡게 해주지요." 그는 현재 마프레 보험회사(Mapfre Seguros)의 부사장이다. 그는 50명의 직원을 거느리며, 연 3만 5,000헤알의 매출을 올리고 있다. "골프나 요가를 하지 않고, 어떻게 이 스트레스에서 벗어나겠습니까?" 골프는 한국인들이 가장 좋아하는 스포츠 중의 하나이다. 따라서 봉혜치로에 두 개의 연습장이 있는데, 회원이 1,600명이 넘는다.

장국은 치과의사이자 사업가인데, 아주 최고급 브랜드 VR이나 Hugo Boss만을 입는 멋쟁이이다. 하지만 그는 어릴 때(1977) 가족과 함께 파라과이 국경을 불법으로 넘다가 경찰에 잡힌 쓰라린 경험이 있다. 그러나 그의 가족은 굴복하지 않고 가지고 있는 모든 돈을 다른 브로커에게 투자하여, 배를 타고 브라질 국경을 건넜다. 그리고 상파울루까지 버스를 타고 도착했다. 그는 현재 파라이주(Paraíso) 구(區)에 미용치과를 겸한 '김 실험실(Laboratório Kim)'을 운영하는데, 그곳에서 생산된 보철용 부품들을 450개의 치과에 공급하고 있다. 그의 네 명의 자녀 중, 어린 막내를 빼고는 모두 이태리계 유명 사립학교인 '단테 알리게이리(Dante Alighieri)'에 다니고 있다.

한국사람들은 유명메이커의 옷을 입고 다닌다. 변호사 라이스 김(Lais Kim)과 건축과 미쉘리 리(Michelle Lee)는 어릴 때 친구인데, 시간이 날 때마다 둘은(우리나라의 압구정 현대 백화점이나 청담동에 해당하는) 이과테미(Iguatemi) 백화점이나 하덕 로보(Raddock Lobo) 거리의 가게를 기웃거린다. 라이스 김은 Zara나 Viva Vida의 옷을 입고 법원을 다닌다. 그리고 그녀들은 한국 젊은이들이 좋아하는 빌라스 올림피아(Vilas Olímpia)에 있는 바(bar)에 자주 다닌다. 25세의 한국 청년 윤지율은 어릴 때 브라질에 도착했는데, 자신 스스로를 상파울루 사람(paulistano)이라고 생각한다. 따라서 한국이름보다는 루이스(Luis)라고 불리기를 좋아하며, 한국인들이 좋아하는 노래방보다는 볼링을 더 좋아한다(*Veja São Paulo Especial*, 1 de dez. 2004).

(2) 진정한 '한인촌'으로 거듭난 봉헤치로

오늘날 봉헤치로에서는 많은 한인들이 포르투갈어를 쓰지 않고 한국말만을 하면서 자신의 모든 필요를 충족시키고 있다. 이른 새벽 루스공원에서는 한인노인들이 아침체조를 하거나, 젊은이들이나 중장년층들이 출근 전배드민턴과 같은 간단한 운동하는 모습을 쉽게 볼 수도 있다. 이렇게 봉헤치로가 진정한 '한인촌'으로 거듭날 수 있었던 것은, 과거 지저분하고 위험하여 사람들이 기피하던 루스공원의 환경개선을 위해 노력한 한인들 — 루스공원에 시계탑 기증[33], 봉헤치로와 오리엔치에 가로수 식수사업을 벌인 사람[34] — 의 지역봉사 결과라고 할 수 있다.

한인들의 봉헤치로로의 이주로 봉헤치로에는 더욱 더 많은 한인식당이 들어서게 되었다. 그 좋은 예가 코헤이아 지 멜로(Correia de Melo)라는 작은 거리에 '다래'나 '석정'과 같은 한국식당이 일곱 개나 존재한다는 점이다. 어쨌든 이러한 변화는 최근 10년 동안 일어난 것으로, 한국식당들은 한인들의 친목 모임이나 '계'의 모임장소가 되고 있다.

그리고 한인들의 봉헤치로의 집중현상은 한인들을 상대하는 브라질 사람들로 하여금 한국어를 구사하게 만들고 있다. 즉 봉헤치로에 일주일에 한 번씩 서는 시장 페이라(feira)에서는 과일, 채소, 생선가게 주인들이 한국어로 한인 고객들을 상대하고 있다. 그리고 한인사업체 중 브라질 종업원들에게 가장 많이 한국어를 가르치고 그것의 효과를 보는 곳은, 대형 식품점의 효시인 '오뚜기' 슈퍼이다.[35] 이곳은 일본촌 리베르다지에 있는 일본식품점들처럼, 일종의 소형백화점 역할을 한다. 따라서 이곳은 한국에서 갓 들어온 신상품들 — 쌀, 온갖 반찬, 채소, 과일, 과자류, 생필품, 그릇, 화장품, 의류,

---

33) 초기 이민자 김창득 씨 기증.

34) 김성광 씨는 이 업적이 인정되어 나중에 한인회장에 당선되었다.

35) 파라과이를 거쳐 브라질로 이민 온 강재화 일가가 1990년 3월 봉헤치로 쓰레스 히오스(R. Três Rios) 거리 224번지에 개업을 했다. 지금은 사위 하윤상에 의해 일본촌 상점은 물론 브라질 전국으로 한국상품을 납품하는 대규모 수입상으로 성장하였다.

그림 5 1990년 브라질 시장개방 이후 봉헤치로에 들어선
'오뚜기' 대형 한국식품점

CD, 신간 서적, 전자제품, 가구 등 — 이 현지의 채소나 음식 재료보다 훨씬
더 큰 비중을 차지하고 있다.

그리고 한인교회를 중심으로 나타나는 또 다른 변화는, 한국어가 능숙
치 못한 자녀들의 신앙생활을 위해 포르투갈어로 설교할 수 있는 문명철이
나 강희동 같은 반공포로 출신의 목사들을 초빙한 것이다. 이렇게 한인 1.5
세와 2세들이 한인사회로 자연스럽게 흡수되자, 한인교회들은 그 다음 선교
대상을 브라질 사람으로 삼았다. 이것은 재브라질 한인사회의 구성원의 수
가 정체되어 있기 때문에, 즉 한국인들을 대상으로 한 전도활동이 한계에 부
딪치게 되면서 나타난 현상이었다. 한인 1.5세와 2세들을 위한 포르투갈어
설교가 가능해지면서 혹은 한인목사의 설교가 포르투갈어로 번역되는 것이
가능해지면서, 한인들은 자신들의 사업체에서 일하는 브라질 종업원들이나
거래처 사람들을 한인교회로 흡수하고 있다.

그리고 최근 나타난 또 다른 현상은, 한인 남성들이 유대인들처럼 바
(bar)에서 아침 — 카페(café) — 을 이웃들과 함께 먹는다는 점이다. 즉 한인 남
성들은 아침조회의 성격을 띤 이 짧은 모임을 통해 자신들이 필요한 사업관

런 정보를 교환하고 있다.

3) 한인들의 교육열과 진로변화

1990년대까지만 해도 한인들은 자녀들을 좋은 환경에서 교육시키기 위해 비싼 학비에도 불구하고 브라질 최고의 명문 사립학교 — 반데이란티스(Bandeirantes), 에타파(Etapa), 오브제치부(Obejtivo), 앙글로(Anglo) — 나 미국이나 영국 계통의 인터내셔널 스쿨 — 그라두아다 이마쿨라다(Graduada Imaculada), 채플(Chaple) — 에 보내 미국으로도 유학을 시키는 경향을 강하게 나타내었다. 그 결과 오늘날 재브라질 한인사회는 해마다 200명 이상의 대학졸업생을 배출하고 있다.

그동안 재브라질 한인사회가 자녀들을 전문분야 — 80여 명의 변호사, 150여 명의 의사, 10여 명의 박사 및 대학교수들 — 로 진출시켰다. 그런데 최근에는 자녀들이 자신의 사업체를 이어나갈 수 있는 전문분야로 진출시키고 있다. 한인 1.5세와 2세 출신의 의상 디자이너가 증가추세인데, 이들은 산타 마르셀리나(Santa Marcelina)나 안넴비 모름비(Anhembi Morumbi)와 같은 대학교에서 디자인이나 의상을 전문적으로 훈련을 받은 사람들이다. 따라서 이들의 봉헤치로 진출은 재브라질 한인사회 제품업의 초국가적 네트워크를 가동시켜 브라질 봉헤치로 시장뿐만 아니라 로스앤젤레스의 자바시장과 연계된 또 다른 변화를 예고하고 있다. 그리고 이러한 네트워크를 가능케 하는 또 다른 요소는 재브라질 한인들이 브라질 출신의 미국이민자들과의 결혼이다. 이로써 젊은 세대들은 자신들의 경제활동 무대를 부모나 친척이 있는 봉헤치로나 자바시장으로 자유롭게 선택, 이동하고 있는 셈이다.

(1) 한국학교 폴리로고스의 건립

1994년 브라질 헤알 경제개혁 조치는 재브라질 한인들의 브라질 사회

그림 6 1998년 솔론(R. Solon 1018)거리에 세워진 한국-브라질
정식학교 '콜레지오 폴리로고스(Colégio Polilogos)'

로의 정착신호였다. 달러보다 강한 헤알 정책을 계기로 한인사회는 한국으로부터 자금을 들여와 무리하게라도 주택을 구입하는 성향을 보였다. 그런데 이러한 현상과 함께 나타난 가시적 현상은 2001년 봉헤치로의 한국학교 폴리로고스(Polilogos)의 개교였다.

교포사회 내에서 상대적으로 소외된 사람들의 자녀들 — 경제적으로 안정되지 않은 사람들과 불법체류자들의 자녀들 — 은 주로 봉헤치로 구에 위치한 유태인들이 운영하는 산타 이네스(Santa Inês)학교에 다녔다. 하지만 이를 안타깝게 생각한 한인 교포사회는 한국정부에 요청하여 50:50으로 출자하여 학교를 세웠다. 이 한인 커뮤니티가 1,000만 헤알(700만 달러)를 모금하고, 나머지 700만 달러는 한국정부가 보조했다. 이 학교는 주중에는 정규 브라질 학교로, 그리고 주말에 한국학교로 운영된다. 정규 브라질 학교로서 총 900명의 학생을 수용하는 이 학교는 교육학을 전공한 한인 1.5세들을 고용하여 수업을 한국어와 포르투갈어로 진행하고 있는데, 매달 수업료는 600헤알 정도이다.

1990년대 재브라질 한인사회의 1.5세 엘리트들이 만든 한·브 교육협회는 제1대 회장으로 제툴리오 바르가스 대학(Fundação Getúlio Vargas) 출신의 김철언을 추대하여 한국학교 Polilogos의 건립을 추진하였다. 그는 한국인들의 교육열에 대해 다음과 같이 증언한 바 있다.[36]

> 한국사회는 오래 전부터, 아무리 가난해도 공부를 통한 신분상승이 가능한 나라였기 때문에 공부를 하지 않은 자손은 가문의 부끄러움이었습니다. (중략) 따라서 재브라질 한인들의 교육열은 초창기 농업이민들이 두 달이나 배를 타고 브라질에 올 때, 어린이들을 공부시키기 위해 배에서 임시학교를 운영했다는 사실에서도 잘 나타납니다. (중략) 오늘날 봉헤치로 가게 주인의 50%는 포르투갈어라는 언어의 어려움을 극복한 브라질대학 졸업자들입니다(Veja, 1998).

재브라질 한인들의 한글교육에 대한 열의는 1970년대 한인회 내에 한국학교가 운영되었다는 사실과 또한 1980년대 교포사회의 경제적 부흥에 힘입어 나타난 16개의 토요한글학교(교회부설 혹은 기관·학원을 중심으로 운영되었음)에서도 잘 드러난다. 이러한 한인들의 한글교육열에 부응하여 한국정부는 재브라질 상파울루 영사관에 1987년 한국교육원을 신설한 바 있다. 그런데 이들의 한글교육열은 당시 미국으로의 재이주 현상과 관계가 있었다.

(2) 한인들의 한국문화 보존노력

재브라질 한인사회의 한국문화 보존노력은 언어교육과 함께 이민초기부터 나타났다. 물론 20세기 중반에 시작된 이민으로 교통과 통신의 발달 및 브라질의 시장개방정책으로 본국과의 빈번한 왕래가 가능한 점들이 한국문화보존에 도움이 되었을 것이다.

---

36) 한인교포사회가 1998년 재정위기 이후 경제적인 어려움으로 2003년 한인회장 선거 때, 아무도 한인회장후보에 나서지 않자 한인사회가 추대한 인물이 김철언이다. 그는 2004~2005년 제28대 한인회장을 역임한 인물로 한국에서 고등학교 재학 중 군인 출신인 아버지를 따라 브라질에 왔다. 브라질 최고 학부인 제툴리우 바르가스(G.V.)대학교 경영대학 출신인 그의 주위에는 언제나 이 대학 후배들은 물론, 교포사회의 1.5세 엘리트 400여 명이 항상 보좌하고 있다. 참고로 브라질 정부 내각 중 브라질 경제를 실질적으로 움직이는 사람들은 이 대학 출신들이다.

재브라질 한인사회가 아직도 간직하고 있는 독특한 한국풍속은 결혼식 이후 피로연에서 신랑의 발바닥 때리기이다. 그런데 한인들의 이러한 한국문화보전 노력은 1963년 2월 12일 이민선 치차렌카(Tjitjalenka)호가 산토스 항구에 도착했을 때, 한인 여성들이 한복을 입고 하선했다는 사실에서도 알 수 있다. 이후 한인들은 기회가 있을 때마다 한복과 한국음식 등으로 솜씨를 발휘해왔다. 즉 다인종 브라질에서 '카니발', '이민의 날', '이민 올림픽'과 같은 행사나 자녀들의 학교행사에서 한복과 한국음식으로 한국문화를 지키면서 교류하고 있다.

4) 브라질에서의 한류

브라질사회에서 〈실미도〉나 〈친구〉와 같은 한국영화들은 진작부터 인정을 받은 바 있다. 하지만 브라질에서의 한류바람은 다른 나라들에 비해서 한국과 브라질 사이에 존재하는 커다란 '문화적 차이'와 브라질 사회 내에서 존재하는 '빈부의 차' 때문에 그리 큰 반향을 불러일으키고 있지 못했다. 하지만 최근 싸이의 '강남스타일'은 「Tsnami Sul-Coreia(남한의 쓰나미)」라는 제목으로 2012년 10월 24일 브라질 최대 일간지 『폴랴 데 상파울루』(Folha de S.Paulo)의 문화면을 장식하고 있다.

(1) 방송교류를 통해 본 한류 현황

2009년, 한-브라질 수교 50주년을 기념하는 의미에서 아리랑 TV와 브라질 지상파 채널인 TV Cultura(문화방송)는 TV콘텐츠 교류협정을 맺었다. 그 결과 〈Arirang Today〉라는 프로그램이 〈코리아 매거진〉이라는 이름으로 2009년 10월 1일부터 주 1회 1시간씩 20회에 걸쳐 방영되었다. 하지만 TV Cultura 자체가 교육과 문화를 중심으로 한 공영방송으로 지상파 채널 중 시청 점유율이 5%도 되지 않는데다가 방영 시간대도 목요일 자정부터 새벽 1

시여서 지극히 상징적인 TV콘텐츠 교류에 그쳤다. 하지만 같은 시기에 시작된 브라질 케이블 방송사 NET의 24시간 한국방송 TV Coréia 채널은 SBS, MBC, YTN, 아리랑의 콘텐츠를 제공하며 좋은 반응을 일으키고 있다.

상파울루대학교 한국학 교수인 임윤정은 NET 케이블방송이 초기에는 연령층이 높은 한인 시청자들을 위한 프로그램을 주로 편성했으나, 점차 한인청소년들 ─ 브라질에서 태어났거나 성장한 청소년들 ─ 의 관심을 끌 수 있는 드라마와 음악 프로그램에 포어 자막을 삽입하여 제공함으로써 브라질 사회의 한류바람을 일으키고 있다고 말한다.[37]

(2) '청사모'의 활동

재브라질 한인사회에서 운영하는 단체인 '청사모(청소년을 사랑하는 모임)'는 2003년부터 한인 자녀들을 대상으로 하는 '꿈의 콘서트' 행사를 개최해 왔다. 상금이 약 6,000달러로 참가자들은 주로 춤과 노래를 선보였는데, 이 행사가 브라질 사회에 알려지면서 많은 비한국계 청소년들이 참가를 희망하였다. 따라서 오늘날에는 국적과 관계없이 15~20세 청소년이면 아무나 참가할 수 있게 허락하고 있다. 매년 규모가 커지는 것으로 보아 앞으로는 한인커뮤니티라는 성격을 뛰어넘는 브라질 청소년들의 축제로 자리매김할 가능성이 높다.

(3) 초등학교 체육: 태권도를 선택하다

최근 고무적인 현상은 태권도가 가라테나 유도 대신에 브라질 초등학교에서 실시하는 과외활동으로 선택되고 있다는 점이다. 태권도의 보급 효과는 한국어 학습 유행으로 이어지고 있다.

---

37) 참고로 케이블 방송사 NET에 가입하려면 가장 저렴한 월 사용료가 40달러 정도이고, 한국 TV는 월 24달러로 따로 가입해야 한다. 최저임금이 350달러인 나라에서는 중산층 이상만 누릴 수 있는 혜택인 것이다.

(4) 제6회 '한국문화의 날' 행사

2011년 5월 21일 봉혜치로에서 열린 제6회 '한국문화의 날' 행사는 브라질에서 K-POP을 앞세운 한류 확산 가능성을 확인하는 기회가 되었다. 재브라질 한인회가 그동안 한국을 알리기 위한 행사 — 동포들의 합창과 전통무용, 사물놀이, 한인 이민 사진전, 한글 전시, 한글 이름 쓰기, 전통혼례 사진 찍기, 한국음식문화 코너 — 와 타민족과의 소통을 위한 행사 — 일본 어린이들로 이루어진 전통 북 공연과 중국, 인도, 볼리비아의 민속춤 공연 — 외에 K-POP 팬들을 위해 행사장 한 쪽에 별도의 무대를 마련했기 때문이다. 즉 한국에서 초청된 가수들의 공연뿐만 아니라 브라질의 젊은 청소년들이 한국 아이돌 그룹의 쇼 DVD를 보며 노래와 춤을 배울 수 있는 시간을 제공한 것이다. 서주일 한인회장은 "한국문화의 날 행사가 해를 거듭할수록 규모와 내용이 확대되고 있다"면서 "특히 K-POP의 남미 상륙으로 젊은 한류가 확산하면서 올해 행사는 예년과 비교하면 현지 주민들의 참여가 크게 늘었다"고 평가하고 있다.

그림 7 2008년 한국문화의 날 행사 장면

5) 패션의 메카 봉혜치로: 'Korea Town' 지정의 의미

2010년 1월 상파울루 시청이 봉혜치로를 'Korea Town(한인타운)'으로 명명한 것은, 그동안 한인들의 공로 — 봉혜치로 활성화와 경제적 성장 — 를 인정한 것이기도 하지만, 이는 또 다른 한편으로 봉혜치로 재개발 사업에 대한 책임을 부과하는 것이기도 하다. 왜냐하면 시정부가 봉혜치로의 일부를 '문화보호지역'으로 지정하며 재개발을 추진하고 있는 과정에서 한인타운으로 명명하였기 때문이다. 이것은 1950년대 리베르다지 구가 '일본인촌'으로 명명된 것과 같은 맥락이다. 당시 상파울루 시는 도시확장사업의 일환으로 일본계 이민자들에게 그곳의 땅을 무상공급하며 그곳의 개발비용과 개발방식을 전적으로 그들에게 부담시킨 바 있다. 따라서 재브라질 일본인사회는 시정부가 닦아 놓은 길 옆에 가로등을 설치하며, 그곳을 일본식 건물로 가득 채워 명실공이 '일본인촌'으로 탄생시킨 바 있다.

최근 봉혜치로를 어떻게 재개발해야 할지에 대한 계획안이 재브라질 한인회 홈페이지에 몇 건씩 올라와 있는 것을 볼 수 있다. 이는 한인회를 주축으로 구성원들의 의견수렴과 동의과정을 거쳐 봉혜치로의 재개발 사업을 성공적으로 마무리하기 위한 절차가 되고 있다.

5. 맺음말

초창기 농업이민으로 시작된 재브라질 한인사회가 원래 유대인 지역이었던 봉혜치로에 1960년대 초반 진출할 수 있었던 것은, 브라질의 도시화와 산업화 현상과 함께 대도시 상파울루로 무작정 이주했다는 사실과 한국에서부터 가지고 들어간 물건을 팔기위해 상파울루 도시 외곽에서 행상을 했기 때문에 가능하였다. 초창기 이민자들은 원래 도시출신의 사업가들로 이러한 경험을 기반으로 브라질 사회와 경제에 빨리 적응할 수 있었다. 더구나 일본인촌 가까운 아클리마썽 구에 '한인촌'을 형성한 것도 도시에서의 빠른 적응과 자신이 갖고 있는 자본규모와 특성에 잘 맞는 제품을 선택하는 데 기여하였다. 따라서 이들의 봉헤치로 구로의 진출은 자연스럽게 시작되었다.

1980년대 전문직종에 종사하던 한인들의 제품으로의 흡수는 재브라질 한인사회의 경제적 기반을 확고하게 만들었고, 또한 1990년 브라질의 시장개방은 봉헤치로의 한인 제품업계를 질과 양적인 측면에서 향상·확대시켜, 이웃 남미국가는 물론 미국의 자바시장과 직접 연결하는 효과를 가져왔다. 그 결과 30년 동안 한인들의 경제활동의 중심지였던 봉헤치로는 주거지역을 겸하는 코리아타운으로 발전했다.

그동안 재브라질 한인사회의 다른 나라와의 관계는 이웃의 아르헨티나 파라과이의 한인들과 결혼을 통한 혈연관계를 유지했던 반면, 1990년 이후에는 미국의 자바시장의 한인들과 사업을 통한 네트워크를 형성하여 자신의 활동영역을 확대시킬 수 있었다. 브라질을 거쳐 미국으로 재이주한 한인들의 수자만도 약 20만 명이 넘는 것으로 추산되는데, 이들과 형성된 제품 네트워크는 자연스럽게 한국의 동대문, 남대문 시장의 상인들까지 확대되고 있다. 따라서 한국의 섬유업체나 무역상사들은 이러한 네트워크를 통해 봉헤치로 한인들의 중요성에 대해 일찌감치 인지하고 있다. 그들의 일반 원단과 고급 원단에 대한 수요가 세계 최고를 기록하고 있기 때문이다.

이러한 추세에 힘입어 재브라질 한인 자녀들의 한국으로의 유학도 증가 추세에 있다. 한편, 한류 붐과 함께 한국의 대학, 특히 의상학과 혹은 의류직물학과 교수들이 한국의 유명 디자이너들과 함께 재브라질 한인사회를 방문하여 세미나를 개최하는 등 재브라질 한인사회의 여성의류업에 대한 관심과 진출 가능성을 조심스럽게 타진하고 있다. 이러한 그들의 활동은 세계화시대 한국과의 관계 혹은 그들의 한국문화 유지노력과 자신들의 정체성 확립에도 기여할 것이지만, 궁극적으로는 재브라질 한인사회의 경제활동 영역을 국제적으로 넓히는 데 기여하게 될 것이다.

참고문헌

김성한. 1984. 『1960년대』. 거름출판사.

박선관. 2011. 『상전벽해(桑田碧海)』. 교음사.

현규환. 1976. 「브라질편」. 『한국유이민사(下)』. 삼화인쇄(주)출판사.

Castles. Stephen & Miller. Mark J. 2003. *The Age of Migration: International Population Movements in the Modern World*. New York. The Guilford Press.

Saito. Hiroshi. 1961. *Estudo do Mobilidade e Fixação no Brasil*. São Paulo: Edit. Sociologia e Política.

Silva. Sidney Antônio da. 1997. *Custrando Sonhos: Trajetória de um grupo de imigrantes bolivianos*. São Paulo: Edit. Paulinas.

Whong. Moon Kyoo. 1983. *The Korean Immigrants Churches in Brasil and Their Mission. Virginia*. The Faculty of Union Theological Seminary.

Buechler. Simone. 2003. *Koreans and Bolivians in the Brazilian Garment Industry: The Interconnection Between the Global and Local*. New York University Metropolitan Studies.

전경수. 1988. 『남미 한인이민의 연구 자료집』.

전경수. 1990. 「브라질의 한국이민과 그 전개과정」. 재외한인학회. 『在外韓人研究』 창간호.

최금좌. 2000. 「삼바 춤을 출 수 없었던 재브라질 한인 교포사회」. 한국외국어대학교 외국학종합연구센터. 『국제지역연구』 제4권 2호.

_____. 2004. 「세계화 시대 자유무역과 이민: NAFTA를 중심으로」. 한국 라틴아메리카학회, 다사랑. 『라틴아메리카연구』 제17권 1호.

_____. 2005. 「세계화 시대 자유무역과 이민: Mercosur를 중심으로」. 『라틴아메리카연구』 제18권 1호. 한국 라틴아메리카학회, 다사랑.

_____. 2007a. 「재브라질 한국이민사회: 세계화 시대 도전과 성취 그리고 전망」. 한국외국어대학교 외국학종합연구센터. 『중남미연구』 제25권 2호.

_____. 2007b. 「신자유주의 시대 재브라질 한인사회의 성격과 전망」. 국사편찬위원회. 『재외동포사총서』.

_____. 2008. 「이야기 브라질 한국이민사: 전 보사부 차관 한국진과 초기 이민자 고광순을 중심으로」. 한국 포르투갈-브라질학회. 『포르투갈-브라질 연구』 제5권 2호.

해외교포문제연구소. 1969. 「브라질이민의 현황과 문제」. 『교포정책 자료』 제8집.

_____. 1978. 「남미 이민의 현실적 과제」. 『교포정책 자료』 제18집.

Choi. Keum Joa 1991. Além do Arco-Íris: A Imigração Coreana no Brasil (「무지개를 넘어서: 브라질 한국 이민사」). 상파울루 주립대학교(USP) 역사학과 석사논문.

Guimaraes. Lytton L. 2006. "The Korean Community in Brazil: Challenges. Achievements and Prospects". presented at the 3rd World Congress of Korean Studies about "Cultural Interaction with Korea: From Silk Road to Korean Wave" at Cheju National University.

Patarra. Neide Lopes(coord.). 1995. *Emigração e Imigração Internacionais no Brasil*

Contemporâneo. Vol. 1. Campinas: FNUAP.

_____. 1996. *Migrações Internacionais: Herança XX Agenda XXI*. Vol. 2. Campinas: FNUNP.

Petrone. Maria Tereza Schorer. 1977. "O imigrante em São Paulo". in: *O Brasil Republicano*. São Paulo: Difel/Difusão Editorial S.A. Vol. 2. Sociedade e Instituições (1899- 1930).

Rios-Neto. Eduardo L. G. 2005. "Managing Migration: The Brazilian Case". *Texto para Discusso* No. 249. Belo Horizonte. UFMG/Cedeplar.

브라질 한국 위성 TV 방송자료. Canal de Televisão: TV CORÉIA, YTN

KBS 〈다큐멘터리 3일〉 2011-1-16. 「따봉 브라질 – 패션거리 봉헤치로 한인 성공기」.

KBS 〈글로벌 성공시대〉 2012-1-28. 「맨손으로 일군 브라질 패션신화, 이원규」.

브라질 한인회, 『한인회보』: http://www.haninbrasil.com.br

남미 청소년들의 모임, 『하나로』: http://www.hanaro.com

타슈켄트의 신코리아타운
시온고 고려인마을과 한국문화*

임영상(한국외국어대학교 사학과 및 대학원 글로벌문화콘텐츠학과 교수)

1. 머리말

우즈베키스탄에서는 1999년 영화 〈쉬리〉와 드라마 〈별은 내 가슴에〉의 방영을 계기로 이른바 한류 현상이 일어났다. 2003년 우즈베키스탄 국영 TV가 삼성의 협찬으로 방영한 〈겨울연가〉의 시청률이 60%를 기록하고 네 차례나 재방송되면서 우즈베키스탄에서 한류는 열풍의 단계로 접어들었다. 이어서 대장금의 인기몰이와 함께 딸을 낳으면 장금의 우즈베키스탄어인 '땅곔'으로 이름을 짓고, 드라마 〈주몽〉이 인기를 끌자 아들 이름을 '주몽'으로 지을 정도가 된 것이다. 드라마 위주의 한류에서 한국 대중가요도 급속히 확산되고 있다. 인기그룹 소녀시대의 최신 히트곡 'Gee'를 따라 부르는 18세 소녀 마진아 이야기가 보도되기도 했다.[1]

우즈베키스탄의 한류 열풍은 한국어배우기 붐으로 이어졌다. 1992년 5월 고려인 동포의 한국어교육과 한국문화 보급을 위해 설립된 타슈켄트 한국교육원은 이제 고려인뿐만 아니라 우즈베키스탄 현지인에게도 유명세를

---

*   이 글은 『글로벌문화콘텐츠』 제5호(2010)에 실린 것으로 일부 내용을 수정했다.

1)   『세계일보』. 2009-4-23. 「한류에 빠진 우즈베키스탄을 가다」.

치르는 곳이다.[2] 우즈베키스탄 현지인이 한국어를 배우는 것은 한류 드라마의 영향을 받아 한국어를 공부하기도 하지만, 대부분 한국계 회사에서 일하거나 아예 한국에서 일하기 위한 한국어능력시험을 준비하기 위해서이다. 1991년 우즈베키스탄 독립 이후 대우자동차와 갑을방적, 삼성, LG 등 한국 기업들의 우즈베키스탄 진출로 이미 우즈베키스탄 사회에 한국은 깊숙이 자리 잡고 있는 상태이다. 이런 바탕에 한류 열풍이 일고 한국어배우기 붐이 확산되고 있는 것이다. 우즈-대우가 생산하는 차들이 우즈베키스탄 도로를 누비는 가운데, 특히 소형 승합차인 다마스가 우즈베키스탄의 농촌도시와 마을 구석구석을 연결하는 시외버스 기능을 다하고 있음을 상기할 필요가 있다.

현재 우즈베키스탄의 인터넷 환경은 열악한 상황이다. 대용량 파일을 열려면 많은 시간이 필요하고 동영상 파일은 아예 열리지 않는 경우도 있다. 그러나 2010년 3월 KT가 우즈베키스탄 공공교육부(MOPE)와 약 300억 원 규모의 교육정보화 사업계약을 체결함으로써 인터넷을 통한 한류콘텐츠의 확산이 용이해질 전망이다. 앞으로 우즈베키스탄 수도 타슈켄트를 포함한 14개 주 1,550개 초등학교 및 중학교에 교육망과 교육 포털, 멀티미디어 콘텐츠 개발센터가 구축될 것이기 때문이다.[3]

한편, 우즈베키스탄은 대중문화 중심의 한류를 넘어 한국의 전통생활문화 등 '신한류' 내지 한국과 우즈베키스탄 문화의 만남과 새로운 확대 재생산인 '아시아류(Asian Wave)'의 거점으로 우리의 중요한 협력국가가 될 수 있는 여건도 갖추고 있다. 70년 이상 한국의 전통생활문화를 유지해온 고려인들 때문이다. 김치(당근)와 국수, 그리고 개장(보신탕) 등 고려인의 애호음식은 이미 우즈베키스탄 사회가 공유하는 음식이 되었다. 고려인들도 우즈베키스탄

---

2) 매학기(봄, 가을) 한국교육원 한국어강좌에 등록하는 1,500명 내외의 수강생 가운데 우즈베키스탄 현지인이 절반을 넘은 상태이다.

3) 『헤럴드 경제』. 2010-3-30. 「KT, 우즈벡에 교육IT 수출」.

인의 대표음식인 기름밥(플롭)과 차문화 등을 받아들였다. 또한 고려인들의 어른들에 대한 예의바른 생활태도와 조상의 음덕을 기리는 한식명절행사 등은 우즈베키스탄 사람들의 공감을 얻기에 충분했다. 한류로 인해 한국이 문화수신국에서 문화발신국이라는 역사적 지위를 획득한 것이라면, 중앙아시아 고려인사회를 '한류의 원조'라고 주장하는 정수일의 주장에 우리도 동의할 수 있을 것이다(정수일, 2006).

그러나 이미 우즈베키스탄 고려인사회는 소비에트 시기의 영광에서 밀려난 지 오래다. 1993년 우즈베키스탄 정부가 우즈베키스탄어를 국어로 채택하면서 러시아어만 사용하는 고려인들은 공직에서 물러나야만 했다. 고려인뿐만 아니라 소수민족들의 사회적·교육적·시민적 지위가 급격히 하락한 것은 주지의 사실이 되었다(황 류드밀라, 2000: 32-33). 나아가 우즈베키스탄 경제의 어려움이 계속되면서 전문직에 종사했던 고려인들의 다수가 이미 소규모 개인사업자로 살아가게 되었다. 대학을 졸업해도 일자리를 찾기 어려운 현실에서 많은 우즈베키스탄 고려인 청장년들이 경제사정이 나은 러시아, 카자흐스탄으로 떠나기도 했다. 최근에는 한국정부가 한국어 시험 등을 거쳐 방문취업 비자만 받으면 5년 동안 자유롭게 출입국할 수 있고 최장 3년까지 국내에 머물 수 있는 제도를 시행함에 따라 우즈베키스탄 고려인들의 한국행이 크게 늘어난 것이 오늘의 현실이다.

필자는 2006년 5월과 2007년 4월, 그리고 2008년 8월부터 2009년 8월 사이에는 매년 2회 우즈베키스탄의 농촌 고려인마을(타슈켄트 주와 우르겐치 주)을 방문할 수 있는 기회가 있었다. 4년간의 연구여행을 통해, 필자는 고려인들이 '시온고'라고 부르는 상 치르치크 구역의 스베르들로프(현재는 아흐마드 야사비로 개칭) 콜호즈가 하나의 '희망'을 넘어 타슈켄트의 '신코리아타운'으로 발전할 수 있다는 가능성을 제기하고자 한다. 단순히 가장 많은 고려인이 살았던 콜호즈이기 때문이 아니다. 콜호즈의 다양한 문화활동의 센터 기능을 담당했던 구락부(문화회관)가 문을 닫은 지 15년이 넘어 흉가로 변한 것은 다른 콜호즈와 마찬가지였다. 그러나 고려인 정착자들이 1970년대 중반에 한국을 생각하는 마음으로 마을 중앙로에 '아름다운 소나무길'을 가꾼 것이 한민족의 감성을 자극할 수 있으며, 고려인과 한국사회의 만남의 장으로 기능을 하고 있는 한글 간판이 걸린 '시온고노인회관' 때문이었다. 여기에 2010년 3월 26일 공식 개원한, 한국정부가 운영하고 있는 '아리랑요양원'이 우즈베키스탄인과 고려인과 타슈켄트 거주 한국인, 그리고 한국사회가 같이 만나 고려인/한국문화를 공유, 확산시킬 수 있는 공간(場)으로 자리매김할 수 있음을 확인했기 때문이다.

　　필자는 먼저, 제2장에서 시온고 고려인 콜호즈의 어제와 오늘을 간단히 살펴볼 것이다. 제3장에서는 한국인 기업가가 지원하고 있는 시온고노인회관과 한국정부를 대신하여 보건복지부 산하 국제보건의료재단이 운영하는 아리랑요양원을 중심으로 한 한국문화의 확산 가능성을 확인할 것이다.[4]

2. 타슈켄트 주 시온고 고려인마을의 어제와 오늘

　　고려인들이 시온고[5]라고 부르는 스베르들로프 콜호즈의 역사는 러시아 연해주에서 이주한 고려인들이 1940년 3월 현재의 터를 잡으면서 시작되었다. 당시 이주한 주민은 162가구 520명으로 시온고 콜호즈의 초대 회장은 연해주 시절 지도자인 송영준이었다. 콜호즈가 후진성을 벗어나 선진 콜호즈로 발전하기 시작한 것은 1945년 27세의 나이로 김 드미트리 알렉산드로비치가 회장으로 선출되면서부터였다. 김 드미트리는 젊음의 열정과 끈기,

---

[4]　원래 이 글은 전체 5장으로 구성되었는데, 현지 고려인 박 마야 연구자가 작성한 시온고 고려인마을의 음식과 음식문화를 제외했다.

[5]　고려인들이 스베르들로프 콜호즈를 시온고 콜호즈라고 부르게 된 연유는 연해주 수청(파르티잔스크) 지역 부존노프스크 구의 한인들이 '신영동'이라고 불렀던 크레포스치 콜호즈 출신들이 주류를 이룬 것에 기인한다. '신영동'이 세월의 흐름 속에서 음가가 '시온고'로 변화된 것으로 보인다.

그림 1 제2대 김 드미트리 회장　　　　　**그림 2** 제3대 이 프로코피 회장

그리고 가장 중요한 비범한 조직 능력을 가진 자였다. 1946년에 100만 루블이었던 콜호즈의 수입이 1970년에는 700만 루블에 이르렀다.(Л. Л. Ли. 2006: 113-114)[6] 김 드미트리의 지도력 아래 콜호즈는 1950년대 초에 이미 김 드미트리 회장을 비롯한 21명의 사회주의 노력영웅을 배출하는 등 상 치르치크 구역 내 최고의 부유한 선진 콜호즈로 부상했다. 콜호즈의 중앙에는 학교, 병원, 구락부, 수력발전소, 정미소, 콜호즈 집행부 및 기타 공동건물들이 세워짐으로써 콜호즈의 농촌은 도시다운 풍경을 갖추게 되었다(임영상, 2007: 301).

　　1971년 스베르들로프 콜호즈는 26년간을 회장으로 역임한 김 드미트리의 후임으로 이 프로코피 흐바이모비치(1921~1984)가 제3대 회장이 되었다. 연해주(부존노프스크 구역) 출신으로 1964년부터 1971년까지 스베르들로프 콜호즈의 책임 엔지니어였던 이 프로코피는 과학과 기술 분야에 매우 뛰어난 업적을 남겼다. 성능이 아주 뛰어난 콤바인과 케냐프(삼)의 생산을 위한 새로운

---

6)　당시 물가(가격)를 현재의 물가와 비교하는 것을 잊지 말아야 하는데, 당시 일반 콜호즈원의 연평균 수입은 1,800~2,500루블이었다.

기술을 발명한 업적으로 우즈베키스탄 과학기술 분야의 최고상인 베루니 훈장을 받기도 했다. 1980년 건강이 악화된 이 프로코피는 회장직을 내놓았는데 적임자가 없어 대행체제로 있다가 1982년 타 지역 사람인 최 니콜라이가 제4대 회장으로 1984년까지 임무를 수행했다.

1984년의 기록에 따르면, 당시 콜호즈에는 2,175가구에 만 명이 넘는 주민이 살고 있었고, 5구역으로 된 총 9299헥타르의 경지가 있었다. 또한 여섯 개의 10년제 초·중등통합학교와 한 개의 7년제 학교가 있었고, 침상을 100여 개 구비한 병원과 목욕탕(광천수휴양소), 외래환자 전문 진료소, 통신소, 마을회관, 클럽, 경기장, 여름공원 등이 있었다. 마을 전체에 가스와 전기, 수도 시설이 설치되었고, 모든 도로가 포장되었으며, 무선연락망도 설치되었다. 당시 콜호즈에는 12개 이상의 민족이 평화롭게 공존하고 있었다(Уразидд ин Эгамбердиев, 1984: 2-3). 1984년 이후 카자흐스탄 사람과 우즈베키스탄 사람들이 회장을 맡으면서부터 콜호즈의 영광은 사라지게 되었다. 또한 타슈켄트 등 도시의 전문직에 진출하는 사람들이 많아지면서 콜호즈 운영에 대한 고려인들의 관심도 점차 멀어지게 되었다.

시온고(《스베르들로프》) 콜호즈는 우즈베키스탄 독립 이후 이름이 아흐마드 야사비로 바뀌었다. 콜호즈 체제도 이미 와해되었다. 지역의 고려인들이 "다 마사졌다"라는 말을 할 정도로 콜호즈 시절의 중심 기관과 건물들이 무너지거나 흉가가 되었다. 타슈켄트 주 최대의 고려인마을인 시온고도 평범한 우즈베키스탄 농촌마을로 변한 것이다. 그러나 1990년대 초반부터 한인 선교사들이 들어와 교회를 세우고 후반에 한인기업인이 감초공장을 세우면서, 특히 2000년 시온고노인회관이 들어서면서 시온고 고려인마을은 변화의 조짐을 보이기 시작했다. 시외버스(소형 승합차 다마스)가 20분 내외로 타슈켄트의 부도심 쿨륙까지 하루에도 여러 차례 왕래하는 편리함도 시온고 마을의 변화에 주요 변수가 되었다. 타슈켄트와 접근성이 좋은 근교 농촌이라는 이점 때문에 고려인들이 떠나는 자리마다 바로 우즈베키스탄 사람들이 이주했

그림 3 최 아나스타씨야(1982)

다. 최근에는 과거 타민족은 살지 않았던 마을의 중앙로 소나무길에 우즈베키스탄 현지인이 운영하는 상점도 들어섰다.

　　많은 고려인들이 시온고 마을을 떠났다. 교육과 직장 때문에 타슈켄트로 이주한 경우가 많으며, 러시아와 우크라이나로 계절농사를 다니다가 아예 이주한 사람들도 있다. 근래에는 청장년층에서 일자리를 찾아 러시아, 카자흐스탄, 그리고 한국으로 떠난 경우도 있다. 특히 최근에는 한국행이 대세가 되었다. 한국으로 간 경우 모두 일자리 때문이 아니다. 한국의 대학과 대학원에서 공부하기 위해, 또 한국남성과 결혼하여 한국으로 떠난 경우도 있다. 그러나 마을에는 초대 회장인 송영준, 제2대 회장인 김 드미트리, 제3대 회장인 이 프로코피, 그리고 1950년대 초반 사회주의 노력영웅들이 살았거나 그 가족이 살고 있는 집들이 있다. 1970년대 중반부터 10여 년간 콜호즈의 목화수확기를 능숙하게 다룬 여성 기계공인 최 아나스타씨야도 살고 있다.[7] 초기 고려인의 주거를 증언해주고 있는 가옥들도 남아 있다. 마을 전체를 시온고 고려인박물관으로 꾸릴 수도 있을 만하다.

　　과거 시온고 마을에 없던 기관들이 들어선 것은 1990년대 초반부터이다. 모두 마을의 고려인을 생각하면서 들어온 것으로 한국인과 관련을 갖고 있다. 먼저 한국과 미국에서 온 한인선교사들이 세운 교회들이다. 1991년 겨울 타슈켄트에서 한인 최상구 목사가 콜호즈로 들어와 수요일마다 예배를

---

7)　『레닌기치』는 1974년부터 1982년까지 네 차례나 그녀에 관한 기사를 게재한 바 있다. 기사 내용과 관련한 자세한 사항은 '임영상, 2007: 309-311'을 참조할 것.

그림 4 순복음교회(좌)와 펠로우십교회(우)

드렸다. 곧 이어 1992년 1월에는 한국의 순복음교회에서 김요한 목사가 들어와서 아예 교회를 시작했다. 당시 고려인이 교장으로 있던 33번 학교의 교실을 빌려 수, 금, 일요일 세 차례 예배를 드렸는데, 후에 콜호즈 중앙마을 외부에 〈그림 4〉(좌)의 독립건물을 지었다.

미국에서 온 한인 박인수 목사가 세운 펠로우십교회가 콜호즈에 들어온 것은 1993년이었다. 1년 정도 가정집에 모여서 예배를 드리다가 33번 쉬콜라 옆 스콜나야 거리에 약 1년에 걸쳐서 교회가 지어졌다. 2년 후 박인수 목사가 개인 사정으로 일시 미국으로 들어간 후 다른 사역자들이 왔다가, 1996년도 말에 대전에서 장갑덕 목사와 초등학교 교사인 손정숙 사모가 사역하면서 교회의 발전이 이루어지기 시작했다. 그러나 당시 이미 우즈베키스탄 정부가 종교활동을 허용하지 않았기 때문에 장갑덕 목사는 33번 쉬콜라의 영어교사 자격으로 들어왔다.[8]

다음으로 시온고 마을에 한국 기업인 ㈜노아무역 박강윤 회장이 들어와 1998년 마을에 감초공장을 세웠다. 그가 시온고 마을에 공장을 세운 동기는 고려인이 가장 많이 사는 곳으로 고려인을 도울 수 있다고 판단했기 때문

---

8) 장갑덕 목사는 학교에서 영어를 가르치면서 주일에는 예배를 인도하고, 부인은 교회에서 매일 저녁 컴퓨터와 한국어를 가르치면서 고려인 청소년들에게 큰 영향을 끼쳤다.

그림 5 시온고노인회관

이다. 박강윤 회장은 과거 사회주의 노력영웅 등 평생 농사일을 한 고려인 노인들이 쉴 만한 곳이 없어 중앙로 소나무길에 앉아 무료함을 달래고 있는 것을 보고 2000년 고려인 노인들이 노인회를 조직하도록 지원하고 노인회관의 운영을 지원하기 시작했다. 2002년에 노인회관은 회의실과 온돌방, 방과 후 수업용 강의실이 갖추어져 외부인의 방문이 이어지는 '명소'가 되었다. 노인회관은 고려인만을 위한 것은 아니지만, 박강윤 회장은 〈그림 5〉와 같이 간판의 상단에 '시온고노인회관' 한글을 써넣었다(임영상, 2007: 325-328).

3. 시온고 고려인마을과 한국문화: 시온고노인회관과 아리랑요양원

소비에트 시기 타슈켄트 주의 고려인 콜호즈 가운데, 소인예술(아마추어 예술)의 수준을 넘어 전문가 수준의 예술단을 운영한 곳도 있다. 그곳은 김병화 콜호즈와 폴리타젤 콜호즈이다. 그러나 시온고 콜호즈도 1974년 9월 우즈베키스탄공화국 창건 50주년 행사에 콜호즈의 조선가무단이 출연할 정도

그림 6 장례행렬을 인도하는 조화와 악단, 이들의 뒤를 따르는 향도차와 조문객
자료: 김 보리스(시온고 콜호즈).

로 소인예술활동이 활발했다.[9] 고려인들의 증언에 따르면, 콜호즈의 중앙에 위치한 구락부(문화회관)가 폐쇄되기 전까지 2층에 도서관이 있었으며, 여름날에는 저녁마다 바로 옆의 공원에 많은 사람들이 모여 춤을 추고 놀았으며 야외무대는 늘 성황을 이루었다고 했다. 그러나 이미 오래 전에 시온고 마을의 문화예술행사는 단절되었다. 〈그림 6〉에서 볼 수 있듯이, 단지 장례행사에 상두막 회원들이 일부 악기를 연주하고 있을 뿐이다.

1) 시온고노인회관

〈그림 7〉과 같이 2006년 5월 시온고 고려인마을에 단오행사가 열렸다. 시온고노인회관과 한·우즈장학회를 운영하는 박강윤 회장이 단오잔치 행사 비용을 지원한 것이다.[10] 이크와 폴리타젤 콜호즈의 노인합창단 '앙상블'의 공연에 이어, 장학회의 고려인 장학생들이 부채춤을, 우즈베키스탄 소녀들이 우즈베키스탄 전통춤을 추었다. 그런데 노인합창단은 '아리랑' 노래를 개사하여 "예수님, 예수님, 우리 예수님"을 부르기도 했으며, 고려인 학생들

---

9) 『레닌기치』. 1974-9-18. 「레뽀르따스 명절은 시작되였다」.

10) 박강윤 회장은 2008년 설날에도 시온고 마을 주민을 위해 고려 카페에서 잔치를 베풀어준 바 있다.

그림 7 노인합창단 '앙상블', 노인연주단, 부채춤, 관중들(노인들과 우즈베키스탄 사람들)
자료: 최소영.

의 부채춤은 학예회 수준이었다. 오히려 우즈베키스탄 전통춤이 예술성에서 앞서기도 했다(임영상, 2010: 183).

2000년에 문을 연 시온고노인회관은 거의 10년 동안 시온고 고려인마을의 사랑방이자 '한국문화의 창'으로 기능을 했다. 물론 콜호즈 내 33번 학교의 한국어교실에서 고려인 학생들이 한국어 수업 시간에 한국노래를 배우는 등 한국문화를 접할 수 있었다. 또한 한국어교사의 노래 지도 아래 타슈켄트 한국문화원에서 개최되는 경연대회에 나가 수상을 하기도 했다. 그러나 어디까지나 지극히 제한된 상황에서 이루어지고 마을 전체에 영향을 끼치지는 못했다.

시온고 마을의 고려인과 우즈베키스탄 현지인이 한국인과 한국문화를 보다 원활하게 접하고 체험할 수 있는 곳이 바로 시온고노인회관이다. 2002

년 노인회관은 기존의 일자(一字) 건물에 마을의 고려인과 우즈베키스탄 아동과 학생들이 사용할 수 있는 '아동 및 청소년 다목적 문화교실'을 'ㄱ' 형태로 붙여 만들었다. 박강윤 회장의 지원 아래 주 2회씩 한국어, 영어, 우즈베키스탄어, 컴퓨터 교육이 무료로 진행되어왔다.[11] 2004년 11월 안산시와 안산상공회의소 관계자들이 시온고노인회관을 방문하여 한글교과서 120권과 학용품, 컴퓨터 12대를 마을에 기증했고, 북, 장구, 꽹과리, 징 등 사물놀이 기구를 전달했다(임영상, 2007: 327-328).

2005년 6월, 노무현 대통령의 우즈베키스탄 국빈 방문을 수행한 전경련 강신호 회장 일행이 시온고노인회관을 방문했다. 한국의 고위인사들이 김병화박물관을 방문하기 위해 김병화 콜호즈를 방문하는 경우는 많았지만, 시온고 콜호즈를 방문한 경우는 흔하지 않은 일이었다. 2006년 봄 박강윤 회장은 '한·중앙아시아교류진흥회'[12]를 설립하고 동년 9월 한명숙 국무총리의 우즈베키스탄 방문 공식사절단의 시온고노인회관 방문을 안내했다. 마침 한명숙 총리가 홀로 살아가고 있었던 구한말 항일의병장인 허 위의 장손녀 허 로자와 만난 후, 결국 양국 총리 간에 고려인 독거노인을 위한 지원책을 마련하기로 합의했다. 고려인 독거노인을 위한 양로원 설립사업이 대두되면서 시온고노인회관 뒤편에 폐쇄된 채로 방치되어 있는 유치원 건물이 관심을 끌게 되었다. 재외동포재단 이순규 실장과 외교통상부 재외동포정책2과 한영주 과장 등이 현장을 방문하고 주 우즈베키스탄 한국대사관(대사 문하영)은 고려인 강제이주 70주년 기념사업으로 시온고 콜호즈의 유치원 부지에 고려인 독거노인을 위한 양로원을 세우기 위한 준비를 시작했다.

시온고 고려인 마을과 시온고노인회관이 널리 알려지면서 한국의 NGO

---

11) 한국어와 영어는 33번 학교의 고려인 교사들이, 우즈베키스탄어와 컴퓨터 교육은 타슈켄트 시내에서 우즈베키스탄 교사와 고려인 교사가 초청되었다.

12) 한-중앙아시아교류진흥회는 "중앙아시아와 한국의 친선교류에 기여할 수 있는 유능한 젊은이를 길러내고 도움을 필요로 하는 사람을 도우며 양국 상호 간에 친선교류 및 국제봉사활동 등을 통해 한국과 중앙아시아 간의 교류 증진을 목적으로 한다"라고 설립목적을 밝히고 있다. http://www.friendasia.or.kr/.

그림 8 시온고 마을회관에 차려진 임시진료소에서 박샛별 아주대
의대 교수(가정의학과)가 고려인 업로자(62) 씨의 손을 잡고 진찰을 하고 있다.
자료: 『한겨레신문』. 2007-4-2.

와 대학생의 봉사활동도 이어졌다. 2007년 4월 7일 국가유공자 자녀, 간호
사 · 약사 · 의사 · 자원봉사자 모임인 '소금회'(1986년 창립)가 그동안 국내 무의
촌 진료봉사활동을 펼쳐왔는데, 창립 20년을 맞아 해외봉사로 고려인 강제
이주 70년을 맞은 우즈베키스탄 타슈켄트 주의 김병화 콜호즈와 시온고 콜
호즈 고려인마을을 찾은 것이다.[13] 〈그림 8〉은 시온고 마을을 찾은 팀의 의
료봉사활동 사진인데, 『한겨레신문』 기자가 언급한 '마을회관'이 바로 '노인
회관' 공부방이었다. 같은 해 8월에는 카이스트대학생들이, 과거 시온고 마
을 33번 학교에서 영어를 가르치고 펠로우십교회에서 목회를 한 바 있는 장
갑덕 목사의 안내로 시온고 마을을 찾았다. 이들 대학생은 마을의 고려인 집
에서 민박을 하면서 시온고노인회관에 나와 마을의 아동들에게 성실하게 한
국어, 한국문화, 컴퓨터교육을 시키고 돌아갔다. 마을의 중앙에 위치하여 한
글간판을 건 노인회관과 그 내부 다목적학습공간, 그리고 노인회관의 안뜰
이 한국봉사단의 활동공간이 되면서 시온고 마을은 한국과의 접촉이 빈번해

---

13) 『한겨레』. 2007-4-2. 「고려인 마을 진료 환자 많을수록 힘 솟아(김병화, 시온고)」.

그림 9 마지막 공연을 마치고 석별의 정을 나누는 전북대학생들과 시온고 마을 아이들
자료: http://cafe.naver.com/haha2309.

졌다. 특별히 마을의 고려인과 우즈베키스탄 아동과 학생들 사이에 한국어
와 한국문화가 확산되어갔다.

　한·중앙아시아교류진흥회는 노인회관의 운영에 머물지 않고 시온고
고려인마을에 한국의 국제봉사활동팀을 적극 유치, 주관하기 시작했다.
2009년 7월 한성대학교 국제봉사활동단이 '시온고회관'[14]에서 한국어/한국
문화 보급활동을 전개했으며, 2010년 3월에는 서울대학교와 신한은행 의료
봉사활동팀의 봉사활동이 이어졌다. 한·중앙아시아교류진흥회는 자체적
으로 제2차 국제봉사활동단을 모집하여 시온고회관에서 다양한 행사를 가
졌으며(2010. 8. 14~23), 또 현재 2011년 1월에도 제3차 봉사단을 파견할 계획
으로 봉사단을 모집하였다.[15]

　2010년 7월과 8월, 2차에 걸쳐 전북대학교 하계봉사팀이 한·중앙아시
아교류진흥회의 소개로 시온고 마을과 이어서 소개할 '아리랑요양원'에서 봉

---

14) 홈페이지를 통해 한−중앙아시아교류진흥회는 '시온고노인회관'을 '시온고회관'으로 호칭하고 있다. 바
　　로 이웃에 한국정부가 운영하는 아리랑요양원이 공식 개관하고 활동을 시작했기 때문으로 생각된다.

15) http://www.friendasia.or.kr/.

사활동을 가졌다. 필자는 2차 봉사팀(2010. 8. 1~14)의 8월 12일 행사에 참여하고 단장인 전북대 정봉우교수와 대화를 나눈 바 있다. 그는 전북대의 시온고마을봉사활동이 단 한 차례의 체험으로 끝내는 것이 아니라 지속적인 시온고 마을지원사업으로 발전시키겠다는 의사를 밝혔다. 우선 봉사활동에 참여한 학생들은 이미 싸이월드 클럽(우즈베키스탄 아리랑)을 개설해 활동하고 있으며, 네이버 카페에 봉사활동 동영상을 올려놓은 상태이다.[16] 이어서 봉사단을 해단하는 자리에서 전북대의 30여 명의 학생과 교직원들은 '시온고 고려인마을후원회'를 결성했으며, 이미 9월 30일에 1차 10만 원을 한 · 중앙아시아교류진흥회를 통해 시온고 마을에 보냈다. 작지만 매월 10만 원과 또 필요한 물품을 보내기로 한 것이다. 나아가 하계방학뿐만 아니라 다른 적절한 시기에도 시온고 마을을 방문하여 한국문화를 알릴 수 있는 사업을 기획하기로 했다. 한식, 한옥, 한지, 한국음악(판소리)의 고장인 전주(전북)가 단순한 대학생의 봉사활동이 아닌, 시온고 마을의 역사성과 문화자원을 활용하여 우즈베키스탄 사회에 한국문화를 전파할 수 있는 비전을 제시할 수 있기를 바라는 마음이다.

2) 아리랑요양원

타슈켄트 근교의 평범한 한 농촌마을일 수 있는 시온고 마을이 한국문화의 새로운 발신지, '신코리아타운'으로 발전할 수 있느냐의 여부는 2010년 3월 26일에 공식 개원[17]한 '아리랑요양원'의 역할이 중요해졌다. 고려인 독거노인 40인이 입소한 아리랑요양원은, 2006년 부지와 건물은 우즈베키스

---

16) http://club.cyworld.com/unbek2010 및 http://cafe.naver.com/haha2309 참조.

17) 아리랑요양원의 개원소식은 국내언론에도 많이 보도되었다(『한국일보』. 2010-3-26. 「우즈벡 '아리랑요양원' 개원식」). 그러나 보다 자세한 개원소식과 현지 러시아어 신문인 『고려신문』과 한국인회가 간행하는 『교민일보』에 실린 내용은 이헌태 요양원 원장의 블로그를 참조할 수 있다. http://blog.daum.net/heontae.

그림 10 아리랑요양원 개원식
자료: http://blog.dau.net/heontae.

탄 정부(고려문화협회에 무상 제공)가, 건물보수와 운영은 한국정부가 맡기로 하고 2008년 8월부터 2009년 5월까지 재외동포재단이 지원하여 공사(총비용 US$614,500)를 마쳤다. 이제까지 시온고 마을의 고려인 카페(식당)에 사람들이 많이 찾아오고 노인회관에서 한국의 의료봉사 및 한국문화 알리기 봉사활동이 계속 이어졌으나, 그 흡인력에서 아리랑요양원과 비교할 수 없게 될 것이기 때문이다. 이미 공식 개원 이전부터 우즈베키스탄을 방문하는 많은 한국의 저명인사들이 시온고 마을을 찾았다. 아리랑요양원에 대한 기대와 관심 때문이었는데, 〈표 1〉은 아리랑요양원의 방문자들이 남긴 방명록 내용으로 이헌태 원장이 개인 블로그에 올린 것을 표로 만든 것이다.

표 1 아리랑요양원 방문자 방명록 내용(2009. 5. 10~2010. 9. 9)

방문일	이름과 소속	방명내용
2009. 5. 10	황석영(작가, 이명박 대통령 우즈베크 방문 특별수행원)	달 밝고 별 밝은 밤이면 수만리가 한마을 시온고, 아리랑요양원에 와서.
2009. 5. 13	조성길(EVO 사장)	아름다운 사업입니다.
2009. 5. 16	김따지아나(동방대 교수)	아름답고 고상한 사업을 하셔서 마음이 감사함으로 꽉 차 있습니다.
2009. 5. 23	견제민(주우즈베키스탄 한국 대사)	고려인들의 편안한 보금자리가 되길 바랍니다. 아리랑요양원의 무궁한 발전을 진심으로 기원합니다. 관계자 여러분들의 노고에 감사드립니다.
2009. 5. 23	박계동(국회 사무총장)	한민족의 뜨거운 피가 세월을 넘고, 몇 세대를 넘어 이역만리에서도 언제나 함께합니다. 건강하셔야 합니다.
2009. 5. 26	황근수, 길순희, 김은주,이용규(한인회여성회 임원)	머나먼 이국땅에서도 한민족의 정체성이 흘러나오는 요양원이 되기를 기원합니다.
2009. 5. 27	김남수(국회예결위 부이사관)	고국의 따뜻한 사랑이 넘치는 귀한 터전이 되시기를 바랍니다. 건강하십시오.
2009. 5. 27	주영진(국회예결위 수석전문위원)	20만 카레이스키, 가고푼 고향의 정 아리랑요양원에서 느끼세요. 이제사 조국이 여러분께 보답하는 작은 동포애입니다.
2009. 6. 2	전국 시·도의회 운영위원장 ▷ 진두생(서울특별시)	대한민국 조국은 여러분의 한 많은 삶 잊지 않겠습니다.
	▷ 백승선(경상남도)	고려인의 희망을 아리랑요양원의 무궁한 발전을 기원하면서.
	▷ 김기영(충청남도)	이역만리 이곳에 계신 어르신들의 고생이 헛되지 않고 영원히 우리는 잊지 않고 꽃피우리!
	▷ 이영복(충청북도)	고려인들이여 여생을 아리랑요양원에서 행복하시길 기원 드립니다.
	▷ 강원철(제주특별자치도)	어렵고 힘든 삶을 영위해온 우리의 고려인들 이 요양시설을 통해 건강하고 아름다운 삶을 사시기를 기원드립니다.
	▷ 이명자(광주광역시)	사랑, 행복, 나눔이 아리랑 요양원에 늘 함께 하시기를 기원합니다. 늘 건강 하시고 행복하세요.
	▷ 조용원(부산광역시)	아리랑요양원의 무궁한 발전이 우즈벡에 살고 있는 고려인의 복지와 미래에 기여하시길 빕니다.
	▷ 박부회(대구광역시)	아리랑요양원 방문하길 참 잘했다는 생각. 더 많은 인원, 증원 기대하고 승승장구하시길.

방문일	이름과 소속	방명내용
2009. 6. 2	▷ 이상현(전라북도)	아리랑요양원의 영원한 사랑이 세계 방방곡곡으로 퍼져 나가길 기원합니다.
	▷ 박종길(대전광역시)	작지만 큰 시작! 애국심의 발로를 느끼고 갑니다.
	▷ 박홍수(전라남도)	조국은 고려인의 희망이 되겠습니다.
	▷ 홍종필(울산광역시)	대한민국은 여러분들을 잊지 않습니다. 여러분이 계셨기에 조국은 더욱 행복했습니다. 복지기관 관계자여러분에게도 감사드립니다.
2009. 6. 3	중앙일간지 국제부 기자 ▷ 이용수(조선일보)	오랫동안 안녕하시기를 기원합니다.
	▷ 강병철(중앙일보)	"처음은 미약하지만 나중엔 창대하리라" 할아버지 할머니들 오랫동안 건강하세요.
	▷ 김동원(동아일보)	고려인 할머니 할아버지 부디 건강하게 만들어 주시길.
	▷ 조기원(한겨레신문)	아리랑요양원에서 할머니 할아버지 행복하고 편안하게 사세요.
	▷ 이영미(국민일보)	건강하고 행복하세요.
	▷ 이현미(문화일보)	아리랑요양원으로 인해 많은 분들이 행복하시길.
	▷ 강성남(서울신문)	오랜 기간 타향에서 고생하신 동포를 위해 먼 곳에서 수고하시는 아리랑요양원 관계자 여러분의 노고에 감사드립니다. 할아버지 할머니 건강하시고 행복하십시오.
	▷ 이희열(연합뉴스)	뜻깊은 일을 하고 있습니다. 건승하세요.
	▷ 권박효원(오마이뉴스)	할머니 할아버지 오래오래 건강하고 행복하세요.
	▷ 윤창빈(한국언론재단 언론교육원)	험난한 역정을 사신 어르신들을 모시는 일은 우리의 가장 보람있는 일이라고 생각합니다.
2009. 6. 5	황나제즈다 (33학교 교사)	아리랑요양원을 세우시느라고 고생을 많이 하셨지만 앞으로 잘 되기 바랍니다. 좋은 일을 하시니까 복을 많이 받으실 겁니다. 고마운 마음으로. 옆에 있는 33학교의 교사 황나제즈다
2009. 6. 10	농업투자단(농협, 농어촌공사 관계자) ▷ 윤석환(한국농어촌공사 해외사업팀 과장)	대한민국, 민족, 조국, 역사의 흐름과 숨결이 도도히 이어지고 있는 가슴뭉클한 현장입니다. 후세에 이어지고 계속 발전하시길 바랍니다.
	▷ 주욱종(한국농어촌공사 해외사업팀 계장)	어지러운 역사속에서 어렵고 힘들게 살아오신 분들 이곳에서 안식을 얻길 기원합니다.

(계속)

방문일	이름과 소속	방명내용
2009. 6. 10	▷ 정용식(농협 축산경제기획부 경제전략팀 차장)	아름다운 마음 보는 저의 마음도 훈훈해집니다. 아리랑 소리가 우즈벡 전국으로 퍼지길 기원합니다.
2009. 6. 15	재외동포포럼 ▷ 이광규(재외동포포럼 이사장, 전재외동포재단 이사장, 전 서울대문화인류학 교수)	우즈벡에 와서 아리랑요양원을 보고 참으로 감계무량 하였습니다. 중앙아시아에 강제이주 당하여 낯선 곳에서 김병화, 황만금 같은 훌륭한 분을 내신 고려인들의 좋은 결실 만드시기를 축원합니다. 아리랑요양원은 한국인의 정성으로 고려인에게 은혜를 갚는 좋은 계기가 되기를 바랍니다. 아리랑 요양원의 무궁한 발전을 기원합니다.
	▷ 김대영(동북아역사재단 팀장)	아리랑요양원이 고려인의 자랑이 되고 따뜻한 안식처가 되길 빕니다.
	▷ 유임현(한민족사바로찾기 운동본부 대표)	중앙아시아 한인 1세분들의 고단한 삶을 어루만져 줄 수 있는 아리랑 요양원이 개원하여 너무나 반갑습니다. 건승을 기원합니다.
	▷ 류병균(평화통일시민연대 조직위원장)	우즈벡 고려인동포와 모국 대한민국과의 민족정체성과 공동체의 복원을 기원합니다.
2009. 7. 5	새마을운동마포구지회	마포구! 새마을지도자들이 공기 맑은 우즈베키스탄 고려인 마을을 방문하였습니다. 무궁한 발전과 행복하시길 기원합니다.
2009. 7. 5	임영상(한국외대 사학과 교수)	① 소나무 가로수 길, ② 시온고 노인회관, 그리고 ③ 메르시안 사나토리, 마침내 ④ 아리랑 요양원. 시온고 콜호즈, 이제 희망이 보입니다.
2009. 7. 9	김균태(한남대 교수)	아리랑요양원에서 쉬고 계신 분들을 위해 평안과 위로가 늘 함께 하시기를 진심으로 기원합니다.
2009. 7. 12	이순천(외교안보연구원장)	우즈베키스탄 고려인들을 위한 아리랑요양원이 더욱 발전되고, 고려인들의 복지 향상에 기여할 수 있기를 소망합니다.
2009. 7. 14	정주택(한성대학교 총장)	아리랑요양원이 고려인 노인분들의 보금자리가 되기를 기원합니다. 이곳에 계시는 모든 분들의 만수무강을 빕니다.
2009. 7. 22	김양우(이화여대 목동병원장)	민족의 뿌리를 찾는 좋은 사업입니다. 고려인, 우리 민족의 편안한 안식처가 되리라 확신합니다. 번창 하십시오.
2009. 8. 11	한나라당대표 일행 ▷ 안상수 대표	"아리랑요양원이 고려인 어르신들의 보금자리가 되기를 바랍니다."
	▷ 신성범 의원	"동포할아버지와 할머니들께서 마음 편하게 지낼 수 있는 소중한 곳이 되기를 진심으로 바랍니다."

(계속)

방문일	이름과 소속	방명내용
2009. 8. 11	▷ 신지호 의원	"고려인 어르신들께 이제 모든 짐을 내려놓으시고 편히 쉬시기 바랍니다."
2009. 8. 11	국제협력단(KOICA) 조사단(이해균, 우동완)	고려인들의 아름다운 이야기들이 '아리랑요양원'에서 많이 만들어지고 널리 퍼져 나가기를 기원합니다.
2009. 8. 17	유선기(선진국민정책연구원 이사장)	우리 아리랑요양원이 고려인 어르신의 편안한 보금자리가 되기를 진심으로 기원합니다. 이곳에서 8,000만 우리 한민족이 하나 되는 시발점이 되기를 희망합니다.
2009. 8. 17	고상곤(한국자전거문화재단 이사장)	"고려인 노인분들의 보금자리인 아리랑요양원의 무궁한 발전을 기원합니다."
2009. 9. 8	서울대병원 의료봉사단 ▷ 오병희 서울대병원 진료부원장	아리랑요양원이 우즈베키스탄 고려인의 복지증진에 기여하길 기원합니다.
	▷ 안규리 서울대병원 내과 교수	먼나라 한민족의 새 울타리를 보고 갑니다. 우리나라 한 핏줄의 정과 사랑을 가득 담아내시기를 기도드립니다.
	▷ 김웅한 서울대병원 흉부외과 교수	한민족의 깊은 정을 느낍니다. 소중한 공간이 되기를 바랍니다.
2009. 9. 17	전북 정읍시의회 의원 ▷ 박일 시의장	고려인 어르신 여러분 우리 대한민국은 여러분들을 잊지 않습니다. 힘내시고 즐거운 쉼터가 되길 빕니다.
	▷ 김승범 의원	어르신 편안한 쉼터가 되어 건강한 노후를 보내시기 바랍니다.
	▷ 김철수 의원	우리는 고려인 여러분을 잊지 않겠습니다.
	▷ 윤영희 의원	어르신들 아름다운 평화를 엮어보세요, 이곳에서.
	▷ 우천규 의원	어르신 힘내세요, 잊지 않겠습니다.
2009. 10. 9	권영건(재외동포재단 이사장)	훌륭한 시설과 관리자들의 의욕이 감동적입니다. 우리나라의 국력과 동포애의 상징으로 보입니다.
2010. 1. 18	국회의원 일행 ▷ 홍사덕	한명숙 총리의 따뜻한 마음이 아름다운 열매를 맺었습니다. 계속적인 지원을 위해 잊지 않겠습니다.
	▷ 이해봉	아리랑요양원의 큰 발전을 기원드리고 이곳이 중앙아시아 고려인의 지위향상에도 기여할 수 있는 곳이 되도록 기원드립니다.

(계속)

방문일	이름과 소속	방명내용
2010. 1. 18	▷ 김성식	1937년 – 이제 70여 년입니다. 죄송합니다. 너무 늦었지만 좋은 마음이 모였습니다. 지금까지 살아주셔서 감사합니다. 편안하시고 건강하세요.
	▷ 조경태	아리랑요양원의 역사적 방문에 무한한 감동과 개인적 영광을 가지고 조국으로 떠납니다.
2010. 2. 20	김영인(단국대학교 태권도학과 교수)	우리 민족의 자존심입니다. 무궁한 영광과 행복, 그리고 건강하세요.
2010. 2. 25	아리랑요양원 입소노인 일동	견제민 한국대사님, 아리랑요양원을 만들어 주셔서 감사합니다. 우즈벡 고려인들은 영원히 잊지 않을 것입니다.
2010. 3. 2	공병성(한국청년회의소 해외교류위원장)	한민족의 뿌리를 찾기 위해 애쓰시는 이현태원장님 노고에 감사드립니다. 아리랑요양원의 무궁한 발전을 기원합니다.
2010. 3. 21	우즈베키스탄 한국유학생회 일동	할아버지, 할머니들의 밝고 행복한 모습에 기분이 너무 좋습니다. 앞으로도 계속 행복하세요!
2010. 4. 27	외교부 자문위원 일행 ▷ 김형민 SBS앵커	흐뭇합니다. 행복하게 사세요.
	▷ 한승미 연세대교수	아리랑요양원이 할머니 할아버지 여러분들의 따뜻한 안식처가 되시길 빕니다.
	▷ 문우식 서울대교수	봉사의 아름다움이 계속 되기를 바랍니다.
	▷ 채형복 경북대교수	남은 여생 늘 건강하시고 고국에 대한 관심과 사랑을 간직해주세요.
2010. 5. 4	이승우(예금보험공사 사장)	건강하고 즐겁게 사십시오. 부족한 점이 많겠습니다만 후손들이 열심히 일해 보다 잘 모시겠습니다. 고맙습니다.
2010. 5. 4	김영과(한국증권금융사장)	조국을 떠나 머나먼 타국에서 고생하시는 우리 할아버지, 할머니들께 건강하시고 오래 오래 사시며, 한민족의 한사람으로 긍지를 갖고 지내시기 바랍니다.
2010. 6. 27	이국행(전북대학교 희망드림단장)	삶속에서 조금도 부끄러워 하는게 없이 모든 것을 바치는 '아리랑 요양원'의 이현태 원장님 외 모든 직원님들. 역사를 써가고 있는 영원한 진행형이 되어 주십시오. 우린 잠시 왔다 가는게 아닌 '관심과 후원' 노력하겠습니다. 감사합니다.
2010. 6. 30	김정규(경상대학교 봉사단장, 학생처장)	아리랑요양원에서 계시는 모든 어르신들의 건강과 행운을 기원합니다. 사랑합니다.

방문일	이름과 소속	방명내용
2010. 6. 30	최영하(전우즈베키스탄 한국대사)	역경을 헤쳐나오신 고려인 동포 어르신들 ··· 안온한 노후를 지켜드리는 아리랑요양원이 지속적으로 발전해야 합니다.
2010. 8. 24	정희원(서울대학교 병원장)	한민족의 뿌리와 저력을 생생히 감동 있게 노력하고 계신 모든 분들께 존경과 사랑의 마음을 전합니다.
2010. 9. 1	중앙공무원교육원 신임관리자 과정, 행정사무관 시보 55기 ▷ 김종락	할아버지, 할머니!! 먼 이국땅에서 만났지만 같은 민족을 만나 뵙게 되어 너무 반가웠습니다. 먼 이국에서 고생하신데 대한 아무런 힘이 되지 못해 죄송했을 뿐이었습니다. 부디 건강하시기 바랍니다.
	▷ 구현경	한국이 지켜드리지 못했던 점에 대해서 안타깝고 죄송합니다. 척박한 땅에서 새로운 삶을 만드신 이곳의 분들은 정말 위대한 분들입니다. 저와 같은 피를 갖고 있다는 것이 자랑스럽습니다. 항상 건강하세요!
	▷ 심진홍	아리랑요양원을 방문해서 할아버지, 할머니와 얘기를 나누고 정을 나눌 수 있어서 기뻤습니다. 건강하시고 행복하세요.
	▷ 조아라	할머니, 할아버지 만나뵙게 돼서 정말 반가웠습니다. 제 손을 잡아주시던 따뜻한 마음과 눈빛을 잊지 않겠습니다. 말씀하셨던 것처럼 이곳에서 계속 건강하고 유쾌하게 지내시길 바랍니다.
	▷ 김선엽	많이 배우고, 그만큼 느끼고 갑니다. 어르신들, 건강하고 행복하세요.
	▷ 이다예	너무나도 같지만 또 너무나 달라져버린, 오랜시간 대화를 나누지는 못했지만 많은 것을 느끼고 갑니다. 많이 웃으시고, 건강하셨으면 좋겠습니다.
	▷ 류재현	고려인 요양원에서 고려인 1세대를 만난 그 짧은 순간에 많은 것들을 느끼고 갑니다. 잊지 않겠습니다. 감사합니다.
	▷ 송윤주	많이 배우고 갑니다. 모두 건강하세요!
	▷ 전경수	할머님, 할아버님 아리랑요양원에서 행복하세요.
	▷ 김상훈	할머니, 할아버지 항상 즐겁고 건강하게 오래오래 사세요.
	▷ 서보권	할머니, 할아버지 건강하세요. 잊지 않겠습니다.

방문일	이름과 소속	방명내용
2010. 9. 1	▷ 정희경	할머니, 할아버지 반갑게 맞아주셔서 고맙습니다. 그동안 고생하신 만큼, 앞으로 더욱 행복하시고 건강하시길 바랍니다. 직원 여러분들도 할머니, 할아버지들 잘 챙겨주셔서 고맙고 앞으로 더 잘 돌봐주시길 부탁드립니다.
	▷ 김준호	할아버지, 할머니 건강하게 오래 사세요. 꼭 한번 대한민국에서 뵈었으면 합니다. 항상 즐거운 마음으로 행복하길 기도하겠습니다.
	▷ 김준하	오래오래 건강하게 기쁘게 행복하게 사시길 기도합니다! 따뜻한 그 손길, 그 눈빛 오래 기억하겠습니다!
	▷ 김유미	안녕하세요. 김유미입니다. 4월 9일생 광주이씨 이옥순 할머니로부터 7월 8일생 안동김씨 김유미가 많은 것을 배우고 갑니다. 외국에서 열정적으로 근무하시는 모든 분께 감사드리고, 향후 기회가 될 때마다 이곳에서의 시간을 기억하겠습니다.
2010. 9. 7	한국보건사회연구원 ▷ 황나미 박사	사랑과 나눔으로 터전을 마련한 아리랑요양원이 우리 동포들이 섬기는 편안한 시설로 발전하시길 기원하며 원장님, 부원장님 요양원에서 힘내세요. 그리고 감사합니다. 저희를 대신하셨기에….
	▷ 윤강재 선임연구원	아리랑요양원 모든 분들의 건강과 행복과 장수를 기원 드립니다. 뿌듯하고 감사합니다.
2010. 9. 9	박종만(한국가스공사 태권도 감독)	어르신들의 건강과 행복 기원합니다.

〈표 1〉에서 볼 수 있듯이, 방명록을 작성한 사람들의 절대 다수가 한국인이다. 전·현직 주 우즈베키스탄 한국대사, 국회의원, 지방정부의회의원, 중앙정부 행정사무관(시보), 병원 및 관련연구원 관계자, 대학교수, 외교통상부 자문위원, 중앙일간지 국제부기자, 재외동포재단 전·현직 이사장 및 기관과 단체 관계자, 그리고 우즈베키스탄 한국유학생회원 등이다. 물론 우즈베키스탄(타슈켄트) 거주 한국인들 가운데 많은 사람들이 이미 방문했지만, 방명록에 이름을 남기지 않은 상태이다. 아무튼 한국인들이 남긴 방명내용의 공통된 소감은 고난의 삶을 살아온 고려인 노인들에 대한 미안함과 편안한

여생에 대한 안도감, 그리고 요양원의 발전 및 향후 더 많은 관심을 갖겠다는 다짐 등이다. 한편, 입소노인들과 동방대 한국어문학과 김 따찌아나 교수, 시온고 마을의 33번 학교 황 나제즈다 교사 등 고려인은 한국정부와 사회에 대한 감사함을 표시했다.[18]

우선, 아리랑요양원의 개원으로 고려인과 타슈켄트 거주 한국인과의 이해와 협력이 크게 고양될 것이라는 예상이다. 같은 한민족이지만, 아직 타슈켄트에서는 고려인과 한국인 간의 초국적인(transnational) 협력관계가 부족한 형편이다. 타슈켄트에서 고려인과 한국인이 집단으로 처음 어울림을 가진 것은 2007년 9월 22일(토) 야카사라이 스타디움에서 '고려인 정주 70주년'을 기념하는 '한민족 어울림 한마당' 행사였다. 한가위를 맞이하여 우즈베키스탄 한인회에서 고려인 동포와 교민 간의 화합과 단합을 위해 마련했으며, 고려인 1세대 동포 300여 명을 비롯하여 약 1,200여 명의 고려인 동포와 400여 명의 한국 교민들이 참석하였다.[19] 고려인과 한국인이 직장과 개인적인 친

그림 11 한국인회 여성회원들과 입소노인들의 송편 만들기
자료: http://blog.dau.net/heontae.

---

18) 아리랑요양원 건물의 법적 소유주인 우즈베키스탄 고려문화협회의 신 블라디미르 회장 및 다수의 임원들이 방문했을 것이다.
19) http://uzkhanin.co.kr(우즈베크 한인회), 2007년 9월 24일, 한인회 소식.

분으로 만나는 일은 흔하지만, 양측이 공식적으로 만난 것은 처음이었다. 그런데 이제 요양원을 통해 한민족 간의 만남이 자연스러워질 것으로 전망된다. 2010년 3월 21일 아직 공식 개원이전이었으나, 우즈베키스탄 한국유학생회 회원들이 요양원에서 봉사활동을 한 바 있다. 추석에는 한국인회 여성회원들이 요양원을 찾아 입소노인들과 같이 송편을 빚기도 했다. 우즈베키스탄 고려인 대학생과 청소년들도 바로 자신들의 할아버지, 할머니가 계신 곳이므로 요양원을 찾을 가능성이 크다. 아리랑요양원은 자연스럽게 한국인 청장년, 청소년과 고려인 청장년, 청소년의 만남의 장이 될 수 있을 것이다. 고려문화협회와 타슈켄트 한국인회가 아리랑요양원 봉사를 통해 한민족의 '효문화' 유전자를 같이 확인할 수 있을 것이다.[20]

차세대 젊은이들 간의 만남은 중요하다. 최소한 한 세대가 지나면, 선착 한민족(재외동포)과 후착 한국인 간의 구별은 무의미해질 수 있기 때문이다. 2010년 여름 경상대와 전북대 학생봉사단이 아리랑요양원을 찾아 입소노인들과 감동어린 만남을 가진 바 있다.[21] 전북대 학생들의 경우, 하계방학 봉사활동 외에도 한국문화 보급 차원에서 적절한 시기에 시온고 마을 방문을 고려하고 있다. 학기 중이든 방학 시기이든 향후 한국 대학생의 봉사활동에 맞추어 대학의 한국어전공 고려인 대학생들이 함께 할 수 있는 프로그램은 양측 학생들에게 상호 유익이 될 수 있을 것이다. 요양원 입소 노인을 위한 봉사활동을 고려인/한국인 청소년들이 함께 하고 우정을 나눌 수 있을 것이다. 특히 한국대학생들이 시온고 마을의 학생들과 어린이들을 위해 준비하

---

20) 우즈베키스탄 등 구소련 거주 한국인들은 고려인사회가 소비에트 시기 한민족의 전통문화를 대부분 상실했으나, 한국에서는 소략할 수도 있는 한식날 성묘를 철저하게 지키고 있음에 놀라움과 감명을 받았을 것이다. 고려인들이 한식문화를 중시해온 데는 나름의 이유가 있겠으나, 부모에 대한 효도 관념이 우선적인 이유임은 재론할 여지가 없다.

21) 최근 아리랑요양원 이헌태 원장은 자신의 블로그에 경상대 학생들이 발표한 '경상대학교 2010 하계봉사활동 체험기'(『우즈베키스탄, 또 다른 나의 고향을 발견하다』)를 발간한 사실과 함께 일부 내용을 소개했다. http://blog.daum.net/heontae. 한편, 전북대 학생들은 아리랑요양원과 시온고노인회관 봉사활동 내용을 동영상으로 편집하여 네이버 카페에 공개했다.

그림 12 요양원 안뜰에서 공연하는 경상대 학생들
자료: http://blog.dau.net/heontae.

는 한국문화 프로그램은 우즈베키스탄 고려인 한국어전공 대학생들에게도 현장학습 이상의 큰 유익을 줄 수 있을 것이다.

아리랑요양원에는 박물관이 있다. 요양원을 처음 준비할 때부터 '이주박물관' 계획이 세워진 것이다. 현재 아직 구체적인 방안이 나오지 않았는데, 필자는 2층의 박물관 공간뿐만 아니라 요양원 내 부지 전체, 나아가 시온고마을 전체가 고려인이주박물관이 될 수 있다고 본다.[22] 아리랑요양원 부지에 우즈베키스탄 고려인의 생활문화자료뿐만 아니라 한국문화를 소개할 수 있는 다양한 자료들을 자유롭게 전시할 수 있기 때문이다. 실내의 박물관은 오히려 유물이 없는 디지털전시관으로 꾸며 우즈베키스탄 고려인의 이주와 정착, 발전과 변화의 역사를 학습할 수 있는 공간으로 만들 수 있을 것이다. 건물 외부에는 야외전시가 가능한 유물들을 지역 고려인사회로부터 기증받

---

22) 현재 우즈베키스탄 고려인의 이주와 정착, 생활문화를 알 수 있는 한민족박물관은 사실상 김병화 콜호즈에 있는 김병화박물관이 유일한 셈이다. 시온고 콜호즈와 바로 이웃한 프라우다 콜호즈와 우르겐치 주의 알호레즘 콜호즈의 박물관은 폐쇄된 상태이며, 페르가나 주의 한민족박물관은 사실상 그 기능을 상실한 상태이다.

을 수도 있을 것이다. 최소한 한국정부가 요양원을 운영하는 한 보존이 가능할 것이기 때문이다. 이렇게 되면, 아리랑요양원은 고려인의 역사와 문화, 또 한국문화의 학습장으로도 역할을 할 수 있을 것이다.

필자는 이 글의 머리말에서 대중문화 중심의 한류가 아니라 한민족의 전통생활문화에 기초한 신한류를 언급한 바 있다. 필자는 우즈베키스탄 고려인과 현지인이 함께 즐길 수 있는 한민족의 전통명절로 단오의 중요성도 언급한 바 있다(임영상, 2009: 5-46 참조). 고려설(설날)은 1월 1일 신년과 3월 21일 우즈베키스탄 최대 명절인 나부르스 사이에 끼어 있고 한겨울에 위치해 있다. 4월 5일 한식은 조상의 음덕을 기리며 성묘하는 날이다. 우즈베키스탄에서 추석은 목화추수계절이기 때문에 지역민과 같이 즐기기에 적합하지 않다. 때문에 우즈베키스탄에서 체리가 나오기 시작하는 단오(음력 5월 5일, 5월 하순부터 6월 초순 사이)는 고려인이나 우즈베키스탄 현지인이나 또 최근에 단오를 회복하고 있는 한국인이나 모두 함께 즐기기에 좋은 한민족의 명절이다.

그런데 단오행사는 1990년대 초반 고려인 콜호즈에서 대대적으로 조직되어 다민족 우즈베키스탄 사회에 기여한 바가 있었으나, 현재는 페르가나를 제외하고 단오명절을 성대하게 지키는 고려인 사회가 드문 것이 현실이다. 그래도 타슈켄트(주)의 고려인사회에서 조촐하고 비록 내용은 부족하지만, 단오행사를 꾸준히 개최한 곳이 바로 시온고 마을이다. 시온고 노인회관 안뜰에서 폴리타젤과 이크 등 주변 고려인 콜호즈의 공연팀을 초청하기도 했는데, 모두 노인회관을 운영해온 박강윤 회장이 전적으로 경비를 지원해왔던 것이다. 이제는 한국문화예술단체와 문화나눔사업을 기획해서라도 아리랑요양원의 넓은 안마당에서 규모를 갖춘 단오잔치를 가질 때가 오고 있다고 생각한다.

4. 맺음말

〈그림 13〉은 시온고 고려인마을의 주요 장소를 좌표점으로 표시한 것이고, 〈그림 14〉는 〈그림 13〉의 장소를 문화자원으로 구분한 것이다. 예를 들어 C60 시온고아리랑요양원은 '요양시설'로 표시가 되어 있다. 〈그림 13〉의 상단과 하단의 사진들은 좌표점을 표시하면서 디지털카메라로 찍은 것으로 아리랑요양원은 하단 좌측에서 두 번째 사진이다.

그림 13 시온고 콜호즈 문화지도

그림 14 콜호즈 문화자원 구분

필자는 웹 2.0 시대에 걸맞게 사용자 누구나가 참여하여 각양의 자료를 올리고 서로 공유할 수 있는 시온고 고려인마을 전자문화지도가 필요하다고 생각하고 있다. 이를 위해 우선, 시온고 고려인마을의 역사성을 드러낼 수 있는 역대 콜호즈 회장의 집들과 공동묘지, 콜호즈의 문화체육시설(학교, 운동장)과 병원들, 고려인의 음식문화를 우즈베키스탄 사회에 널리 알려온 대표적인 두 개의 카페(식당), 시온고를 찾는 한민족 모두에게 고향을 생각하게 해주는 중앙로 소나무길, 그리고 시온고가 신코리아타운으로 발전할 수 있는 가능성을 열어주는 '시온고노인회관'과 '아리랑요양원'을 표시했다. 시온고 마을, 시온고노인회관과 아리랑요양원을 찾아 봉사활동을 하고자 하는 사람들에게 마을의 역사와 건물의 유래, 무엇보다도 시온고 고려인들의 살아온 이야기를 공유하게 하기 위해서이다. 또한 필자는 이미 시온고 주민에게 민박이 가능한 고려인 가정을 찾아보고 주민들에게 한국학생들을 맞이할 준비를 하기를 요청했다. 이미 좌표점을 찍은 역대 콜호즈 회장 집들뿐만 아니라 대부분의 고려인 가정에 방이 3~5개가 있는데, 대부분 가족들이 도시에 나가 있으므로 항상 방은 여유가 있는 셈이다. 고려인 주민들에게도 유익이고 고려인 가정숙박 또한 한국학생 혹은 고려인학생 모두에게도 귀중한 체험이 될 수 있을 것이다. 민박집뿐만 아니라 시온고의 카페(식당)와 고려인이 운영하는 상점, 역사성이 있는 건물들 모두 러시아어와 한글로 간판 및 유래를 적어 놓기를 바라는 마음이다. 중앙로의 소나무길이 만들어진 감동의 이야기를 아는 사람도 거의 없는 실정이지 않는가.

최근 시온고를 떠난 고려인들 사이에 변화가 일어나고 있다. 한국정부가 운영하는 아리랑요양원에 이미 시온고 주민들이 주방 등에서 일하면서, 또 많은 한국인들이 시온고를 방문하게 되자 다시 시온고로 돌아와 옛날처럼 모여살고 싶다는 이야기를 나눈다는 것이다. 민박운영과 식자재공급, 시온고가 자랑할 수 있는 고려인 간식류 등 다양한 방안이 강구될 수 있을 것이다. 또한 한·중앙아시아교류진흥회 측이 언급하고 있는 폐허로 변한 구락부[문화회관]의 복구가 이루어지고, 나아가 요양원 옆 야외무대와 공원도 다시 회복된다면, 시온고 고려인마을은 타슈켄트의 신코리아타운으로 어렵지 않게 자리매김할 수 있을 것이다. 필자는 2006년 시온고 마을을 방문했을 때, 아름다운 소나무길과 한글간판 노인회관만 가지고도 '희망'을 읽었는데, 과거 명성을 날린 광천수 휴양소가 다시 메르시안 이름으로 한국인 고객을 맞이하게 되고 무엇보다도 한글간판 아리랑요양원이 또 늘었고 본격적인 활동을 시작함으로써 시온고 마을은 '희망'을 넘어 고려인과 한국인이 함께 한국문화를 발신해 갈 수 있는 '신코리아타운'이라는 큰 비전을 그릴 수 있으리라 기대한다. 시온고로 봉사활동을 계획하는 대학, 단체마다 하나둘씩 신코리아타운, 마을가꾸기를 함께 해나갈 수 있다면 좋을 것이다.

정수일. 2006. 『실크로드문명기행』. 한겨레신문사.

Ўразиддин Эгамбердиев. 1984. 『Тошкент область Коммунистик рай онидаги Свердлов номл и колхоз тарихи』.

임영상. 2007. 「타쉬켄트 주 고려사람 콜호즈의 변화: 상 치르치크 구 스베르들로프 콜호즈」. 『역사문화연구』 제27집.

_____. 2009. 「우즈베키스탄 고려인의 전통명절과 문화콘텐츠」. 『재외한인연구』 제20호.

_____. 2010. 「우즈베키스탄 단오명절의 실태」. 『한민족공동체』 제17호. (사)해외한민족연구소.

황 류드밀라. 2000. 「우즈베키스탄 한인들의 장기적 발전 및 정신적 부흥방안」. 『外大史學』 제13집.

Л. Л. Ли. 2006. "Дмитрий Александрович Ким – бывший председатель колхоза им. Ахмад а Яассави Юкочирчиского рай она", Л.М Юн, Р.А. Лим (составители), КРАТКИЕ ОЧЕРКИ О ВЫДАЮЩИХСЯ КОРЕЙЦАХ УЗБЕКИСТАНА, Ташкент "ИСТИКЛОЛ".

『레닌기치』, 『한겨레』, 『세계일보』, 『헤럴드 경제』

http://www.friendasia.or.kr/
http://club.cyworld.com/unbek2010
http://cafe.naver.com/haha2309
http://uzkhanin.co.kr
http://blog.daum.net/heontae

저자 소개

임영상
- 서울대학교 문학박사
- 한국외국어대학교 사학과 및 대학원 글로벌문화콘텐츠학과 교수
- 『구술생애사와 문화콘텐츠를 통해 본 고려인』(신서원), 「중국 동북의 조선족문화관과 콘텐츠 기획」 외 다수

김진영
- 한국외국어대학교 문화콘텐츠학박사
- 한국외국어대학교 문화콘텐츠학 연계전공 겸임교수, 도서출판 동글 대표
- 『다문화콘텐츠 기획』(한국외대 출판부), 「이주공동체의 수용과 발전방향」 외 다수

민병갑
- 조지아주립대학교 철학 및 사회학박사
- 뉴욕시립대학교 퀸즈 칼리지 사회학과 석좌교수
- 『Preserving Ethnicity Through Religion in America: Korean Protestants and Indian Hindus Across Generations』, 「Patterns of Korean Businesses in New York」 외 다수

주동완
- Graduate Center, CUNY 사회학 박사수료
- 코리안리서치센터(Korean Research Center) 원장
- 「LA코리아타운의 초기모습에 대한 일고찰」(연구 중)

고정자
- 국립종합연구대학원대학 문학박사
- 고베대학 겸임교수
- 「「食」に集う街: 大阪コリアンタウンの生成と変遷」(河合利光編著, 『食からの異文化理解』, 時潮社), 「クェンガリからキャンドルへ― 〈示威文化〉から見た韓国社会のいま」 (『ろうそくデモを越えて―韓国社会はどこへ行くのか』, 東方出版) 외 다수

손미경
- 한국외국어대학교 문화콘텐츠학박사
- 한국외국어대학교 강사
- 「문화플랫폼으로서 도쿄・오사카 코리아타운 연구」, 「오사카 원 코리아페스티벌: 통일운동에서 다문화 공생의 장으로」 등

유연숙
- 오차노미즈여자대학 학술박사
- 호세이대학 겸임강사
- 『韓国人女性の国際移動とジェンダー』(明石書店), 「韓国女性の国際移住に関する要因分析: 1980年代以降における就労目的での来日事例から」 외 다수

하시모토 미유키
- 릿쿄대학 사회학박사
- 릿쿄대학 겸임강사
- 『在日韓国・朝鮮人の親密圏』(社会評論社), 「川崎在日コリアン生活文化資料館が展示するもの: 歷史を記錄する實踐の論理)」 외 다수

신춘호
- 한국외국어대학교 글로벌문화콘텐츠학과 박사수료
- 한국외국어대학교 강사, 방송대학TV 촬영감독
- 『조선통신사 사행록 연구총서(권13)』(학고방)

위 군
- 한국외국어대학교 글로벌문화콘텐츠학과 박사수료
- 「칭다오 코리아타운에 관한 연구」

박은옥
- 서울대학교 국악박사
- 호서대학교 교양교직학부 조교수
- 『고려사 악지의 당악연구』(민속원), 「당악연구」

독고현
- 한국외국어대학교 문학박사
- 한국외국어대학교 영문학과 및 대학원 글로벌문화콘텐츠학과 강사
- 「디지털시대의 새로운 창작문화」, 「힙합문화와 음악교육콘텐츠」, 「블루스시와 현대시조의 형식미 연구」, 「아프리칸 디아스포라 음악의 스토리텔링」 등 다수의 논문

이진영
- 영국 런던정경대 정치학박사
- 인하대학교 정치외교학과 교수
- 『하와이 동포의 한국사회에 대한 기여』, 「영국 한인사회의 형성과 변화: 해외여행 자유화(1989) 이전을 중심으로」 외 다수

최금좌
- 상파울루주립대학교(USP) 철학・문학・사회과학대학(FFLCH) 문학박사
- 한국외국어대학교 글로벌캠퍼스 브라질지역학과 겸임교수, 고려대 스페인 라틴아메리카연구소 연구교수
- 『브라질한인이민 50년사』(브라질 한인회), 「신자유주의시대 재브라질 한인사회의 성격과 전망」 외 다수